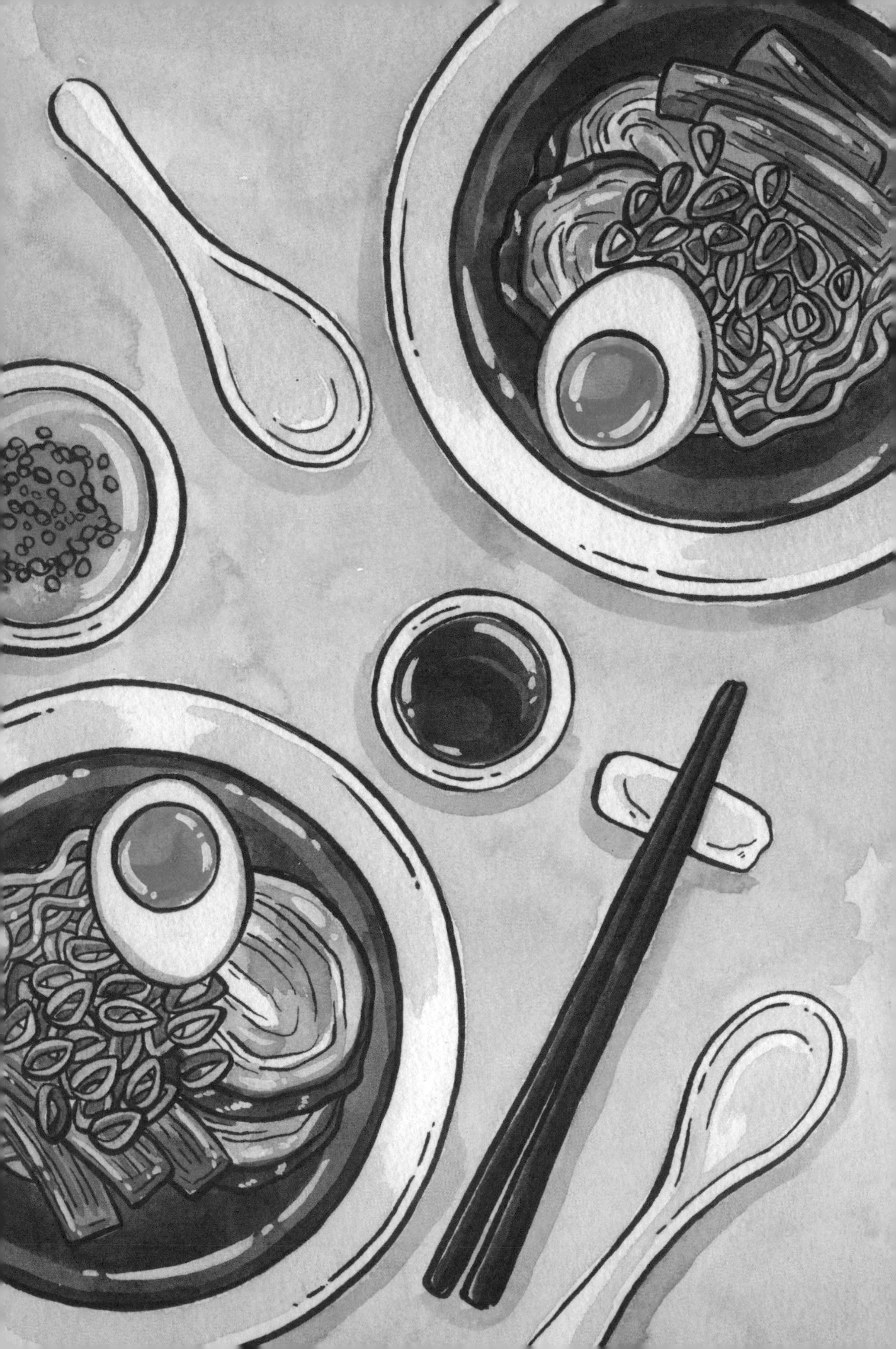

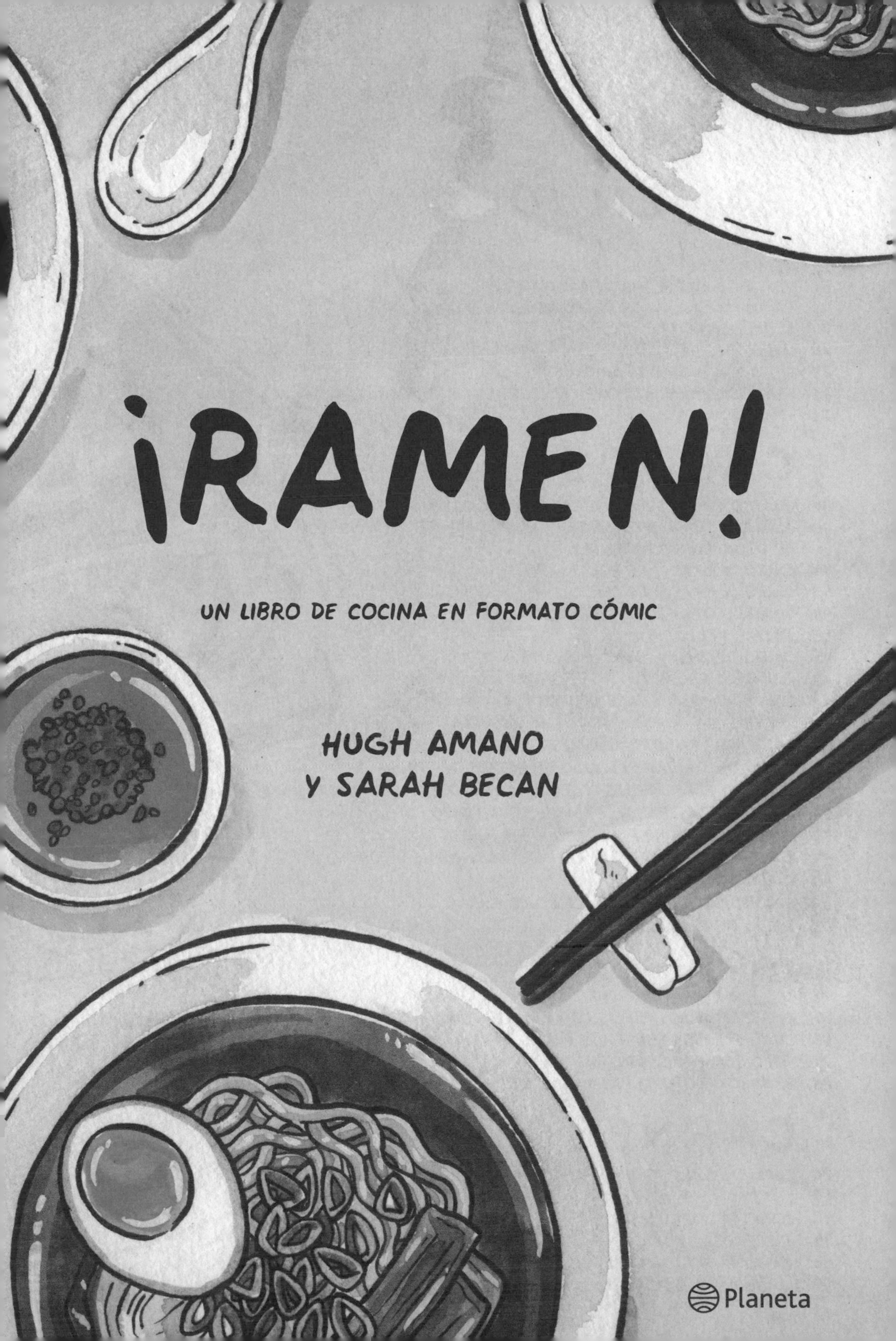

¡RAMEN!

UN LIBRO DE COCINA EN FORMATO CÓMIC

HUGH AMANO
Y SARAH BECAN

Planeta

CONTENIDO

RAMEN 101

CALDOS

FIDEOS

CARNES

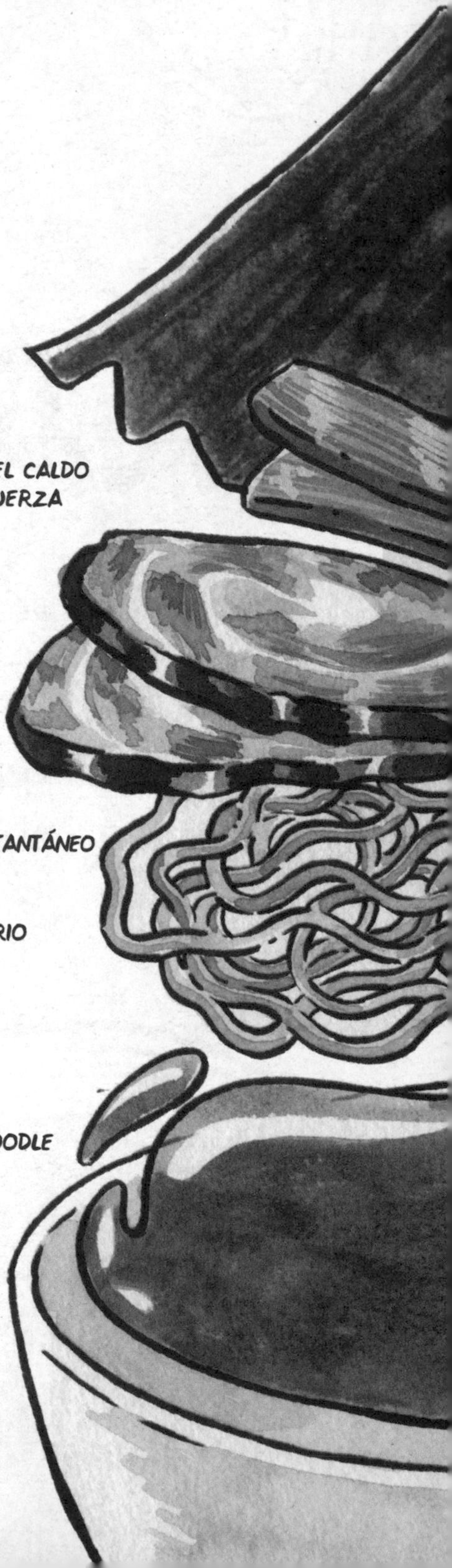

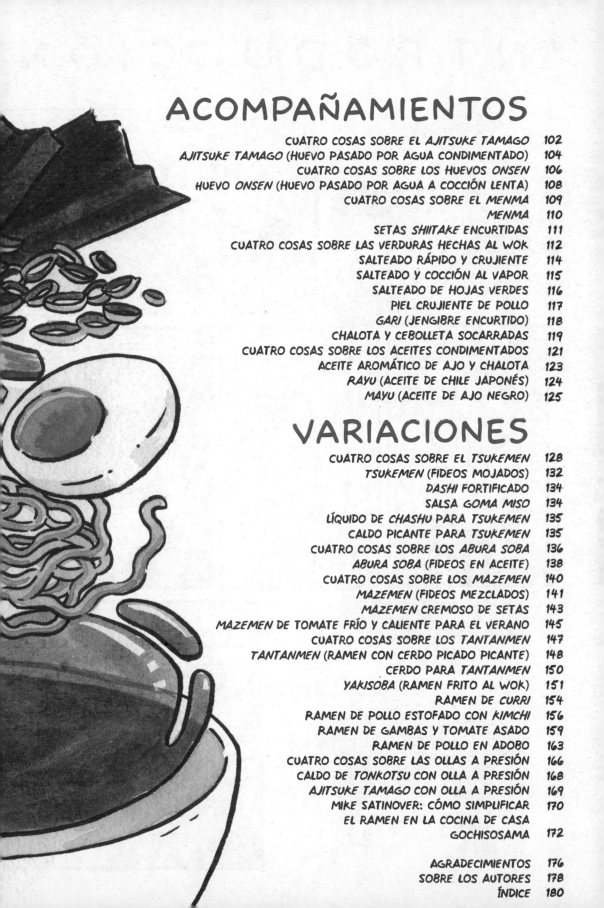

ACOMPAÑAMIENTOS

VARIACIONES

INTRODUCCIÓN

¡HOLA! ¡SOY HUGH!

¡Y YO SOY SARAH!

¡BIENVENIDOS A NUESTRO MUNDO DEL RAMEN!

HUGH ES CHEF Y ESCRITOR.

Y SARAH ES ILUSTRADORA Y DIBUJANTE DE CÓMICS.

ALENTADOS POR UNA PASIÓN COMPARTIDA POR LOS FIDEOS TIERNOS, LOS CALDOS LLENOS DE MATICES Y LOS ADEREZOS SABROSOS...

...HEMOS UNIDO FUERZAS PARA GUIARTE POR EL DELICIOSO CAMINO QUE TE LLEVARÁ A PREPARAR RIQUÍSIMOS TAZONES EN TU PROPIA COCINA.

PODERES DE LOS GEMELOS DEL RAMEN... ¡ACTIVADOS!

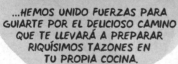

ECHAREMOS UN VISTAZO A LA HISTORIA Y A LA CULTURA DEL RAMEN...

...ANTES DE ADENTRARNOS EN LO QUE TU DESPENSA Y TU COCINA NECESITAN PARA PREPARAR RAMEN.

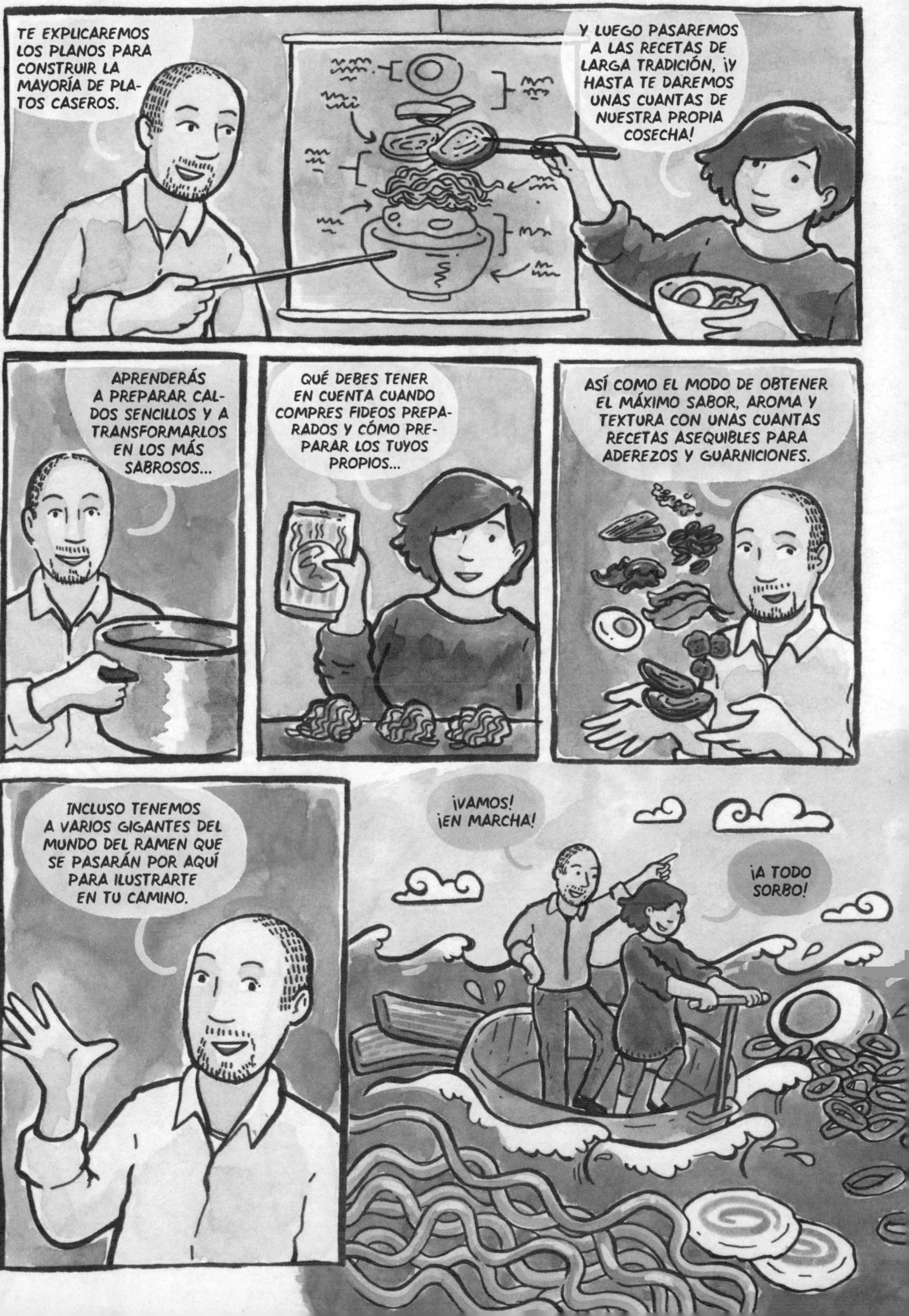
TE EXPLICAREMOS LOS PLANOS PARA CONSTRUIR LA MAYORÍA DE PLATOS CASEROS.
Y LUEGO PASAREMOS A LAS RECETAS DE LARGA TRADICIÓN, ¡Y HASTA TE DAREMOS UNAS CUANTAS DE NUESTRA PROPIA COSECHA!
APRENDERÁS A PREPARAR CALDOS SENCILLOS Y A TRANSFORMARLOS EN LOS MÁS SABROSOS...
QUÉ DEBES TENER EN CUENTA CUANDO COMPRES FIDEOS PREPARADOS Y CÓMO PREPARAR LOS TUYOS PROPIOS...
ASÍ COMO EL MODO DE OBTENER EL MÁXIMO SABOR, AROMA Y TEXTURA CON UNAS CUANTAS RECETAS ASEQUIBLES PARA ADEREZOS Y GUARNICIONES.
INCLUSO TENEMOS A VARIOS GIGANTES DEL MUNDO DEL RAMEN QUE SE PASARÁN POR AQUÍ PARA ILUSTRARTE EN TU CAMINO.
¡VAMOS! ¡EN MARCHA!
¡A TODO SORBO!

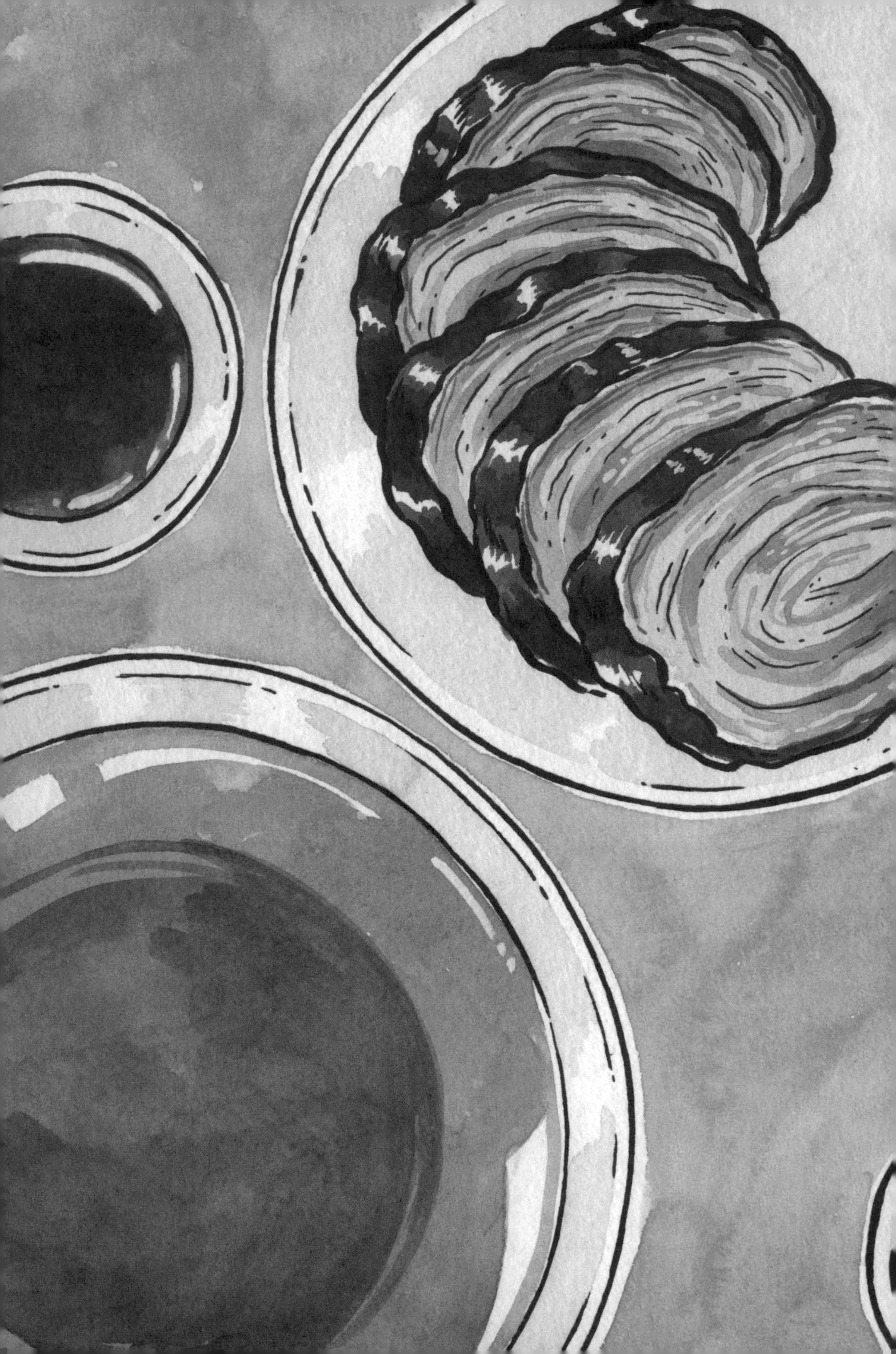

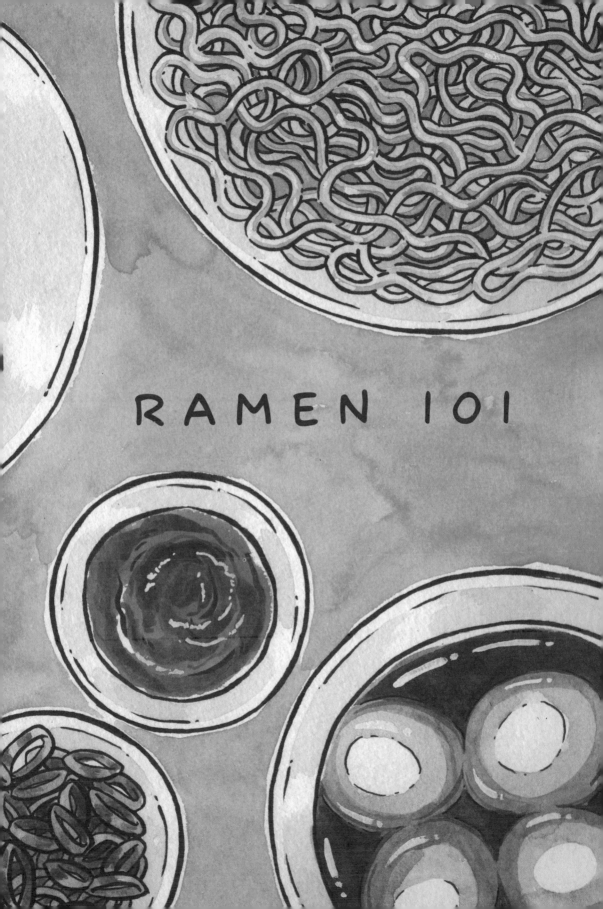

RAMEN 101

BREVE HISTORIA DEL RAMEN

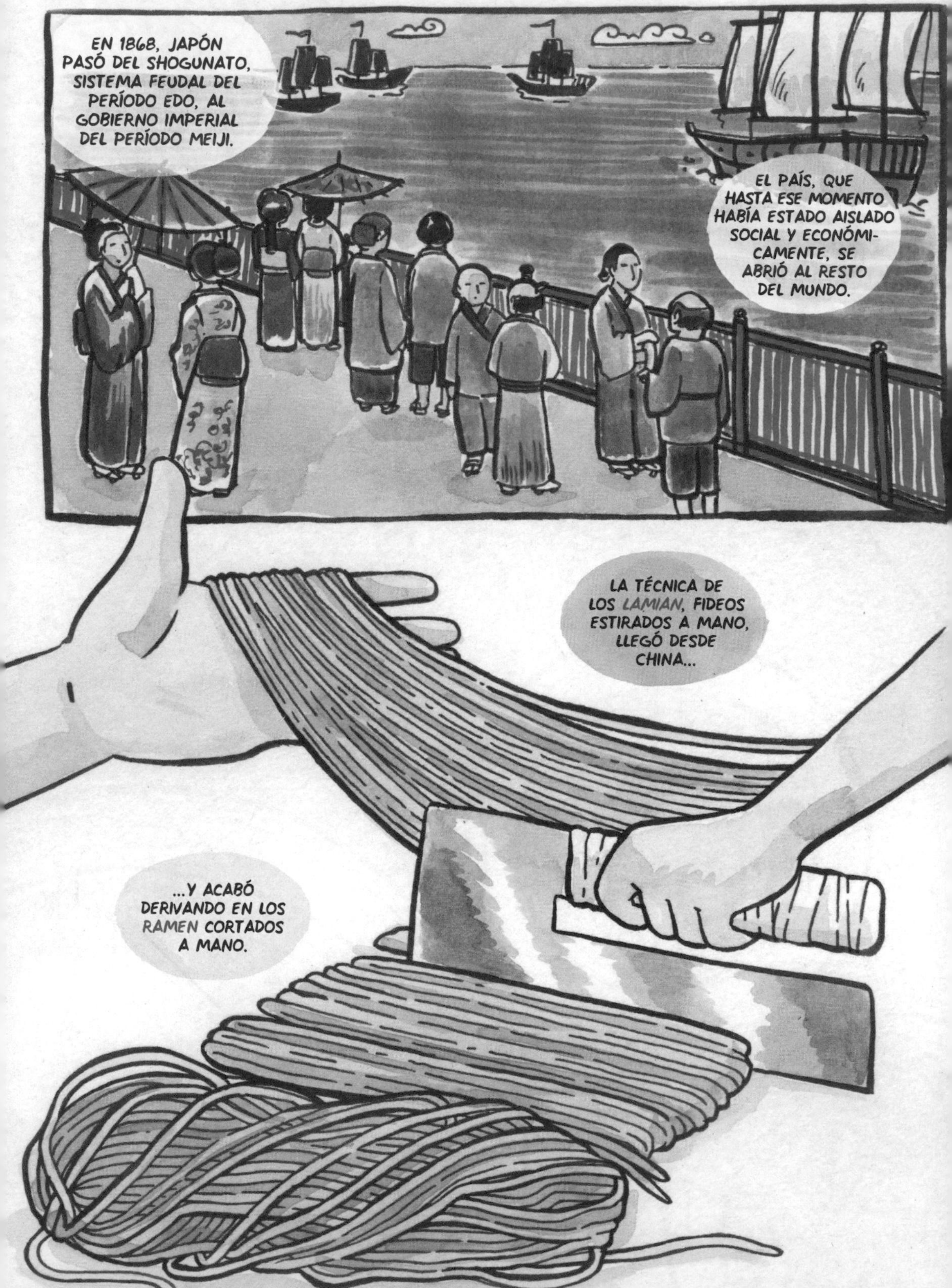
EN 1868, JAPÓN PASÓ DEL SHOGUNATO, SISTEMA FEUDAL DEL PERÍODO EDO, AL GOBIERNO IMPERIAL DEL PERÍODO MEIJI.
EL PAÍS, QUE HASTA ESE MOMENTO HABÍA ESTADO AISLADO SOCIAL Y ECONÓMI-CAMENTE, SE ABRIÓ AL RESTO DEL MUNDO.
LA TÉCNICA DE LOS LAMIAN, FIDEOS ESTIRADOS A MANO, LLEGÓ DESDE CHINA...
...Y ACABÓ DERIVANDO EN LOS RAMEN CORTADOS A MANO.

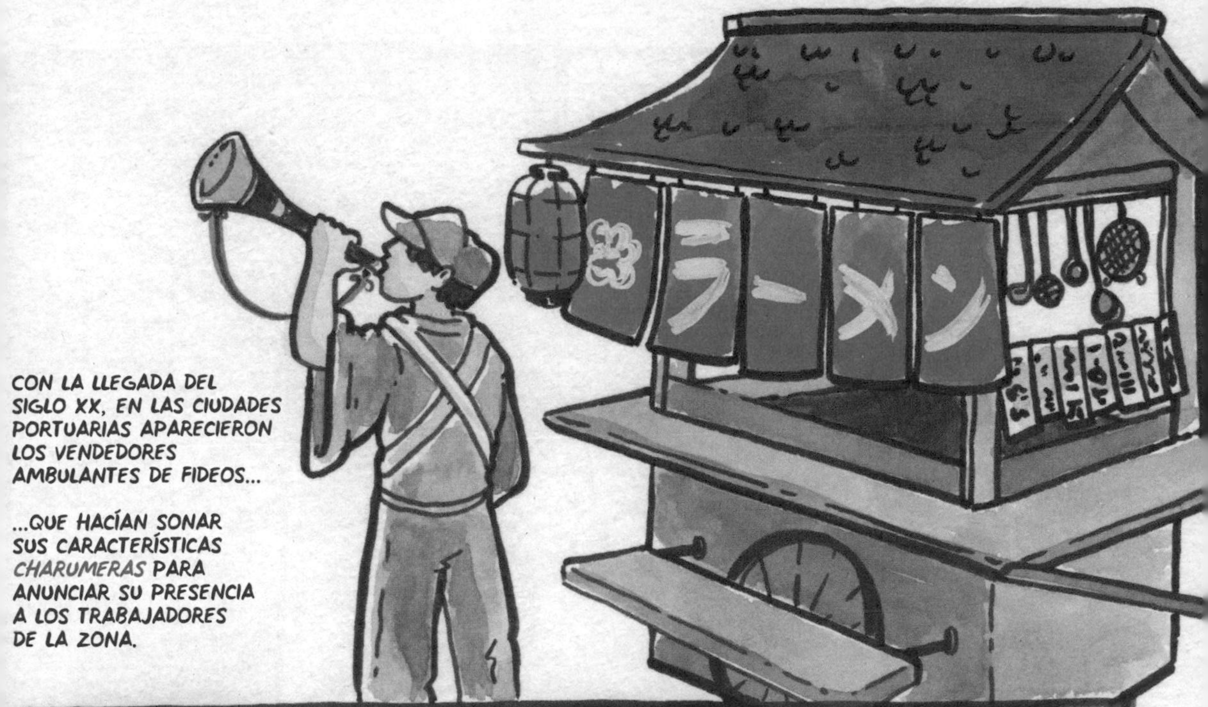
CON LA LLEGADA DEL SIGLO XX, EN LAS CIUDADES PORTUARIAS APARECIERON LOS VENDEDORES AMBULANTES DE FIDEOS...
...QUE HACÍAN SONAR SUS CARACTERÍSTICAS *CHARUMERAS* PARA ANUNCIAR SU PRESENCIA A LOS TRABAJADORES DE LA ZONA.
ラーメン

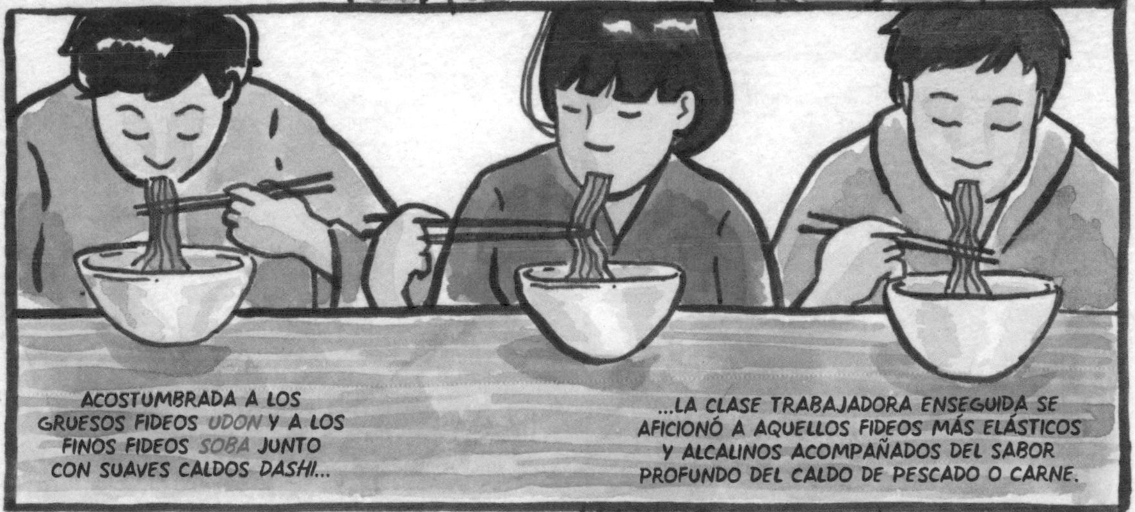
ACOSTUMBRADA A LOS GRUESOS FIDEOS *UDON* Y A LOS FINOS FIDEOS *SOBA* JUNTO CON SUAVES CALDOS *DASHI*...
...LA CLASE TRABAJADORA ENSEGUIDA SE AFICIONÓ A AQUELLOS FIDEOS MÁS ELÁSTICOS Y ALCALINOS ACOMPAÑADOS DEL SABOR PROFUNDO DEL CALDO DE PESCADO O CARNE.

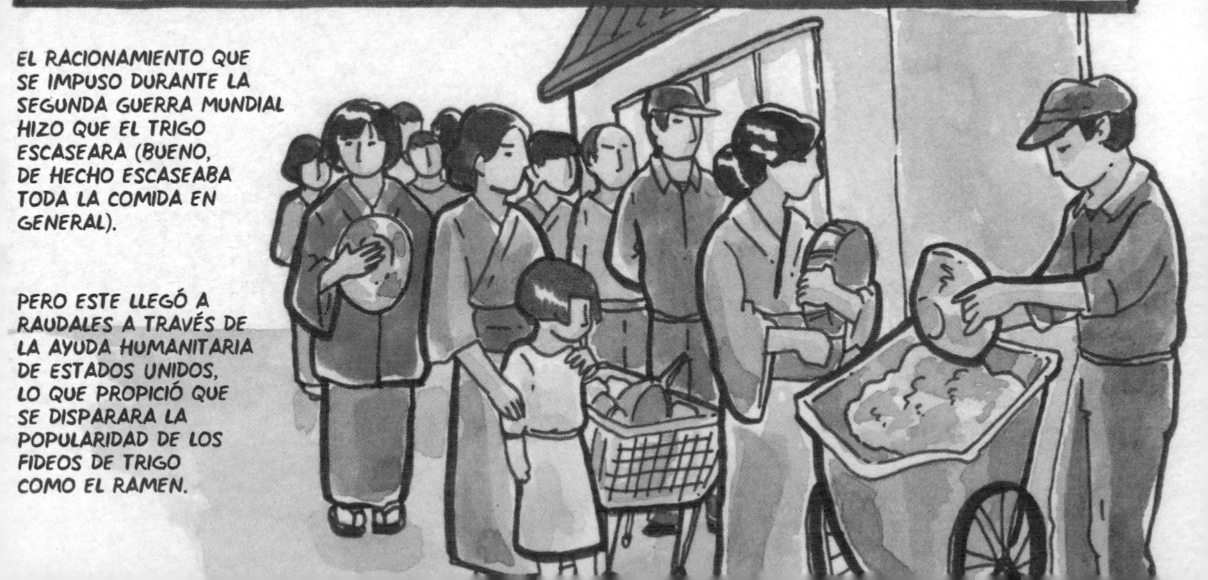
EL RACIONAMIENTO QUE SE IMPUSO DURANTE LA SEGUNDA GUERRA MUNDIAL HIZO QUE EL TRIGO ESCASEARA (BUENO, DE HECHO ESCASEABA TODA LA COMIDA EN GENERAL).
PERO ESTE LLEGÓ A RAUDALES A TRAVÉS DE LA AYUDA HUMANITARIA DE ESTADOS UNIDOS, LO QUE PROPICIÓ QUE SE DISPARARA LA POPULARIDAD DE LOS FIDEOS DE TRIGO COMO EL RAMEN.

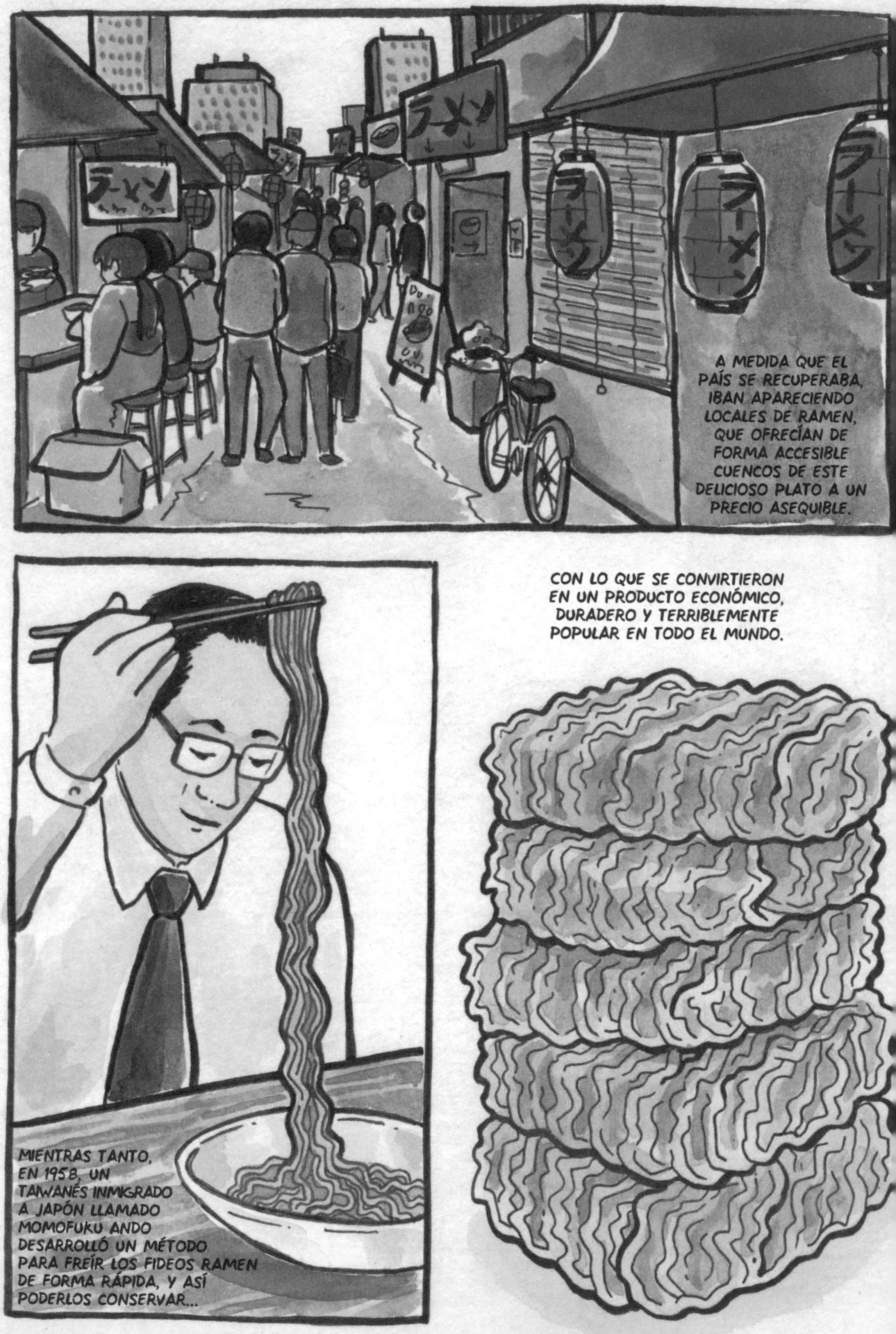
A MEDIDA QUE EL PAÍS SE RECUPERABA, IBAN APARECIENDO LOCALES DE RAMEN, QUE OFRECÍAN DE FORMA ACCESIBLE CUENCOS DE ESTE DELICIOSO PLATO A UN PRECIO ASEQUIBLE.
MIENTRAS TANTO, EN 1958, UN TAIWANÉS INMIGRADO A JAPÓN LLAMADO MOMOFUKU ANDO DESARROLLÓ UN MÉTODO PARA FREÍR LOS FIDEOS RAMEN DE FORMA RÁPIDA, Y ASÍ PODERLOS CONSERVAR...
CON LO QUE SE CONVIRTIERON EN UN PRODUCTO ECONÓMICO, DURADERO Y TERRIBLEMENTE POPULAR EN TODO EL MUNDO.

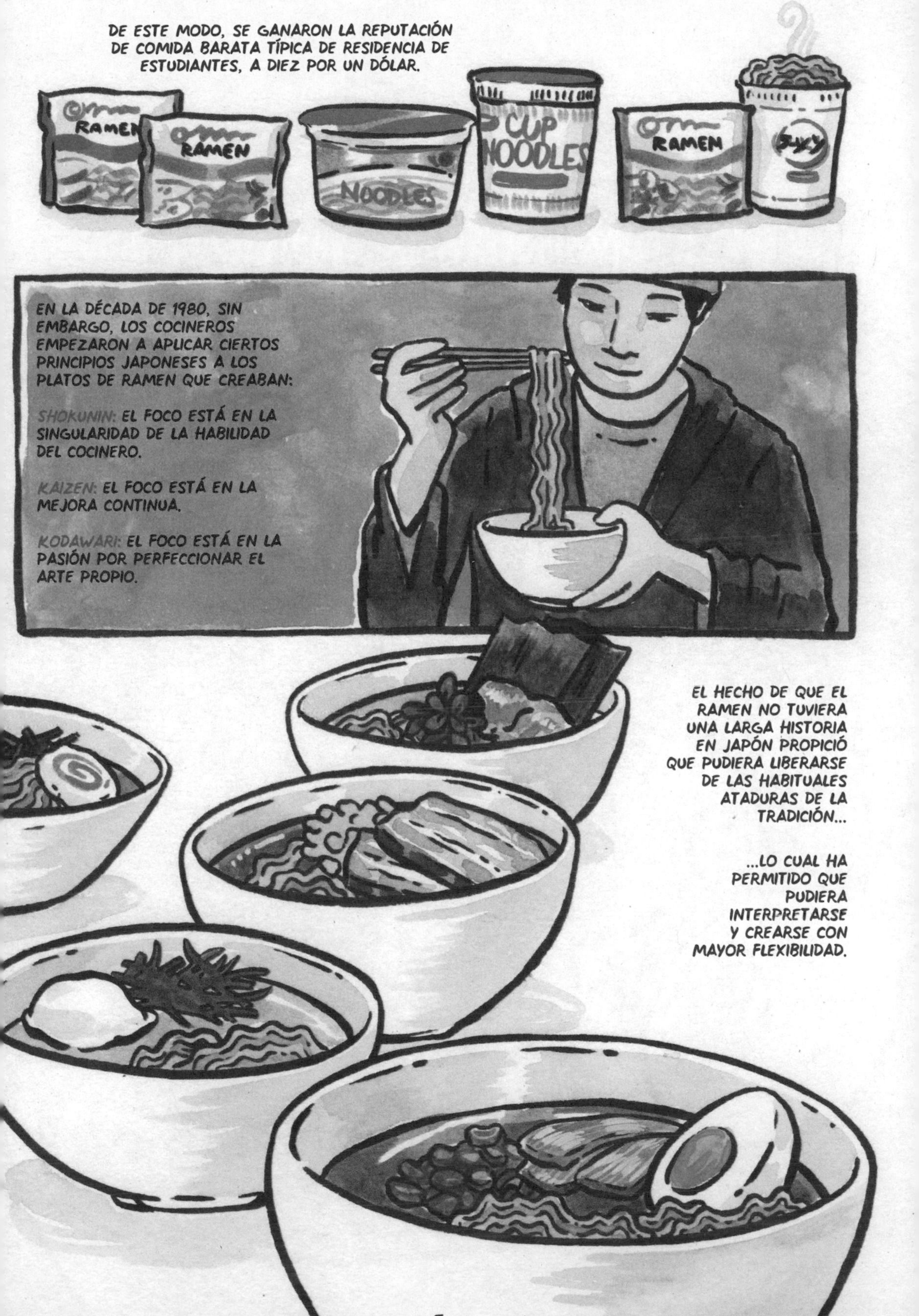
DE ESTE MODO, SE GANARON LA REPUTACIÓN DE COMIDA BARATA TÍPICA DE RESIDENCIA DE ESTUDIANTES, A DIEZ POR UN DÓLAR.
RAMEN
RAMEN
NOODLES
CUP NOODLES
RAMEN
EN LA DÉCADA DE 1980, SIN EMBARGO, LOS COCINEROS EMPEZARON A APLICAR CIERTOS PRINCIPIOS JAPONESES A LOS PLATOS DE RAMEN QUE CREABAN:
SHOKUNIN: EL FOCO ESTÁ EN LA SINGULARIDAD DE LA HABILIDAD DEL COCINERO.
KAIZEN: EL FOCO ESTÁ EN LA MEJORA CONTINUA.
KODAWARI: EL FOCO ESTÁ EN LA PASIÓN POR PERFECCIONAR EL ARTE PROPIO.
EL HECHO DE QUE EL RAMEN NO TUVIERA UNA LARGA HISTORIA EN JAPÓN PROPICIÓ QUE PUDIERA LIBERARSE DE LAS HABITUALES ATADURAS DE LA TRADICIÓN...
...LO CUAL HA PERMITIDO QUE PUDIERA INTERPRETARSE Y CREARSE CON MAYOR FLEXIBILIDAD.

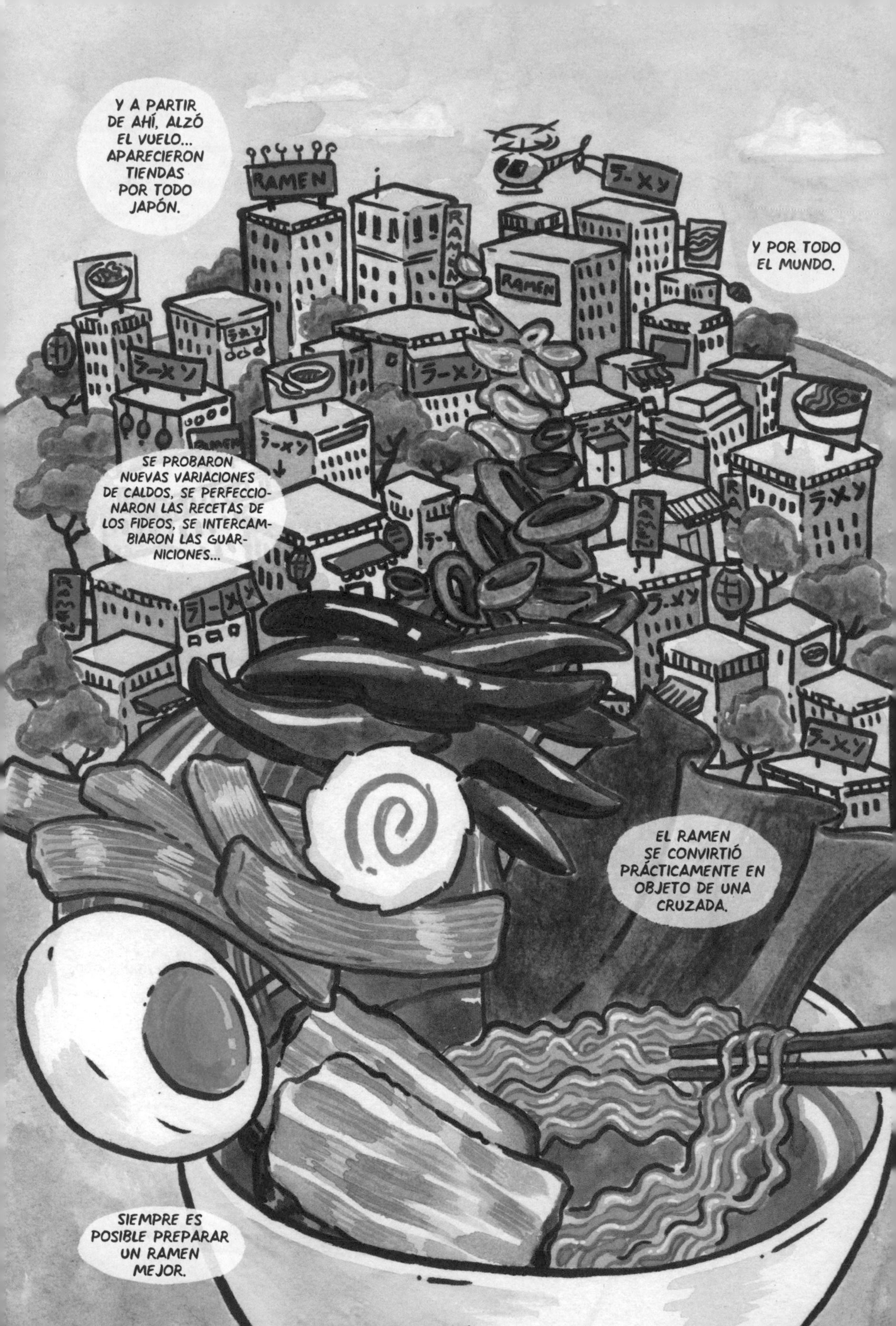
Y A PARTIR DE AHÍ, ALZÓ EL VUELO... APARECIERON TIENDAS POR TODO JAPÓN.
Y POR TODO EL MUNDO.
SE PROBARON NUEVAS VARIACIONES DE CALDOS, SE PERFECCIONARON LAS RECETAS DE LOS FIDEOS, SE INTERCAMBIARON LAS GUARNICIONES...
EL RAMEN SE CONVIRTIÓ PRÁCTICAMENTE EN OBJETO DE UNA CRUZADA.
SIEMPRE ES POSIBLE PREPARAR UN RAMEN MEJOR.

CÓMO DISFRUTAR DEL RAMEN

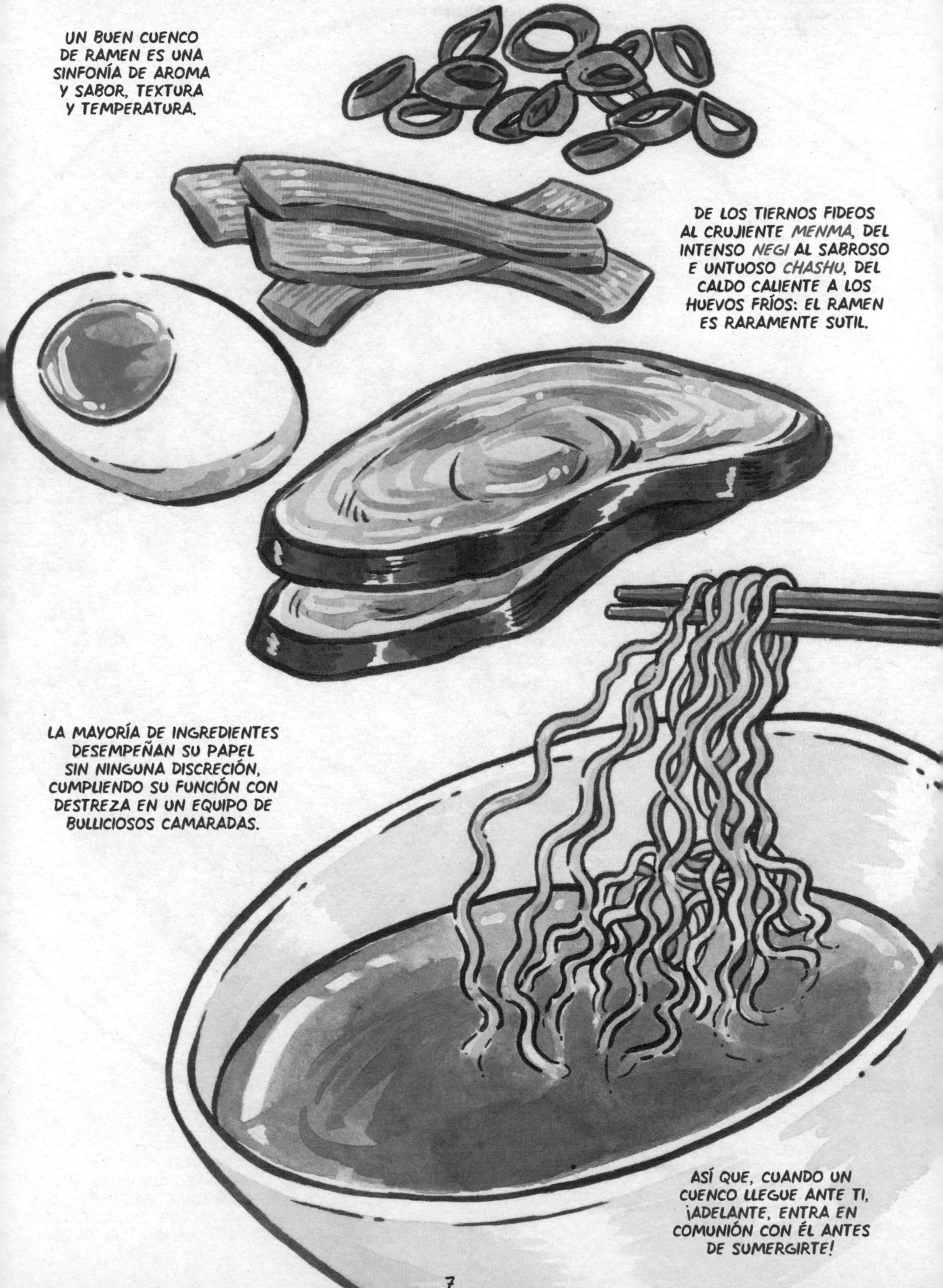
UN BUEN CUENCO DE RAMEN ES UNA SINFONÍA DE AROMA Y SABOR, TEXTURA Y TEMPERATURA.
DE LOS TIERNOS FIDEOS AL CRUJIENTE *MENMA*, DEL INTENSO *NEGI* AL SABROSO E UNTUOSO *CHASHU*, DEL CALDO CALIENTE A LOS HUEVOS FRÍOS: EL RAMEN ES RARAMENTE SUTIL.
LA MAYORÍA DE INGREDIENTES DESEMPEÑAN SU PAPEL SIN NINGUNA DISCRECIÓN, CUMPLIENDO SU FUNCIÓN CON DESTREZA EN UN EQUIPO DE BULLICIOSOS CAMARADAS.
ASÍ QUE, CUANDO UN CUENCO LLEGUE ANTE TI, ¡ADELANTE, ENTRA EN COMUNIÓN CON ÉL ANTES DE SUMERGIRTE!

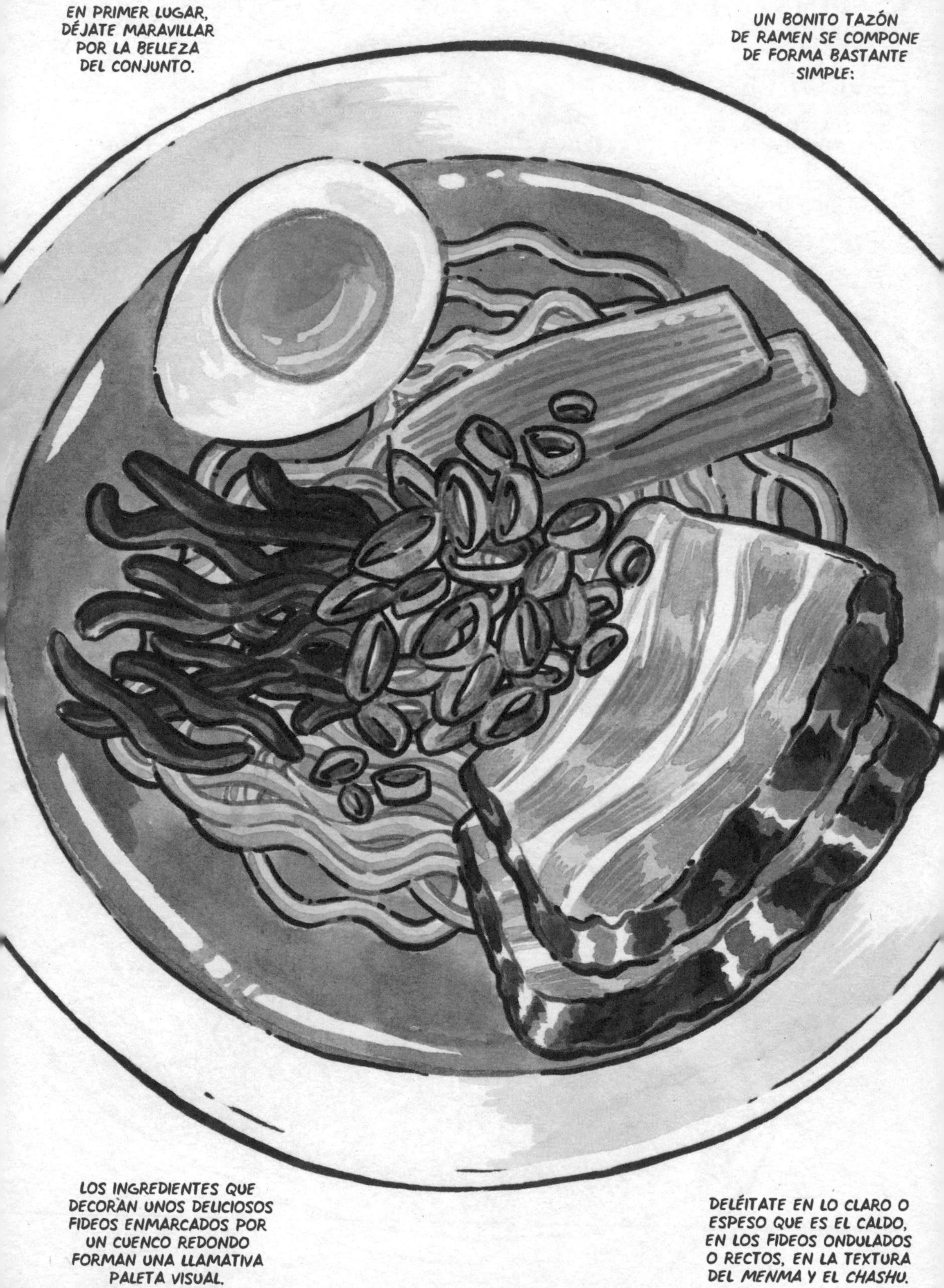
EN PRIMER LUGAR, DÉJATE MARAVILLAR POR LA BELLEZA DEL CONJUNTO.
UN BONITO TAZÓN DE RAMEN SE COMPONE DE FORMA BASTANTE SIMPLE:
LOS INGREDIENTES QUE DECORAN UNOS DELICIOSOS FIDEOS ENMARCADOS POR UN CUENCO REDONDO FORMAN UNA LLAMATIVA PALETA VISUAL.
DELÉITATE EN LO CLARO O ESPESO QUE ES EL CALDO, EN LOS FIDEOS ONDULADOS O RECTOS, EN LA TEXTURA DEL *MENMA* Y EL *CHASHU*.

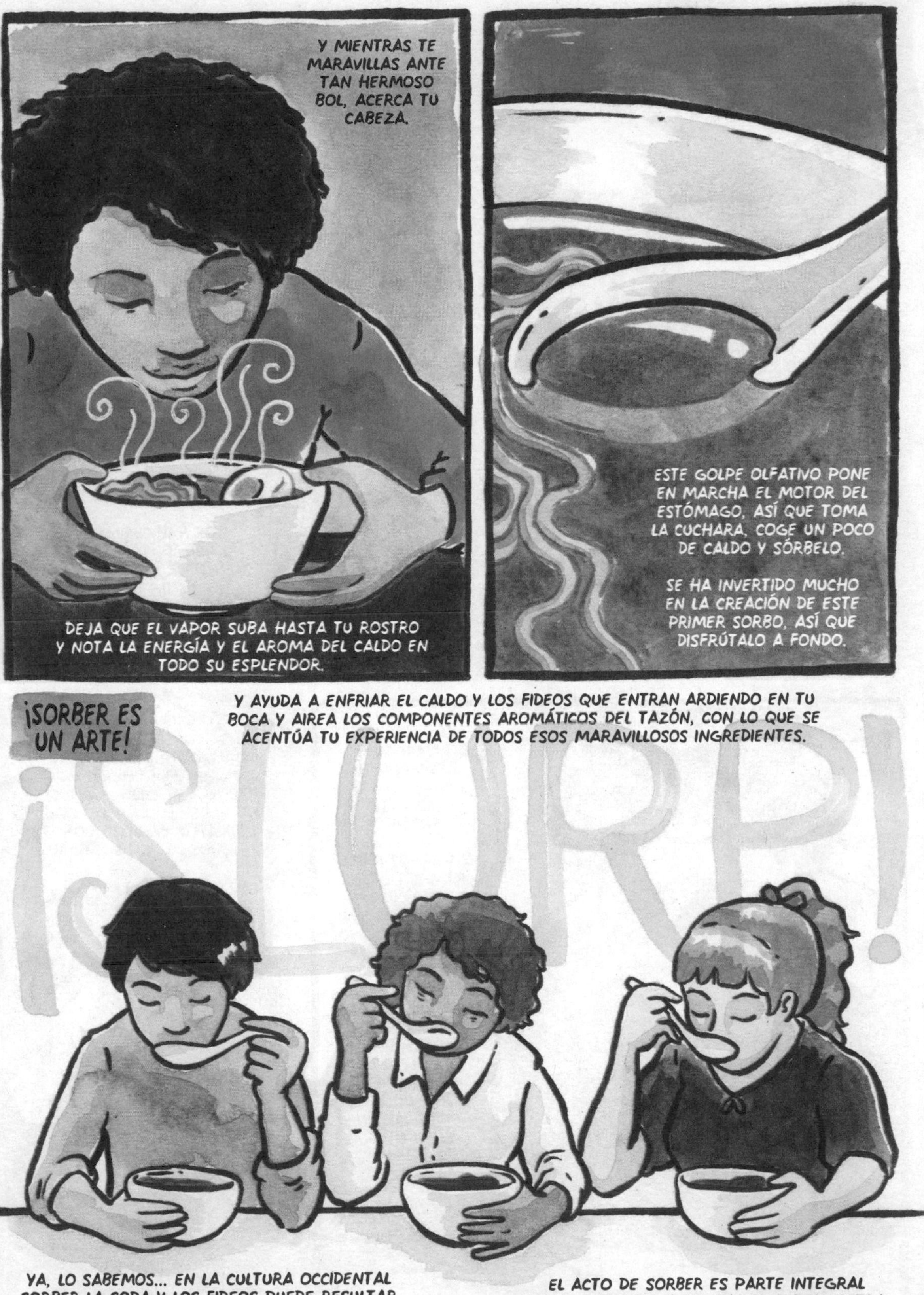
Y MIENTRAS TE MARAVILLAS ANTE TAN HERMOSO BOL, ACERCA TU CABEZA.
DEJA QUE EL VAPOR SUBA HASTA TU ROSTRO Y NOTA LA ENERGÍA Y EL AROMA DEL CALDO EN TODO SU ESPLENDOR.
ESTE GOLPE OLFATIVO PONE EN MARCHA EL MOTOR DEL ESTÓMAGO, ASÍ QUE TOMA LA CUCHARA, COGE UN POCO DE CALDO Y SÓRBELO.
SE HA INVERTIDO MUCHO EN LA CREACIÓN DE ESTE PRIMER SORBO, ASÍ QUE DISFRÚTALO A FONDO.
¡SORBER ES UN ARTE!
Y AYUDA A ENFRIAR EL CALDO Y LOS FIDEOS QUE ENTRAN ARDIENDO EN TU BOCA Y AIREA LOS COMPONENTES AROMÁTICOS DEL TAZÓN, CON LO QUE SE ACENTÚA TU EXPERIENCIA DE TODOS ESOS MARAVILLOSOS INGREDIENTES.
¡SLURP!
YA, LO SABEMOS... EN LA CULTURA OCCIDENTAL SORBER LA SOPA Y LOS FIDEOS PUEDE RESULTAR DE MALA EDUCACIÓN, ¡PERO DESHAZTE DE ESAS INHIBICIONES Y ATRÉVETE A SORBER!
EL ACTO DE SORBER ES PARTE INTEGRAL DE LA EXPERIENCIA DEL RAMEN Y DEMUESTRA AL COCINERO (AUNQUE SEAS TÚ MISMO) QUE LO ESTÁS DISFRUTANDO.

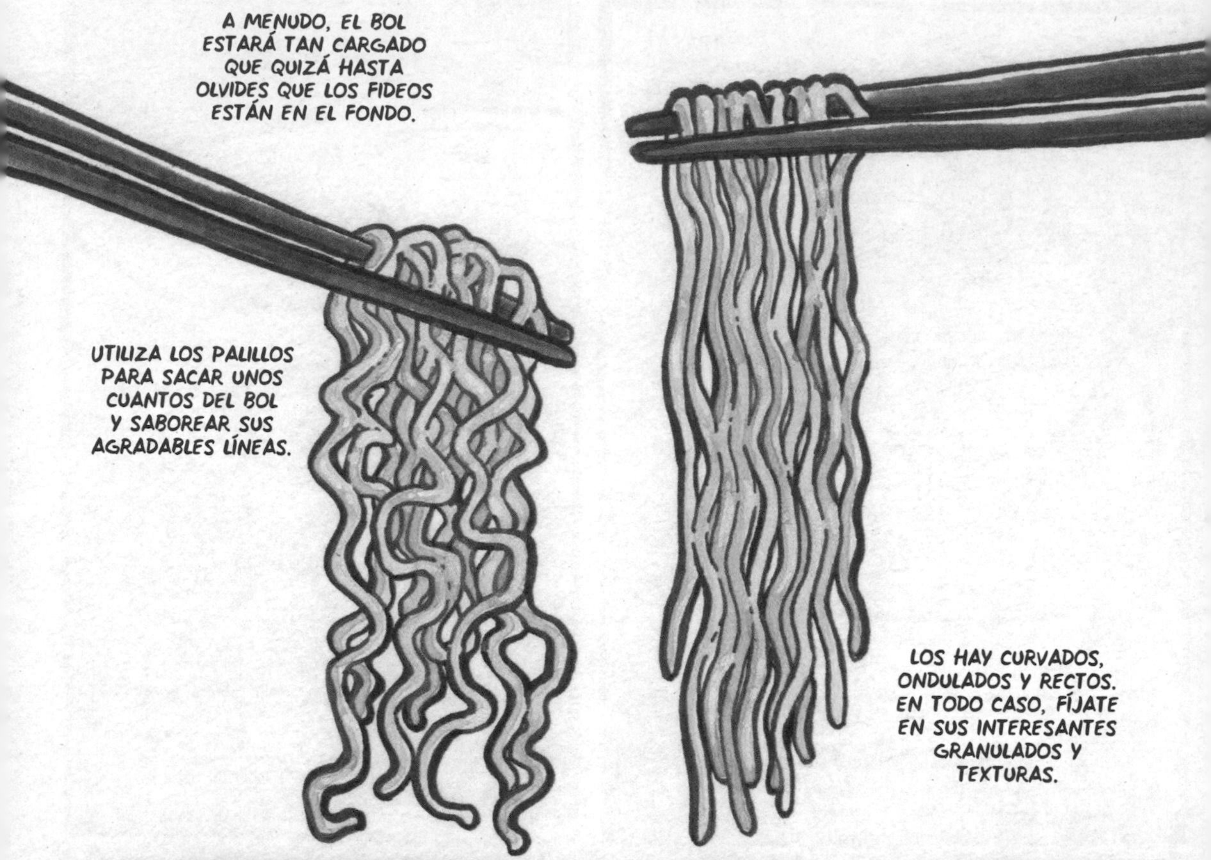
A MENUDO, EL BOL ESTARÁ TAN CARGADO QUE QUIZÁ HASTA OLVIDES QUE LOS FIDEOS ESTÁN EN EL FONDO.
UTILIZA LOS PALILLOS PARA SACAR UNOS CUANTOS DEL BOL Y SABOREAR SUS AGRADABLES LÍNEAS.
LOS HAY CURVADOS, ONDULADOS Y RECTOS. EN TODO CASO, FÍJATE EN SUS INTERESANTES GRANULADOS Y TEXTURAS.

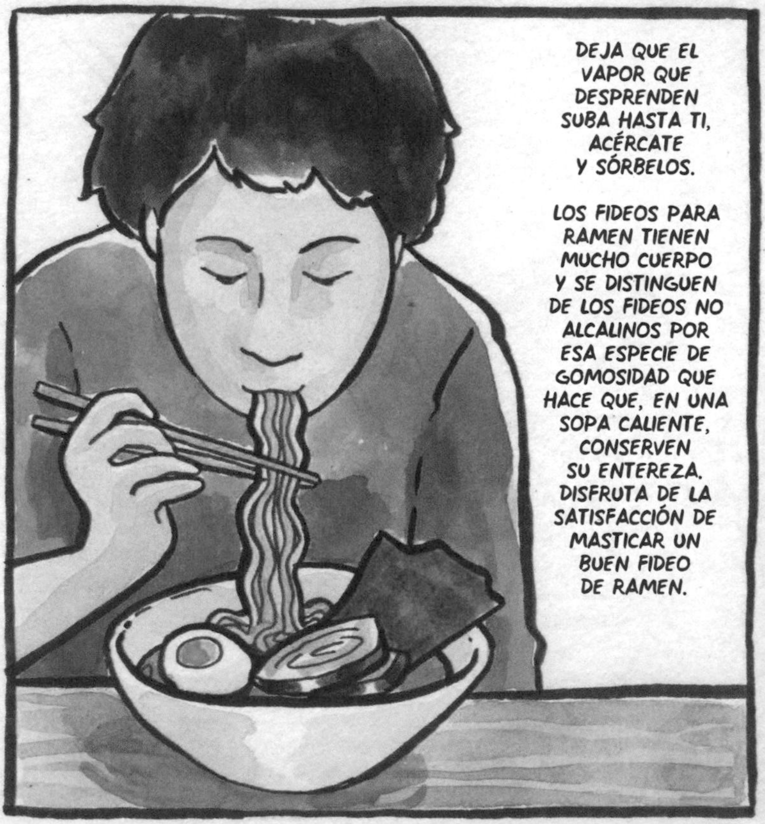
DEJA QUE EL VAPOR QUE DESPRENDEN SUBA HASTA TI, ACÉRCATE Y SÓRBELOS.
LOS FIDEOS PARA RAMEN TIENEN MUCHO CUERPO Y SE DISTINGUEN DE LOS FIDEOS NO ALCALINOS POR ESA ESPECIE DE GOMOSIDAD QUE HACE QUE, EN UNA SOPA CALIENTE, CONSERVEN SU ENTEREZA. DISFRUTA DE LA SATISFACCIÓN DE MASTICAR UN BUEN FIDEO DE RAMEN.

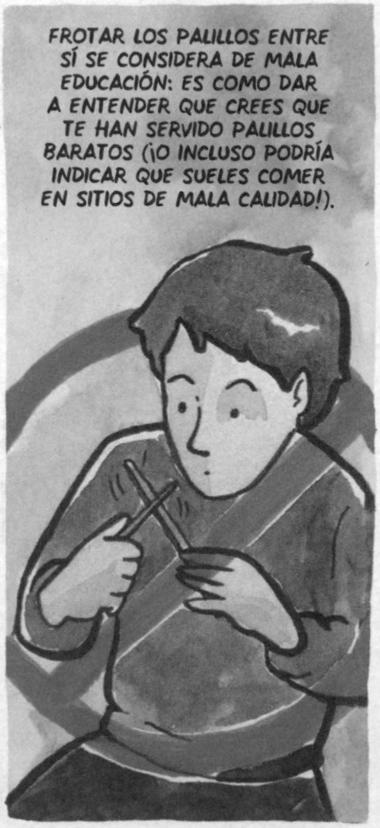
FROTAR LOS PALILLOS ENTRE SÍ SE CONSIDERA DE MALA EDUCACIÓN: ES COMO DAR A ENTENDER QUE CREES QUE TE HAN SERVIDO PALILLOS BARATOS (¡O INCLUSO PODRÍA INDICAR QUE SUELES COMER EN SITIOS DE MALA CALIDAD!).

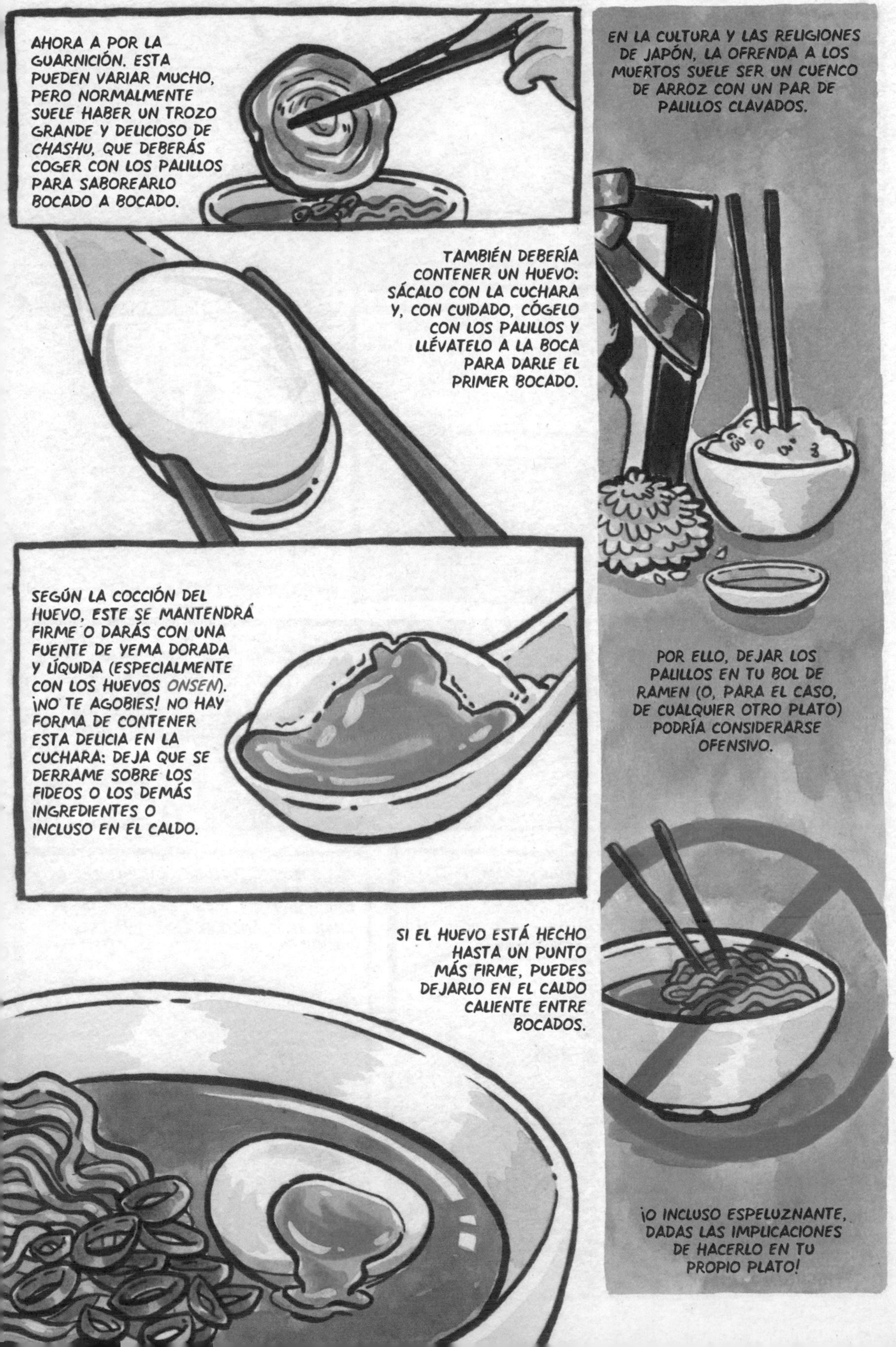
AHORA A POR LA GUARNICIÓN. ESTA PUEDEN VARIAR MUCHO, PERO NORMALMENTE SUELE HABER UN TROZO GRANDE Y DELICIOSO DE *CHASHU*, QUE DEBERÁS COGER CON LOS PALILLOS PARA SABOREARLO BOCADO A BOCADO.
TAMBIÉN DEBERÍA CONTENER UN HUEVO: SÁCALO CON LA CUCHARA Y, CON CUIDADO, CÓGELO CON LOS PALILLOS Y LLÉVATELO A LA BOCA PARA DARLE EL PRIMER BOCADO.
SEGÚN LA COCCIÓN DEL HUEVO, ESTE SE MANTENDRÁ FIRME O DARÁS CON UNA FUENTE DE YEMA DORADA Y LÍQUIDA (ESPECIALMENTE CON LOS HUEVOS *ONSEN*). ¡NO TE AGOBIES! NO HAY FORMA DE CONTENER ESTA DELICIA EN LA CUCHARA: DEJA QUE SE DERRAME SOBRE LOS FIDEOS O LOS DEMÁS INGREDIENTES O INCLUSO EN EL CALDO.
SI EL HUEVO ESTÁ HECHO HASTA UN PUNTO MÁS FIRME, PUEDES DEJARLO EN EL CALDO CALIENTE ENTRE BOCADOS.
EN LA CULTURA Y LAS RELIGIONES DE JAPÓN, LA OFRENDA A LOS MUERTOS SUELE SER UN CUENCO DE ARROZ CON UN PAR DE PALILLOS CLAVADOS.
POR ELLO, DEJAR LOS PALILLOS EN TU BOL DE RAMEN (O, PARA EL CASO, DE CUALQUIER OTRO PLATO) PODRÍA CONSIDERARSE OFENSIVO.
¡O INCLUSO ESPELUZNANTE, DADAS LAS IMPLICACIONES DE HACERLO EN TU PROPIO PLATO!

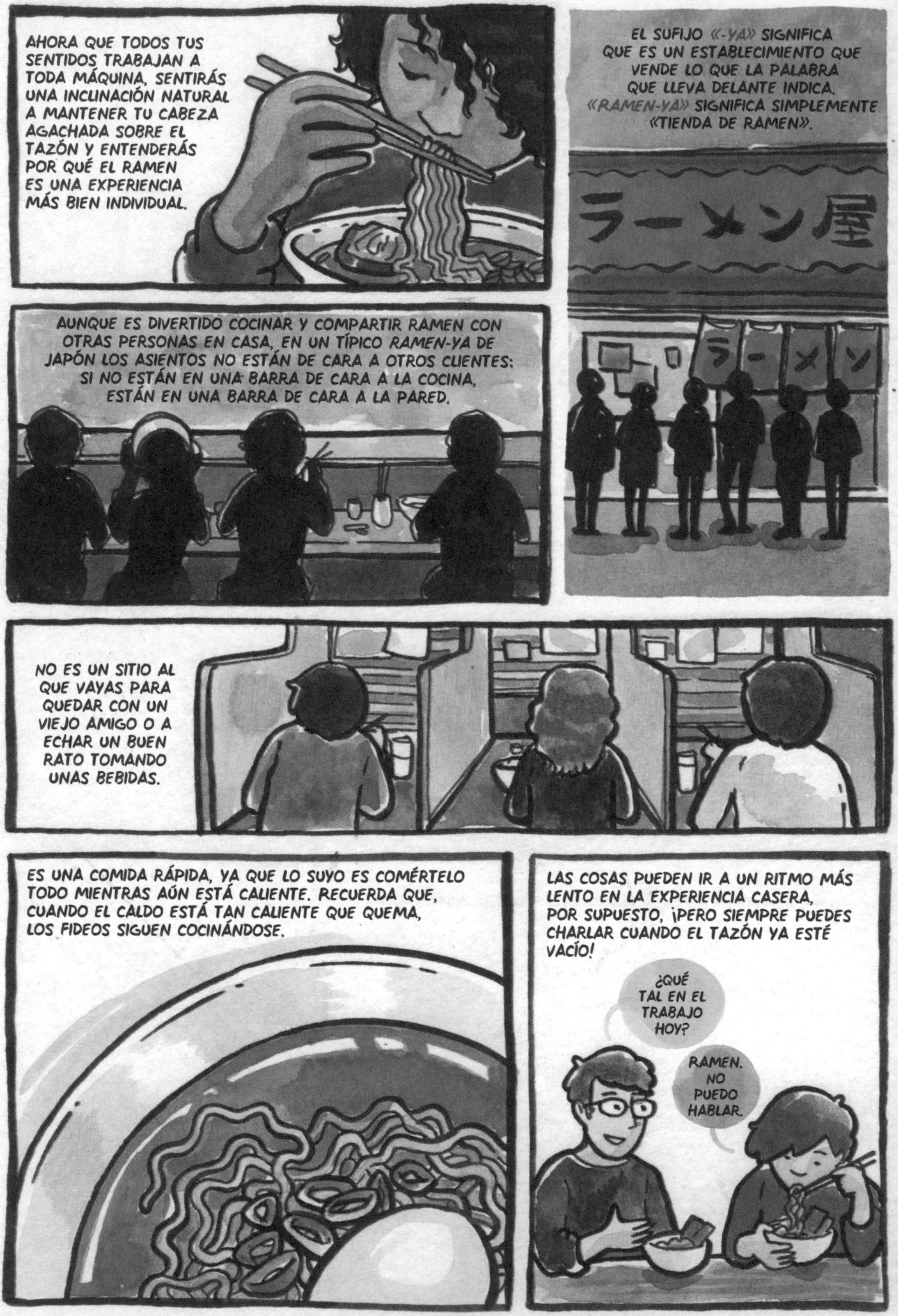
AHORA QUE TODOS TUS SENTIDOS TRABAJAN A TODA MÁQUINA, SENTIRÁS UNA INCLINACIÓN NATURAL A MANTENER TU CABEZA AGACHADA SOBRE EL TAZÓN Y ENTENDERÁS POR QUÉ EL RAMEN ES UNA EXPERIENCIA MÁS BIEN INDIVIDUAL.
AUNQUE ES DIVERTIDO COCINAR Y COMPARTIR RAMEN CON OTRAS PERSONAS EN CASA, EN UN TÍPICO *RAMEN-YA* DE JAPÓN LOS ASIENTOS NO ESTÁN DE CARA A OTROS CLIENTES: SI NO ESTÁN EN UNA BARRA DE CARA A LA COCINA, ESTÁN EN UNA BARRA DE CARA A LA PARED.
EL SUFIJO «-*YA*» SIGNIFICA QUE ES UN ESTABLECIMIENTO QUE VENDE LO QUE LA PALABRA QUE LLEVA DELANTE INDICA. «*RAMEN-YA*» SIGNIFICA SIMPLEMENTE «TIENDA DE RAMEN».
ラーメン屋
ラーメン
NO ES UN SITIO AL QUE VAYAS PARA QUEDAR CON UN VIEJO AMIGO O A ECHAR UN BUEN RATO TOMANDO UNAS BEBIDAS.
ES UNA COMIDA RÁPIDA, YA QUE LO SUYO ES COMÉRTELO TODO MIENTRAS AÚN ESTÁ CALIENTE. RECUERDA QUE, CUANDO EL CALDO ESTÁ TAN CALIENTE QUE QUEMA, LOS FIDEOS SIGUEN COCINÁNDOSE.
LAS COSAS PUEDEN IR A UN RITMO MÁS LENTO EN LA EXPERIENCIA CASERA, POR SUPUESTO, ¡PERO SIEMPRE PUEDES CHARLAR CUANDO EL TAZÓN YA ESTÉ VACÍO!
¿QUÉ TAL EN EL TRABAJO HOY?
RAMEN. NO PUEDO HABLAR.

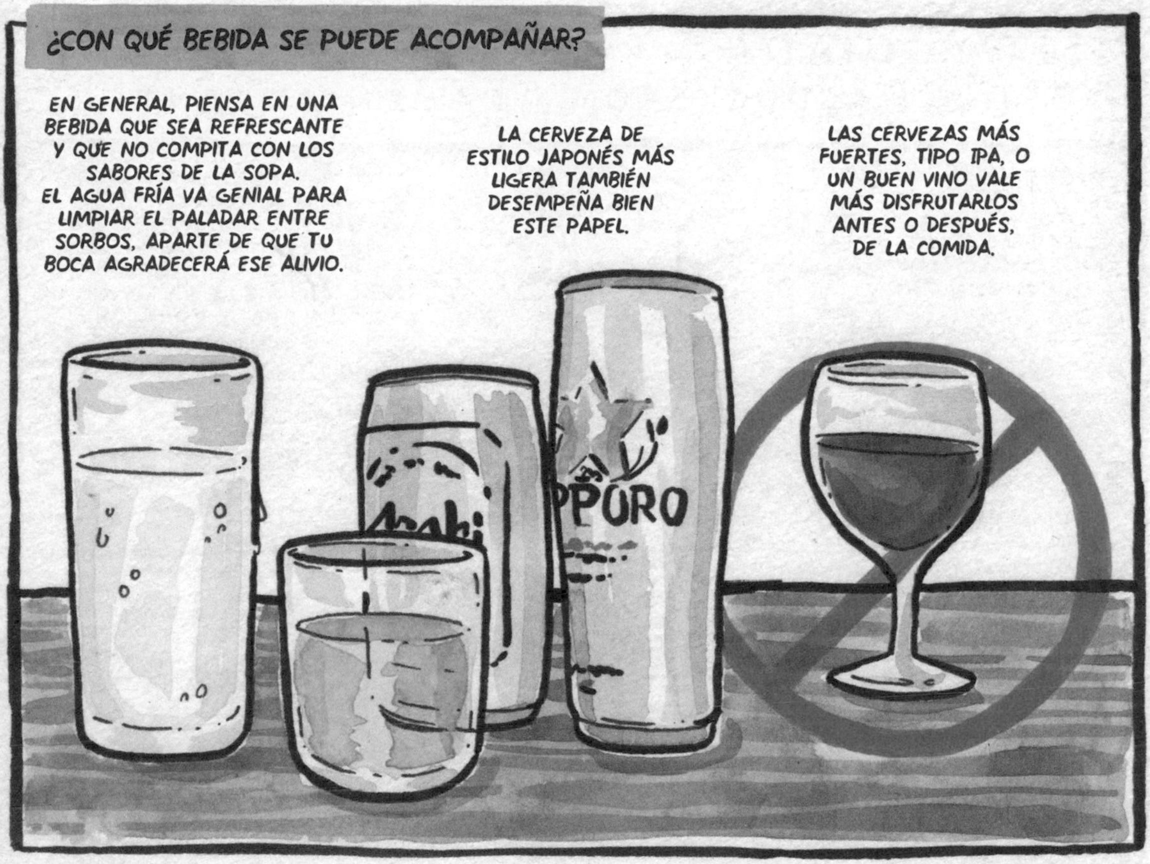
¿CON QUÉ BEBIDA SE PUEDE ACOMPAÑAR?
EN GENERAL, PIENSA EN UNA BEBIDA QUE SEA REFRESCANTE Y QUE NO COMPITA CON LOS SABORES DE LA SOPA.
EL AGUA FRÍA VA GENIAL PARA LIMPIAR EL PALADAR ENTRE SORBOS, APARTE DE QUE TU BOCA AGRADECERÁ ESE ALIVIO.
LA CERVEZA DE ESTILO JAPONÉS MÁS LIGERA TAMBIÉN DESEMPEÑA BIEN ESTE PAPEL.
LAS CERVEZAS MÁS FUERTES, TIPO IPA, O UN BUEN VINO VALE MÁS DISFRUTARLOS ANTES O DESPUÉS, DE LA COMIDA.

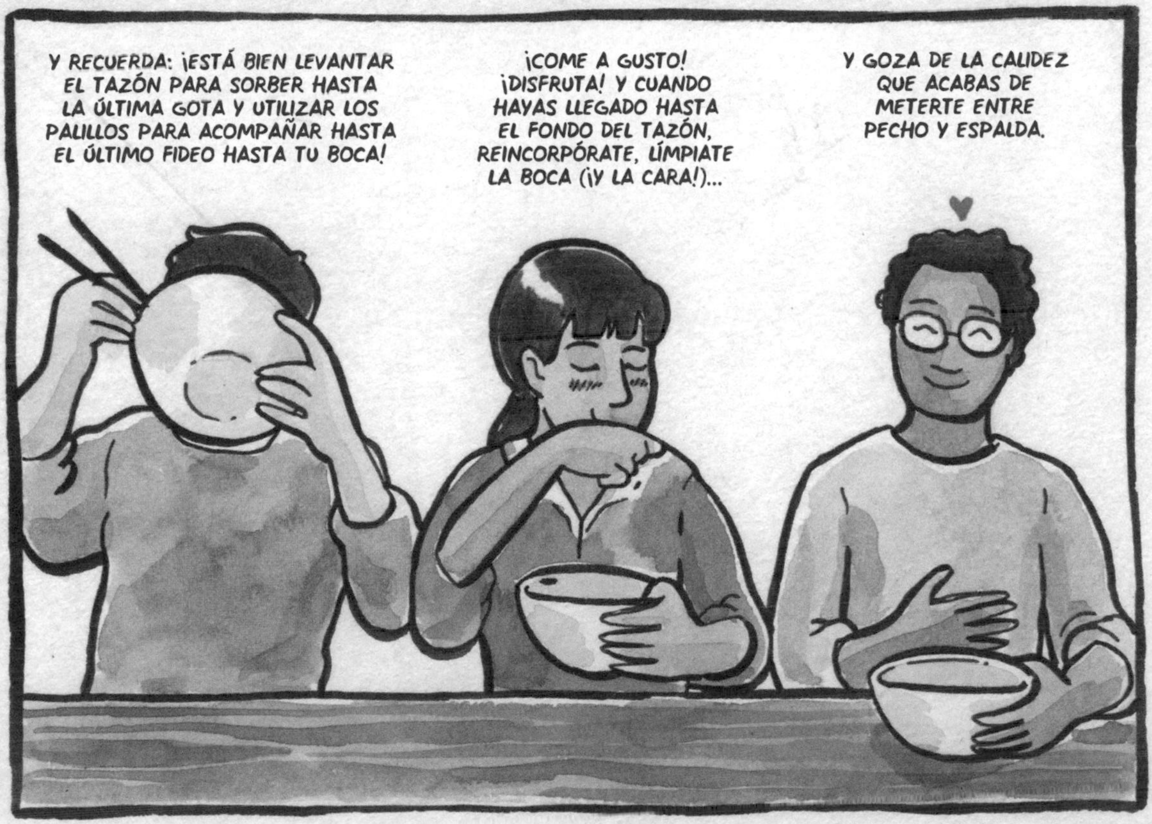
Y RECUERDA: ¡ESTÁ BIEN LEVANTAR EL TAZÓN PARA SORBER HASTA LA ÚLTIMA GOTA Y UTILIZAR LOS PALILLOS PARA ACOMPAÑAR HASTA EL ÚLTIMO FIDEO HASTA TU BOCA!
¡COME A GUSTO! ¡DISFRUTA! Y CUANDO HAYAS LLEGADO HASTA EL FONDO DEL TAZÓN, REINCORPÓRATE, LÍMPIATE LA BOCA (¡Y LA CARA!)...
Y GOZA DE LA CALIDEZ QUE ACABAS DE METERTE ENTRE PECHO Y ESPALDA.

VISITA GUIADA por un RAMEN-YA JAPONÉS con BRIAN MACDUCKSTON de RAMEN ADVENTURES

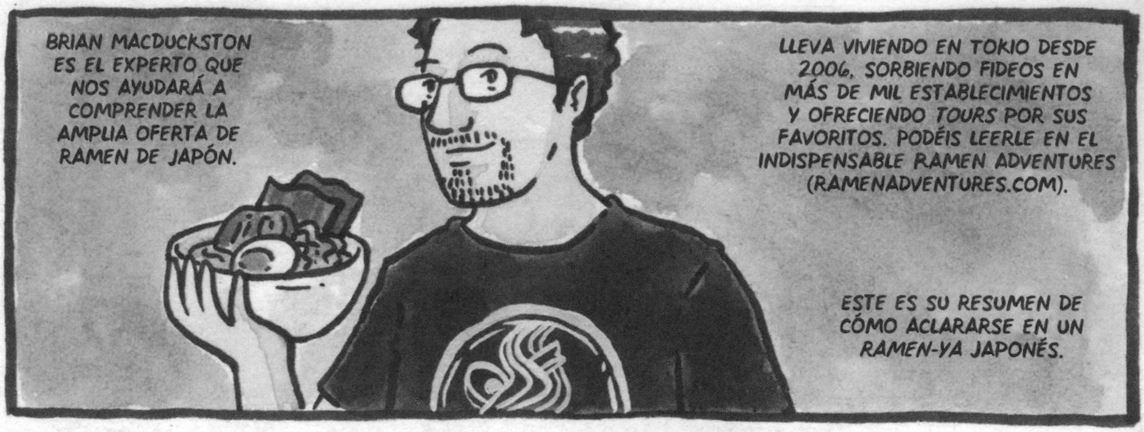
BRIAN MACDUCKSTON ES EL EXPERTO QUE NOS AYUDARÁ A COMPRENDER LA AMPLIA OFERTA DE RAMEN DE JAPÓN.
LLEVA VIVIENDO EN TOKIO DESDE 2006, SORBIENDO FIDEOS EN MÁS DE MIL ESTABLECIMIENTOS Y OFRECIENDO *TOURS* POR SUS FAVORITOS. PODÉIS LEERLE EN EL INDISPENSABLE RAMEN ADVENTURES (RAMENADVENTURES.COM).
ESTE ES SU RESUMEN DE CÓMO ACLARARSE EN UN *RAMEN-YA* JAPONÉS.

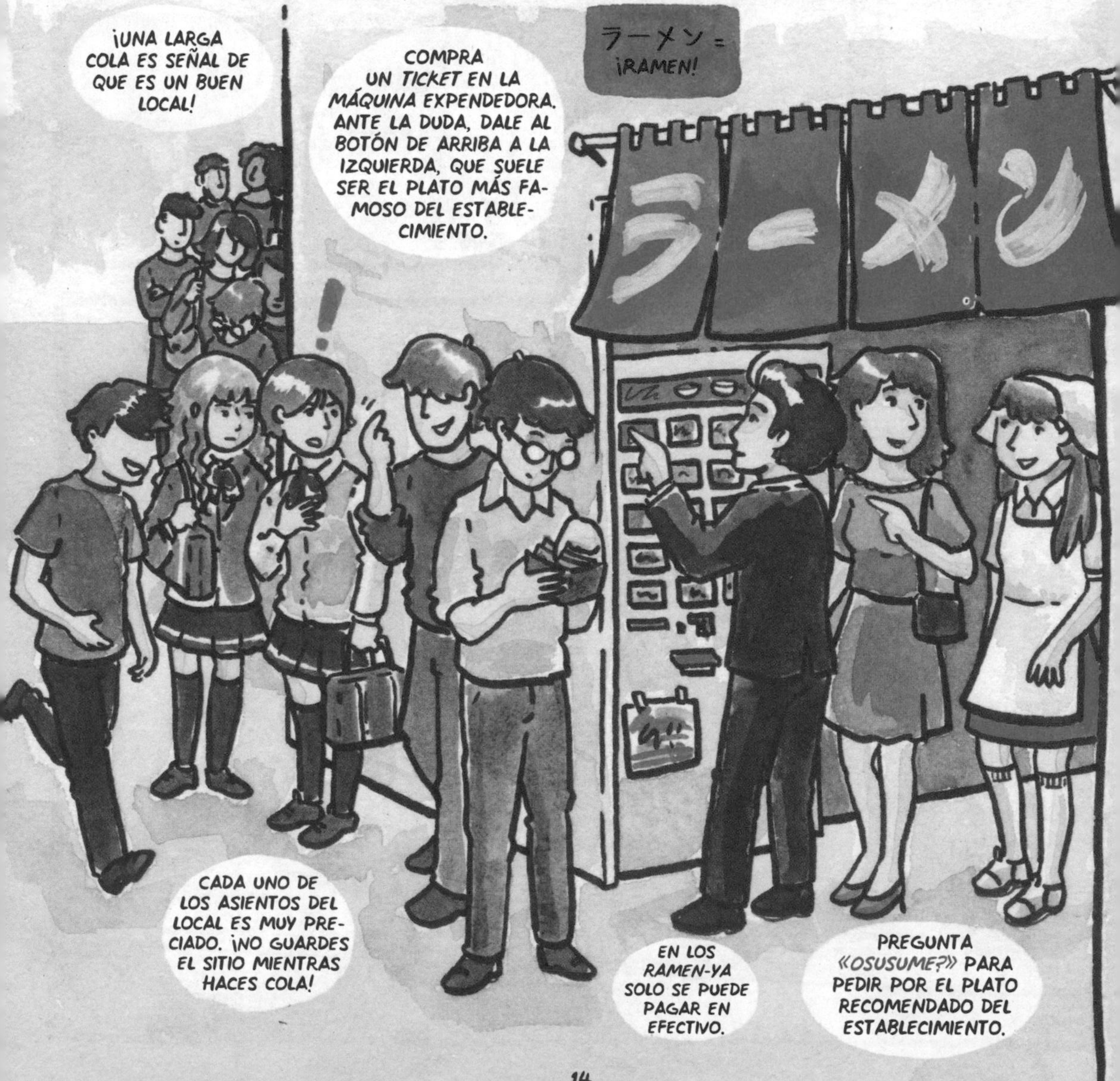
¡UNA LARGA COLA ES SEÑAL DE QUE ES UN BUEN LOCAL!
COMPRA UN *TICKET* EN LA MÁQUINA EXPENDEDORA. ANTE LA DUDA, DALE AL BOTÓN DE ARRIBA A LA IZQUIERDA, QUE SUELE SER EL PLATO MÁS FAMOSO DEL ESTABLECIMIENTO.
ラーメン = ¡RAMEN!
ラーメン
CADA UNO DE LOS ASIENTOS DEL LOCAL ES MUY PRECIADO. ¡NO GUARDES EL SITIO MIENTRAS HACES COLA!
EN LOS *RAMEN-YA* SOLO SE PUEDE PAGAR EN EFECTIVO.
PREGUNTA *«OSUSUME?»* PARA PEDIR POR EL PLATO RECOMENDADO DEL ESTABLECIMIENTO.

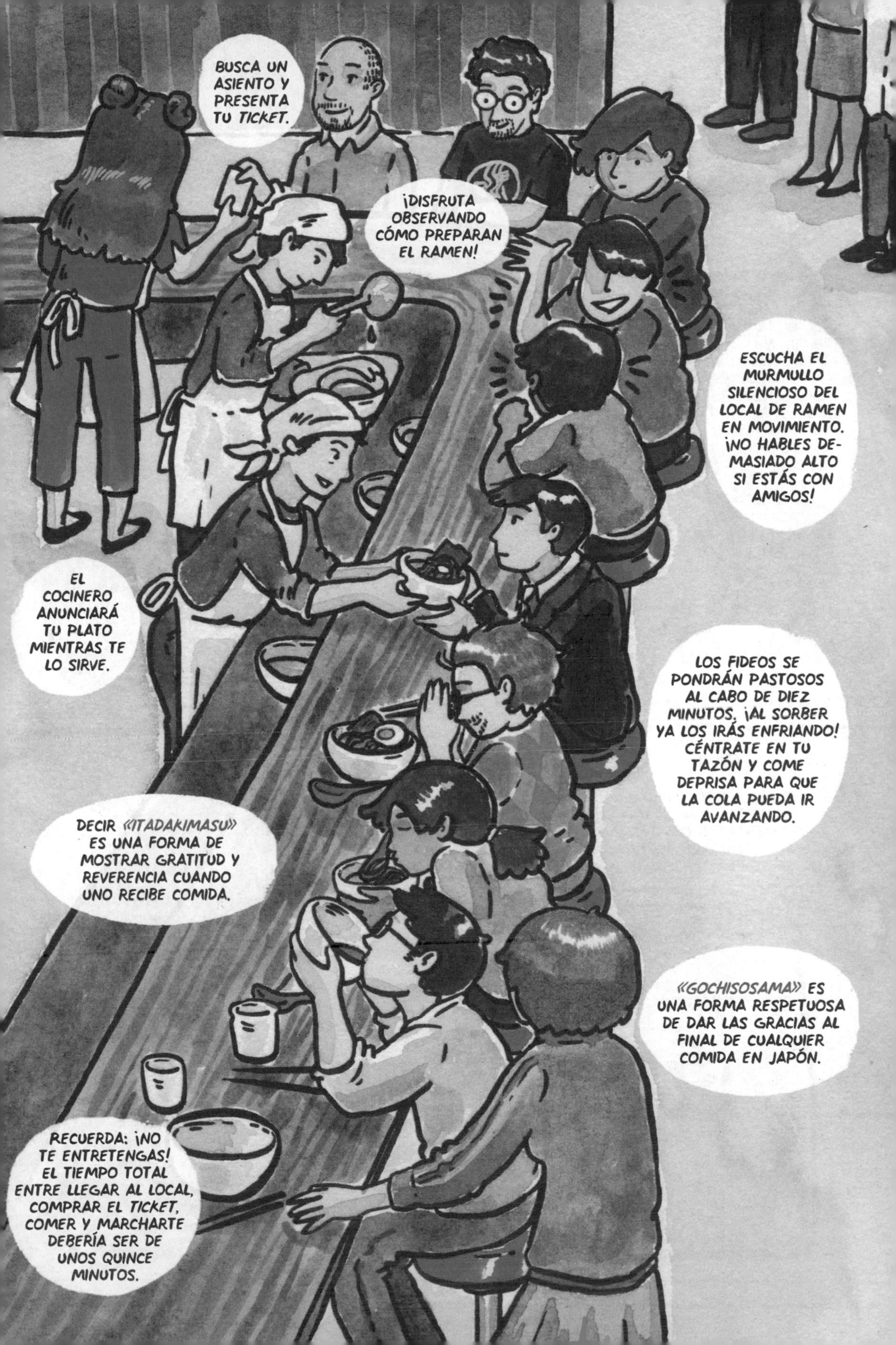
BUSCA UN ASIENTO Y PRESENTA TU *TICKET*.
¡DISFRUTA OBSERVANDO CÓMO PREPARAN EL RAMEN!
ESCUCHA EL MURMULLO SILENCIOSO DEL LOCAL DE RAMEN EN MOVIMIENTO. ¡NO HABLES DEMASIADO ALTO SI ESTÁS CON AMIGOS!
EL COCINERO ANUNCIARÁ TU PLATO MIENTRAS TE LO SIRVE.
LOS FIDEOS SE PONDRÁN PASTOSOS AL CABO DE DIEZ MINUTOS. ¡AL SORBER YA LOS IRÁS ENFRIANDO! CÉNTRATE EN TU TAZÓN Y COME DEPRISA PARA QUE LA COLA PUEDA IR AVANZANDO.
DECIR «*ITADAKIMASU*» ES UNA FORMA DE MOSTRAR GRATITUD Y REVERENCIA CUANDO UNO RECIBE COMIDA.
«*GOCHISOSAMA*» ES UNA FORMA RESPETUOSA DE DAR LAS GRACIAS AL FINAL DE CUALQUIER COMIDA EN JAPÓN.
RECUERDA: ¡NO TE ENTRETENGAS! EL TIEMPO TOTAL ENTRE LLEGAR AL LOCAL, COMPRAR EL *TICKET*, COMER Y MARCHARTE DEBERÍA SER DE UNOS QUINCE MINUTOS.

LA DESPENSA

TENER UNA DESPENSA BIEN PROVISTA ES MÁS FÁCIL DE LO QUE PARECE. APARTE DE TENER SIEMPRE PREPARADOS CALDOS, *TARE*, CARNE PARA LA GUARNICIÓN Y FIDEOS EN LA NEVERA Y EL CONGELADOR, DISPONER DE ESTOS INGREDIENTES DE USO COMÚN TE FACILITARÁ ENORMEMENTE LA EXPERIENCIA DE COCINAR RAMEN.

TODO LO AQUÍ DESCRITO PUEDE ENCONTRARSE EN SUPERMERCADOS JAPONESES Y ASIÁTICOS, O SI NO TAMBIÉN EN INTERNET.

SHOYU (SALSA DE SOJA)

LAS VARIEDADES DE SALSA DE SOJA VAN DESDE MARCAS TIRADAS DE PRECIO A LAS SUPERARTESANALES.

LAS SALSAS *SHOYU* Y *TAMARI* JAPONESAS SON MÁS CLARAS QUE LAS SALSAS DE SOJA CHINAS, ASÍ QUE TEN EN CUENTA LA INTENSIDAD DE SABOR Y AJUSTA SU USO EN CONSONANCIA.

PARA GUISOS Y COCINA EN GENERAL

LA SALSA DE SUPERMERCADO NORMAL, YA SEA DE JAPÓN O CHINA O DE CUALQUIER PAÍS, SERVIRÁ. PERO COMPRUEBA QUE ESTÉ ELABORADA CON SOJA FERMENTADA, NO CON PROTEÍNAS HIDROLIZADAS.

PARA *TARE*: VALE LA PENA INVERTIR UN POCO MÁS DE DINERO EN PRODUCTOS ARTESANALES PARA RESALTAR LAS SUTILES DIFERENCIAS DE SABOR.

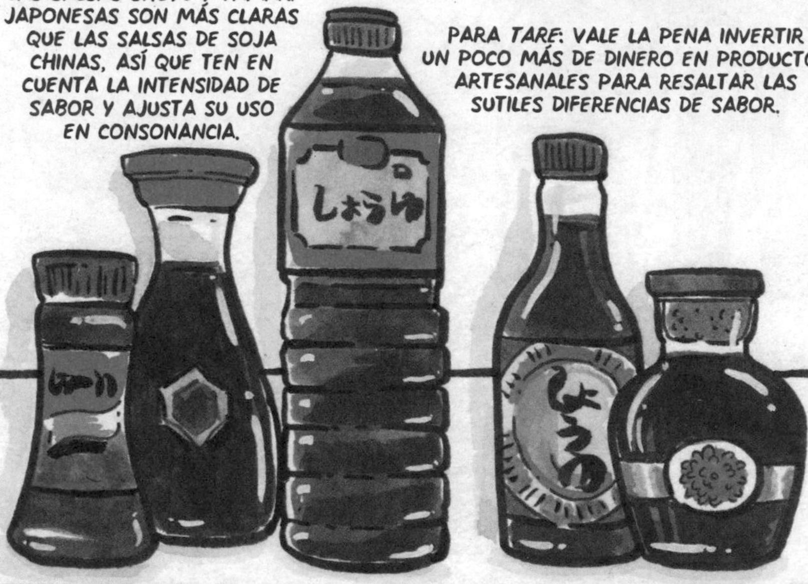
しょうゆ
しょうゆ

MISO

EL *MISO* ESTÁ HECHO CON SEMILLAS DE SOJA FERMENTADAS CON UN HONGO LLAMADO *KOJI* Y LUEGO SE DEJA ENVEJECER.

EN EL *TARE* BÁSICO DE *MISO* (PÁG. 48) SE EMPLEAN DOS TIPOS DE *MISO*, PERO, AL IGUAL QUE SUCEDE CON EL *SHOYU*, EL MUNDO DEL MISO ES DE UNA BELLA COMPLEJIDAD Y AMPLITUD, POR LO QUE LAS POSIBILIDADES SON INFINITAS.

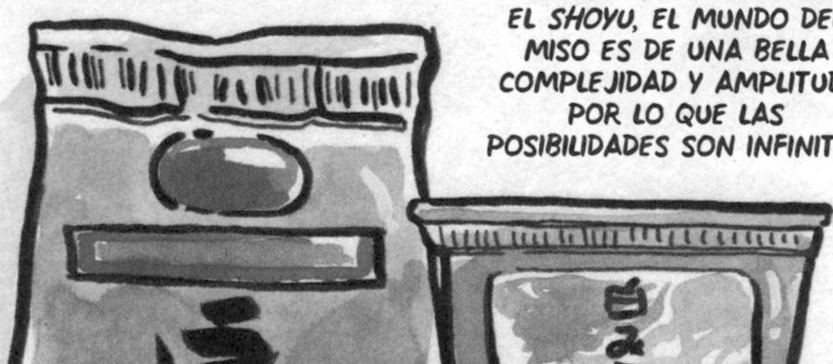
白みそ
白みそ
赤みそ

GOCHUJANG

ESTA PASTA COREANA DE CHILE FERMENTADO SE EMPLEA, ADEMÁS DEL *MISO* O EN SUSTITUCIÓN DE ESTE, CUANDO QUEREMOS QUE ESA SUCULENCIA SALADA SEA UN POCO MÁS PICANTE.

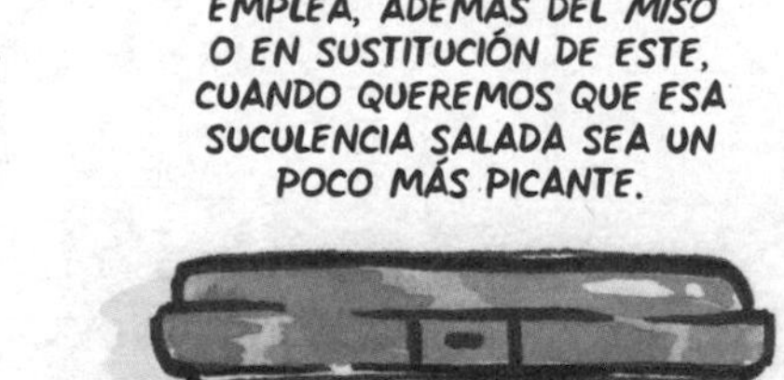
고추장

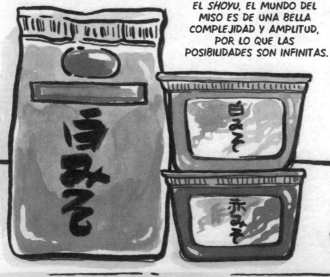

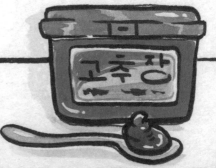

GRANOS DE PIMIENTA DE SICHUAN Y DE SANSHO

ESTAS DOS BAYAS SECAS Y ESTRECHAMENTE RELACIONADAS APORTAN UN ELEMENTO ACIDULADO Y AGRADABLEMENTE ENTUMECEDOR. SE SUELEN UTILIZAR PARA EQUILIBRAR LA POTENCIA DEL CHILE EN LOS PLATOS PICANTES, CON UN EFECTO EXTRAÑAMENTE ENCANTADOR. A NOSOTROS NOS GUSTA MOLER LAS BAYAS EN EL MOMENTO DE USARLAS.

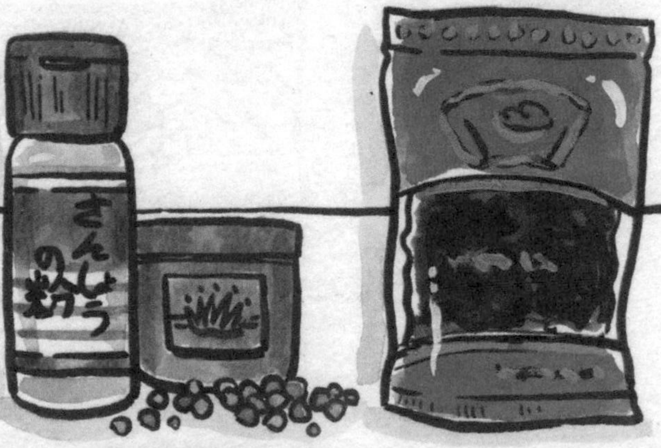

SHICHIMI TOGARASHI (CHILE DE SIETE SABORES)

UNA MEZCLA DE ESPECIAS QUE INCLUYE CHILES, *SANSHO*, *NORI*, SEMILLAS DE SÉSAMO, PIEL DE NARANJA Y OTRAS ESPECIAS, SEGÚN EL FABRICANTE. ¡ES PERFECTA PARA ESPOLVOREARLA SOBRE EL RAMEN!

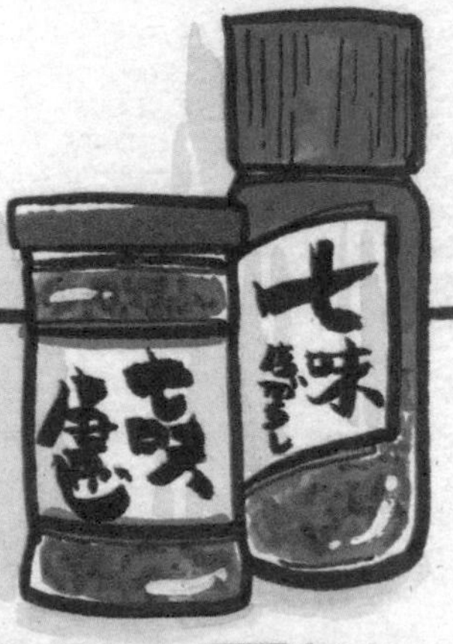
七味

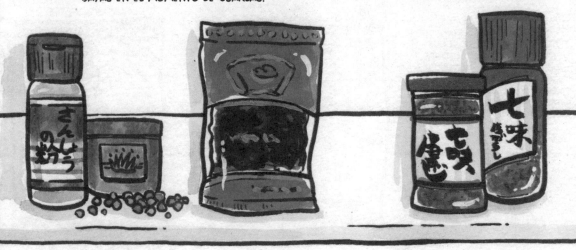

SAL

EN NUESTRA COCINA, PREFERIMOS LA SAL MARINA NATURAL A LA SAL TIPO *KOSHER* —Y EN ESPECIAL PARA NUESTRO *TARE DE SHIO* (PÁG. 46)— POR SUS SUTILES DIFERENCIAS DE SABOR ENTRE LOS DISTINTOS TIPOS. NO ES OBLIGATORIO, PERO HAY UN INMENSO OCÉANO DE SAL AHÍ FUERA: ¡EXPLÓRALO!

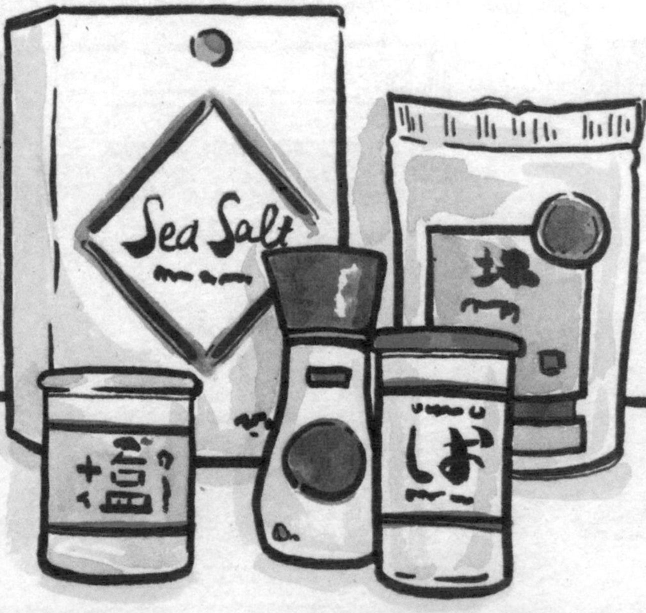
Sea Salt

FIDEOS SECOS PARA RAMEN

POR SI TE QUEDAS SIN FIDEOS CASEROS PARA RAMEN (PÁG. 79), NO VIENE MAL TENER TAMBIÉN FIDEOS SECOS EN LA DESPENSA.

USA ENTRE 56 Y 85 GRAMOS DE FIDEOS SECOS POR CADA BOL DE RAMEN Y RECUERDA QUE TARDAN MÁS EN HACERSE. SIGUE LAS INSTRUCCIONES DEL PAQUETE.

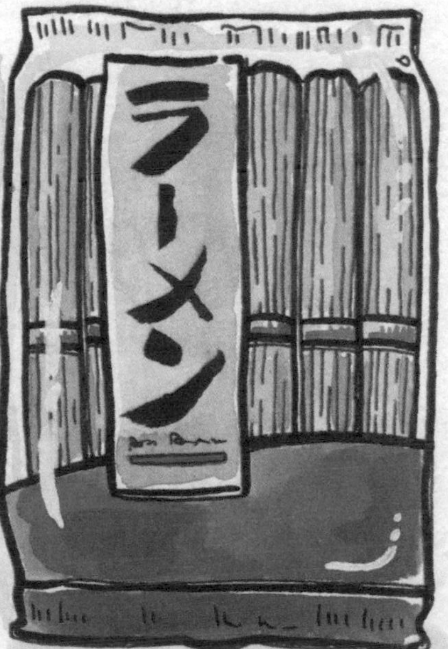
ラーメン

KATSUOBUSHI

ESTOS COPOS DE PESCADO ESTÁN HECHOS DE LISTADO (BONITO) SECO Y AHUMADO. EN JAPÓN ES COMÚN VERLOS DANZAR SOBRE LA COMIDA CALIENTE Y APORTAN UNA CANTIDAD INMENSA DE *UMAMI* A NUESTROS CALDOS.

ADMIRA EL *KATSUOBUSHI* DE HERMOSA FACTURA ARTESANAL QUE SE VENDE ENTERO (PARECEN BLOQUES DE MADERA Y SE REQUIERE UNA GARLOPA ESPECIAL PARA HACER VIRUTAS), PERO COMPRA LA VARIEDAD YA CORTADA PARA TU RAMEN.

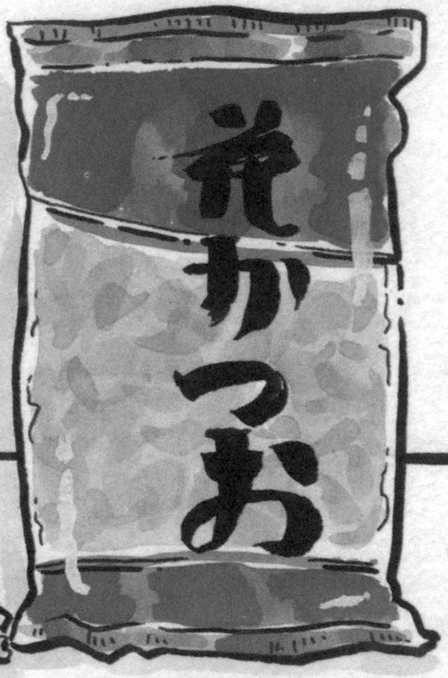
花かつお

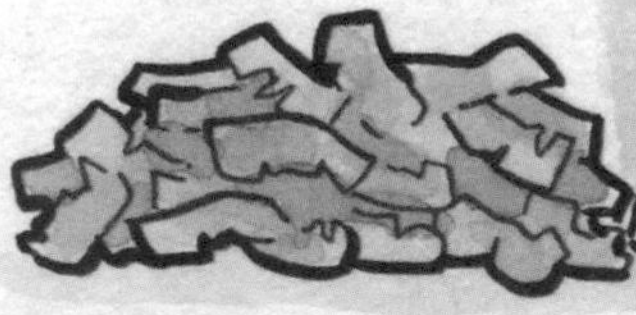

NIBOSHI

ESTAS MINÚSCULAS SARDINAS APORTAN UN PROFUNDO *UMAMI* A LOS CALDOS, AUNQUE EL SABOR A PESCADO PUEDE RESULTAR DEMASIADO FUERTE PARA ALGUNOS PALADARES. PARA AQUELLOS A QUIENES LES GUSTAN, TAMBIÉN ESTÁN ESTUPENDAS SOBRE ARROZ AL VAPOR Y OTROS PLATOS JAPONESES.

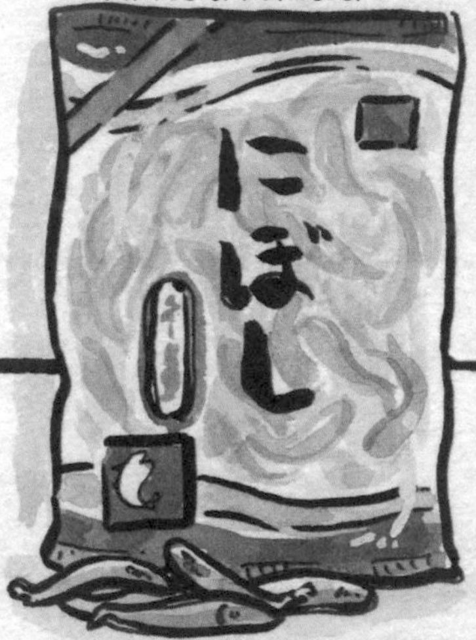
にぼし

KOMBU

EL *KOMBU* ES UNA ALGA GRUESA MARINA RICA EN ÁCIDO GLUTÁMICO (UN AMINOÁCIDO RESPONSABLE DE APORTAR ESE SABOR *UMAMI* CARGADO DE PROTEÍNAS A LOS PLATOS) QUE USAMOS PARA FORTIFICAR LOS CALDOS.

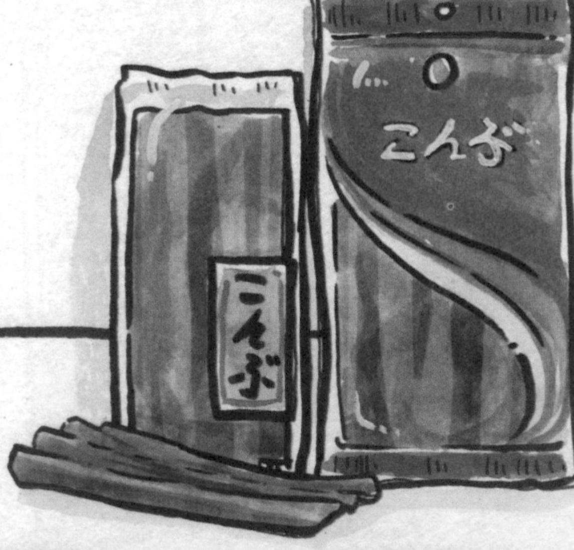
こんぶ
こんぶ

NORI

LÁMINAS DE ALGAS SECAS CONOCIDAS POR USARSE EN EL *SUSHI*, PERO QUE TAMBIÉN SON GENIALES POR LA DOSIS DE *UMAMI* OCEÁNICO QUE APORTAN AL RAMEN. ELIGE *NORI* TOSTADO Y EVITA EL SAZONADO, YA QUE ESTE ÚLTIMO ES MÁS BIEN PARA PICOTEAR.

PARA APROVECHAR CUANDO AÚN ESTÁ CRUJIENTE, HAZ QUE EL *NORI* SEA UNA DE TUS PRIMERAS PARADAS AL SORBER TU TAZÓN.

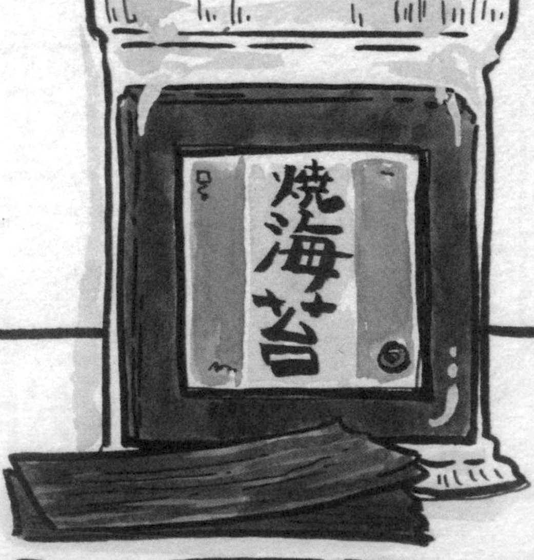
焼海苔

MIRIN

EL *MIRIN* ES UN VINO DE ARROZ, MÁS DULCE QUE EL SAKE Y CON MENOR CONTENIDO DE ALCOHOL. SE EMPLEA PARA SAZONAR LOS *TARE* (PÁG. 46-48) Y GUISOS.

DADA SU OMNIPRESENCIA EN LA COCINA JAPONESA, SEGURO QUE YA LO HABRÁS PROBADO EN EL ARROZ DEL *SUSHI*.

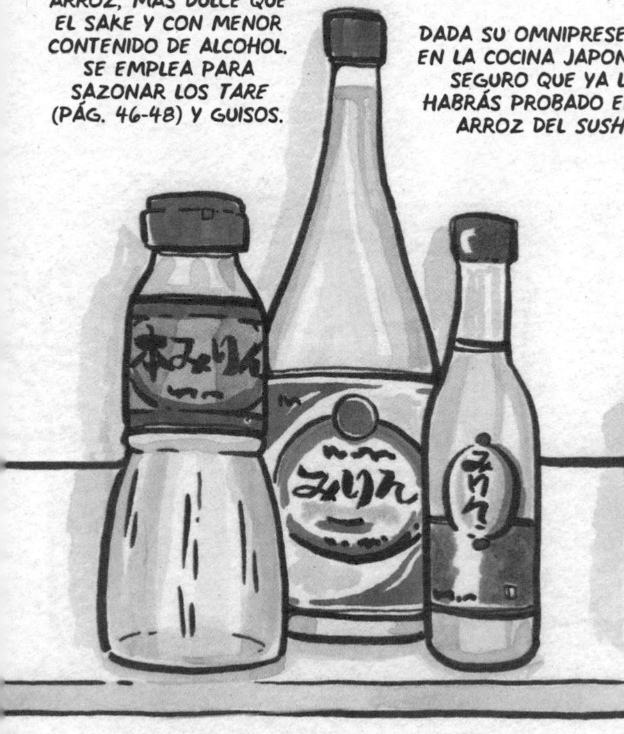

本みりん
みりん

SAKE

EL SAKE ES UN VINO DE ARROZ QUE SE EMPLEA CUANDO QUEREMOS UNA MAYOR DELICADEZA QUE LA QUE APORTA EL *MIRIN*.

IGUAL QUE OCURRE CON EL VINO, EL SAKE QUE EMPLEES DEBERÍA SER LO BASTANTE BUENO COMO PARA BEBERLO.

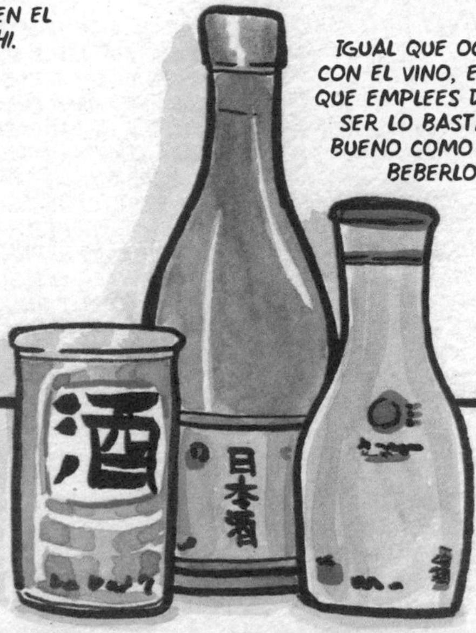

酒
日本酒

SALSA DE PESCADO

ES MÁS COMÚN EN EL SUDESTE ASIÁTICO Y NO TAN TRADICIONAL EN LA DESPENSA JAPONESA, PERO LA SALSA DE PESCADO ES UN INGREDIENTE CLAVE EN EL PLATO DE NUESTRA CREACIÓN RAMEN DE POLLO EN ADOBO (PÁG. 163) Y NOS GUSTA TENERLO A MANO PARA DARLE UNA INYECCIÓN FÁCIL DE *UMAMI* A NUESTROS CALDOS, GUISOS Y ALLÍ DONDE HAGA FALTA.

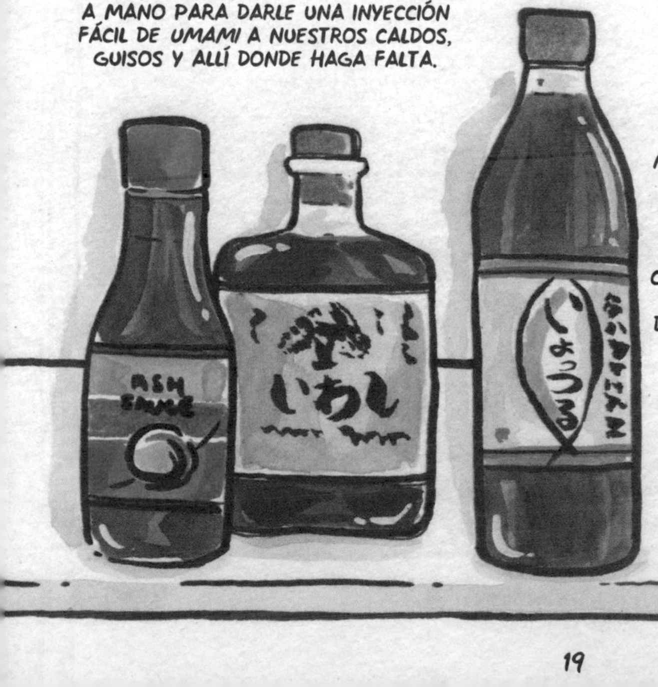

いわし
しょっつる

NEGI

LAS CEBOLLETAS NORMALES Y CORRIENTES SON UN BUEN SUSTITUTO PARA ESTE PRIMO HERMANO DE UN TAMAÑO LIGERAMENTE MAYOR.

CUANDO HABLAMOS DE *NEGI* EN ESTE LIBRO, NOS REFERIMOS SOLO A LA PARTE VERDE, QUE DEBE CORTARSE FINAMENTE EN DIAGONAL. DE LO CONTRARIO, HABLAREMOS DE CEBOLLETAS Y DAREMOS INSTRUCCIONES SOBRE CÓMO DEBEN CORTARSE EN CADA RECETA.

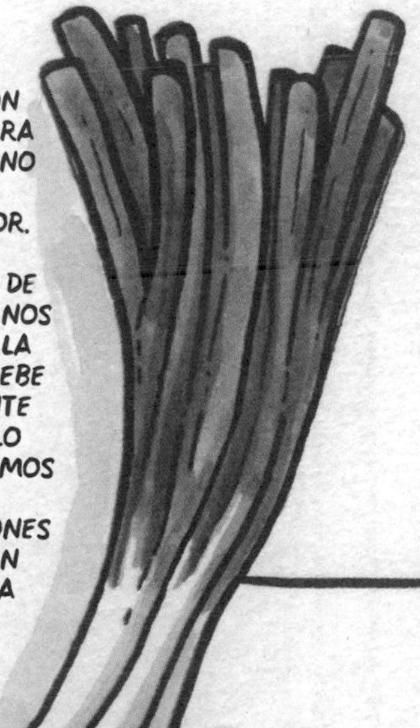

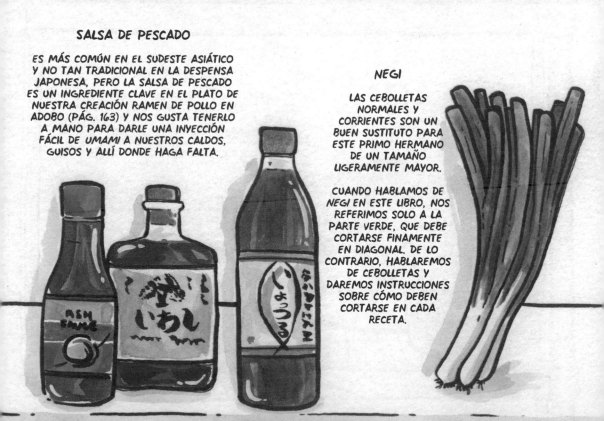

UTENSILIOS

PARA COCINAR BIEN NO HACE FALTA TENER UN MONTÓN DE UTENSILIOS CAROS Y ESPECIALIZADOS; ES MUY PROBABLE QUE YA HAYA EN TU COCINA TODO LO NECESARIO PARA PREPARAR UN TAZÓN DE RAMEN.

AUN ASÍ, AQUÍ TE PRESENTAMOS UNAS CUANTAS HERRAMIENTAS QUE TE AYUDARÁN A OPTIMIZAR EL PROCESO. Y AL MINIMIZAR LOS RIESGOS Y COMPLICACIONES PODRÁS CENTRARTE MÁS FÁCILMENTE EN LO QUE IMPORTA: ¡EL RAMEN!

ESTOS UTENSILIOS SON FÁCILES DE ENCONTRAR EN LAS TIENDAS JAPONESAS, ASIÁTICAS Y TAMBIÉN POR INTERNET.

OLLA PARA EL CALDO

UNA OLLA DE 12-15 LITROS PERMITIRÁ A TUS SOPAS TENER EL ESPACIO SUFICIENTE PARA HERVIR A FUEGO LENTO Y ES FANTÁSTICA PARA COCINAR FIDEOS. CUANTO MAYOR SEA LA PROPORCIÓN DE AGUA CALIENTE FRENTE A FIDEOS, MÁS RÁPIDO RECUPERARÁ EL AGUA EL PUNTO DE EBULLICIÓN Y MENOS ALMIDONADA SE VOLVERÁ.

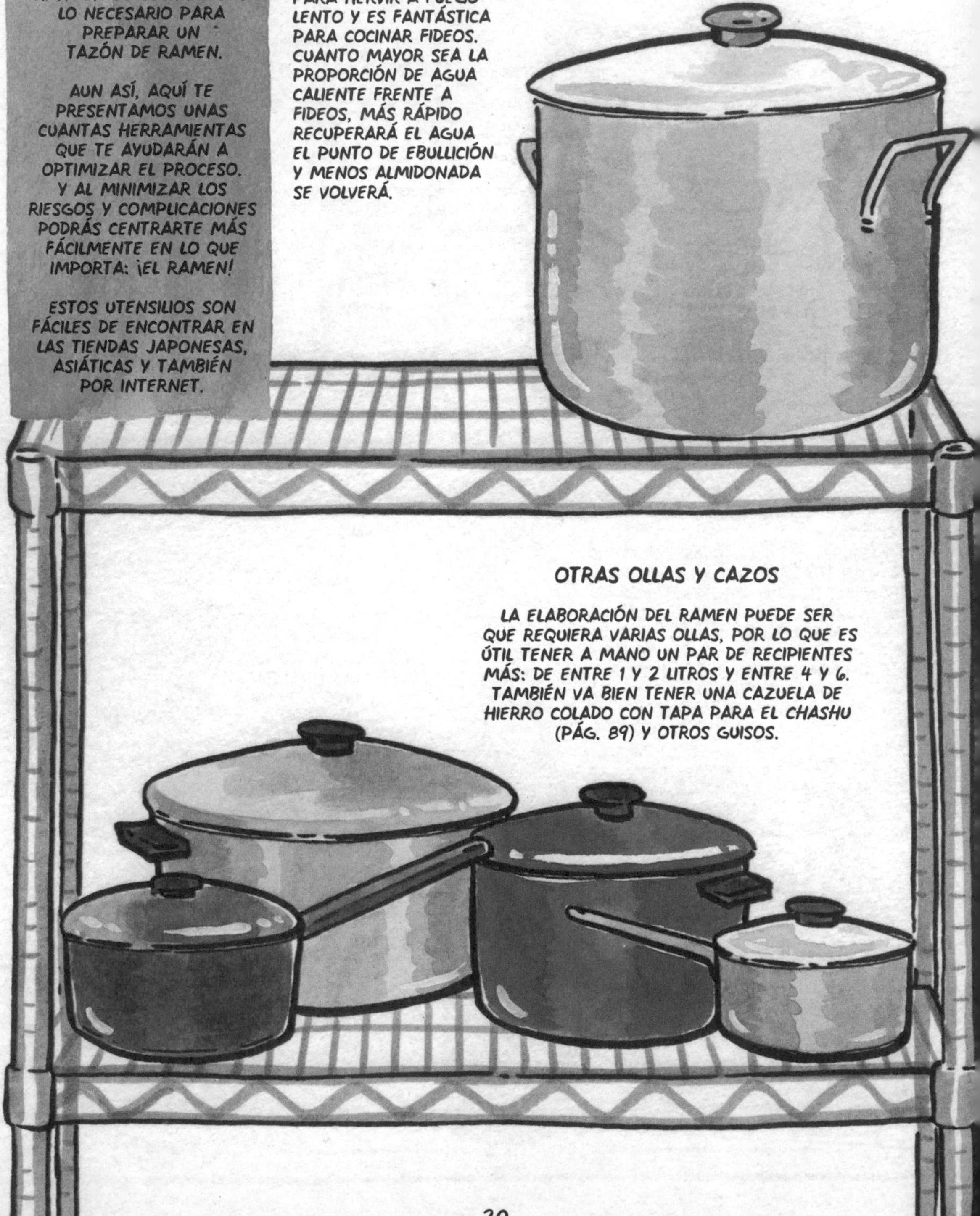

OTRAS OLLAS Y CAZOS

LA ELABORACIÓN DEL RAMEN PUEDE SER QUE REQUIERA VARIAS OLLAS, POR LO QUE ES ÚTIL TENER A MANO UN PAR DE RECIPIENTES MÁS: DE ENTRE 1 Y 2 LITROS Y ENTRE 4 Y 6. TAMBIÉN VA BIEN TENER UNA CAZUELA DE HIERRO COLADO CON TAPA PARA EL CHASHU (PÁG. 89) Y OTROS GUISOS.

WOK

NOS GUSTA LA CAPACIDAD DEL WOK PARA CONDUCIR EL CALOR DE MANERA EFICIENTE Y RÁPIDA Y SU VERSATILIDAD PARA SALTEAR, COCER AL VAPOR, FREÍR Y RECALENTAR ACOMPAÑAMIENTOS Y CALDOS.

BUSCA UNO QUE ESTÉ HECHO DE ACERO AL CARBONO (EVITA LOS ANTIADHERENTES) DE UNOS 35 CM DE DIÁMETRO, CON UN ASA LARGA PARA SUJETAR Y SACUDIR DURANTE EL SALTEADO Y OTRA CORTA PARA DARLE ESTABILIDAD AL LEVANTAR EL WOK ENTERO.

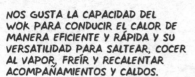

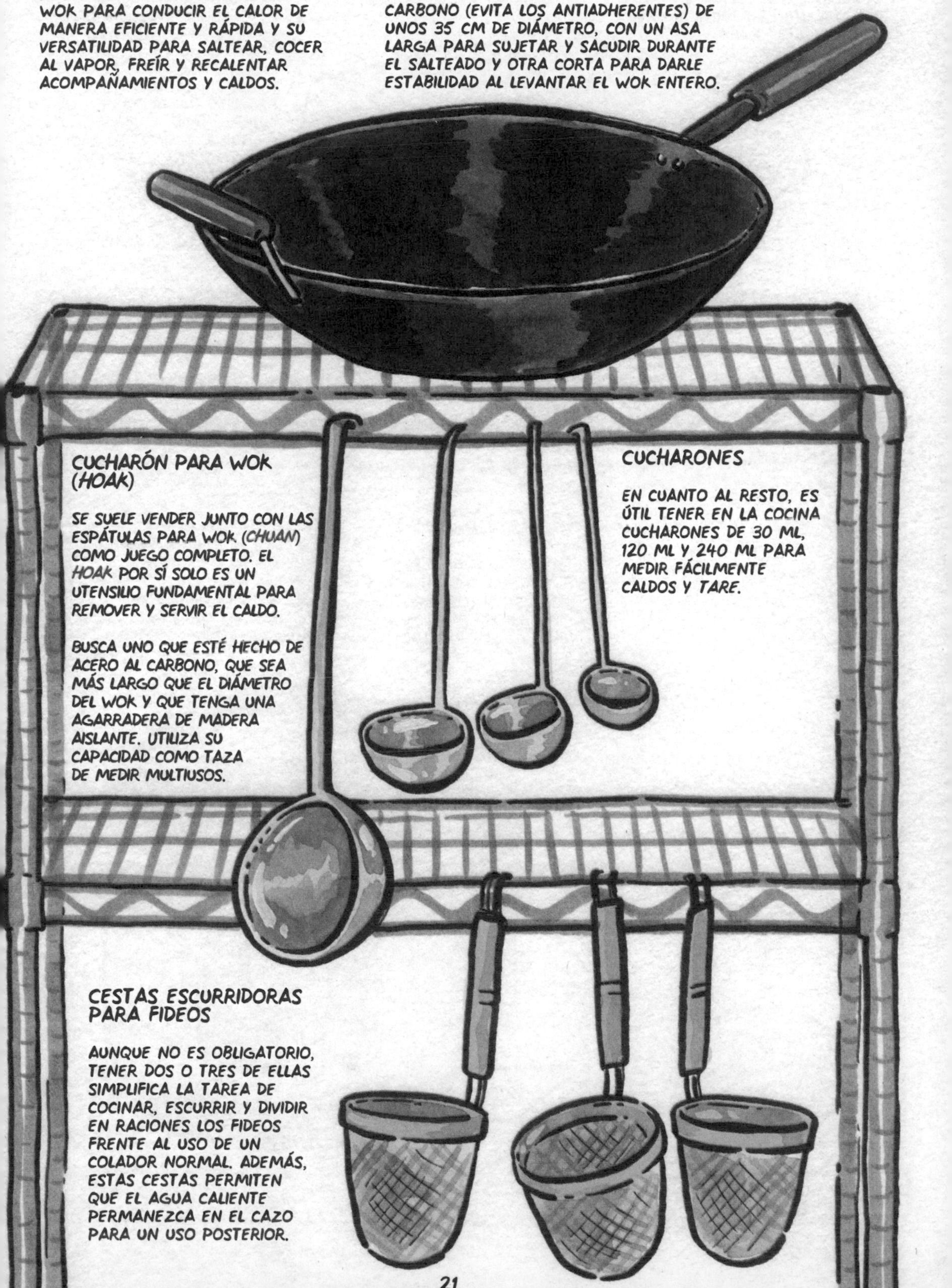

CUCHARÓN PARA WOK (HOAK)

SE SUELE VENDER JUNTO CON LAS ESPÁTULAS PARA WOK (CHUAN) COMO JUEGO COMPLETO. EL HOAK POR SÍ SOLO ES UN UTENSILIO FUNDAMENTAL PARA REMOVER Y SERVIR EL CALDO.

BUSCA UNO QUE ESTÉ HECHO DE ACERO AL CARBONO, QUE SEA MÁS LARGO QUE EL DIÁMETRO DEL WOK Y QUE TENGA UNA AGARRADERA DE MADERA AISLANTE. UTILIZA SU CAPACIDAD COMO TAZA DE MEDIR MULTIUSOS.

CUCHARONES

EN CUANTO AL RESTO, ES ÚTIL TENER EN LA COCINA CUCHARONES DE 30 ML, 120 ML Y 240 ML PARA MEDIR FÁCILMENTE CALDOS Y TARE.

CESTAS ESCURRIDORAS PARA FIDEOS

AUNQUE NO ES OBLIGATORIO, TENER DOS O TRES DE ELLAS SIMPLIFICA LA TAREA DE COCINAR, ESCURRIR Y DIVIDIR EN RACIONES LOS FIDEOS FRENTE AL USO DE UN COLADOR NORMAL. ADEMÁS, ESTAS CESTAS PERMITEN QUE EL AGUA CALIENTE PERMANEZCA EN EL CAZO PARA UN USO POSTERIOR.

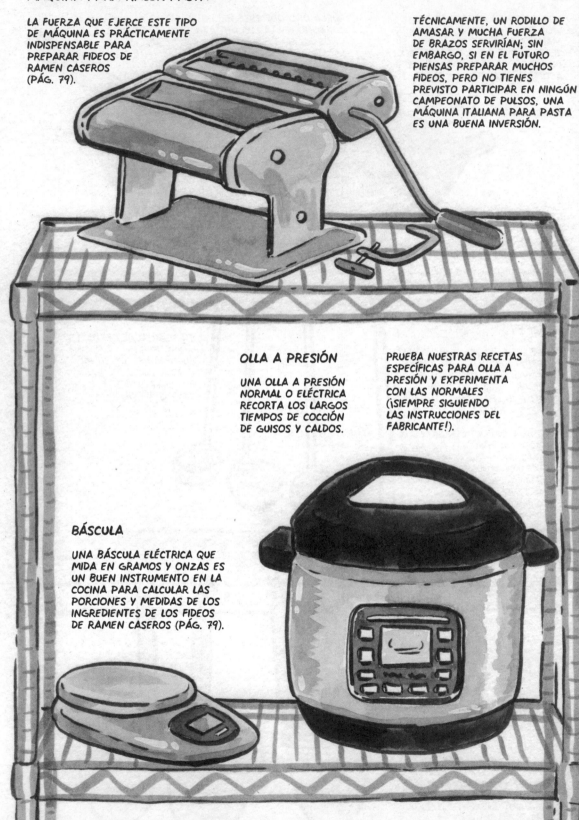

MÁQUINA PARA HACER PASTA

LA FUERZA QUE EJERCE ESTE TIPO DE MÁQUINA ES PRÁCTICAMENTE INDISPENSABLE PARA PREPARAR FIDEOS DE RAMEN CASEROS (PÁG. 79).

TÉCNICAMENTE, UN RODILLO DE AMASAR Y MUCHA FUERZA DE BRAZOS SERVIRÍAN; SIN EMBARGO, SI EN EL FUTURO PIENSAS PREPARAR MUCHOS FIDEOS, PERO NO TIENES PREVISTO PARTICIPAR EN NINGÚN CAMPEONATO DE PULSOS, UNA MÁQUINA ITALIANA PARA PASTA ES UNA BUENA INVERSIÓN.

OLLA A PRESIÓN

UNA OLLA A PRESIÓN NORMAL O ELÉCTRICA RECORTA LOS LARGOS TIEMPOS DE COCCIÓN DE GUISOS Y CALDOS.

PRUEBA NUESTRAS RECETAS ESPECÍFICAS PARA OLLA A PRESIÓN Y EXPERIMENTA CON LAS NORMALES (¡SIEMPRE SIGUIENDO LAS INSTRUCCIONES DEL FABRICANTE!).

BÁSCULA

UNA BÁSCULA ELÉCTRICA QUE MIDA EN GRAMOS Y ONZAS ES UN BUEN INSTRUMENTO EN LA COCINA PARA CALCULAR LAS PORCIONES Y MEDIDAS DE LOS INGREDIENTES DE LOS FIDEOS DE RAMEN CASEROS (PÁG. 79).

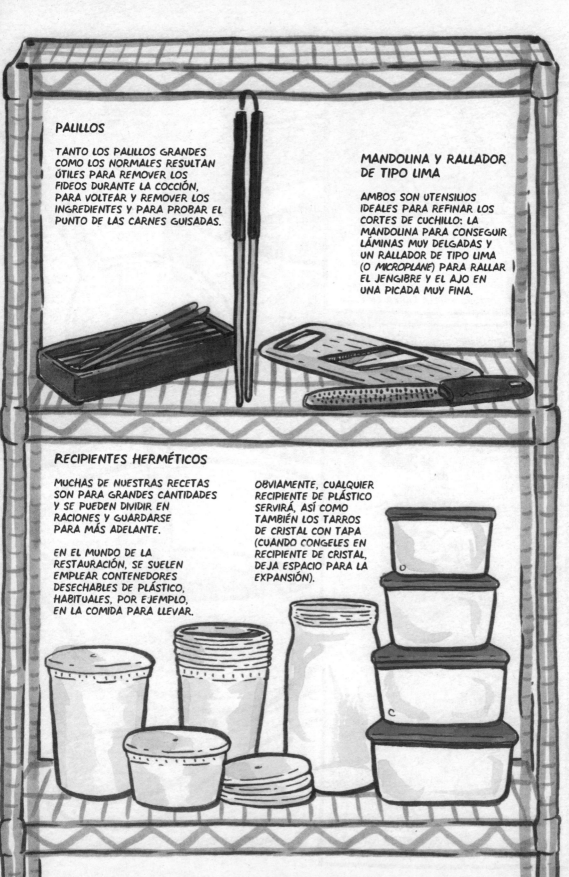

PALILLOS

TANTO LOS PALILLOS GRANDES COMO LOS NORMALES RESULTAN ÚTILES PARA REMOVER LOS FIDEOS DURANTE LA COCCIÓN, PARA VOLTEAR Y REMOVER LOS INGREDIENTES Y PARA PROBAR EL PUNTO DE LAS CARNES GUISADAS.

MANDOLINA Y RALLADOR DE TIPO LIMA

AMBOS SON UTENSILIOS IDEALES PARA REFINAR LOS CORTES DE CUCHILLO: LA MANDOLINA PARA CONSEGUIR LÁMINAS MUY DELGADAS Y UN RALLADOR DE TIPO LIMA (O *MICROPLANE*) PARA RALLAR EL JENGIBRE Y EL AJO EN UNA PICADA MUY FINA.

RECIPIENTES HERMÉTICOS

MUCHAS DE NUESTRAS RECETAS SON PARA GRANDES CANTIDADES Y SE PUEDEN DIVIDIR EN RACIONES Y GUARDARSE PARA MÁS ADELANTE.

EN EL MUNDO DE LA RESTAURACIÓN, SE SUELEN EMPLEAR CONTENEDORES DESECHABLES DE PLÁSTICO, HABITUALES, POR EJEMPLO, EN LA COMIDA PARA LLEVAR.

OBVIAMENTE, CUALQUIER RECIPIENTE DE PLÁSTICO SERVIRÁ, ASÍ COMO TAMBIÉN LOS TARROS DE CRISTAL CON TAPA (CUANDO CONGELES EN RECIPIENTE DE CRISTAL, DEJA ESPACIO PARA LA EXPANSIÓN).

EL TAZÓN BASE

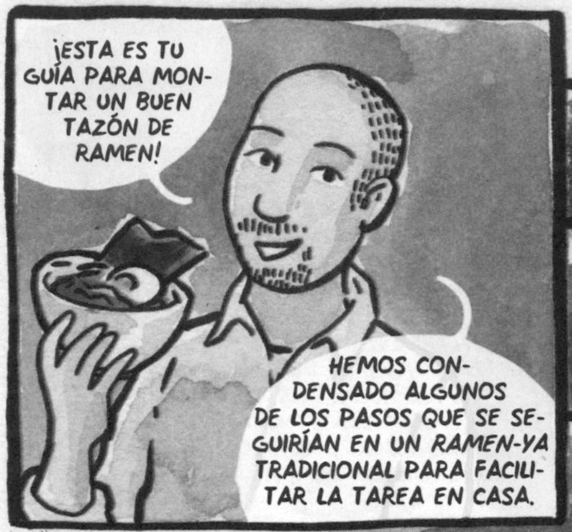
¡ESTA ES TU GUÍA PARA MONTAR UN BUEN TAZÓN DE RAMEN!
HEMOS CONDENSADO ALGUNOS DE LOS PASOS QUE SE SEGUIRÍAN EN UN *RAMEN-YA* TRADICIONAL PARA FACILITAR LA TAREA EN CASA.

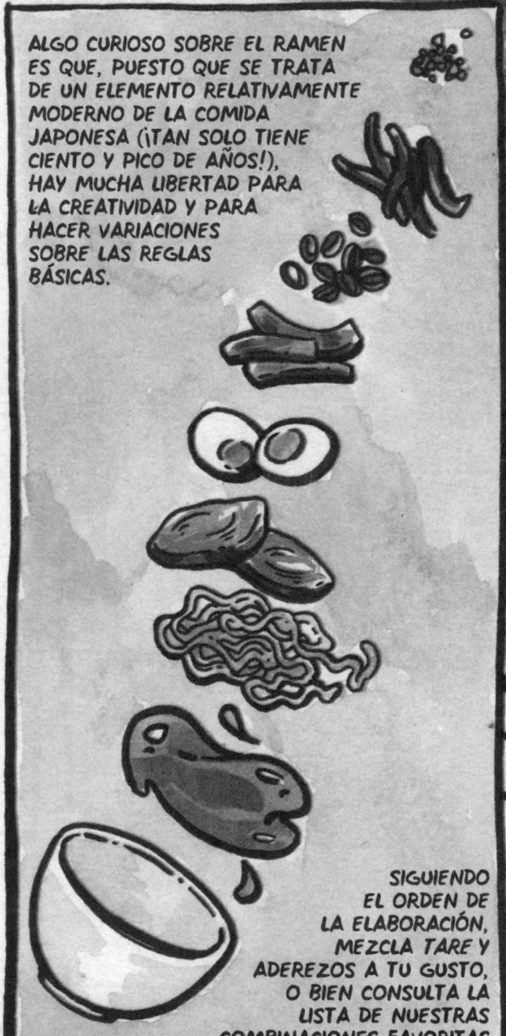
ALGO CURIOSO SOBRE EL RAMEN ES QUE, PUESTO QUE SE TRATA DE UN ELEMENTO RELATIVAMENTE MODERNO DE LA COMIDA JAPONESA (¡TAN SOLO TIENE CIENTO Y PICO DE AÑOS!), HAY MUCHA LIBERTAD PARA LA CREATIVIDAD Y PARA HACER VARIACIONES SOBRE LAS REGLAS BÁSICAS.
SIGUIENDO EL ORDEN DE LA ELABORACIÓN, MEZCLA *TARE* Y ADEREZOS A TU GUSTO, O BIEN CONSULTA LA LISTA DE NUESTRAS COMBINACIONES FAVORITAS (PÁG. 26-27).

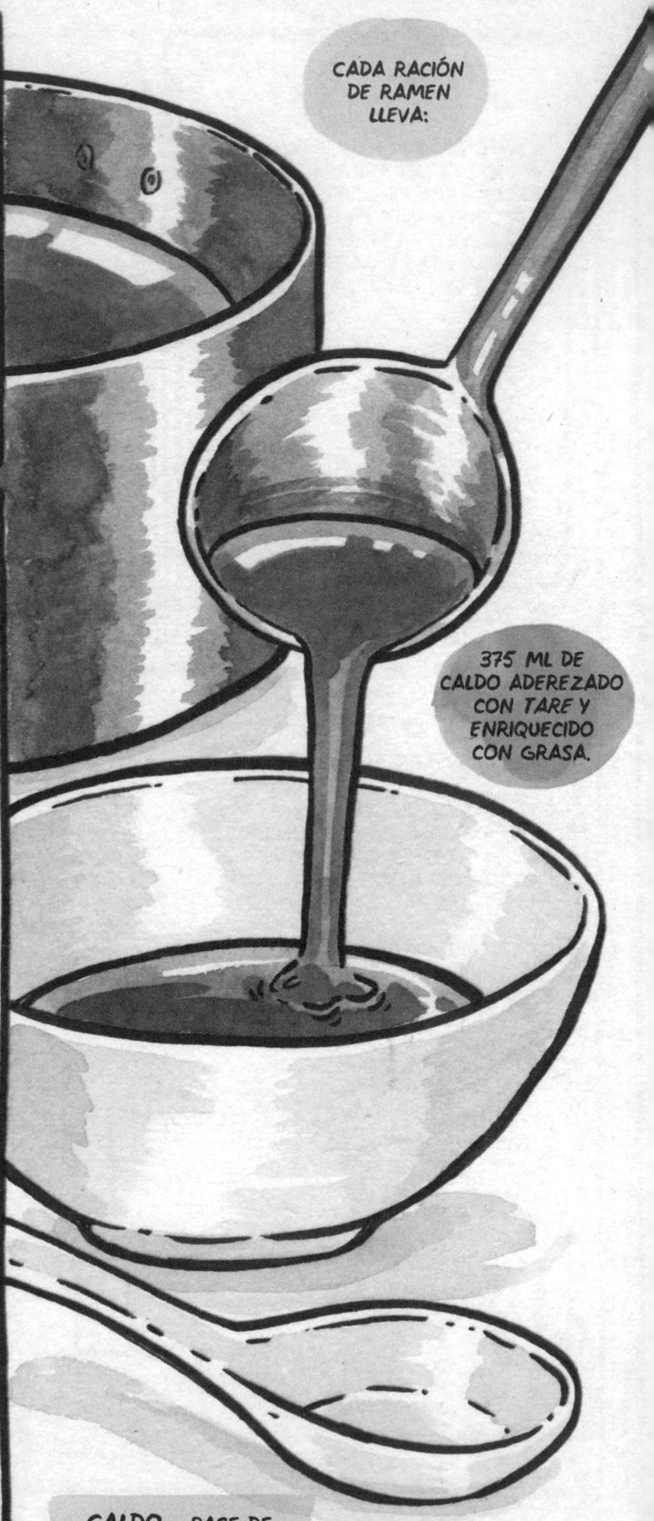
CADA RACIÓN DE RAMEN LLEVA:
375 ML DE CALDO ADEREZADO CON *TARE* Y ENRIQUECIDO CON GRASA.
CALDO = BASE DE CALDO + *TARE* + GRASA

DE RAMEN

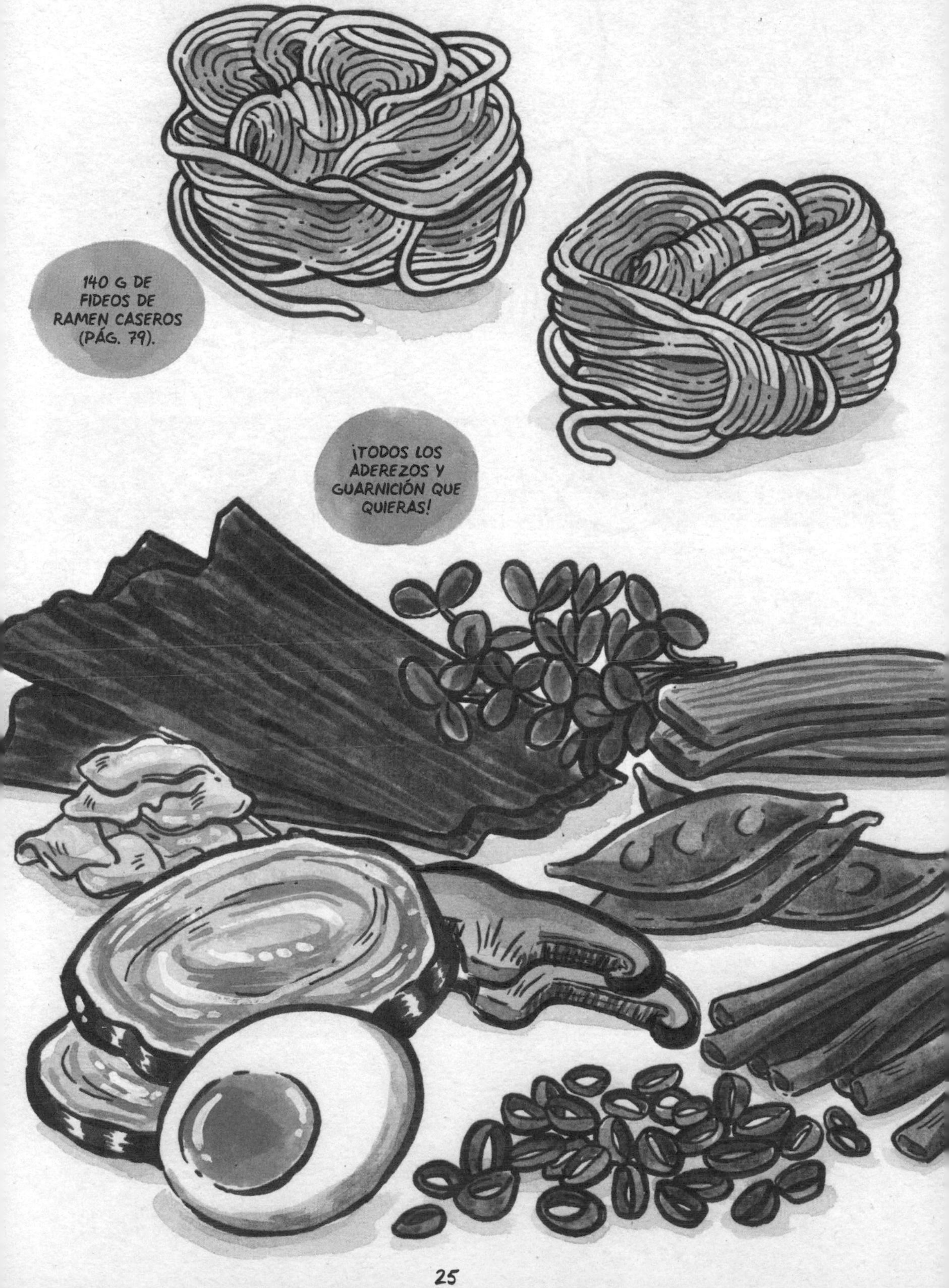
140 G DE FIDEOS DE RAMEN CASEROS (PÁG. 79).
¡TODOS LOS ADEREZOS Y GUARNICIÓN QUE QUIERAS!

NUESTRAS COMBINA

CON TANTA LIBERTAD PARA MEZCLAR ELEMENTOS EN UN PLATO DE RAMEN, SE HACE DIFÍCIL DECIDIR POR DÓNDE EMPEZAR.

ESTA TABLA RECOGE LOS COMPONENTES DE ALGUNOS DE NUESTROS RAMEN FAVORITOS, ASÍ COMO COMBINACIONES BÁSICAS QUE PUEDES ENCONTRAR EN LA CARTA DE UN RAMEN-YA.

¡Y NO OLVIDES CONSULTAR TODA LA SECCIÓN DE VARIACIONES E IMPRO-VISACIONES (PÁG. 127) PARA MÁS INFORMACIÓN!

PLATO	CALDO
SHIO RAMEN 	CALDO DE SHIO (PÁG. 46)
SHOYU RAMEN	CALDO DE SHOYU (PÁG. 47)
MISO RAMEN 	CALDO DE MISO (PÁG. 48)
TONKOTSU RAMEN	CALDO DE TONKOTSU (PÁG. 52) SAZONADO CON TARE DE SHIO (PÁG. 46)
ESPECIAL DE CARNE 	CALDO DE TONKOTSU (PÁG. 52) SAZONADO CON TARE DE SHIO (PÁG. 46)
ESPECIAL DE VERDURAS 	CALDO DE YASAI (PÁG. 60) SAZONADO CON TARE DE SHOYU (PÁG. 47)

CIONES FAVORITAS

UTILIZA 140 GRAMOS DE FIDEOS DE RAMEN CASEROS (PÁG. 79),

140 GRAMOS DE FIDEOS DE RAMEN FRESCOS COMPRADOS EN LA TIENDA

O ENTRE 56 Y 85 GRAMOS DE FIDEOS SECOS POR TAZÓN.

¡CULMINA CADA TAZÓN CON *NORI*, *MENMA* (PÁG. 110) Y *NEGI*!

CARNE

ACOMPAÑAMIENTO

CHASHU (PÁG. 89)

AJITSUKE TAMAGO (PÁG. 104)

BRÓCOLI SALTEADO AL WOK (PÁG. 115)

CHASHU (PÁG. 89)

HUEVO ONSEN (PÁG. 108)

SETAS SALTEADAS AL WOK (PÁG. 114)

CHASHU (PÁG. 89)

AJITSUKE TAMAGO (PÁG. 104)

PIEL CRUJIENTE DE POLLO (PÁG. 117)

RAYU (PÁG. 124)

CHASHU (PÁG. 89)

ESPINACAS SALTEADAS AL WOK (PÁG. 116)

SETAS SHIITAKE ENCURTIDAS (PÁG. 111)

MAYU (PÁG. 125)

CHASHU (PÁG. 89)   YAKITORI (PÁG. 96)

CERDO DESMENUZADO (PÁG. 92)   NIKU DANGO (ALBÓNDIGA) (PÁG. 98)

AJITSUKE TAMAGO (PÁG. 104)

PIEL CRUJIENTE DE POLLO (PÁG. 117)

HUEVO ONSEN (PÁG. 108)

SETAS SHIITAKE ENCURTIDAS (PÁG. 111)

MAYU (PÁG. 125)

NINGUNA

AJITSUKE TAMAGO (PÁG. 104)

SETAS SHIITAKE ENCURTIDAS (PÁG. 111)

BOK CHOY, RÁBANO Y COLIFLOR SALTEADOS AL WOK (PÁG. 115)

RAYU (PÁG. 124)

¡AL ATAQUE!

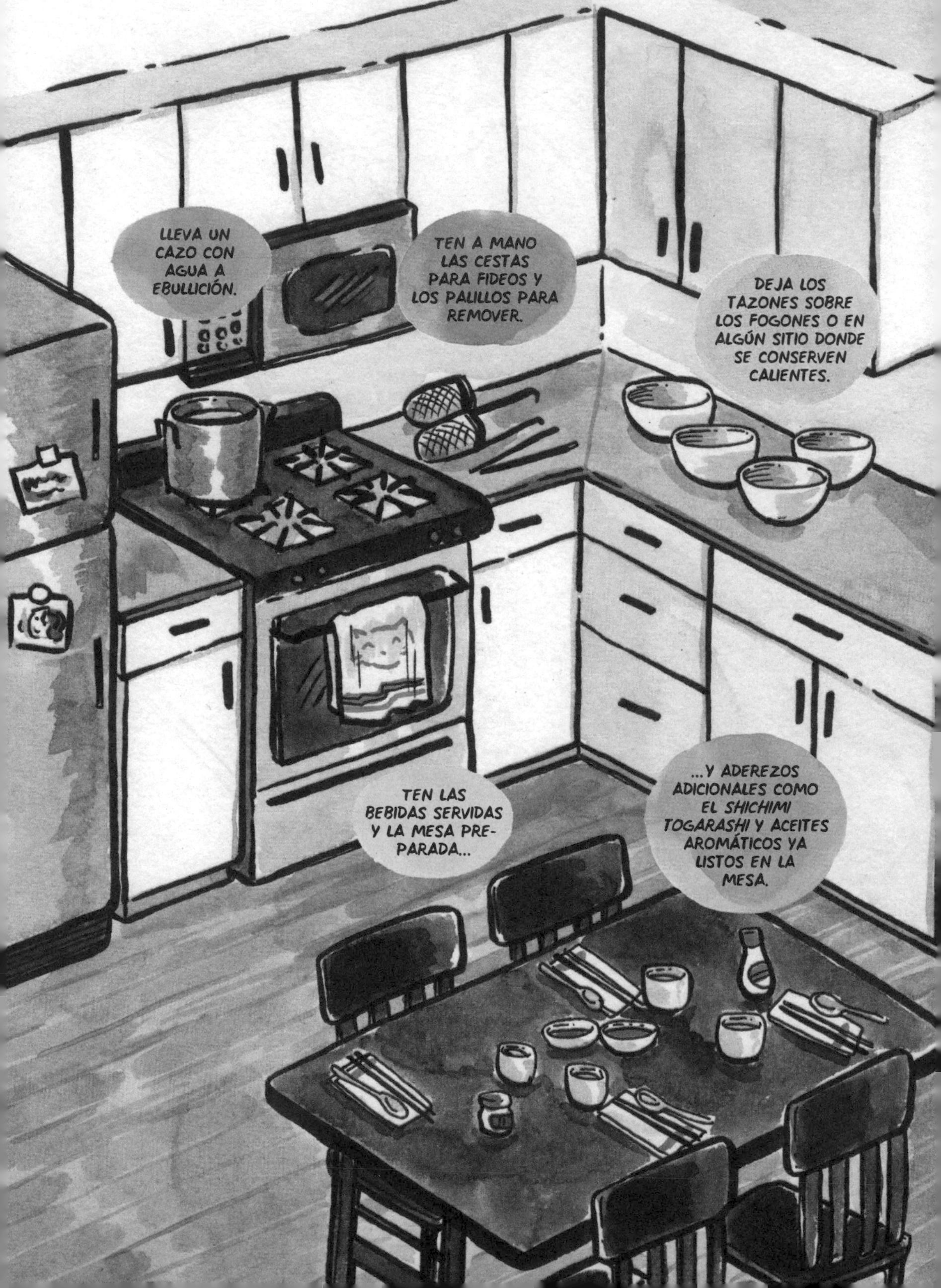

LLEVA UN CAZO CON AGUA A EBULLICIÓN.
TEN A MANO LAS CESTAS PARA FIDEOS Y LOS PALILLOS PARA REMOVER.
DEJA LOS TAZONES SOBRE LOS FOGONES O EN ALGÚN SITIO DONDE SE CONSERVEN CALIENTES.
TEN LAS BEBIDAS SERVIDAS Y LA MESA PRE-PARADA...
...Y ADEREZOS ADICIONALES COMO EL *SHICHIMI TOGARASHI* Y ACEITES AROMÁTICOS YA LISTOS EN LA MESA.

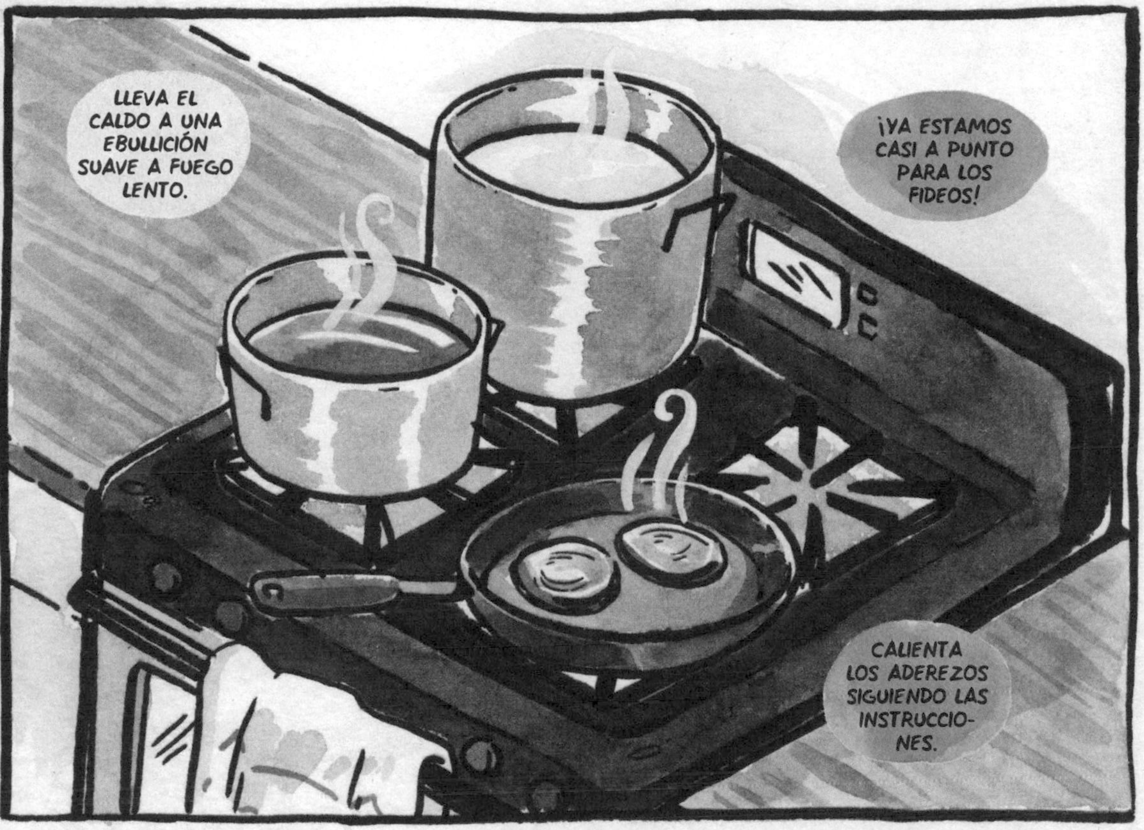
LLEVA EL CALDO A UNA EBULLICIÓN SUAVE A FUEGO LENTO.
¡YA ESTAMOS CASI A PUNTO PARA LOS FIDEOS!
CALIENTA LOS ADEREZOS SIGUIENDO LAS INSTRUCCIONES.

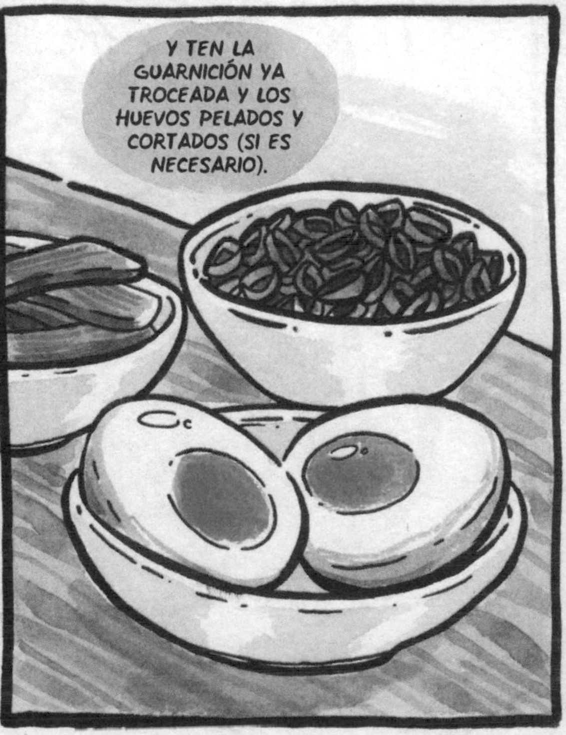
Y TEN LA GUARNICIÓN YA TROCEADA Y LOS HUEVOS PELADOS Y CORTADOS (SI ES NECESARIO).

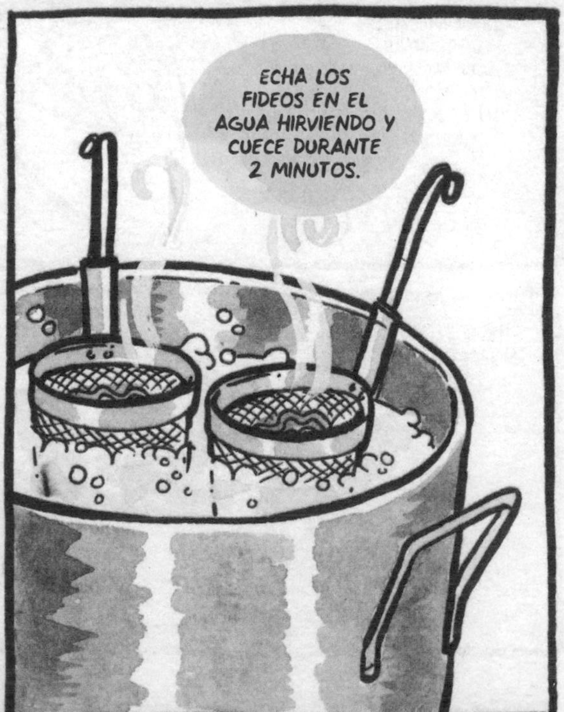
ECHA LOS FIDEOS EN EL AGUA HIRVIENDO Y CUECE DURANTE 2 MINUTOS.

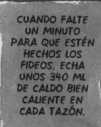
CUANDO FALTE UN MINUTO PARA QUE ESTÉN HECHOS LOS FIDEOS, ECHA UNOS 340 ML DE CALDO BIEN CALIENTE EN CADA TAZÓN.

ESCURRE BIEN LOS FIDEOS Y PÁSALOS A LOS TAZONES, DISPONIÉNDOLOS CON GRACIA.

COLOCA LA GUARNICIÓN CALIENTE, COMO CHASHU, POLLO DESMENUZADO Y VERDURAS SALTEADAS AL WOK, CONTRA UN LADO DEL TAZÓN.

PON EL HUEVO APOYADO CONTRA LA CARNE.

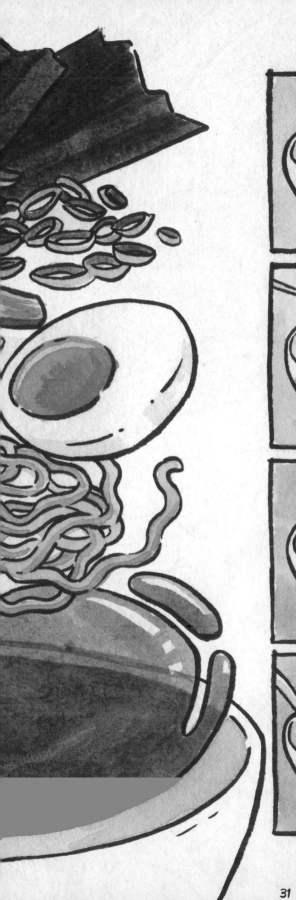

AÑADE LOS ACOMPAÑAMIENTOS MÁS PEQUEÑOS, COMO MENMA, GARI, NEGI, SHIITAKE ENCURTIDAS, CHALOTA Y CEBOLLETA ASADA Y SEMILLAS DE SÉSAMO, POR ENCIMA DE LOS FIDEOS.

ECHA UN POQUITO DE ACEITES AROMÁTICOS ALREDEDOR.

COLOCA LOS INGREDIENTES CRUJIENTES, COMO EL NORI O LA PIEL DE POLLO, DETRÁS DE LOS FIDEOS, DEJANDO LA CARNE PARA EL FINAL.

¡LISTO PARA SERVIR!

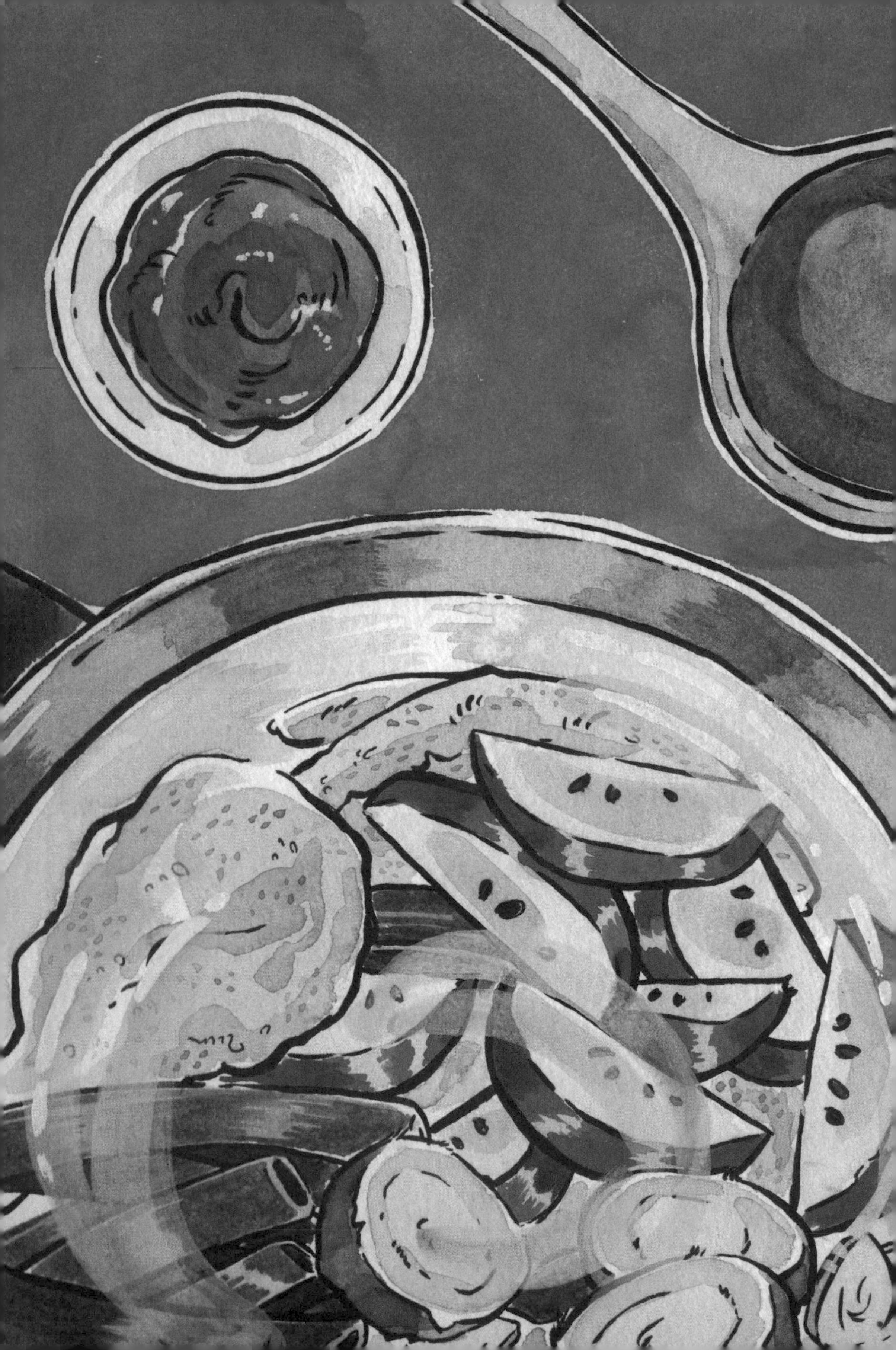

CALDOS

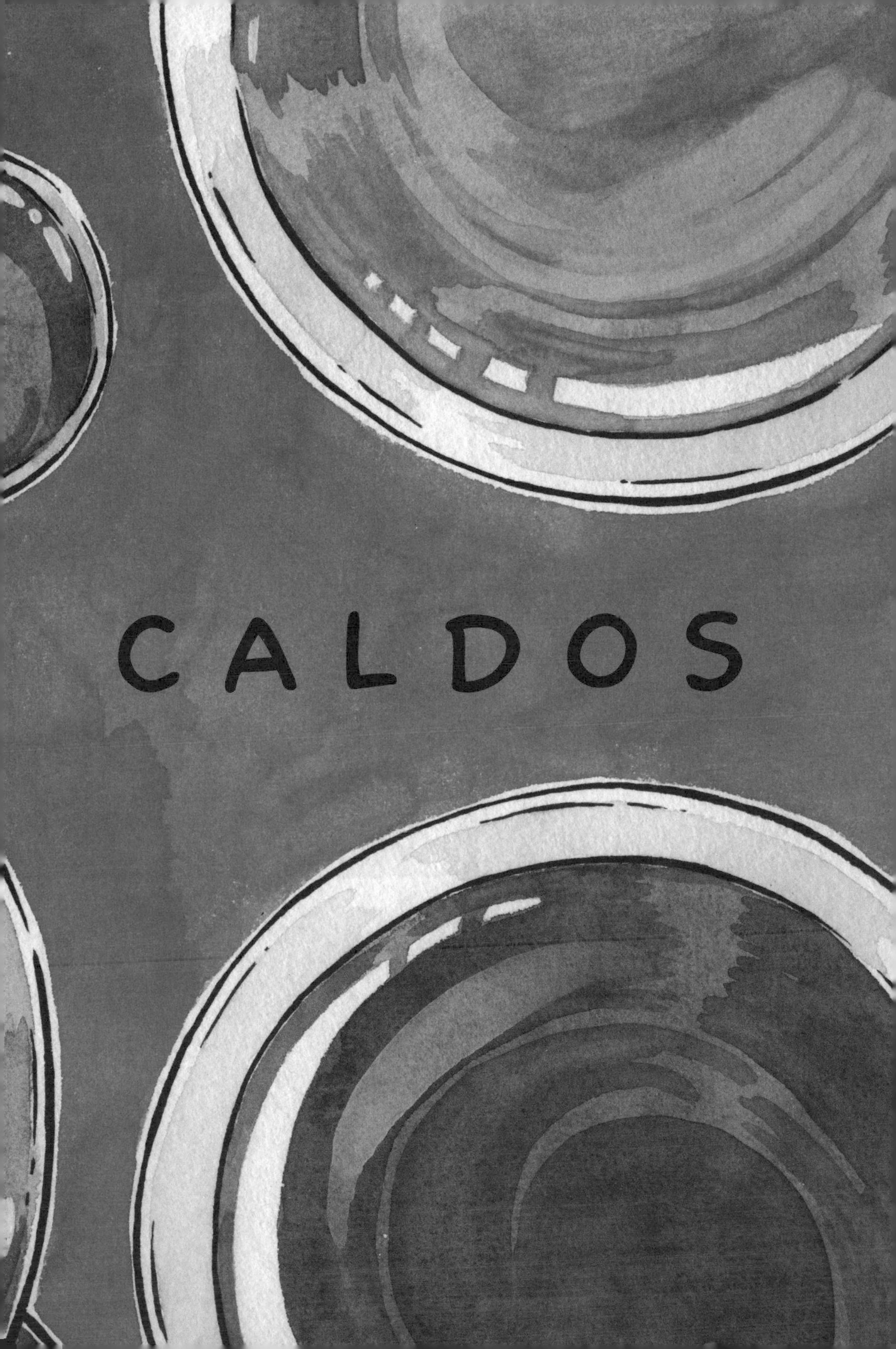

Cuatro cosas sobre la

BASE DEL CALDO, el *TARE* y el CALDO

EMPEZAREMOS POR LA BASE MÁS IMPORTANTE DE UN BUEN RAMEN: EL CALDO.

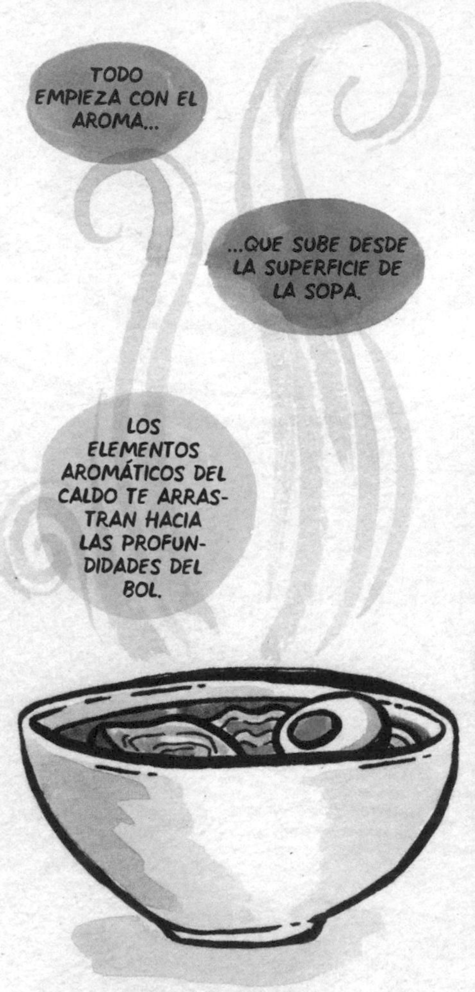
TODO EMPIEZA CON EL AROMA...
...QUE SUBE DESDE LA SUPERFICIE DE LA SOPA.
LOS ELEMENTOS AROMÁTICOS DEL CALDO TE ARRASTRAN HACIA LAS PROFUNDIDADES DEL BOL.

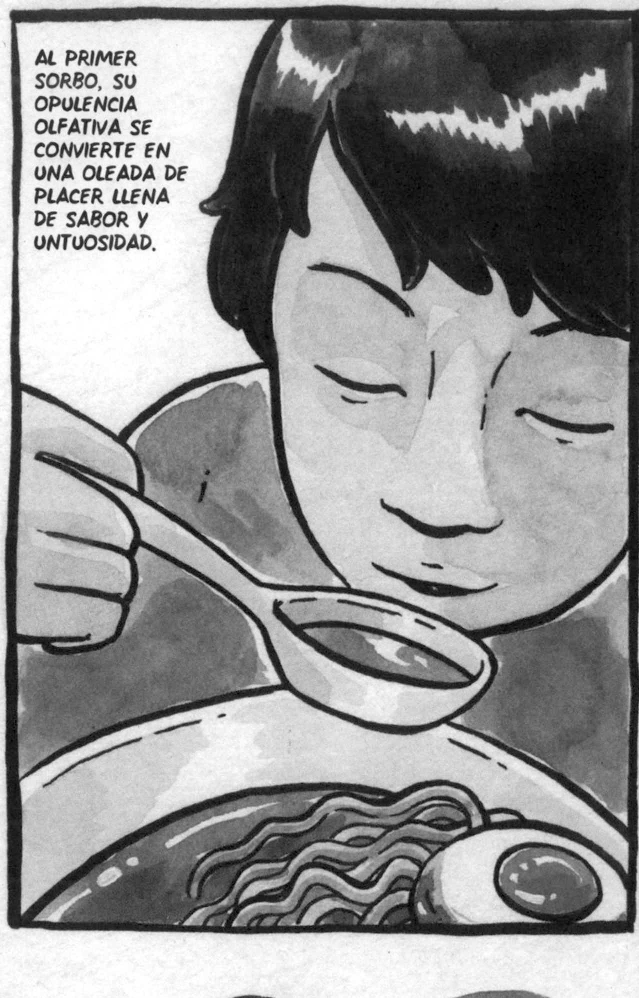
AL PRIMER SORBO, SU OPULENCIA OLFATIVA SE CONVIERTE EN UNA OLEADA DE PLACER LLENA DE SABOR Y UNTUOSIDAD.

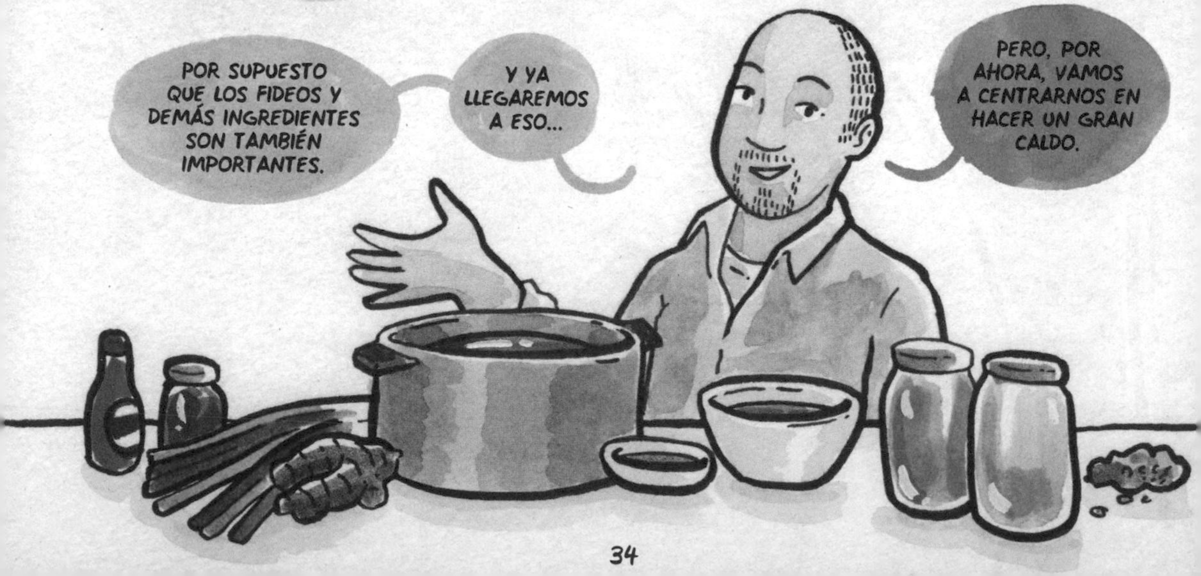
POR SUPUESTO QUE LOS FIDEOS Y DEMÁS INGREDIENTES SON TAMBIÉN IMPORTANTES.
Y YA LLEGAREMOS A ESO...
PERO, POR AHORA, VAMOS A CENTRARNOS EN HACER UN GRAN CALDO.

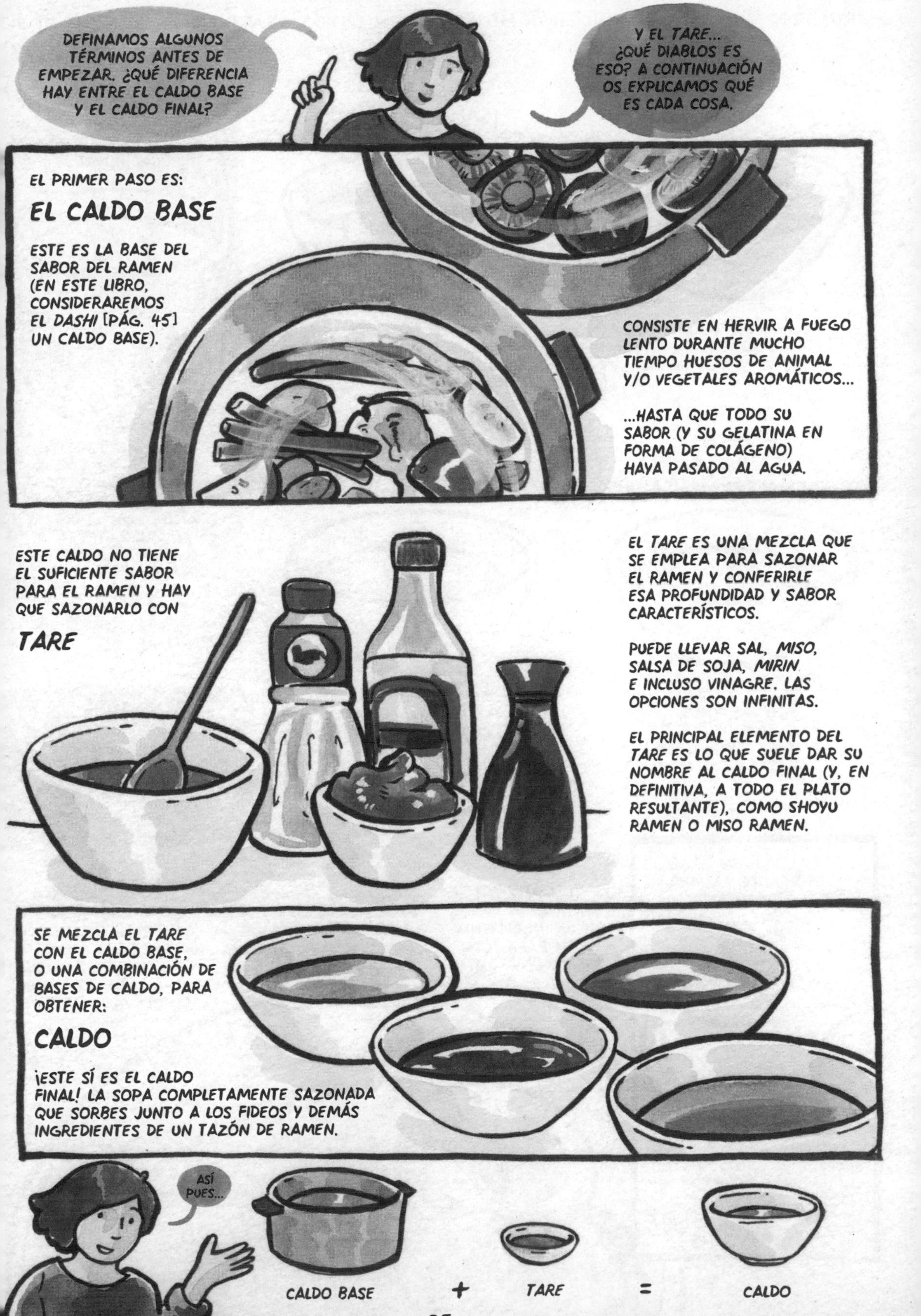
DEFINAMOS ALGUNOS TÉRMINOS ANTES DE EMPEZAR. ¿QUÉ DIFERENCIA HAY ENTRE EL CALDO BASE Y EL CALDO FINAL?
Y EL *TARE*... ¿QUÉ DIABLOS ES ESO? A CONTINUACIÓN OS EXPLICAMOS QUÉ ES CADA COSA.
EL PRIMER PASO ES:
EL CALDO BASE
ESTE ES LA BASE DEL SABOR DEL RAMEN (EN ESTE LIBRO, CONSIDERAREMOS EL *DASHI* [PÁG. 45] UN CALDO BASE).
CONSISTE EN HERVIR A FUEGO LENTO DURANTE MUCHO TIEMPO HUESOS DE ANIMAL Y/O VEGETALES AROMÁTICOS...
...HASTA QUE TODO SU SABOR (Y SU GELATINA EN FORMA DE COLÁGENO) HAYA PASADO AL AGUA.
ESTE CALDO NO TIENE EL SUFICIENTE SABOR PARA EL RAMEN Y HAY QUE SAZONARLO CON
TARE
EL *TARE* ES UNA MEZCLA QUE SE EMPLEA PARA SAZONAR EL RAMEN Y CONFERIRLE ESA PROFUNDIDAD Y SABOR CARACTERÍSTICOS.
PUEDE LLEVAR SAL, *MISO*, SALSA DE SOJA, *MIRIN* E INCLUSO VINAGRE. LAS OPCIONES SON INFINITAS.
EL PRINCIPAL ELEMENTO DEL *TARE* ES LO QUE SUELE DAR SU NOMBRE AL CALDO FINAL (Y, EN DEFINITIVA, A TODO EL PLATO RESULTANTE), COMO SHOYU RAMEN O MISO RAMEN.
SE MEZCLA EL *TARE* CON EL CALDO BASE, O UNA COMBINACIÓN DE BASES DE CALDO, PARA OBTENER:
CALDO
¡ESTE SÍ ES EL CALDO FINAL! LA SOPA COMPLETAMENTE SAZONADA QUE SORBES JUNTO A LOS FIDEOS Y DEMÁS INGREDIENTES DE UN TAZÓN DE RAMEN.
ASÍ PUES...
CALDO BASE
+
TARE
=
CALDO

PRIMERO, VAMOS A APRENDER CÓMO SE HACEN ESTOS CUATRO FAMOSOS CALDOS:

SHIO
(SAL)

HECHO CON CALDO BASE DE POLLO, *DASHI* Y UN *TARE* CON BASE DE SAL

SHOYU
(SALSA DE SOJA)

HECHO CON CALDO BASE DE POLLO, CALDO BASE DE CERDO, *DASHI* Y UN *TARE* CON BASE DE SALSA DE SOJA

MIENTRAS QUE EL *SHIO*, EL *SHOYU* Y EL MISO ESTÁN HECHOS CON CALDOS HERVIDOS A FUEGO LENTO DURANTE POCAS HORAS...

...EL *TONKOTSU* ESTÁ HECHO CON CALDO DE HUESOS DE CERDO HERVIDOS A FUEGO VIVO DURANTE VARIAS HORAS, DE MODO QUE SE EXTRAEN TODO EL COLÁGENO, LA GRASA Y LAS PROTEÍNAS, QUE QUEDAN SUSPENDIDOS EN EL LÍQUIDO.

MISO
(PASTA DE SEMILLAS DE SOJA FERMENTADAS)

HECHO CON CALDO BASE DE POLLO, CALDO BASE DE CERDO Y UN *TARE* CON BASE DE PASTA DE SOJA

TONKOTSU
(HUESO DE CERDO)

ESTE CALDO INTENSO PUEDE SAZONARSE CON CUALQUIER *TARE* QUE SE DESEE.

ASSARI
CUANDO EL CALDO ES SUAVE

KOTTERI
CUANDO EL CALDO ES MÁS INTENSO

LA CANTIDAD DE GRASA RESULTANTE VARIARÁ SEGÚN LA CANTIDAD QUE CONTENGAN LOS HUESOS QUE UTILICES.

TEN EN CUENTA QUE LAS RECETAS DE CALDO DE POLLO Y DE CALDO DE CERDO DE ESTE LIBRO PRODUCEN, ADEMÁS DEL CALDO, CIERTA GRASA. ¡NO LA TIRES!

UNA PEQUEÑA CANTIDAD DE GRASA ES UN INGREDIENTE VITAL PARA TODO PLATO DE RAMEN.

NO SOLO APORTA PROFUNDIDAD DE SABOR Y AROMA Y CUBRE LOS FIDEOS AL SORBERLOS...

...SINO QUE TAMBIÉN QUEDA SUSPENDIDO COMO UN MANTO EN LA SUPERFICIE DEL CALDO, DE MODO QUE TODO LO QUE QUEDA CUBIERTO POR ÉL CONSERVA SU CALOR.

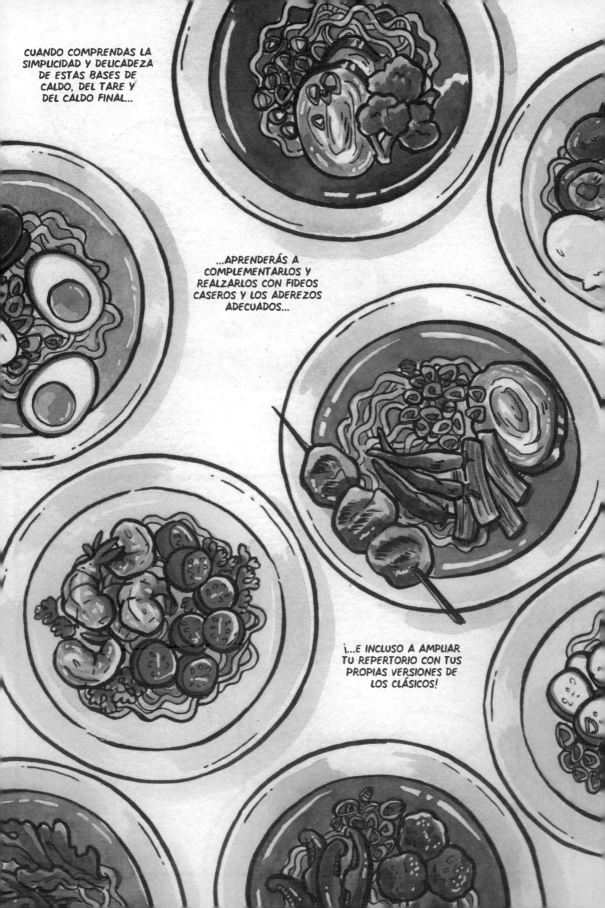

CUANDO COMPRENDAS LA SIMPLICIDAD Y DELICADEZA DE ESTAS BASES DE CALDO, DEL TARE Y DEL CALDO FINAL...

...APRENDERÁS A COMPLEMENTARLOS Y REALZARLOS CON FIDEOS CASEROS Y LOS ADEREZOS ADECUADOS...

¡...E INCLUSO A AMPLIAR TU REPERTORIO CON TUS PROPIAS VERSIONES DE LOS CLÁSICOS!

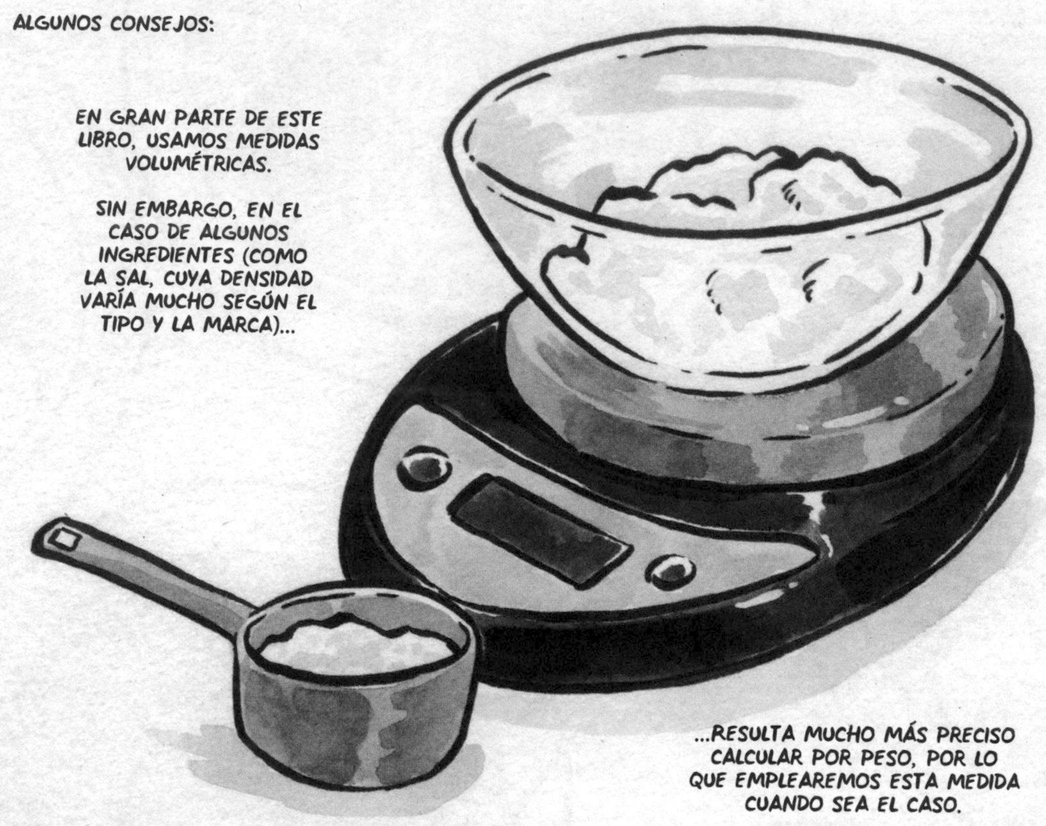
ALGUNOS CONSEJOS:
EN GRAN PARTE DE ESTE LIBRO, USAMOS MEDIDAS VOLUMÉTRICAS.
SIN EMBARGO, EN EL CASO DE ALGUNOS INGREDIENTES (COMO LA SAL, CUYA DENSIDAD VARÍA MUCHO SEGÚN EL TIPO Y LA MARCA)...
...RESULTA MUCHO MÁS PRECISO CALCULAR POR PESO, POR LO QUE EMPLEAREMOS ESTA MEDIDA CUANDO SEA EL CASO.

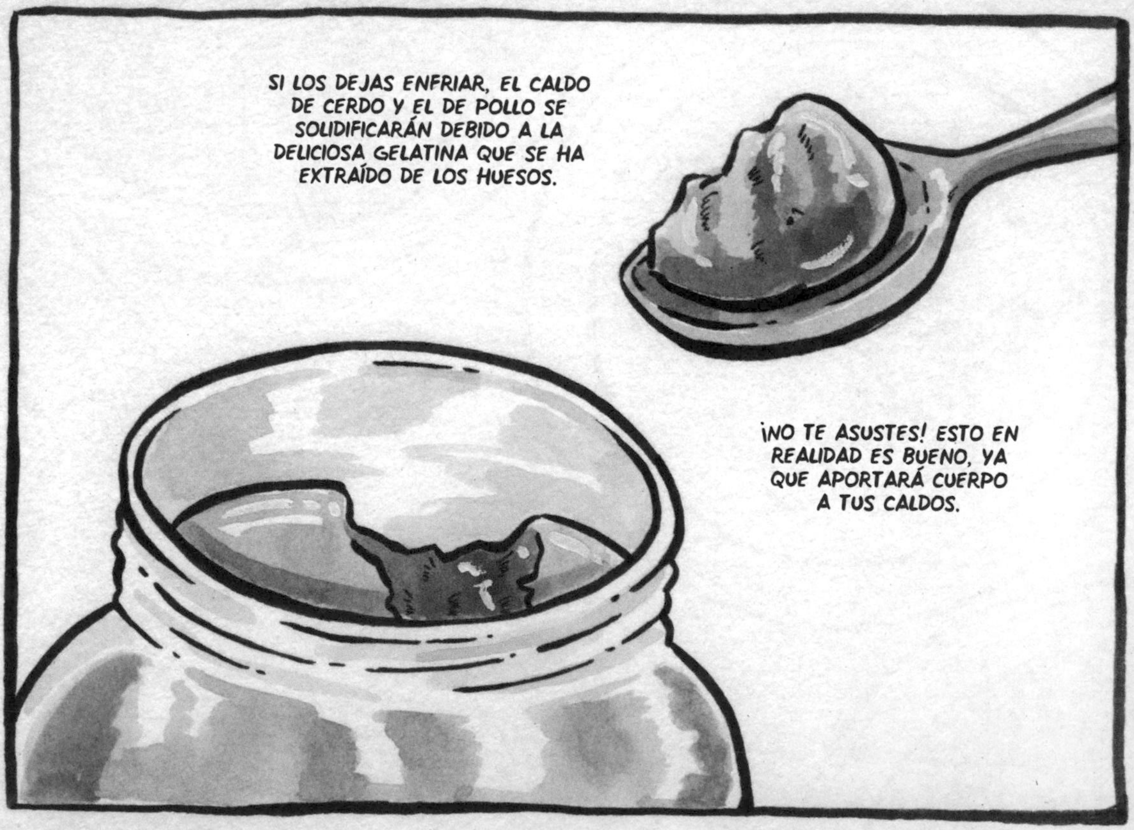
SI LOS DEJAS ENFRIAR, EL CALDO DE CERDO Y EL DE POLLO SE SOLIDIFICARÁN DEBIDO A LA DELICIOSA GELATINA QUE SE HA EXTRAÍDO DE LOS HUESOS.
¡NO TE ASUSTES! ESTO EN REALIDAD ES BUENO, YA QUE APORTARÁ CUERPO A TUS CALDOS.

¡PREPARAR RAMEN CONSISTE EN SUPERPONER CAPAS DE SABOR!

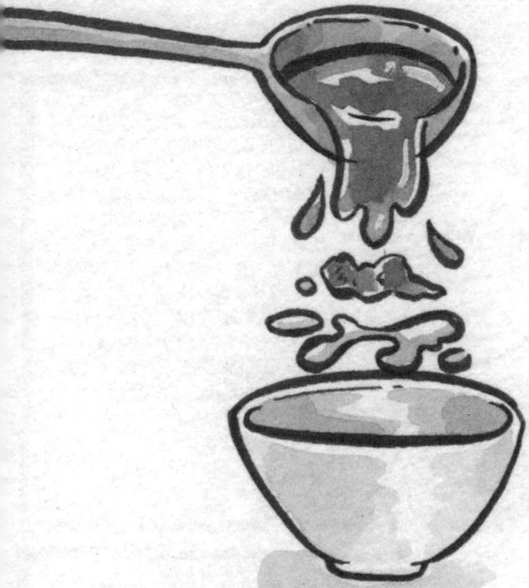

PARA CONSEGUIR ESTO DE FORMA RÁPIDA Y VARIADA, EN LOS *RAMEN-YA* LA GRASA SUELE AÑADIRSE AL PLATO, LUEGO SE INCORPORA EL *TARE* Y FINALMENTE SE ECHA EL CALDO CALIENTE POR ENCIMA.

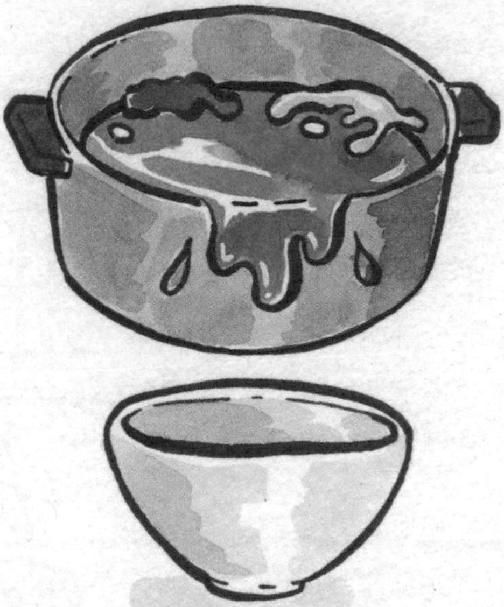

AQUÍ SIMPLIFICAMOS LAS COSAS AÑADIENDO LA GRASA Y EL *TARE* AL CALDO MIENTRAS SE CALIENTA. ESTO TAMBIÉN TE PERMITE PROBARLO Y RECTIFICAR DE SABOR ANTES DE ALCANZAR EL VEREDICTO FINAL.

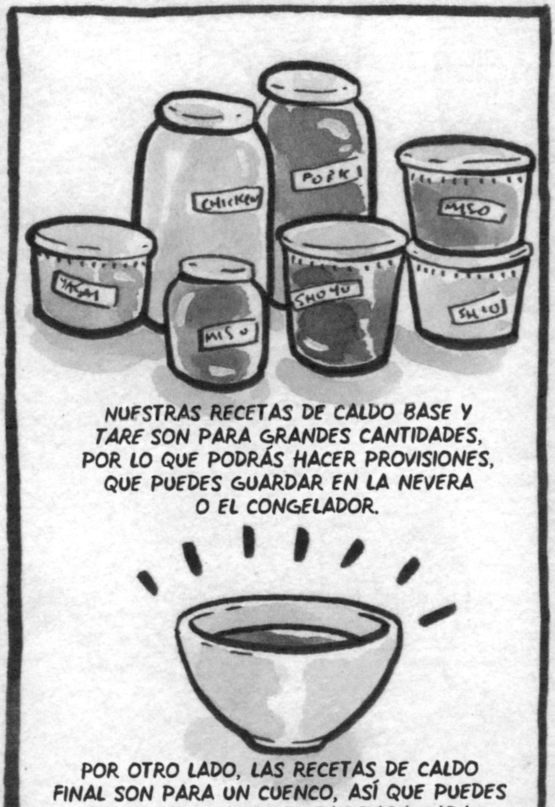
CHICKEN
PORK
MISO
YASAI
SHOYU
MISO
SHIO
NUESTRAS RECETAS DE CALDO BASE Y TARE SON PARA GRANDES CANTIDADES, POR LO QUE PODRÁS HACER PROVISIONES, QUE PUEDES GUARDAR EN LA NEVERA O EL CONGELADOR.
POR OTRO LADO, LAS RECETAS DE CALDO FINAL SON PARA UN CUENCO, ASÍ QUE PUEDES HACER MEZCLAS DISTINTAS PARA CADA INVITADO, ¡TANTAS COMO QUIERAS!

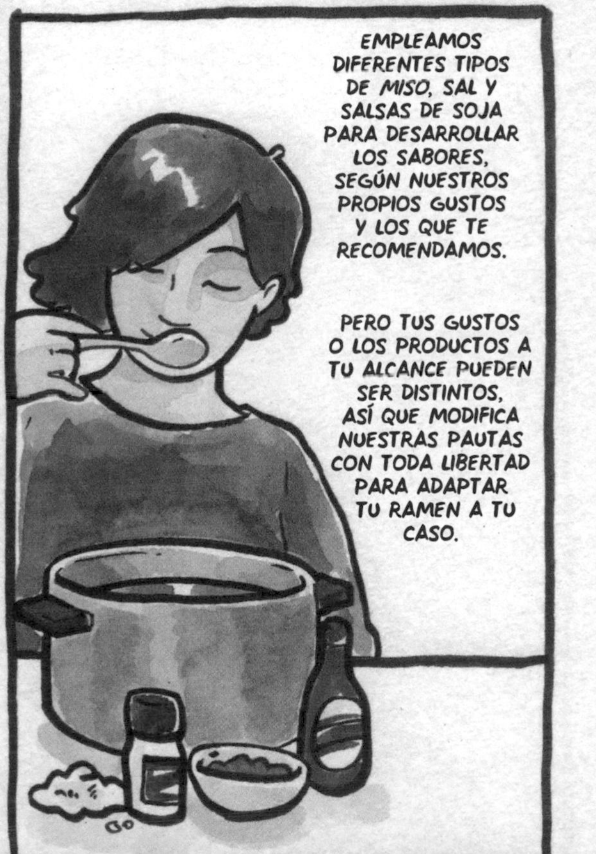
EMPLEAMOS DIFERENTES TIPOS DE MISO, SAL Y SALSAS DE SOJA PARA DESARROLLAR LOS SABORES, SEGÚN NUESTROS PROPIOS GUSTOS Y LOS QUE TE RECOMENDAMOS.
PERO TUS GUSTOS O LOS PRODUCTOS A TU ALCANCE PUEDEN SER DISTINTOS, ASÍ QUE MODIFICA NUESTRAS PAUTAS CON TODA LIBERTAD PARA ADAPTAR TU RAMEN A TU CASO.

IVAN ORKIN

LA BELLEZA de la FINURA FRENTE a la FUERZA de los SABORES POTENTES

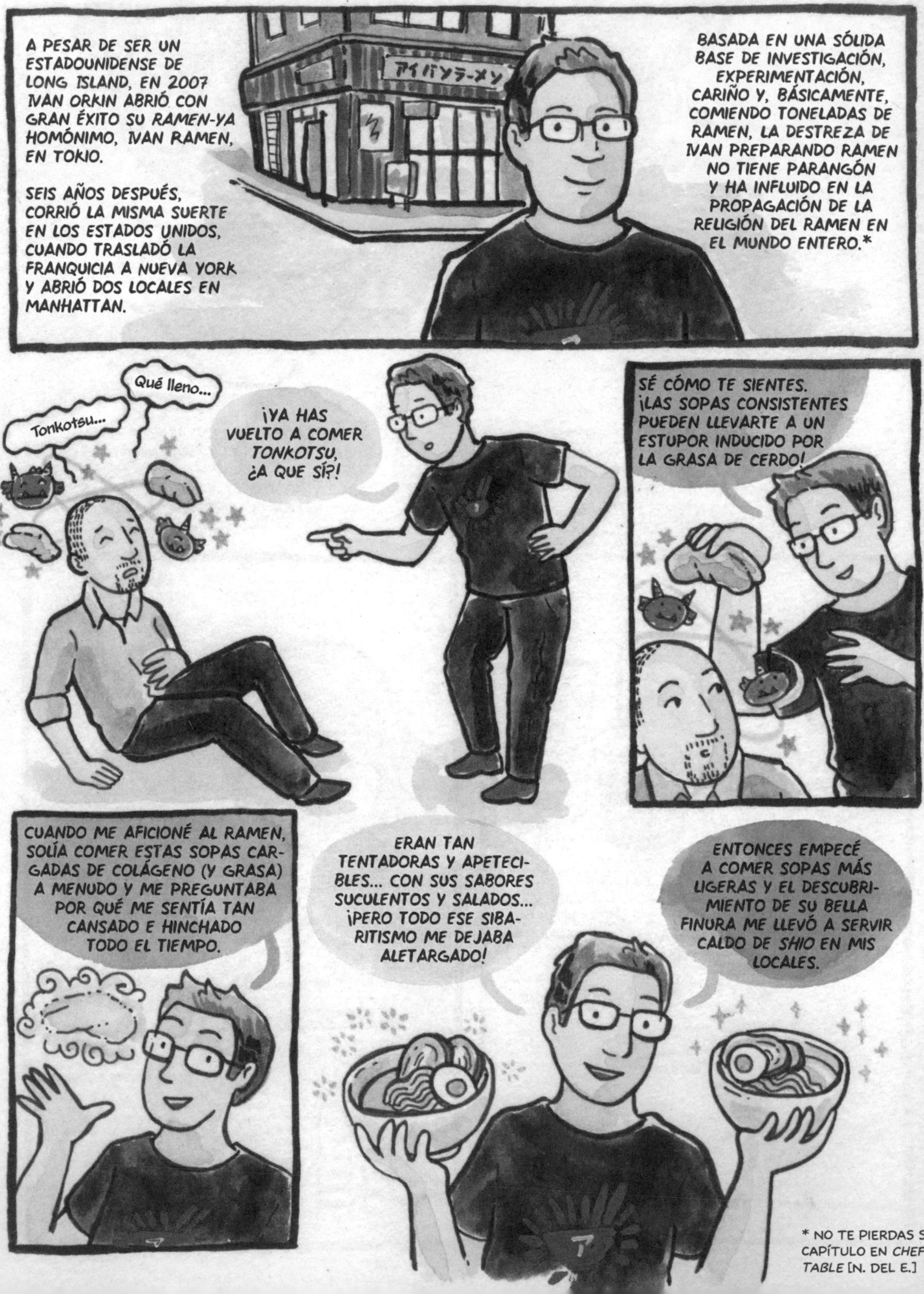
A PESAR DE SER UN ESTADOUNIDENSE DE LONG ISLAND, EN 2007 IVAN ORKIN ABRIÓ CON GRAN ÉXITO SU *RAMEN-YA* HOMÓNIMO, IVAN RAMEN, EN TOKIO.
SEIS AÑOS DESPUÉS, CORRIÓ LA MISMA SUERTE EN LOS ESTADOS UNIDOS, CUANDO TRASLADÓ LA FRANQUICIA A NUEVA YORK Y ABRIÓ DOS LOCALES EN MANHATTAN.
アイバンラーメン
BASADA EN UNA SÓLIDA BASE DE INVESTIGACIÓN, EXPERIMENTACIÓN, CARIÑO Y, BÁSICAMENTE, COMIENDO TONELADAS DE RAMEN, LA DESTREZA DE IVAN PREPARANDO RAMEN NO TIENE PARANGÓN Y HA INFLUIDO EN LA PROPAGACIÓN DE LA RELIGIÓN DEL RAMEN EN EL MUNDO ENTERO.*
Tonkotsu...
Qué lleno...
¡YA HAS VUELTO A COMER *TONKOTSU*, ¿A QUE SÍ?!
SÉ CÓMO TE SIENTES. ¡LAS SOPAS CONSISTENTES PUEDEN LLEVARTE A UN ESTUPOR INDUCIDO POR LA GRASA DE CERDO!
CUANDO ME AFICIONÉ AL RAMEN, SOLÍA COMER ESTAS SOPAS CARGADAS DE COLÁGENO (Y GRASA) A MENUDO Y ME PREGUNTABA POR QUÉ ME SENTÍA TAN CANSADO E HINCHADO TODO EL TIEMPO.
ERAN TAN TENTADORAS Y APETECIBLES... CON SUS SABORES SUCULENTOS Y SALADOS... ¡PERO TODO ESE SIBARITISMO ME DEJABA ALETARGADO!
ENTONCES EMPECÉ A COMER SOPAS MÁS LIGERAS Y EL DESCUBRIMIENTO DE SU BELLA FINURA ME LLEVÓ A SERVIR CALDO DE *SHIO* EN MIS LOCALES.

* NO TE PIERDAS S CAPÍTULO EN *CHEF' TABLE* [N. DEL E.]

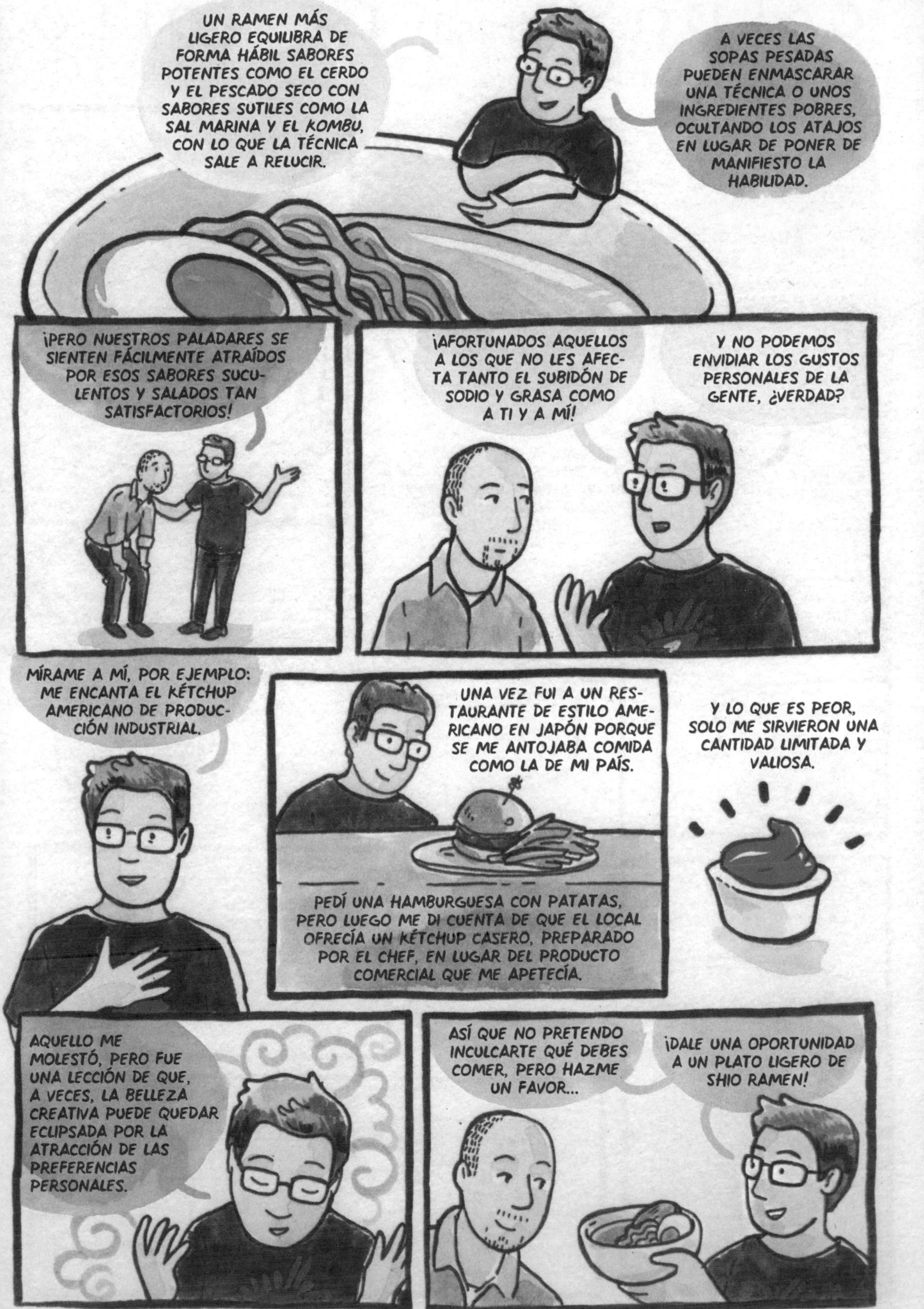
UN RAMEN MÁS LIGERO EQUILIBRA DE FORMA HÁBIL SABORES POTENTES COMO EL CERDO Y EL PESCADO SECO CON SABORES SUTILES COMO LA SAL MARINA Y EL *KOMBU*, CON LO QUE LA TÉCNICA SALE A RELUCIR.
A VECES LAS SOPAS PESADAS PUEDEN ENMASCARAR UNA TÉCNICA O UNOS INGREDIENTES POBRES, OCULTANDO LOS ATAJOS EN LUGAR DE PONER DE MANIFIESTO LA HABILIDAD.
¡PERO NUESTROS PALADARES SE SIENTEN FÁCILMENTE ATRAÍDOS POR ESOS SABORES SUCULENTOS Y SALADOS TAN SATISFACTORIOS!
¡AFORTUNADOS AQUELLOS A LOS QUE NO LES AFECTA TANTO EL SUBIDÓN DE SODIO Y GRASA COMO A TI Y A MÍ!
Y NO PODEMOS ENVIDIAR LOS GUSTOS PERSONALES DE LA GENTE, ¿VERDAD?
MÍRAME A MÍ, POR EJEMPLO: ME ENCANTA EL KÉTCHUP AMERICANO DE PRODUCCIÓN INDUSTRIAL.
UNA VEZ FUI A UN RESTAURANTE DE ESTILO AMERICANO EN JAPÓN PORQUE SE ME ANTOJABA COMIDA COMO LA DE MI PAÍS.
PEDÍ UNA HAMBURGUESA CON PATATAS, PERO LUEGO ME DI CUENTA DE QUE EL LOCAL OFRECÍA UN KÉTCHUP CASERO, PREPARADO POR EL CHEF, EN LUGAR DEL PRODUCTO COMERCIAL QUE ME APETECÍA.
Y LO QUE ES PEOR, SOLO ME SIRVIERON UNA CANTIDAD LIMITADA Y VALIOSA.
AQUELLO ME MOLESTÓ, PERO FUE UNA LECCIÓN DE QUE, A VECES, LA BELLEZA CREATIVA PUEDE QUEDAR ECLIPSADA POR LA ATRACCIÓN DE LAS PREFERENCIAS PERSONALES.
ASÍ QUE NO PRETENDO INCULCARTE QUÉ DEBES COMER, PERO HAZME UN FAVOR...
¡DALE UNA OPORTUNIDAD A UN PLATO LIGERO DE SHIO RAMEN!

CALDO *(y grasa)* DE POLLO

PARA UNOS 4 LITROS DE CALDO Y 1 TAZA DE GRASA

INGREDIENTES:

2,5 KG DE HUESOS O CARCASA DE POLLO, CON LA PIEL INCLUIDA (SI NO ES POSIBLE, USA 2 POLLOS ENTEROS)

450 G DE PATAS DE POLLO (SI ES POSIBLE)

1 MANOJO DE CEBOLLETAS, LIMPIAS Y CORTADAS TRANSVERSALMENTE POR LA MITAD

2 MANZANAS (HONEYCRISP, FUJI O GALA) A CUARTOS

115 G DE JENGIBRE FRESCO, SIN PELAR, A RODAJAS DE UNOS 0,5 CM

1 AJO, CON LOS DIENTES APLASTADOS Y PELADOS

1 CUCHARADA DE SAL

COLOCA TODOS LOS INGREDIENTES EN UNA OLLA GRANDE Y CÚBRELOS CON UNOS 6 LITROS DE AGUA FRÍA.

LLÉVALO A UN PUNTO SUAVE DE EBULLICIÓN A TEMPERATURA MEDIA-ALTA Y LUEGO REDUCE EL FUEGO PARA MANTENERLO A EBULLICIÓN LENTA.

DEJA COCER DURANTE 4 HORAS, RETIRANDO DE VEZ EN CUANDO LA ESPUMA QUE SE FORME EN LA SUPERFICIE.

REMUEVE LOS HUESOS MÁS O MENOS CADA HORA.

AL CABO DE 4 HORAS, EL CALDO SE HABRÁ REDUCIDO MÁS O MENOS A 4 LITROS; ESTO ES ALGO NORMAL.

RETÍRALO DEL FUEGO Y DEJA ENFRIAR A TEMPERATURA AMBIENTE.

CUÉLALO, DESECHA TODOS LOS SÓLIDOS Y REFRIGÉRALO BIEN TAPADO DURANTE TODA LA NOCHE.

AL DÍA SIGUIENTE, RETIRA LA GRASA SOLIDIFICADA DE LA SUPERFICIE DEL CALDO.

DERRÍTELA EN UN CAZO PEQUEÑO A TEMPERATURA MEDIA.

PUEDES GUARDARLA EN UN TARRO DEL TAMAÑO ADECUADO EN LA NEVERA HASTA 1 SEMANA.

O EN EL CONGELADOR DURANTE 6 MESES.

1 SEMANA

6 MESES

CONSERVA EL CALDO HASTA QUE VAYAS A USARLO EN LA NEVERA HASTA 1 SEMANA O CONGELADO HASTA UN MÁXIMO DE 6 MESES.

1 SEMANA

6 MESES

CALDO (y grasa) DE CERDO

PARA UNOS 4 LITROS DE CALDO Y 1 TAZA DE GRASA

INGREDIENTES:

2,5 KG DE HUESOS DE CERDO, INCLUIDOS LOS DEL CUELLO Y LAS MANOS (SI NO ES POSIBLE, SUSTITÚYELOS POR ESPINAZO)

450 G DE PATAS DE POLLO (SI ES POSIBLE)

1 MANOJO DE CEBOLLETAS, LIMPIAS Y CORTADAS TRANSVERSALMENTE POR LA MITAD

2 MANZANAS (HONEYCRISP, FUJI O GALA) A CUARTOS

115 G DE JENGIBRE FRESCO, SIN PELAR, A RODAJAS FINAS

1 AJO, CON LOS DIENTES APLASTADOS Y PELADOS

1 CUCHARADA DE SAL

COLOCA TODOS LOS INGREDIENTES EN UNA OLLA GRANDE Y CÚBRELOS CON UNOS 7 LITROS DE AGUA FRÍA.

LLÉVALO A UN PUNTO SUAVE DE EBULLICIÓN A TEMPERATURA MEDIA-ALTA Y LUEGO REDUCE EL FUEGO PARA MANTENERLO A EBULLICIÓN LENTA.

DEJA COCER DURANTE 6 HORAS, RETIRANDO DE VEZ EN CUANDO LA ESPUMA QUE SE FORME EN LA SUPERFICIE.

REMUEVE LOS HUESOS MÁS O MENOS CADA HORA.

AL CABO DE 6 HORAS, EL CALDO SE HABRÁ REDUCIDO MÁS O MENOS A 4 LITROS; ESTO ES ALGO NORMAL.

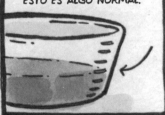

RETÍRALO DEL FUEGO Y DEJA ENFRIAR A TEMPERATURA AMBIENTE.

CUÉLALO, DESECHA TODOS LOS SÓLIDOS Y REFRIGÉRALO BIEN TAPADO DURANTE TODA LA NOCHE.

AL DÍA SIGUIENTE, RETIRA LA GRASA SOLIDIFICADA DE LA SUPERFICIE DEL CALDO.

DERRÍTELA EN UN CAZO PEQUEÑO A TEMPERATURA MEDIA.

CONSERVA EL CALDO HASTA QUE VAYAS A USARLO EN LA NEVERA HASTA 1 SEMANA O CONGELADO HASTA UN MÁXIMO DE 6 MESES.

1 SEMANA
6 MESES

PUEDES GUARDARLA EN UN TARRO DEL TAMAÑO ADECUADO EN LA NEVERA HASTA 1 SEMANA O EN EL CONGELADOR DURANTE 6 MESES.

1 SEMANA
6 MESES

Cuatro cosas sobre el DASHI

EL *DASHI* ES UN TIPO DE CALDO HECHO CON *KOMBU* (UN ALGA MARINA GRUESA), SETAS *SHIITAKE* DESHIDRATADAS Y VIRUTAS DE PESCADO, CONOCIDAS COMO *KATSUOBUSHI* (VER LA DESPENSA, PÁG. 18, PARA MÁS INFORMACIÓN SOBRE ESTOS INGREDIENTES).

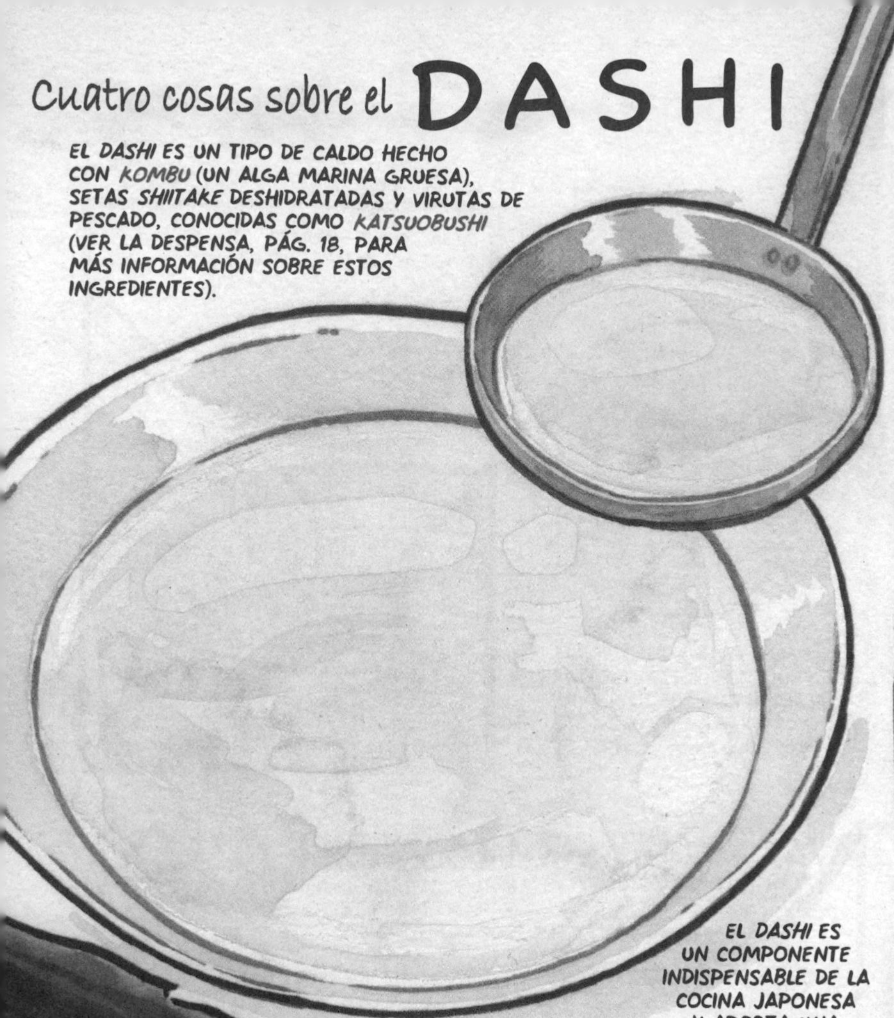

¡ATENCIÓN!

SI PREPARAR *DASHI* NO ES LO TUYO, TEN SIEMPRE UNA CAJA DE *DASHI* INSTANTÁNEO EN LA DESPENSA.

EL *DASHI* INSTANTÁNEO COMERCIAL SUELE CONTENER GMS*, PERO ES RÁPIDO Y SIRVE PARA APORTAR ESE TOQUE *UMAMI* ESENCIAL A LOS CALDOS DE RAMEN.

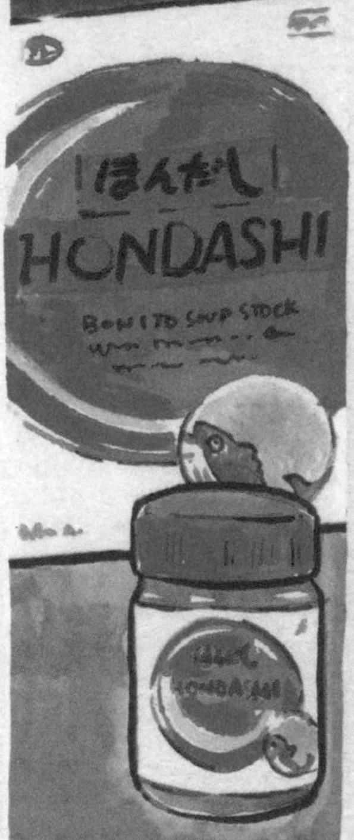
ほんだし
HONDASHI
BONITO SOUP STOCK

EL *DASHI* ES UN COMPONENTE INDISPENSABLE DE LA COCINA JAPONESA Y APORTA UNA PROFUNDIDAD AHUMADA Y *UMAMI* A LOS CALDOS DE RAMEN.

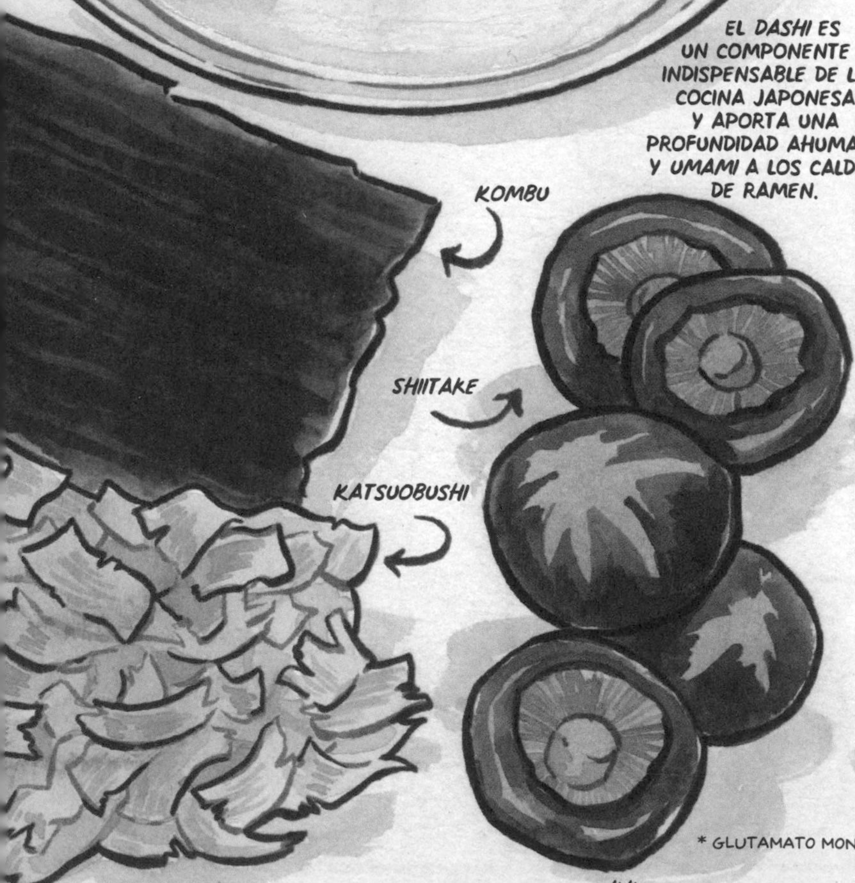
KOMBU
SHIITAKE
KATSUOBUSHI

PARA OBTENER UN SABOR MÁS FUERTE Y MARÍTIMO, AÑADE UN PUÑADO DE LAS SARDINAS SECAS CONOCIDAS COMO *NIBOSHI* (VER LA DESPENSA, PÁG. 18) JUNTO AL *KATSUOBUSHI*.

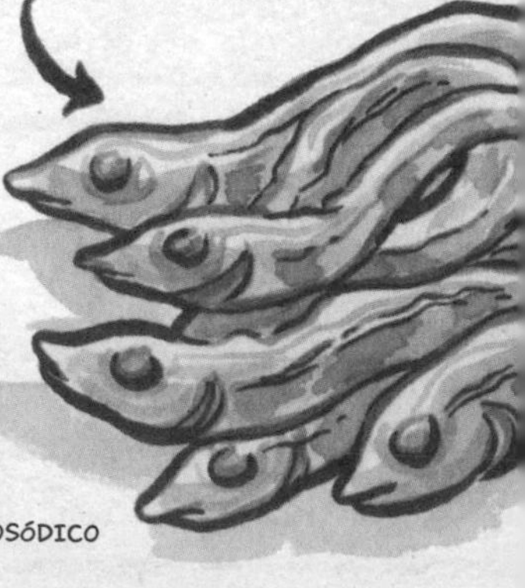

* GLUTAMATO MONOSÓDICO

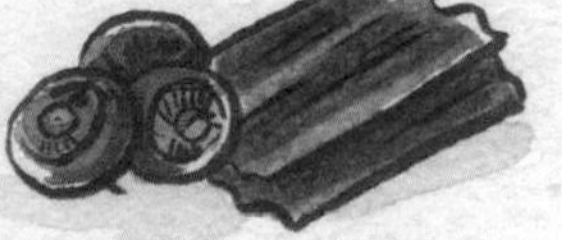

DASHI

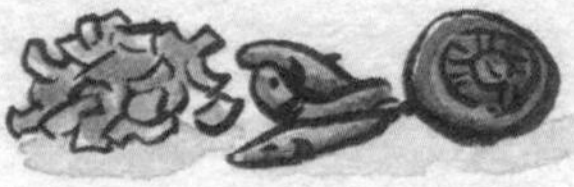

PARA UNOS 2 LITROS

INGREDIENTES:

5 TAZAS (UNOS 170 G) DE *SHIITAKE* DESHIDRATADAS

2 LÁMINAS DE 20 X 10 CM (UNOS 30 G) DE *KOMBU*

1 TAZA (UNOS 7 G) DE *KATSUOBUSHI*

UNAS 10 *NIBOSHI* (OPCIONAL)

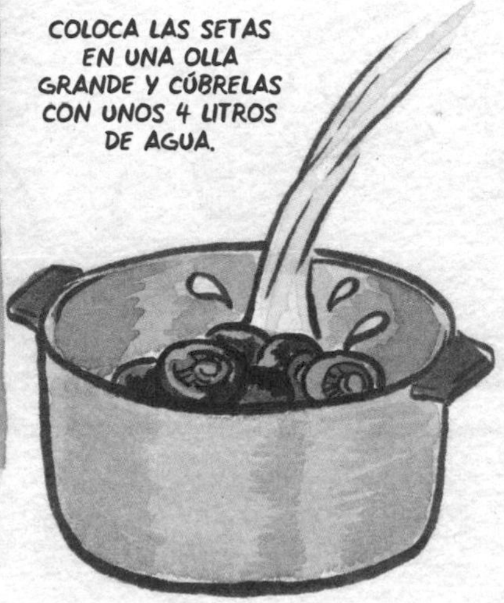
COLOCA LAS SETAS EN UNA OLLA GRANDE Y CÚBRELAS CON UNOS 4 LITROS DE AGUA.

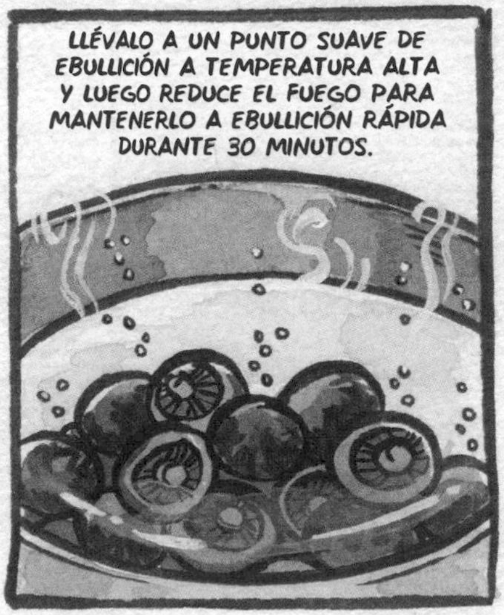
LLÉVALO A UN PUNTO SUAVE DE EBULLICIÓN A TEMPERATURA ALTA Y LUEGO REDUCE EL FUEGO PARA MANTENERLO A EBULLICIÓN RÁPIDA DURANTE 30 MINUTOS.

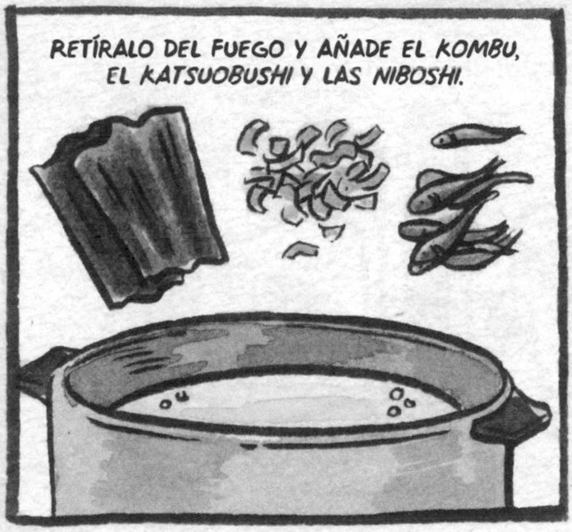
RETÍRALO DEL FUEGO Y AÑADE EL *KOMBU*, EL *KATSUOBUSHI* Y LAS *NIBOSHI*.

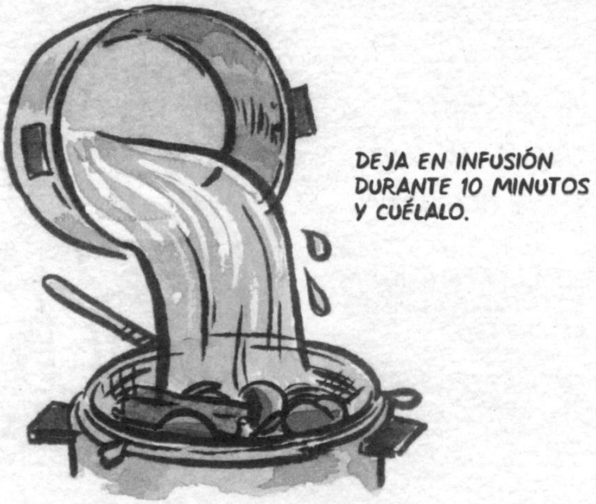
DEJA EN INFUSIÓN DURANTE 10 MINUTOS Y CUÉLALO.

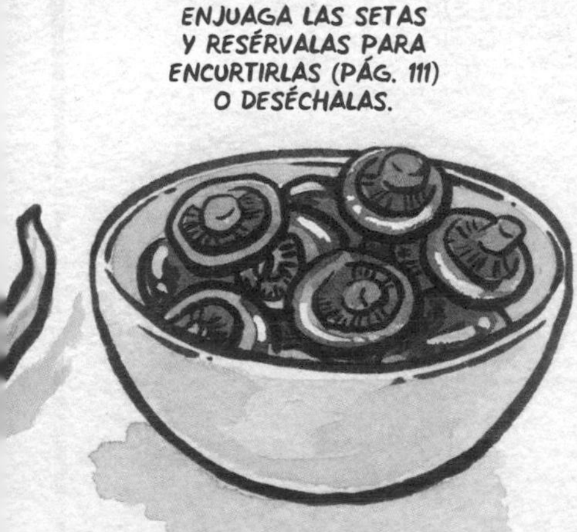
ENJUAGA LAS SETAS Y RESÉRVALAS PARA ENCURTIRLAS (PÁG. 111) O DESÉCHALAS.

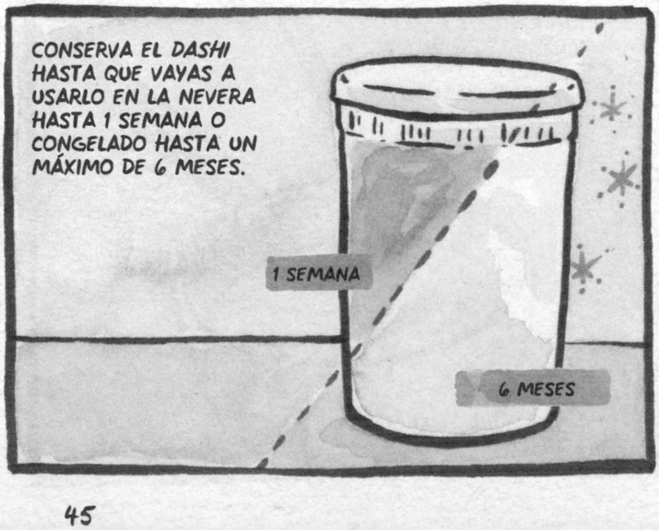
CONSERVA EL *DASHI* HASTA QUE VAYAS A USARLO EN LA NEVERA HASTA 1 SEMANA O CONGELADO HASTA UN MÁXIMO DE 6 MESES.
1 SEMANA
6 MESES

CALDO DE SHIO

PARA 1 RACIÓN

INGREDIENTES:

185 ML (3/4 DE TAZA) DE CALDO DE POLLO (VER RECETA EN PÁG. 42)

185 ML (3/4 DE TAZA) DE *DASHI* (VER RECETA EN PÁG. 45)

30 ML (2 CUCHARADAS) DE *TARE DE SHIO* (RECETA A CONTINUACIÓN)

2 CUCHARADITAS DE GRASA DE POLLO (VER RECETA EN PÁG. 42)

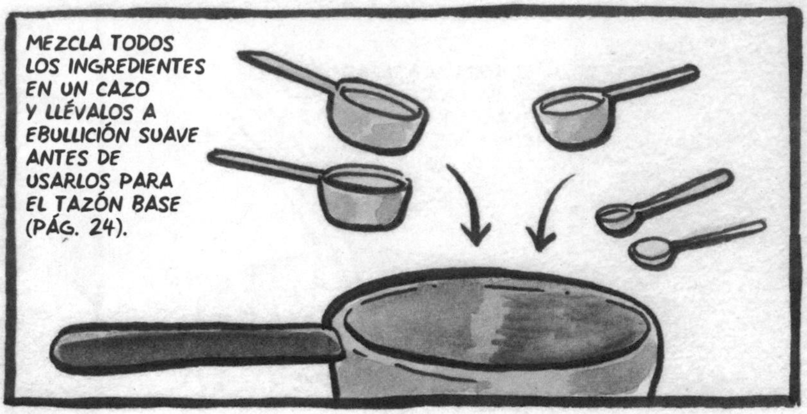
MEZCLA TODOS LOS INGREDIENTES EN UN CAZO Y LLÉVALOS A EBULLICIÓN SUAVE ANTES DE USARLOS PARA EL TAZÓN BASE (PÁG. 24).

TARE DE SHIO

SUFICIENTE PARA UNAS 10 RACIONES

INGREDIENTES:

30 G DE SAL MARINA

125 ML (1/2 TAZA) DE *MIRIN*

30 ML (2 CUCHARADAS) DE VINAGRE DE VINO DE ARROZ

125 ML (1/2 TAZA) DE AGUA

HAY DIFERENCIAS SUTILES ENTRE TODA LA GAMA DE SALES, Y EL SHIO RAMEN ES UNA GRAN FORMA DE EXPLORARLAS EMPLEANDO DISTINTAS SALES PARA ESTE *TARE*.

PUESTO QUE LAS SALES DIFIEREN EN DENSIDAD, FORMA Y TAMAÑO, RECOMENDAMOS ESPECIALMENTE QUE SE MIDA POR PESO PARA ESTA RECETA.

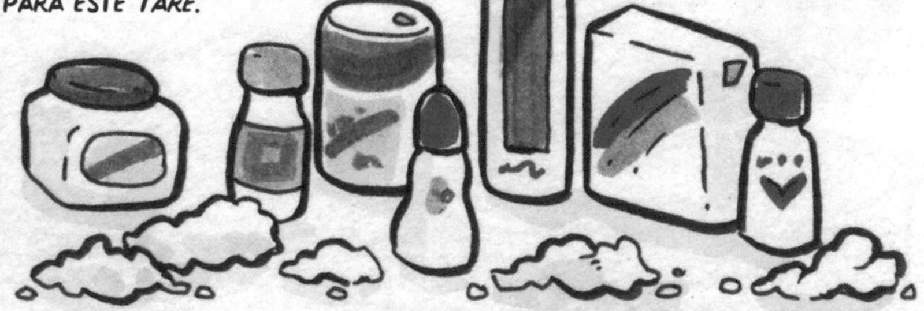

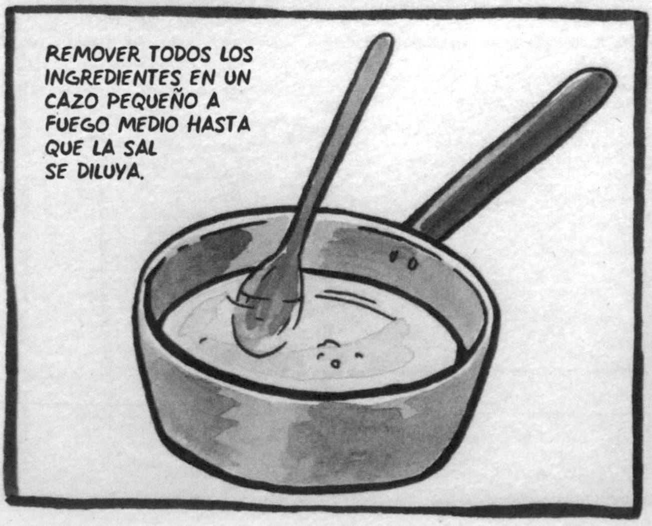
REMOVER TODOS LOS INGREDIENTES EN UN CAZO PEQUEÑO A FUEGO MEDIO HASTA QUE LA SAL SE DILUYA.

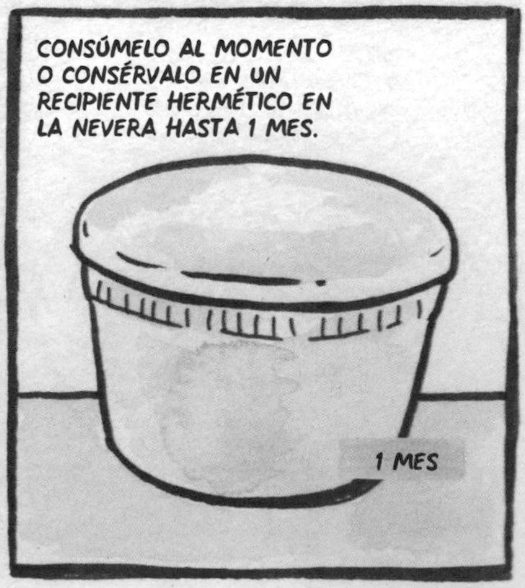
CONSÚMELO AL MOMENTO O CONSÉRVALO EN UN RECIPIENTE HERMÉTICO EN LA NEVERA HASTA 1 MES.
1 MES

CALDO DE SHOYU

PARA 1 RACIÓN

INGREDIENTES:

1/2 TAZA DE CALDO DE POLLO
(VER RECETA EN PÁG. 42)

1/2 TAZA DE CALDO DE CERDO
(VER RECETA EN PÁG. 43)

1/2 TAZA DE DASHI
(VER RECETA EN PÁG. 45)

1/4 DE TAZA DE TARE DE SHOYU

1 CUCHARADITA DE GRASA DE POLLO (PÁG. 42)

1 CUCHARADITA DE GRASA DE CERDO (VER RECETA EN PÁG. 43)

MEZCLA TODOS LOS INGREDIENTES EN UN CAZO Y LLÉVALOS A EBULLICIÓN SUAVE ANTES DE USARLOS PARA EL TAZÓN BASE (PÁG. 24).

TARE DE SHOYU

SUFICIENTE PARA UNAS 10 RACIONES

INGREDIENTES:

250 ML (1 TAZA) DE SHOYU

60 ML (UNAS 3 CUCHARADAS) DE SALSA DE SOJA OSCURA (O SHOYU SUSTITUTO)

60 ML (UNAS 3 CUCHARADAS) DE SALSA DE SOJA CON SETAS (O SHOYU SUSTITUTO)

125 ML (1/2 TAZA) DE MIRIN

60 ML (1/4 DE TAZA) DE VINAGRE DE VINO DE ARROZ

15 ML (1 CUCHARADA) DE ACEITE DE SÉSAMO

60 ML (1/4 DE TAZA) DE AGUA

ESTA RECETA COMBINA DISTINTOS TIPOS DE SALSA DE SOJA PARA DARLE MAYOR COMPLEJIDAD, AÑADIENDO SALSA DE SOJA OSCURA PARA APORTAR PROFUNDIDAD DE SABOR Y COLOR Y SALSA DE SOJA CON SETAS PARA UN TOQUE EXTRA DE UMAMI.

PERO HAZ LOS AJUSTES QUE CREAS NECESARIOS SEGÚN TUS GUSTOS Y LA DISPONIBILIDAD DE LOS INGREDIENTES.

CONSULTA LA ETIQUETA PARA EVITAR LAS SALSAS DE SOJA FALSAS HECHAS DE PROTEÍNA HIDROLIZADA EN LUGAR DE SEMILLAS DE SOJA FERMENTADAS.

MEZCLA TODOS LOS INGREDIENTES EN UN BOL Y REMUEVE BIEN.

CONSÚMELO AL MOMENTO O CONSÉRVALO EN UN RECIPIENTE HERMÉTICO EN LA NEVERA HASTA 1 MES.

1 MES

47

CALDO DE MISO

PARA 1 RACIÓN

INGREDIENTES:

125 ML (1/2 TAZA) DE CALDO DE POLLO (PÁG. 42)

125 ML (1/2 TAZA) DE CALDO DE CERDO (PÁG. 43)

125 ML (1/2 TAZA) DE DASHI (PÁG. 45)

60 ML (1/4 DE TAZA) DE TARE DE MISO (RECETA A CONTINUACIÓN)

1 CUCHARADITA DE GRASA DE POLLO (PÁG. 42)

1 CUCHARADITA DE GRASA DE CERDO (PÁG. 43)

MEZCLA TODOS LOS INGREDIENTES EN UN CAZO Y LLÉVALOS A EBULLICIÓN SUAVE ANTES DE USARLOS PARA EL TAZÓN BASE (PÁG. 24).

TARE DE MISO

SUFICIENTE PARA UNAS 10 RACIONES

INGREDIENTES:

200 G (2/3 DE TAZA) DE AKA MISO

100 G (1/3 DE TAZA) DE SHIRO MISO

185 ML (3/4 DE TAZA) DE MIRIN

90 ML (6 CUCHARADAS) DE VINAGRE DE VINO DE ARROZ

45 ML (3 CUCHARADAS) DE ACEITE DE SÉSAMO

ESTA RECETA COMBINA *AKA MISO* ROJO PARA APORTAR PROFUNDIDAD DE SABOR CON *SHIRO MISO* BLANCO PARA UN TOQUE DE DULZOR.

PERO EXPLORA DIFERENTES MISO (VER LA DESPENSA, PÁG. 16) Y HAZ LOS AJUSTES QUE CREAS NECESARIOS SEGÚN TUS GUSTOS.

SHIRO MISO

AKA MISO

REMUEVE TODOS LOS INGREDIENTES EN UN BOL PEQUEÑO HASTA QUE QUEDEN BIEN MEZCLADOS.

CONSÚMELO AL MOMENTO O CONSÉRVALO EN UN RECIPIENTE HERMÉTICO EN LA NEVERA 2 SEMANAS.

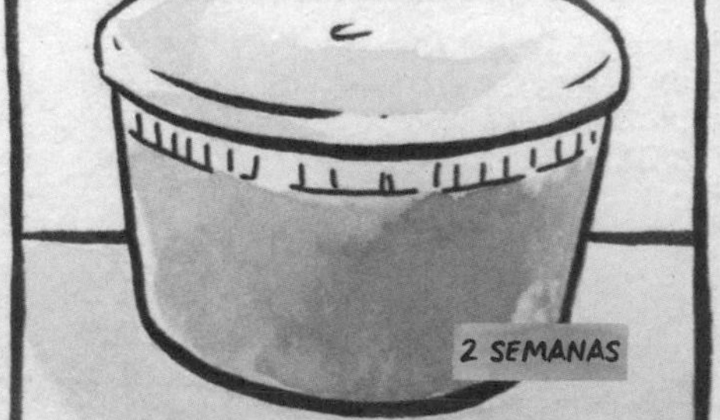

2 SEMANAS

Cuatro cosas sobre los CALDOS PAITAN

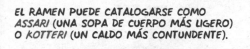

EL RAMEN PUEDE CATALOGARSE COMO *ASSARI* (UNA SOPA DE CUERPO MÁS LIGERO) O *KOTTERI* (UN CALDO MÁS CONTUNDENTE).

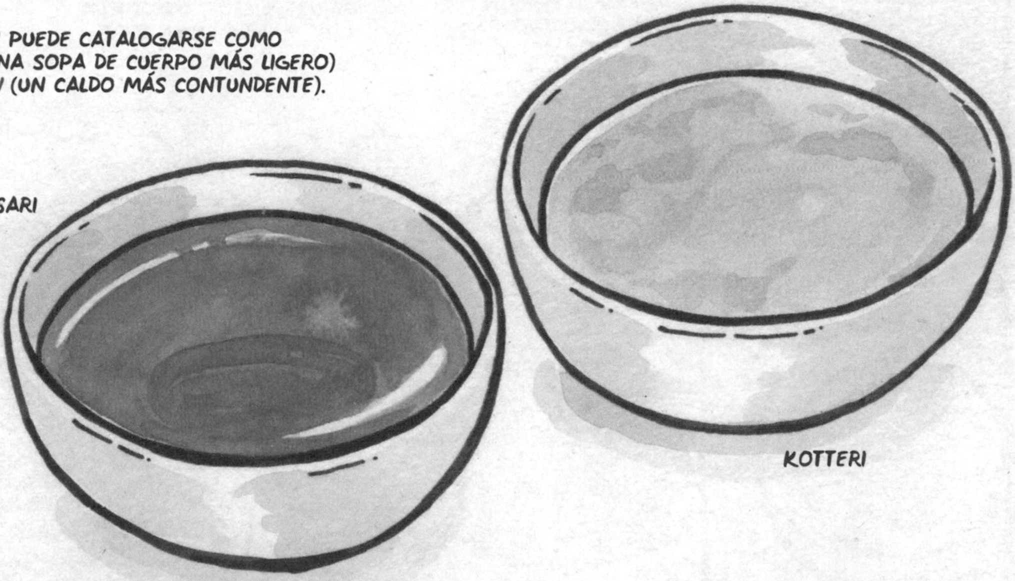

ASSARI
KOTTERI

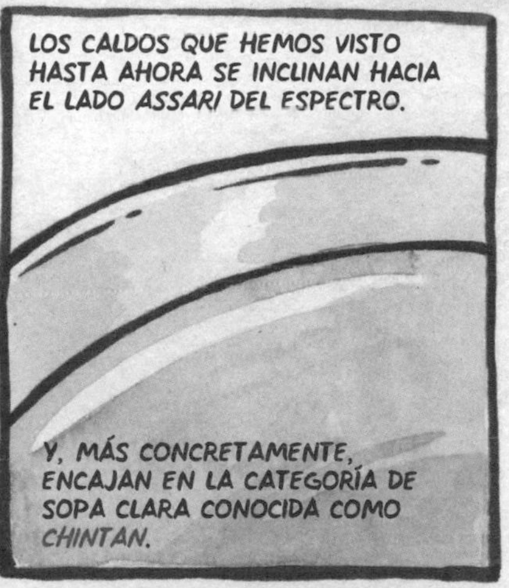

LOS CALDOS QUE HEMOS VISTO HASTA AHORA SE INCLINAN HACIA EL LADO *ASSARI* DEL ESPECTRO.
Y, MÁS CONCRETAMENTE, ENCAJAN EN LA CATEGORÍA DE SOPA CLARA CONOCIDA COMO *CHINTAN*.

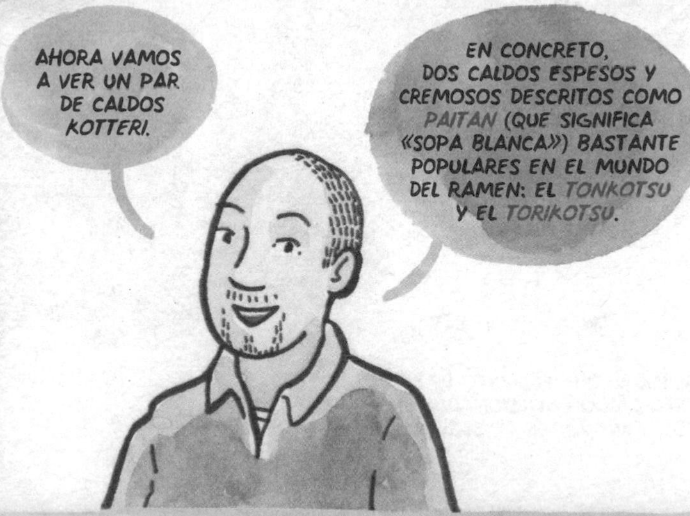

AHORA VAMOS A VER UN PAR DE CALDOS *KOTTERI*.
EN CONCRETO, DOS CALDOS ESPESOS Y CREMOSOS DESCRITOS COMO *PAITAN* (QUE SIGNIFICA «SOPA BLANCA») BASTANTE POPULARES EN EL MUNDO DEL RAMEN: EL *TONKOTSU* Y EL *TORIKOTSU*.

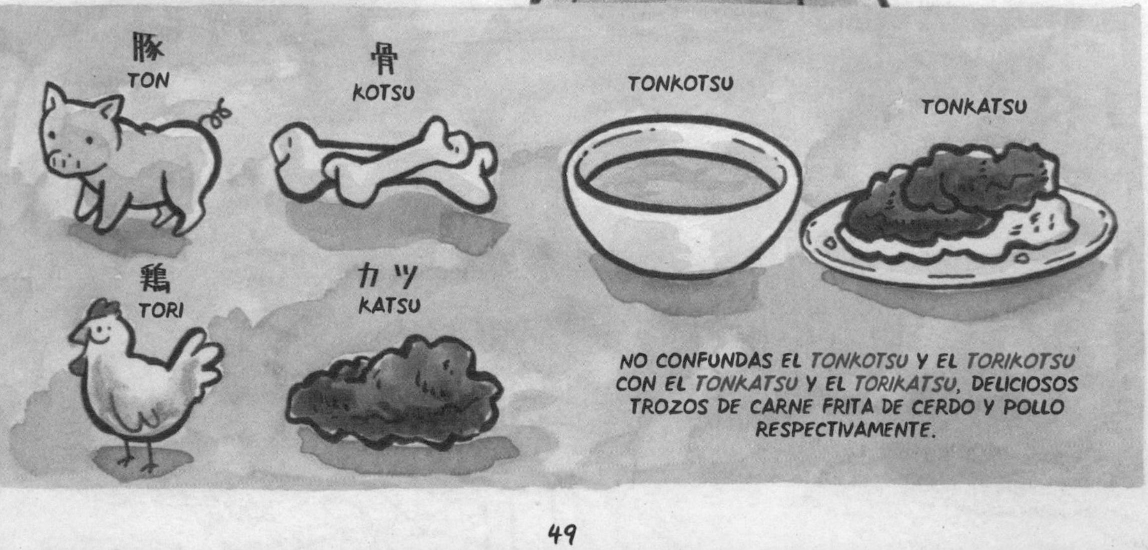

豚
TON
骨
KOTSU
TONKOTSU
TONKATSU
鶏
TORI
カツ
KATSU
NO CONFUNDAS EL *TONKOTSU* Y EL *TORIKOTSU* CON EL *TONKATSU* Y EL *TORIKATSU*, DELICIOSOS TROZOS DE CARNE FRITA DE CERDO Y POLLO RESPECTIVAMENTE.

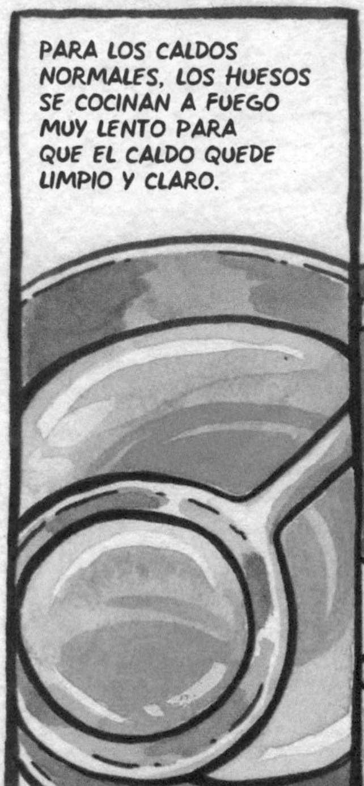
PARA LOS CALDOS NORMALES, LOS HUESOS SE COCINAN A FUEGO MUY LENTO PARA QUE EL CALDO QUEDE LIMPIO Y CLARO.

SIN EMBARGO, LOS CALDOS PARA *PAITAN* SE HIERVEN A FUEGO VIVO.

ESTE MÉTODO EXTRAE EL MÁXIMO DE GELATINA POSIBLE (Y TAMBIÉN ALGO DE GRASA) DE LOS HUESOS, QUE QUEDA SUSPENDIDA EN LA SOPA.

ASÍ, ADQUIERE UN ASPECTO BLANQUECINO Y UNA BASE MUY CONSISTENTE.

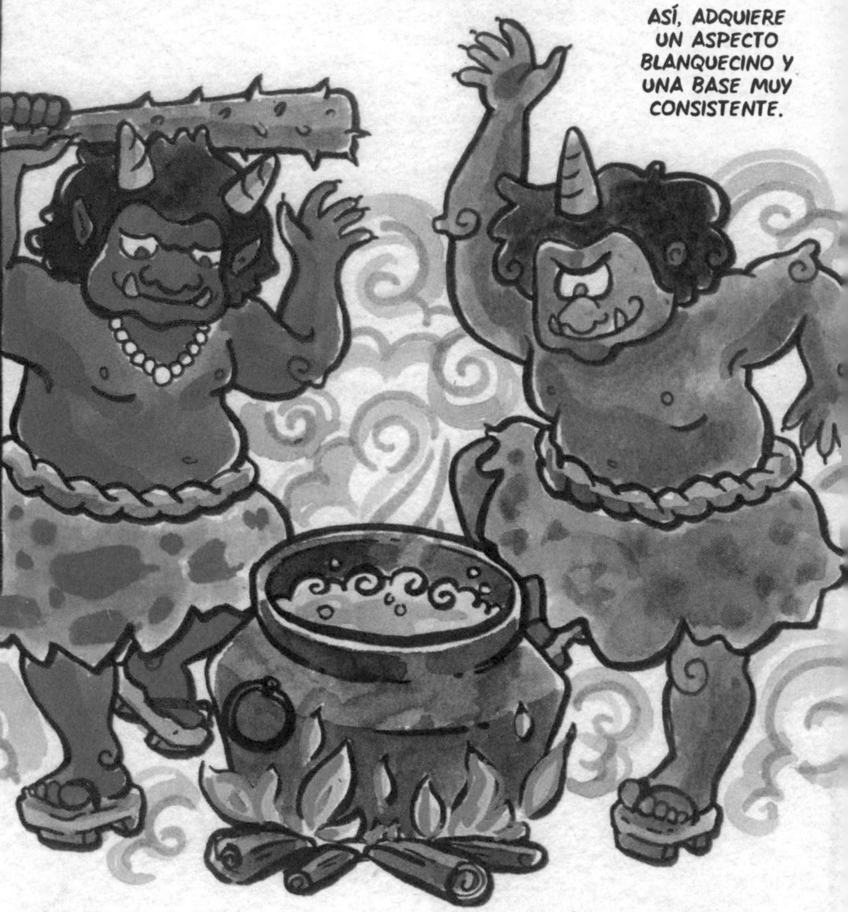

AL IGUAL QUE EL RESTO DE CALDOS, ESTE CALDO EMULSIONADO SE ADEREZA CON *TARE* ANTES DE SERVIRLO.

POR MÁS RICO QUE SEA EL *TARE*, RECUERDA QUE EL *TARE* CLARO DE *SHIO* (PÁG. 46) CONSERVARÁ EL COLOR QUE TANTO ESFUERZO TE HA COSTADO CREAR PARA UN AUTÉNTICO CALDO *PAITAN*.

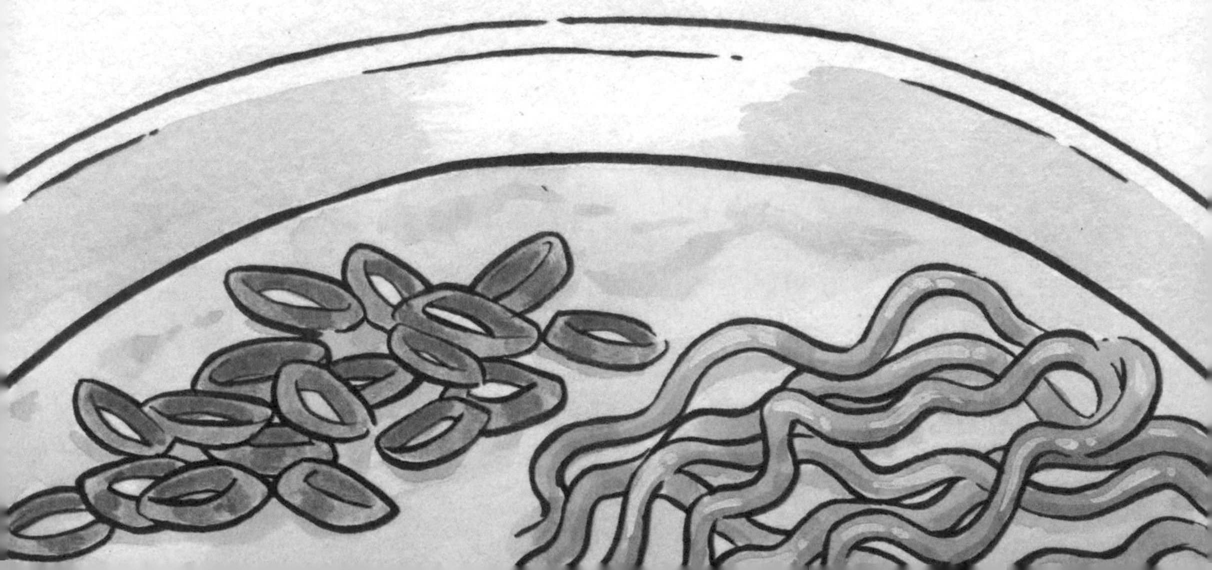

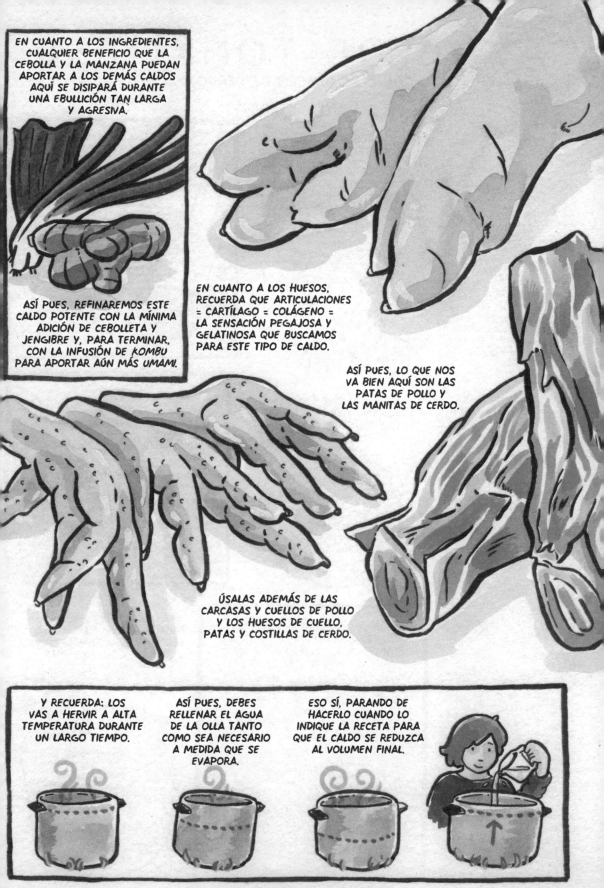

EN CUANTO A LOS INGREDIENTES, CUALQUIER BENEFICIO QUE LA CEBOLLA Y LA MANZANA PUEDAN APORTAR A LOS DEMÁS CALDOS AQUÍ SE DISIPARÁ DURANTE UNA EBULLICIÓN TAN LARGA Y AGRESIVA.

ASÍ PUES, REFINAREMOS ESTE CALDO POTENTE CON LA MÍNIMA ADICIÓN DE CEBOLLETA Y JENGIBRE Y, PARA TERMINAR, CON LA INFUSIÓN DE *KOMBU* PARA APORTAR AÚN MÁS UMAMI.

EN CUANTO A LOS HUESOS, RECUERDA QUE ARTICULACIONES = CARTÍLAGO = COLÁGENO = LA SENSACIÓN PEGAJOSA Y GELATINOSA QUE BUSCAMOS PARA ESTE TIPO DE CALDO.

ASÍ PUES, LO QUE NOS VA BIEN AQUÍ SON LAS PATAS DE POLLO Y LAS MANITAS DE CERDO.

ÚSALAS ADEMÁS DE LAS CARCASAS Y CUELLOS DE POLLO Y LOS HUESOS DE CUELLO, PATAS Y COSTILLAS DE CERDO.

Y RECUERDA: LOS VAS A HERVIR A ALTA TEMPERATURA DURANTE UN LARGO TIEMPO.

ASÍ PUES, DEBES RELLENAR EL AGUA DE LA OLLA TANTO COMO SEA NECESARIO A MEDIDA QUE SE EVAPORA.

ESO SÍ, PARANDO DE HACERLO CUANDO LO INDIQUE LA RECETA PARA QUE EL CALDO SE REDUZCA AL VOLUMEN FINAL.

CALDO DE TONKOTSU

(CALDO DE HUESOS DE CERDO)

PARA 4 LITROS

INGREDIENTES:

2 MANITAS DE CERDO (UNOS 2,5 KG)

1,5 KG DE HUESOS DE POLLO O 2 CARCASAS

1,5 KG DE HUESOS DEL CUELLO O COSTILLAS DE CERDO

2 MANOJOS DE CEBOLLETAS, LIMPIAS Y CORTADAS TRANSVERSALMENTE POR LA MITAD

225 G DE JENGIBRE FRESCO, SIN PELAR, A RODAJAS DE UNOS 0,5 CM

2 LÁMINAS DE 20 X 10 CM (UNOS 30 G) DE *KOMBU*

EL *TARE* QUE SE DESEE

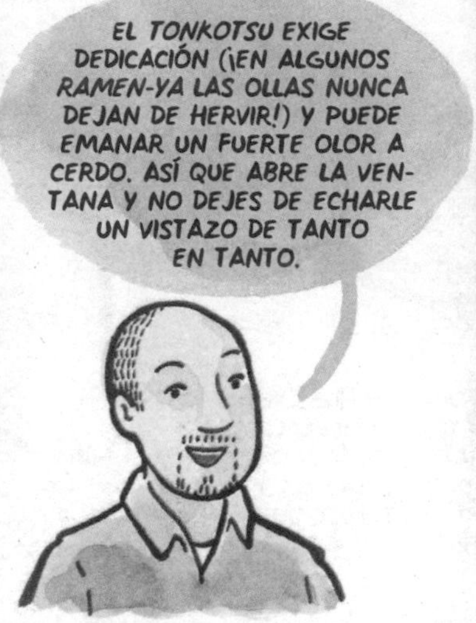
EL *TONKOTSU* EXIGE DEDICACIÓN (¡EN ALGUNOS *RAMEN-YA* LAS OLLAS NUNCA DEJAN DE HERVIR!) Y PUEDE EMANAR UN FUERTE OLOR A CERDO. ASÍ QUE ABRE LA VENTANA Y NO DEJES DE ECHARLE UN VISTAZO DE TANTO EN TANTO.

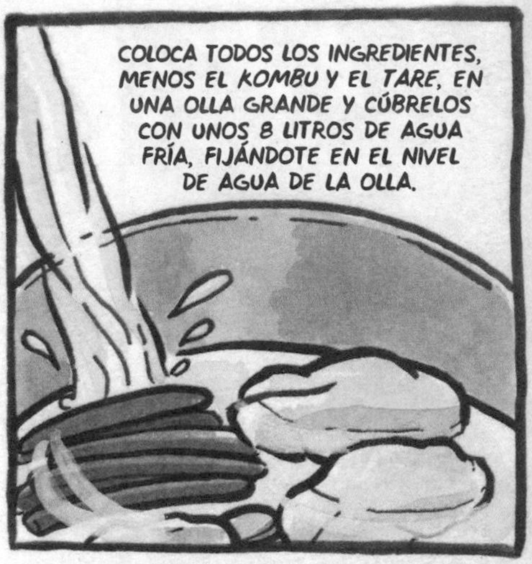
COLOCA TODOS LOS INGREDIENTES, MENOS EL *KOMBU* Y EL *TARE*, EN UNA OLLA GRANDE Y CÚBRELOS CON UNOS 8 LITROS DE AGUA FRÍA, FIJÁNDOTE EN EL NIVEL DE AGUA DE LA OLLA.

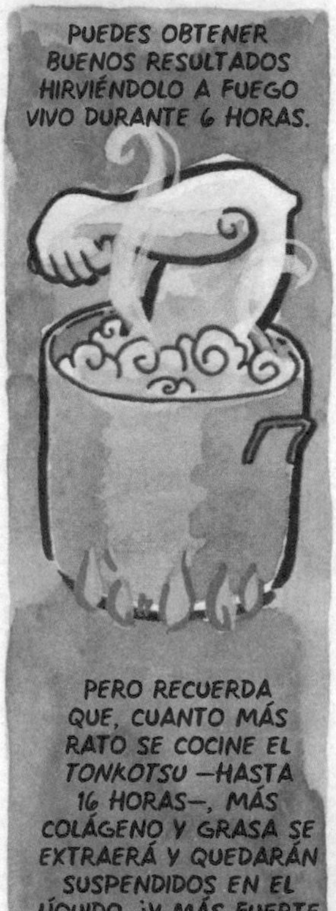
PUEDES OBTENER BUENOS RESULTADOS HIRVIÉNDOLO A FUEGO VIVO DURANTE 6 HORAS.
PERO RECUERDA QUE, CUANTO MÁS RATO SE COCINE EL *TONKOTSU* —HASTA 16 HORAS—, MÁS COLÁGENO Y GRASA SE EXTRAERÁ Y QUEDARÁN SUSPENDIDOS EN EL LÍQUIDO, ¡Y MÁS FUERTE SERÁ EL CALDO!

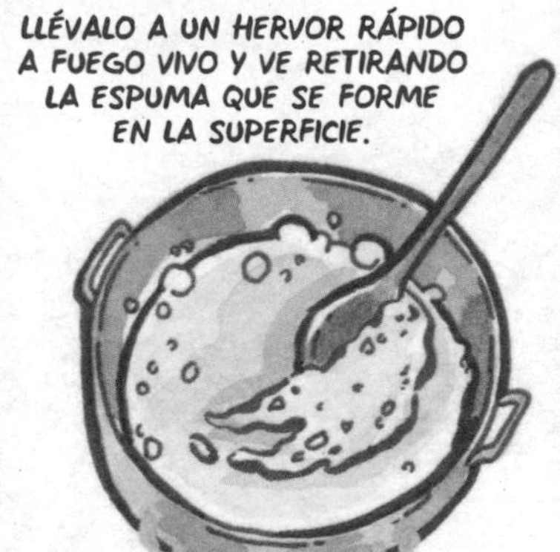
LLÉVALO A UN HERVOR RÁPIDO A FUEGO VIVO Y VE RETIRANDO LA ESPUMA QUE SE FORME EN LA SUPERFICIE.

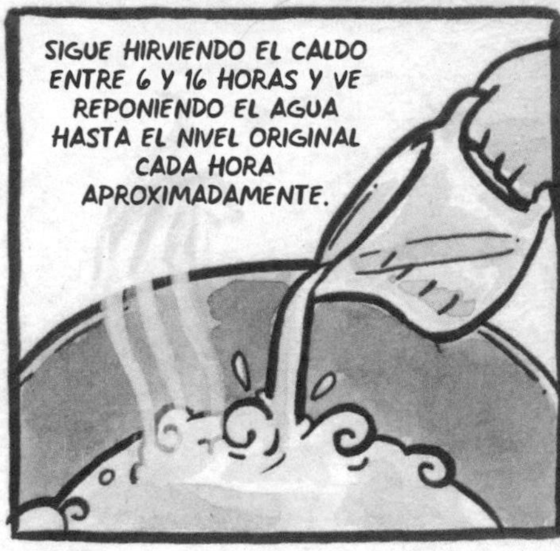
SIGUE HIRVIENDO EL CALDO ENTRE 6 Y 16 HORAS Y VE REPONIENDO EL AGUA HASTA EL NIVEL ORIGINAL CADA HORA APROXIMADAMENTE.

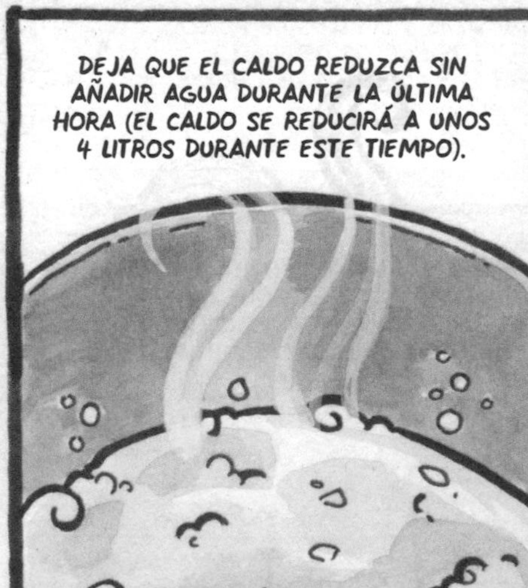
DEJA QUE EL CALDO REDUZCA SIN AÑADIR AGUA DURANTE LA ÚLTIMA HORA (EL CALDO SE REDUCIRÁ A UNOS 4 LITROS DURANTE ESTE TIEMPO).

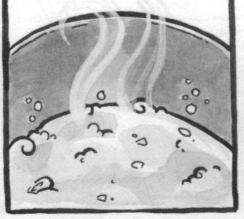

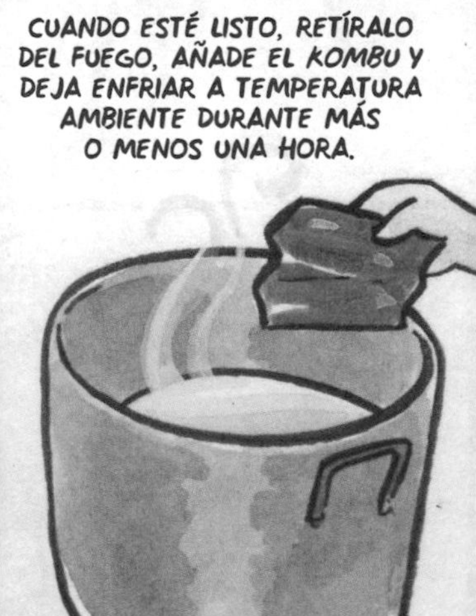
CUANDO ESTÉ LISTO, RETÍRALO DEL FUEGO, AÑADE EL *KOMBU* Y DEJA ENFRIAR A TEMPERATURA AMBIENTE DURANTE MÁS O MENOS UNA HORA.

PARA UNA VERSIÓN MÁS RÁPIDA (PERO IGUALMENTE DELICIOSA) MIRA LA ADAPTACIÓN CON OLLA A PRESIÓN (PP. 168)

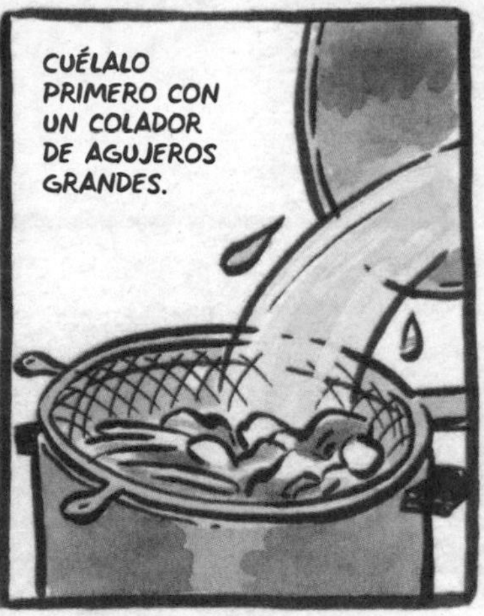
CUÉLALO PRIMERO CON UN COLADOR DE AGUJEROS GRANDES.

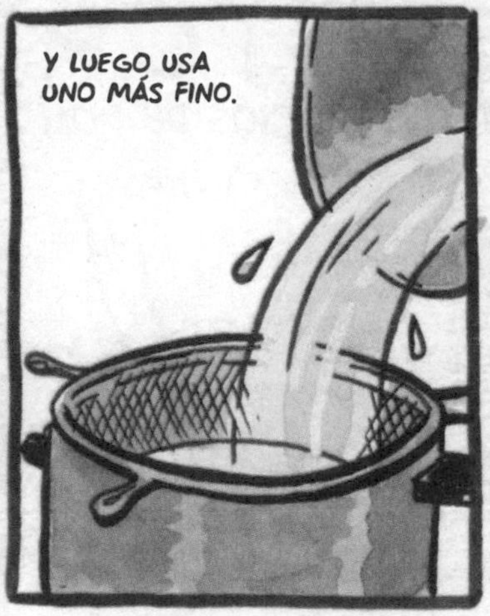
Y LUEGO USA UNO MÁS FINO.

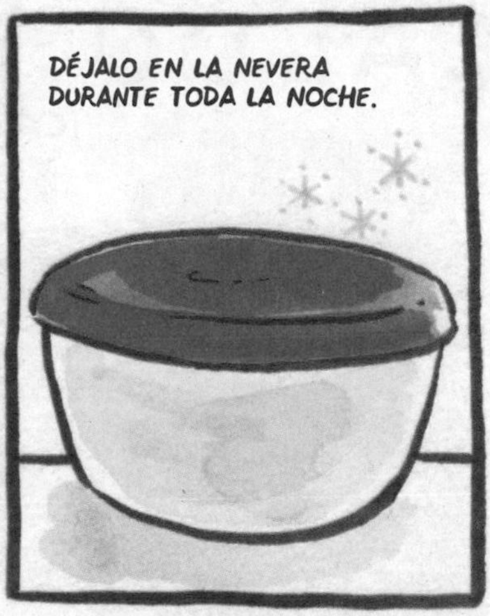
DÉJALO EN LA NEVERA DURANTE TODA LA NOCHE.

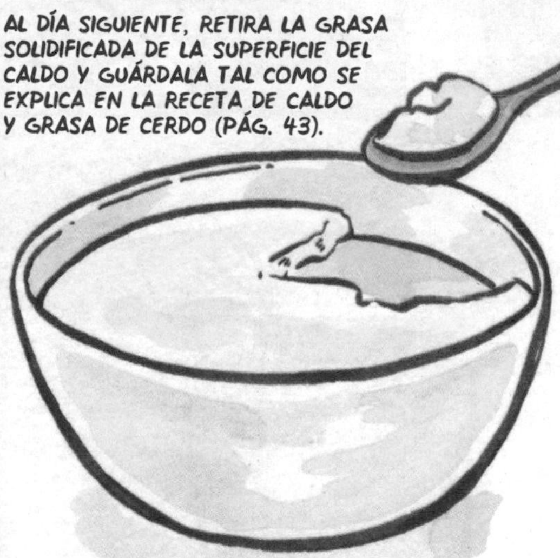
AL DÍA SIGUIENTE, RETIRA LA GRASA SOLIDIFICADA DE LA SUPERFICIE DEL CALDO Y GUÁRDALA TAL COMO SE EXPLICA EN LA RECETA DE CALDO Y GRASA DE CERDO (PÁG. 43).

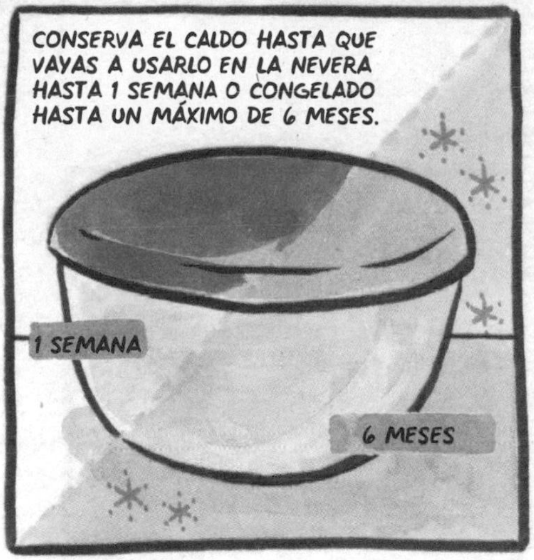
CONSERVA EL CALDO HASTA QUE VAYAS A USARLO EN LA NEVERA HASTA 1 SEMANA O CONGELADO HASTA UN MÁXIMO DE 6 MESES.
1 SEMANA
6 MESES

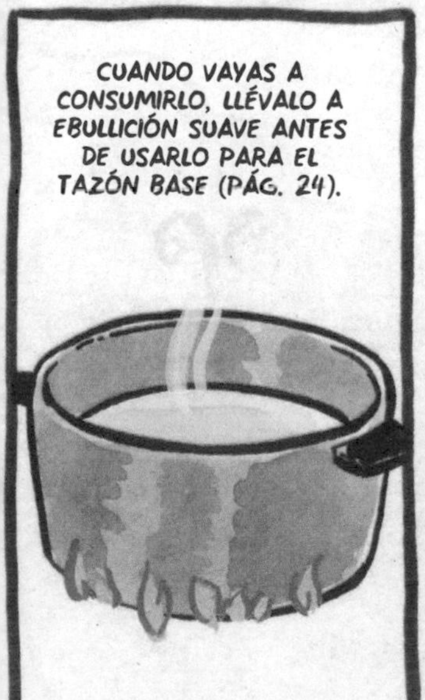
CUANDO VAYAS A CONSUMIRLO, LLÉVALO A EBULLICIÓN SUAVE ANTES DE USARLO PARA EL TAZÓN BASE (PÁG. 24).

SAZÓNALO UTILIZANDO LAS SIGUIENTES CANTIDADES DEL *TARE* QUE PREFIERAS POR CADA 375 ML DE CALDO:

TARE	CANTIDAD POR CADA 375 ML DE CALDO
SHIO (PÁG. 46)	30 ML (2 CUCHARADAS)
SHOYU (PÁG. 47)	60 ML (1/4 DE TAZA)
MISO (PÁG. 48)	60 ML (1/4 DE TAZA)

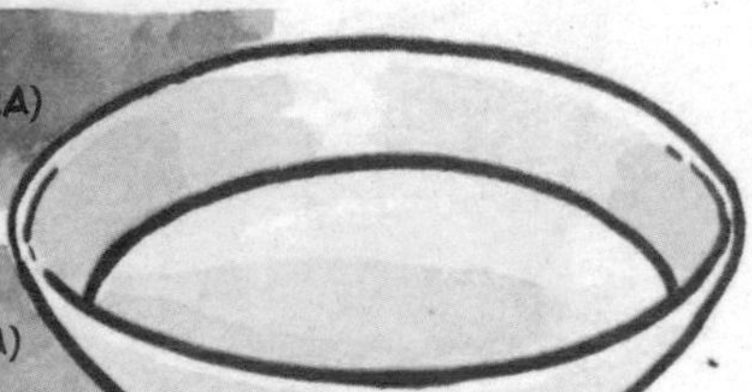

CALDO DE TORIKOTSU

(CALDO DE HUESOS DE POLLO)

PARA 4 LITROS

INGREDIENTES:

2,5 KG DE UNA MEZCLA DE ESPINAZO Y PATAS DE POLLO O 2 CARCASAS DE POLLO

2 MANOJOS DE CEBOLLETAS, LIMPIAS Y CORTADAS TRANSVERSALMENTE POR LA MITAD

225 G DE JENGIBRE FRESCO, SIN PELAR, A RODAJAS DE UNOS 0,5 CM

2 LÁMINAS DE 20 X 10 CM (UNOS 30 G) DE *KOMBU*

EL *TARE* QUE SE DESEE

COLOCA TODOS LOS INGREDIENTES, MENOS EL *KOMBU* Y EL *TARE*, EN UNA OLLA GRANDE Y CÚBRELOS CON UNOS 6 LITROS DE AGUA FRÍA.

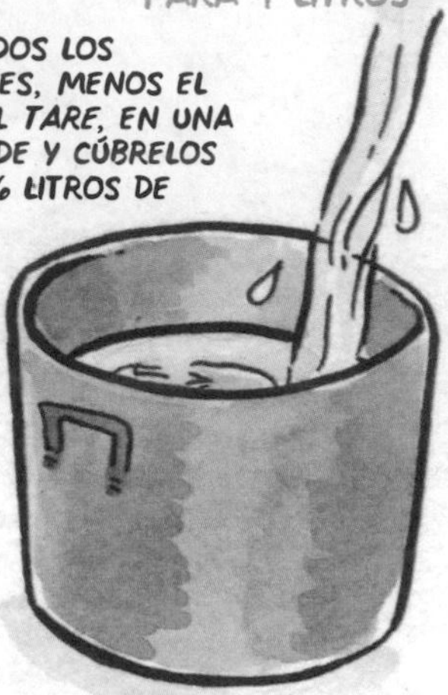

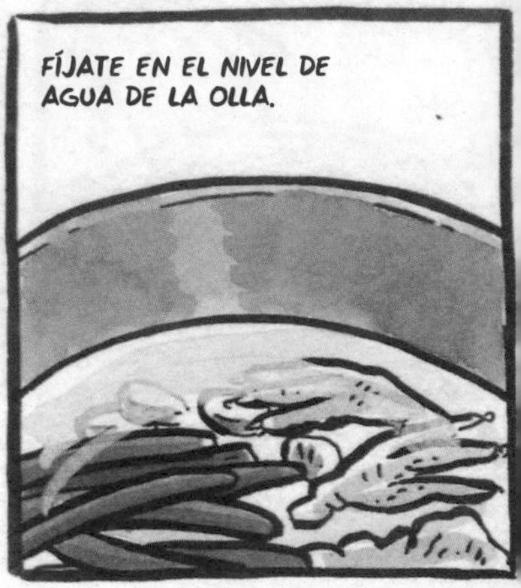
FÍJATE EN EL NIVEL DE AGUA DE LA OLLA.

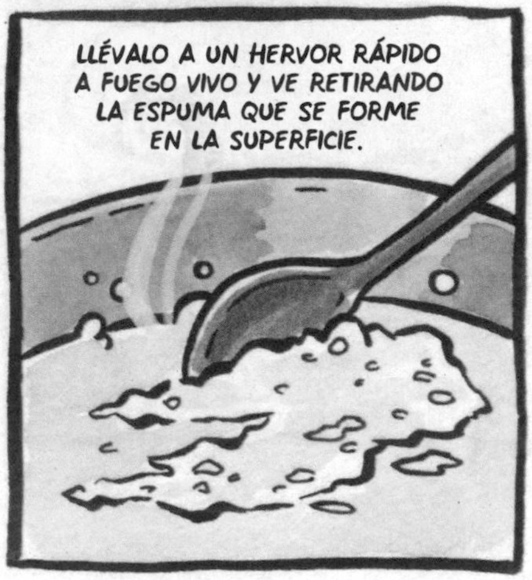
LLÉVALO A UN HERVOR RÁPIDO A FUEGO VIVO Y VE RETIRANDO LA ESPUMA QUE SE FORME EN LA SUPERFICIE.

SIGUE HIRVIENDO DURANTE 4 HORAS Y VE REPONIENDO EL AGUA HASTA EL NIVEL ORIGINAL CADA HORA APROXIMADAMENTE DURANTE LAS 3 PRIMERAS HORAS.

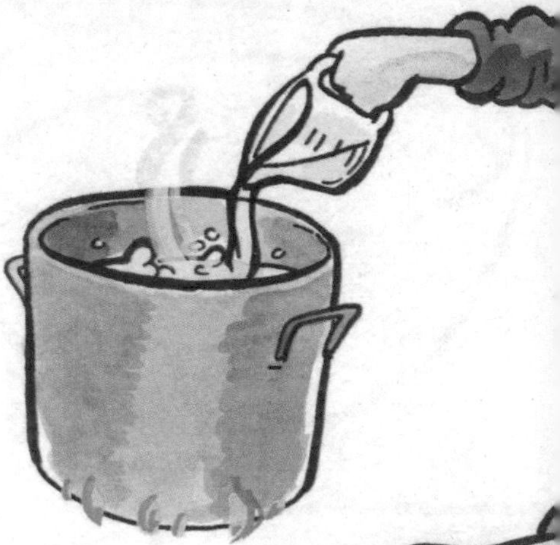

DEJA QUE EL CALDO REDUZCA SIN AÑADIR AGUA DURANTE LA ÚLTIMA HORA.

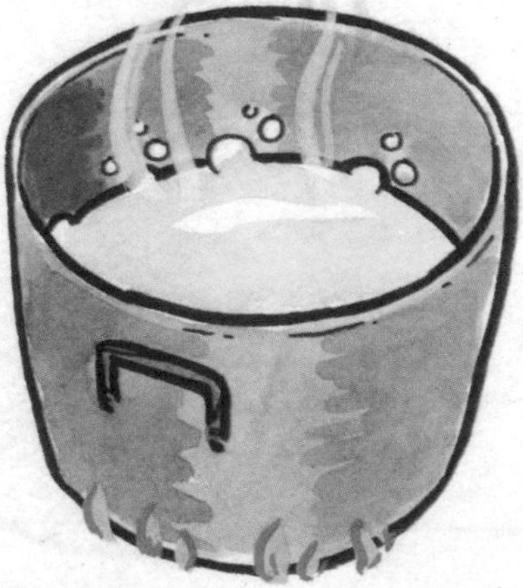

CUANDO ESTÉ LISTO, RETÍRALO DEL FUEGO, AÑADE EL *KOMBU* Y DEJA ENFRIAR DURANTE MÁS O MENOS UNA HORA.

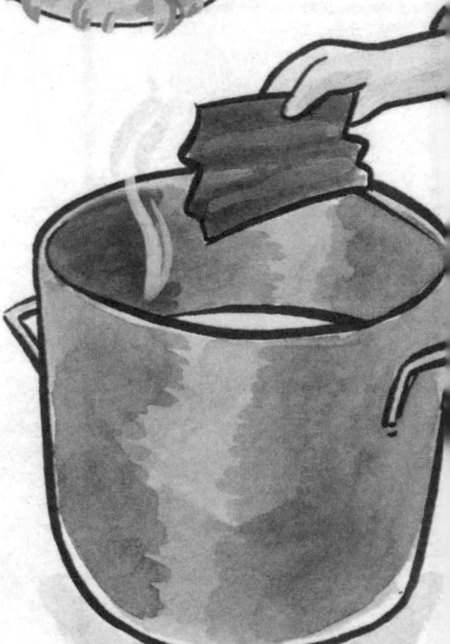

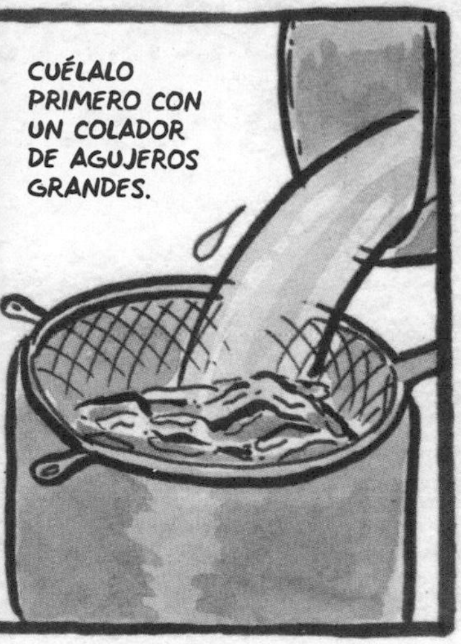
CUÉLALO PRIMERO CON UN COLADOR DE AGUJEROS GRANDES.

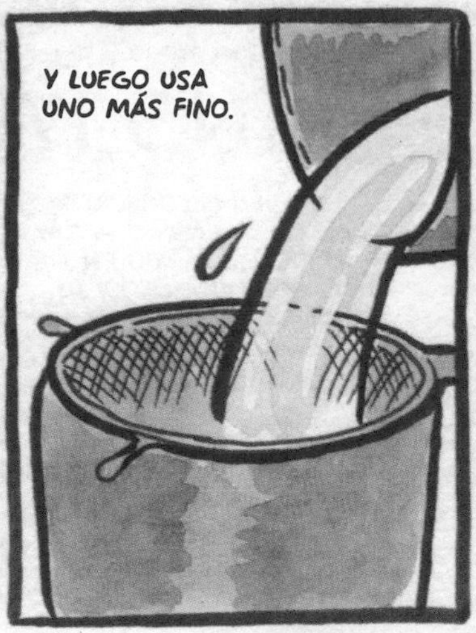
Y LUEGO USA UNO MÁS FINO.

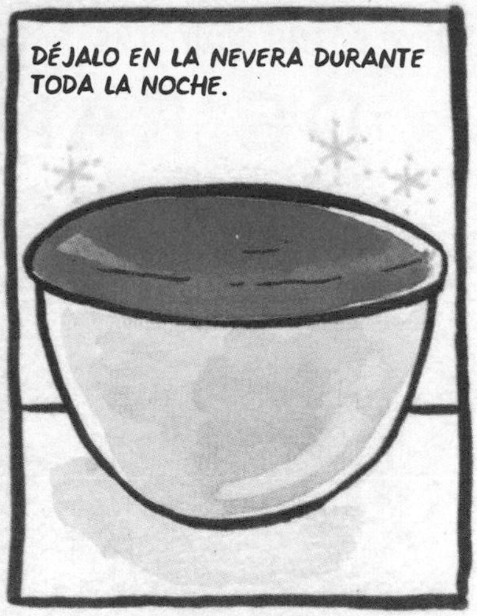
DÉJALO EN LA NEVERA DURANTE TODA LA NOCHE.

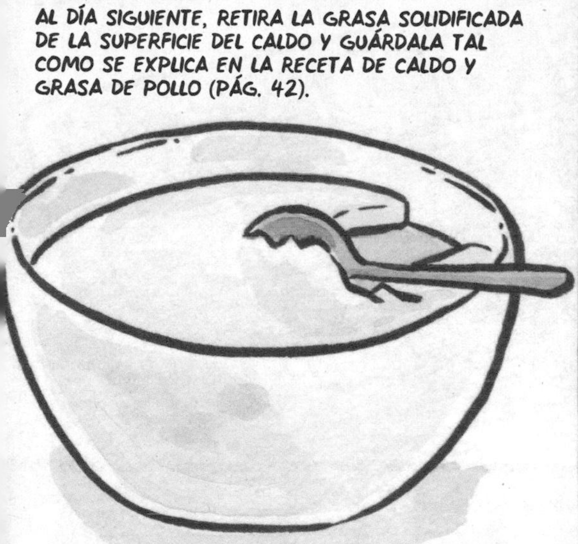
AL DÍA SIGUIENTE, RETIRA LA GRASA SOLIDIFICADA DE LA SUPERFICIE DEL CALDO Y GUÁRDALA TAL COMO SE EXPLICA EN LA RECETA DE CALDO Y GRASA DE POLLO (PÁG. 42).

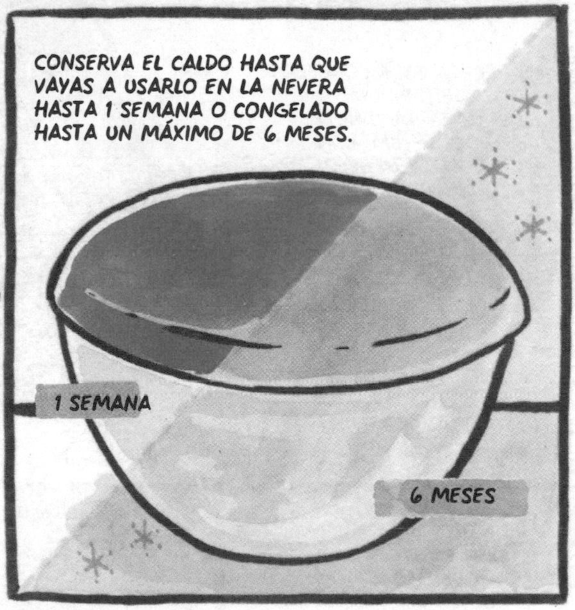
CONSERVA EL CALDO HASTA QUE VAYAS A USARLO EN LA NEVERA HASTA 1 SEMANA O CONGELADO HASTA UN MÁXIMO DE 6 MESES.
1 SEMANA
6 MESES

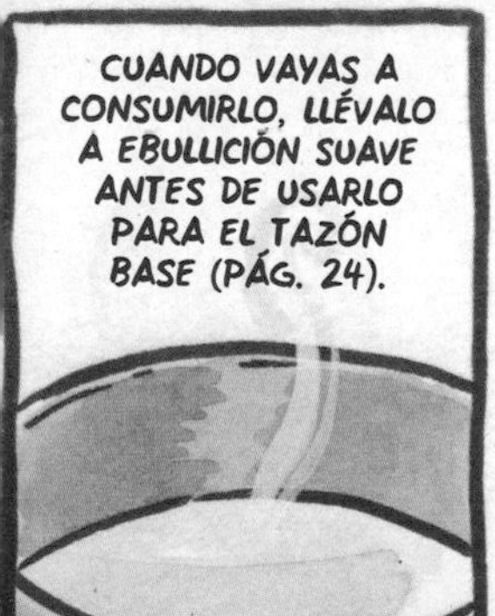
CUANDO VAYAS A CONSUMIRLO, LLÉVALO A EBULLICIÓN SUAVE ANTES DE USARLO PARA EL TAZÓN BASE (PÁG. 24).

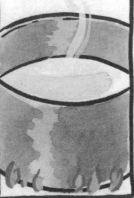

SAZÓNALO UTILIZANDO LAS SIGUIENTES CANTIDADES DEL *TARE* QUE PREFIERAS POR CADA 375 ML DE CALDO:

TARE	CANTIDAD POR CADA 375 ML DE CALDO
SHIO (PÁG. 46)	30 ML (2 CUCHARADAS)
SHOYU (PÁG. 47)	60 ML (1/4 DE TAZA)
MISO (PÁG. 48)	60 ML (1/4 DE TAZA)

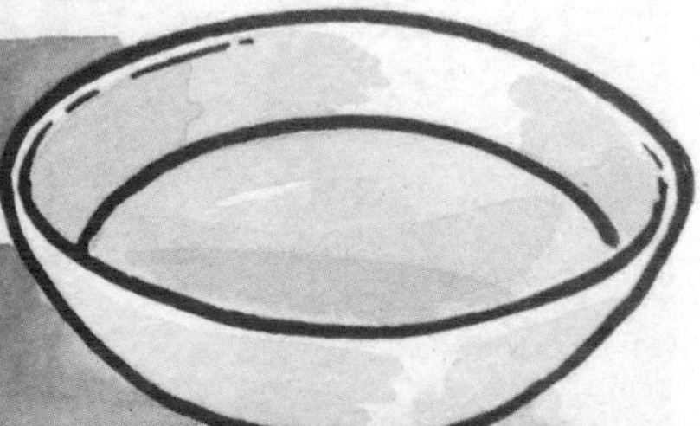

Cuatro cosas sobre las PASTILLAS CASERAS DE RAMEN INSTANTÁNEO

ESTAS PASTILLAS SON IDEALES PARA AHORRAR TIEMPO Y ESPACIO, AL RETIRAR AGUA DEL CALDO QUE PREPARES REDUCIÉNDOLO A FUEGO VIVO.

LUEGO PUEDEN RECONVERTIRSE EN UN CALDO CASERO PARA UN RAMEN RÁPIDO EN CUALQUIER MOMENTO Y DE MANERA MUY SENCILLA.

(LO QUE SE PIERDE EN DELICADEZA SE GANA EN PRACTICIDAD).

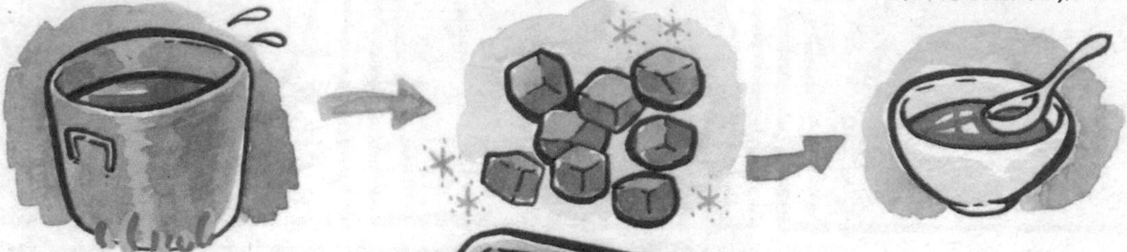

LA RECETA ESTÁ CONCEBIDA PARA CUBITERAS DE SILICONA PARA CUBITOS DE UNOS 2,5 CM, CON LO QUE SE OBTIENEN PASTILLAS DE UNOS 30 ML.

SI TUS CUBITERAS SON DE UN TAMAÑO DISTINTO, TRATA DE AJUSTAR LAS MEDIDAS PROPORCIONALMENTE, PERO, A MENOS QUE LA DIFERENCIA SEA DESCOMUNAL, TAMPOCO LE DES DEMASIADAS VUELTAS.

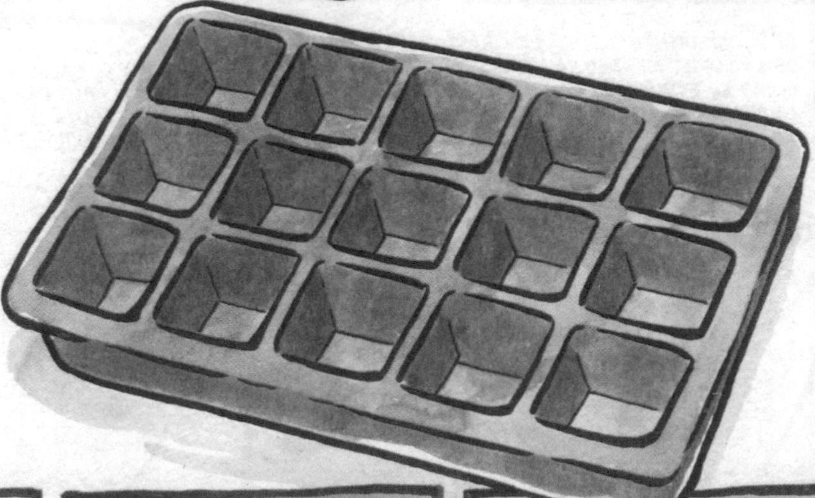

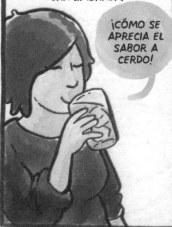

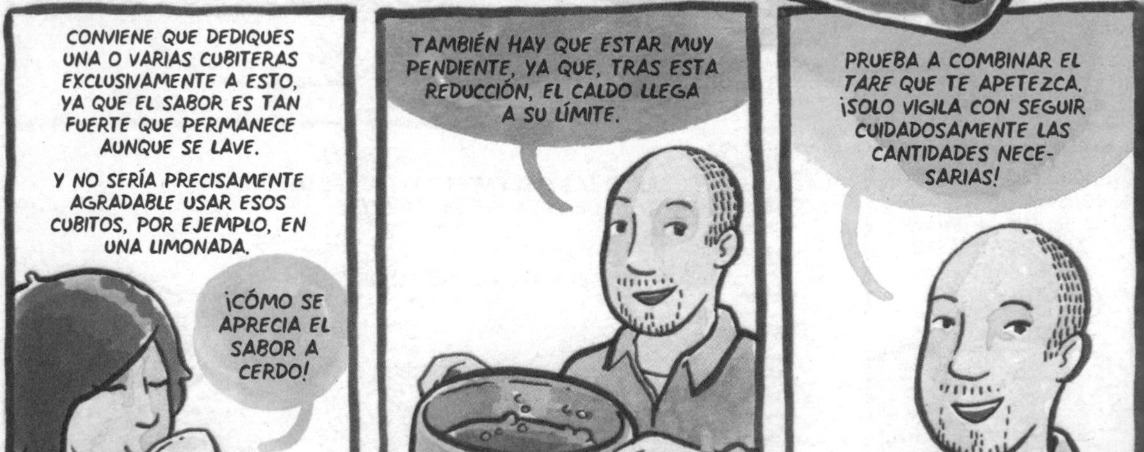
CONVIENE QUE DEDIQUES UNA O VARIAS CUBITERAS EXCLUSIVAMENTE A ESTO, YA QUE EL SABOR ES TAN FUERTE QUE PERMANECE AUNQUE SE LAVE.
Y NO SERÍA PRECISAMENTE AGRADABLE USAR ESOS CUBITOS, POR EJEMPLO, EN UNA LIMONADA.
¡CÓMO SE APRECIA EL SABOR A CERDO!
TAMBIÉN HAY QUE ESTAR MUY PENDIENTE, YA QUE, TRAS ESTA REDUCCIÓN, EL CALDO LLEGA A SU LÍMITE.
PUEDE IR TODO MUY RÁPIDO Y SERÍA UNA LÁSTIMA PASARTE EN LA REDUCCIÓN Y PROBABLEMENTE QUEMAR LA SOPA EN LA QUE HAS INVERTIDO TANTO TIEMPO.
PRUEBA A COMBINAR EL *TARE* QUE TE APETEZCA. ¡SOLO VIGILA CON SEGUIR CUIDADOSAMENTE LAS CANTIDADES NECE-SARIAS!

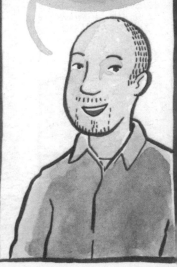

PASTILLAS CASERAS DE RAMEN INSTANTÁNEO

PASTILLAS SUFICIENTES PARA 8 RACIONES

INGREDIENTES:

1 LITRO DE CADA DE:

CALDO DE POLLO (PÁG. 42)

CALDO DE CERDO (PÁG. 43)

Y *DASHI* (PÁG. 45) O *DASHI* INSTANTÁNEO EN POLVO (VER LA DESPENSA, PÁG. 44)

O:

3 LITROS DE CALDO DE *TONKOTSU* SIN SAZONAR (PÁG. 52) O DE CALDO DE *TORIKOTSU* (PÁG. 54)

TARE – ELIGE UNO:
1 TAZA DE *TARE* DE *SHIO* (PÁG. 46), 2 TAZAS DE *TARE* DE *MISO* (PÁG. 48), 2 TAZAS DE *TARE* DE *SHOYU* (PÁG. 47)
GRASA DE POLLO, GRASA DE CERDO O ACEITE DE AJO (PÁG. 123) PARA SERVIR

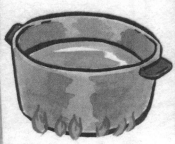

COLOCA LOS CALDOS Y EL *DASHI* EN UNA OLLA MEDIANA A FUEGO MEDIO-ALTO.

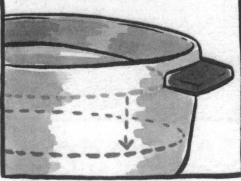

LLEVA A EBULLICIÓN Y DEJA REDUCIR EL LÍQUIDO A 1 LITRO (APROXIMADAMENTE 1/3 DEL VOLUMEN ORIGINAL), COSA QUE TARDARÁ UNOS 30 MINUTOS.

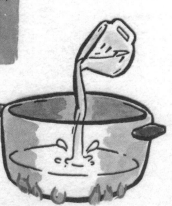

SI REDUCE DEMASIADO, BASTA CON AÑADIR AGUA HASTA QUE EL VOLUMEN TOTAL DEL CALDO ALCANCE 1 LITRO.

RETIRA DEL FUEGO, AÑADE EL *TARE* Y REMUEVE.

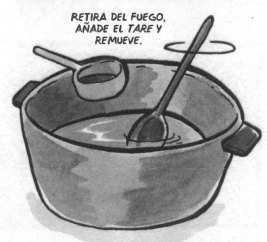

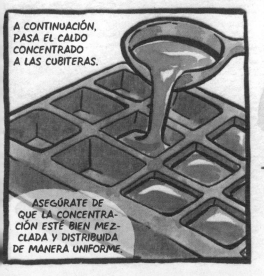

A CONTINUACIÓN, PASA EL CALDO CONCENTRADO A LAS CUBITERAS.

ASEGÚRATE DE QUE LA CONCENTRACIÓN ESTÉ BIEN MEZCLADA Y DISTRIBUIDA DE MANERA UNIFORME.

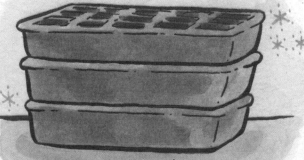

DEJA LAS CUBITERAS EN EL CONGELADOR TODA LA NOCHE.

CON ESTA CANTIDAD, OBTENDRÁS 40 PASTILLAS DE UNOS 30 ML (O 2 CUCHARADAS) PARA CALDO DE *SHIO* Y 48 PASTILLAS DEL MISMO TAMAÑO PARA CALDO DE *MISO* O PARA CALDO DE *SHOYU*.

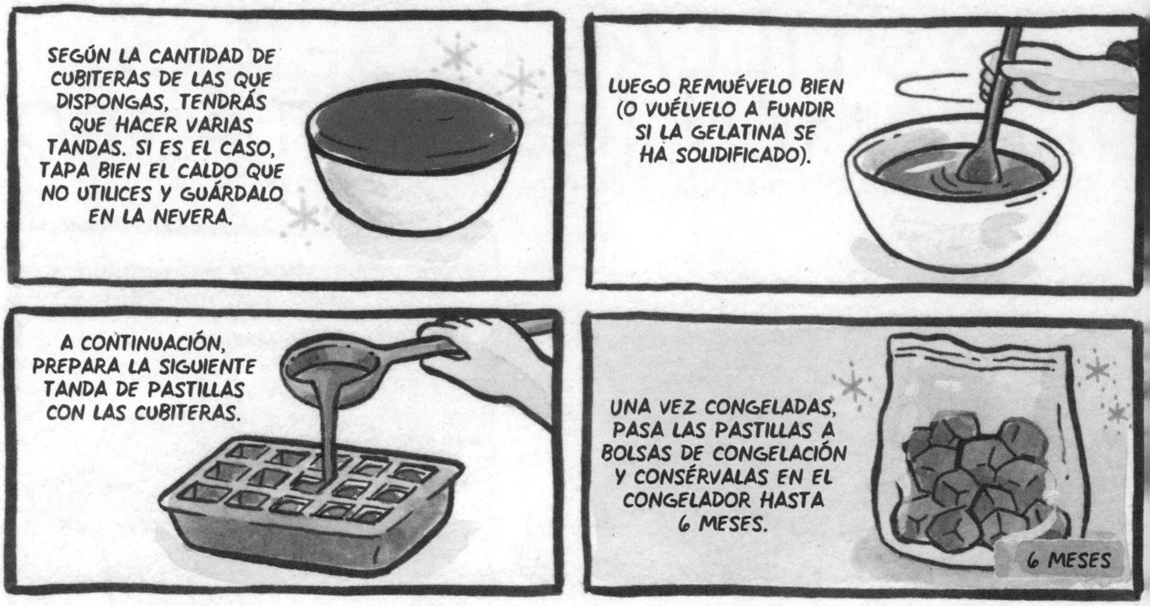
SEGÚN LA CANTIDAD DE CUBITERAS DE LAS QUE DISPONGAS, TENDRÁS QUE HACER VARIAS TANDAS. SI ES EL CASO, TAPA BIEN EL CALDO QUE NO UTILICES Y GUÁRDALO EN LA NEVERA.
LUEGO REMUÉVELO BIEN (O VUÉLVELO A FUNDIR SI LA GELATINA SE HA SOLIDIFICADO).
A CONTINUACIÓN, PREPARA LA SIGUIENTE TANDA DE PASTILLAS CON LAS CUBITERAS.
UNA VEZ CONGELADAS, PASA LAS PASTILLAS A BOLSAS DE CONGELACIÓN Y CONSÉRVALAS EN EL CONGELADOR HASTA 6 MESES.
6 MESES

CALDO CASERO INSTANTÁNEO PARA RAMEN

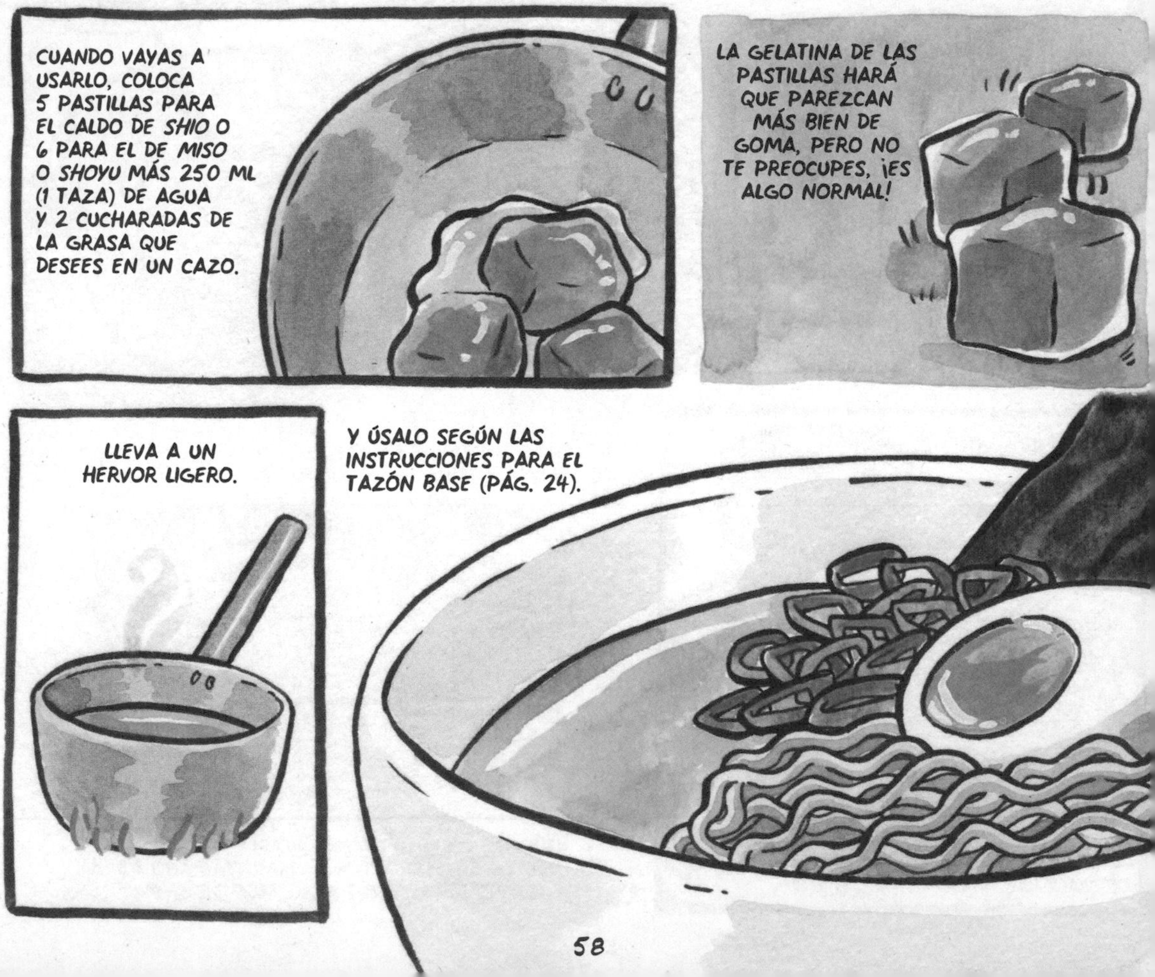
CUANDO VAYAS A USARLO, COLOCA 5 PASTILLAS PARA EL CALDO DE *SHIO* O 6 PARA EL DE *MISO* O *SHOYU* MÁS 250 ML (1 TAZA) DE AGUA Y 2 CUCHARADAS DE LA GRASA QUE DESEES EN UN CAZO.
LA GELATINA DE LAS PASTILLAS HARÁ QUE PAREZCAN MÁS BIEN DE GOMA, PERO NO TE PREOCUPES, ¡ES ALGO NORMAL!
LLEVA A UN HERVOR LIGERO.
Y ÚSALO SEGÚN LAS INSTRUCCIONES PARA EL TAZÓN BASE (PÁG. 24).

CALDO RÁPIDO PARA RAMEN PARA UNA NOCHE DE DIARIO

PARA 5 O 6 RACIONES

INGREDIENTES:

1 LITRO (4 TAZAS) DE CALDO O CALDO BASE DE POLLO (PÁG. 42)

2 DIENTES DE AJO, PELADOS Y RALLADOS CON UN RALLADOR DE TIPO LIMA O PICADOS

1 TROZO DE JENGIBRE FRESCO DE UNOS 5 CM, PELADO Y RALLADO CON UN RALLADOR DE TIPO LIMA O PICADO

1 MANOJO DE CEBOLLETAS, CON LA PARTE BLANCA LIMPIA Y APLASTADA CON EL LATERAL DE LA HOJA DEL CUCHILLO Y LA PARTE VERDE A RODAJAS MUY FINAS APARTE COMO DECORACIÓN PARA SERVIR

750 ML (3 TAZAS) DE *DASHI* (PÁG. 45) O *DASHI* INSTANTÁNEO EN POLVO (VER LA DESPENSA, PÁG. 44)

60 ML (1/4 DE TAZA) DE SALSA DE SOJA

1 CUCHARADA DE VINAGRE DE VINO DE ARROZ

2 CUCHARADAS DE GRASA DE POLLO (PÁG. 42) SI ES POSIBLE

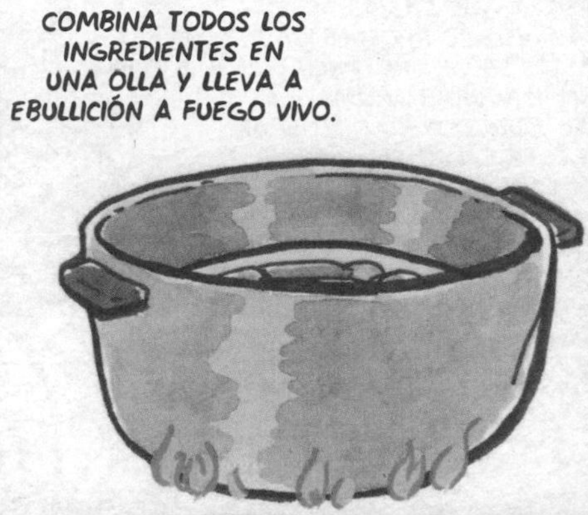
COMBINA TODOS LOS INGREDIENTES EN UNA OLLA Y LLEVA A EBULLICIÓN A FUEGO VIVO.

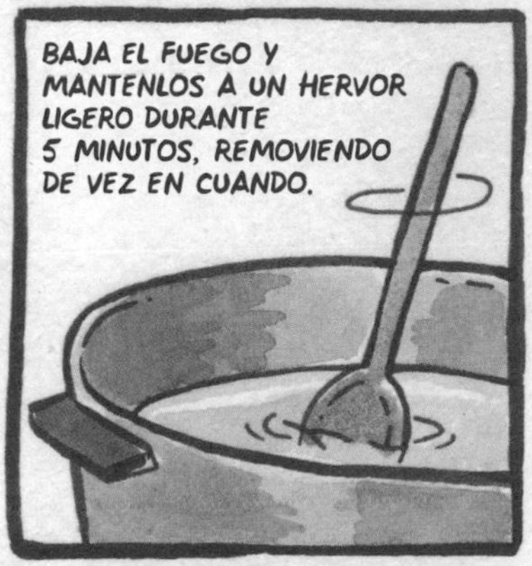
BAJA EL FUEGO Y MANTENLOS A UN HERVOR LIGERO DURANTE 5 MINUTOS, REMOVIENDO DE VEZ EN CUANDO.

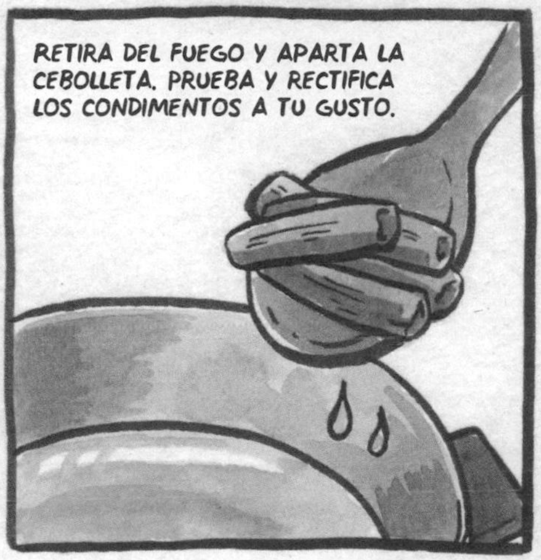
RETIRA DEL FUEGO Y APARTA LA CEBOLLETA. PRUEBA Y RECTIFICA LOS CONDIMENTOS A TU GUSTO.

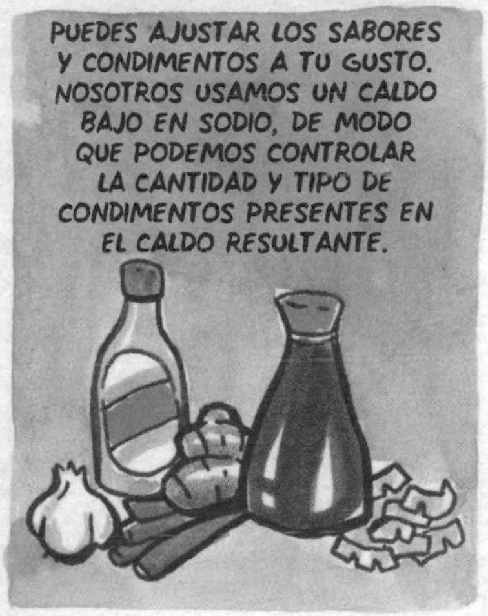
PUEDES AJUSTAR LOS SABORES Y CONDIMENTOS A TU GUSTO. NOSOTROS USAMOS UN CALDO BAJO EN SODIO, DE MODO QUE PODEMOS CONTROLAR LA CANTIDAD Y TIPO DE CONDIMENTOS PRESENTES EN EL CALDO RESULTANTE.

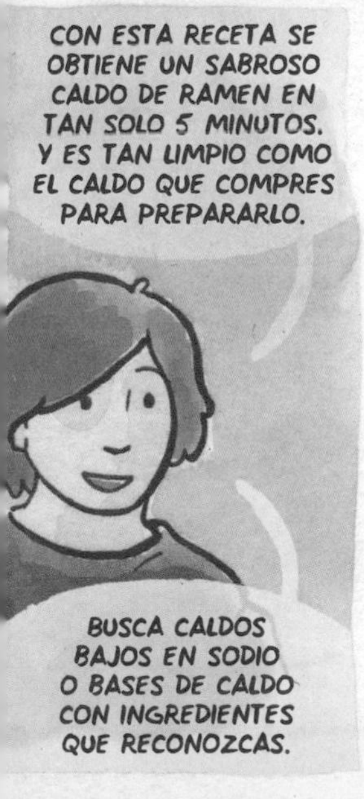
CON ESTA RECETA SE OBTIENE UN SABROSO CALDO DE RAMEN EN TAN SOLO 5 MINUTOS. Y ES TAN LIMPIO COMO EL CALDO QUE COMPRES PARA PREPARARLO.
BUSCA CALDOS BAJOS EN SODIO O BASES DE CALDO CON INGREDIENTES QUE RECONOZCAS.

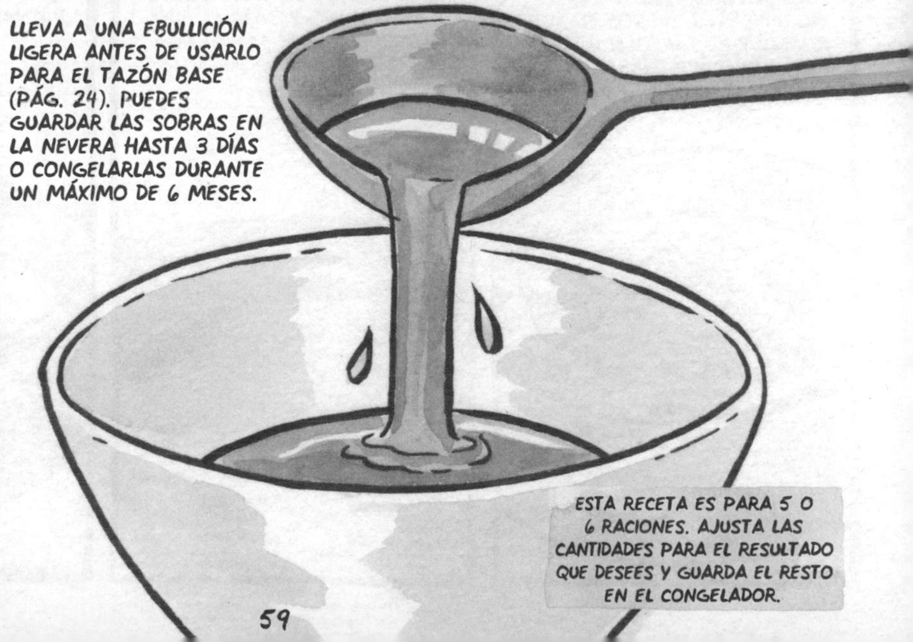
LLEVA A UNA EBULLICIÓN LIGERA ANTES DE USARLO PARA EL TAZÓN BASE (PÁG. 24). PUEDES GUARDAR LAS SOBRAS EN LA NEVERA HASTA 3 DÍAS O CONGELARLAS DURANTE UN MÁXIMO DE 6 MESES.
ESTA RECETA ES PARA 5 O 6 RACIONES. AJUSTA LAS CANTIDADES PARA EL RESULTADO QUE DESEES Y GUARDA EL RESTO EN EL CONGELADOR.

CALDO DE YASAI

PARA UNOS 4 LITROS

INGREDIENTES:

5 TAZAS (UNOS 170 G) DE SETAS *SHIITAKE* DESHIDRATADAS ENTERAS

450 G DE CHAMPIÑONES LAMINADOS

1 CEBOLLA LIGERAMENTE TROCEADA

2 ZANAHORIAS PELADAS Y LIGERAMENTE TROCEADAS

1 MANOJO DE CEBOLLETAS, LIMPIAS Y CORTADAS TRANSVERSALMENTE POR LA MITAD

2 MANZANAS (FUJI, HONEYCRISP O GALA) A CUARTOS

225 G DE JENGIBRE FRESCO, SIN PELAR, A RODAJAS DE UNOS 0,5 CM

2 DIENTES DE AJO, APLASTADOS CON EL LATERAL DE LA HOJA DEL CUCHILLO

2 LÁMINAS DE 20 X 10 CM (UNOS 30 G) DE *KOMBU*

EL *TARE* QUE SE DESEE

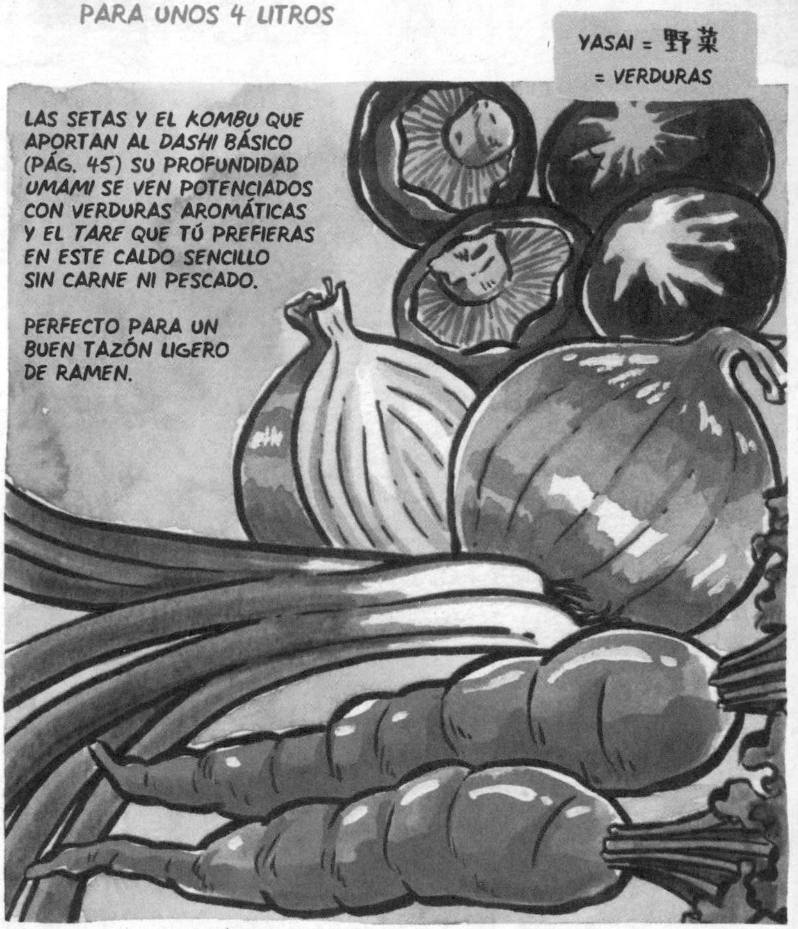
YASAI = 野菜
= VERDURAS
LAS SETAS Y EL *KOMBU* QUE APORTAN AL *DASHI* BÁSICO (PÁG. 45) SU PROFUNDIDAD *UMAMI* SE VEN POTENCIADOS CON VERDURAS AROMÁTICAS Y EL *TARE* QUE TÚ PREFIERAS EN ESTE CALDO SENCILLO SIN CARNE NI PESCADO.
PERFECTO PARA UN BUEN TAZÓN LIGERO DE RAMEN.

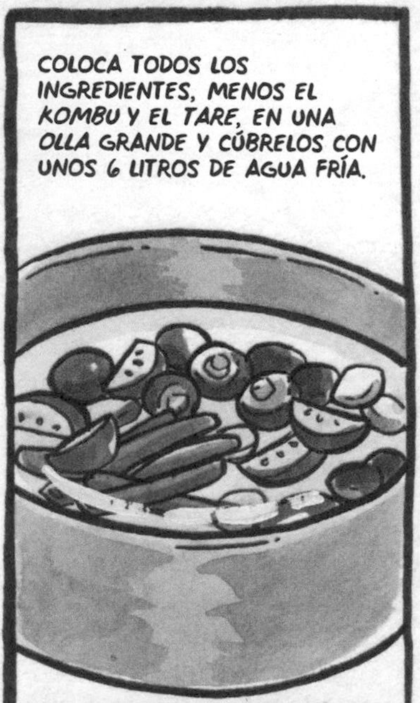
COLOCA TODOS LOS INGREDIENTES, MENOS EL *KOMBU* Y EL *TARE*, EN UNA OLLA GRANDE Y CÚBRELOS CON UNOS 6 LITROS DE AGUA FRÍA.

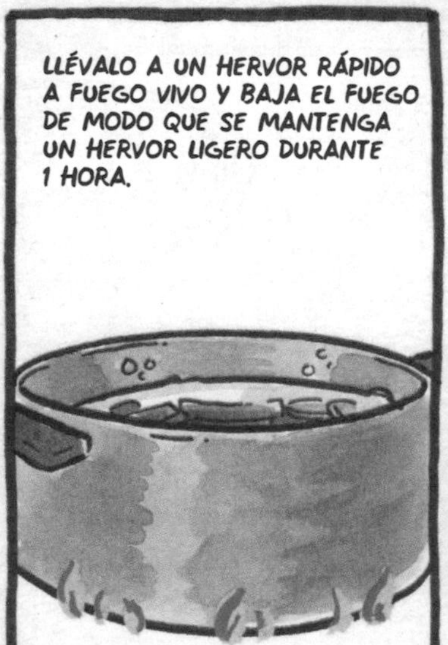
LLÉVALO A UN HERVOR RÁPIDO A FUEGO VIVO Y BAJA EL FUEGO DE MODO QUE SE MANTENGA UN HERVOR LIGERO DURANTE 1 HORA.

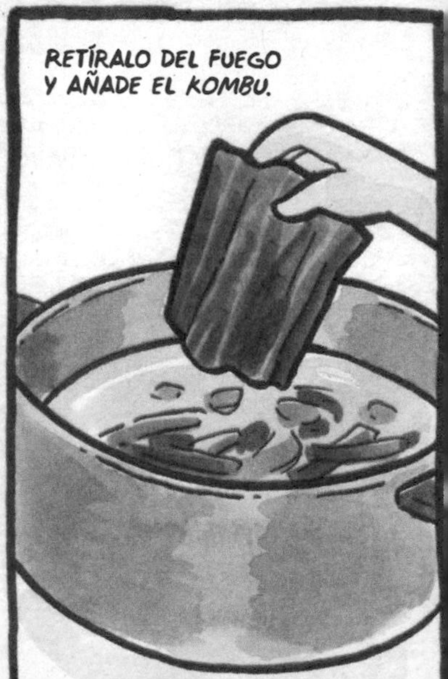
RETÍRALO DEL FUEGO Y AÑADE EL *KOMBU*.

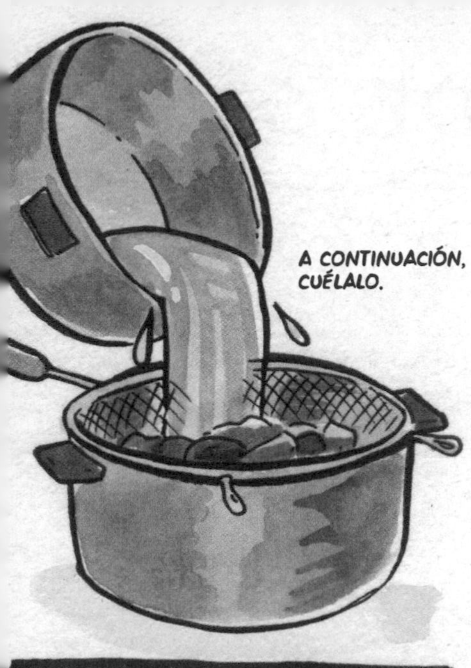
A CONTINUACIÓN, CUÉLALO.

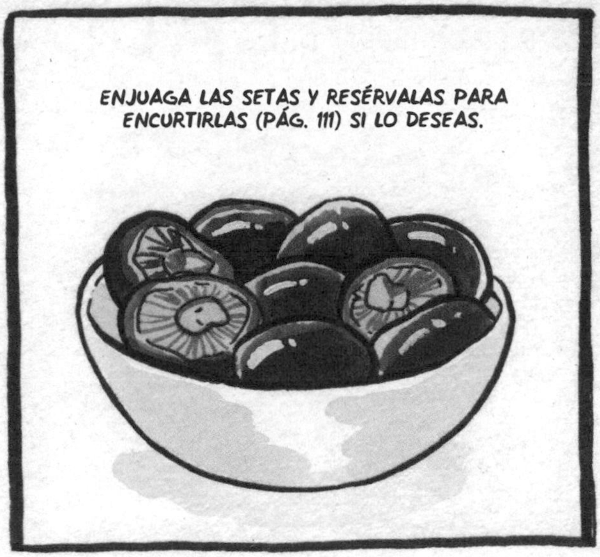
ENJUAGA LAS SETAS Y RESÉRVALAS PARA ENCURTIRLAS (PÁG. 111) SI LO DESEAS.

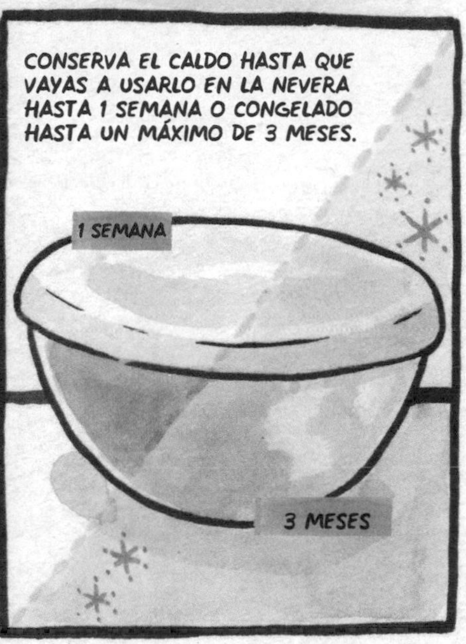
CONSERVA EL CALDO HASTA QUE VAYAS A USARLO EN LA NEVERA HASTA 1 SEMANA O CONGELADO HASTA UN MÁXIMO DE 3 MESES.
1 SEMANA
3 MESES

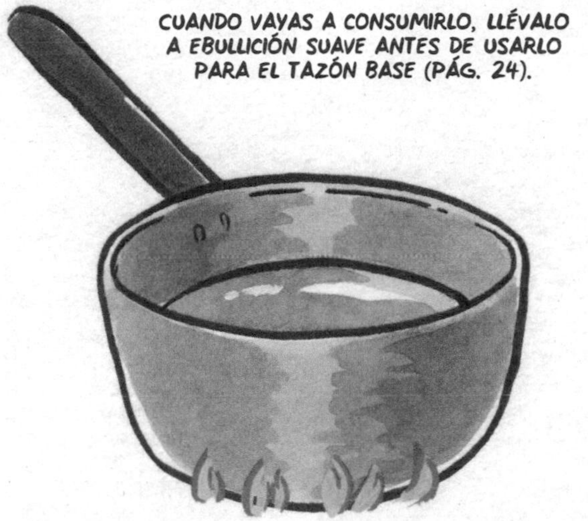
CUANDO VAYAS A CONSUMIRLO, LLÉVALO A EBULLICIÓN SUAVE ANTES DE USARLO PARA EL TAZÓN BASE (PÁG. 24).

SAZÓNALO UTILIZANDO LAS SIGUIENTES CANTIDADES DEL *TARE* QUE PREFIERAS POR CADA 375 ML DE CALDO:

TARE	CANTIDAD POR CADA 375 ML DE CALDO
SHIO (PÁG. 46)	30 ML (2 CUCHARADAS)
SHOYU (PÁG. 47)	60 ML (1/4 DE TAZA)
MISO (PÁG. 48)	60 ML (1/4 DE TAZA)

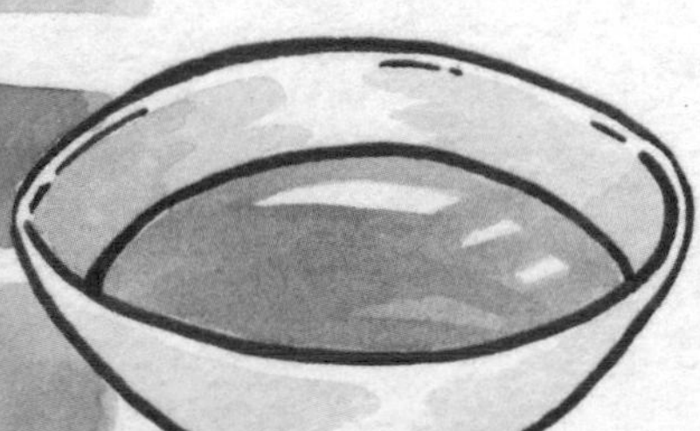

Cuatro cosas sobre el CALDO DE GYOKA

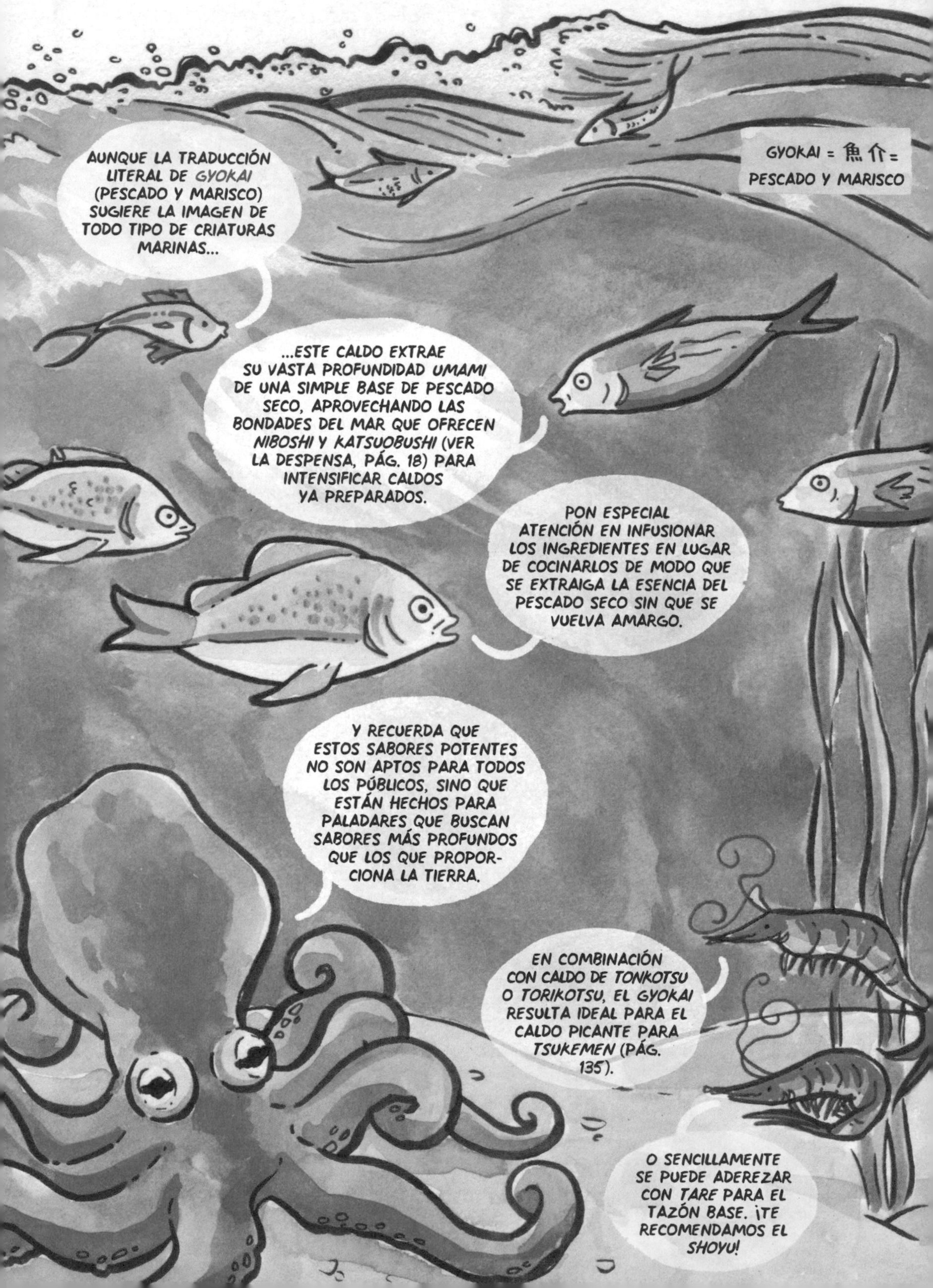
GYOKAI = 魚介 = PESCADO Y MARISCO
AUNQUE LA TRADUCCIÓN LITERAL DE *GYOKAI* (PESCADO Y MARISCO) SUGIERE LA IMAGEN DE TODO TIPO DE CRIATURAS MARINAS...
...ESTE CALDO EXTRAE SU VASTA PROFUNDIDAD *UMAMI* DE UNA SIMPLE BASE DE PESCADO SECO, APROVECHANDO LAS BONDADES DEL MAR QUE OFRECEN *NIBOSHI* Y *KATSUOBUSHI* (VER LA DESPENSA, PÁG. 18) PARA INTENSIFICAR CALDOS YA PREPARADOS.
PON ESPECIAL ATENCIÓN EN INFUSIONAR LOS INGREDIENTES EN LUGAR DE COCINARLOS DE MODO QUE SE EXTRAIGA LA ESENCIA DEL PESCADO SECO SIN QUE SE VUELVA AMARGO.
Y RECUERDA QUE ESTOS SABORES POTENTES NO SON APTOS PARA TODOS LOS PÚBLICOS, SINO QUE ESTÁN HECHOS PARA PALADARES QUE BUSCAN SABORES MÁS PROFUNDOS QUE LOS QUE PROPORCIONA LA TIERRA.
EN COMBINACIÓN CON CALDO DE *TONKOTSU* O *TORIKOTSU*, EL *GYOKAI* RESULTA IDEAL PARA EL CALDO PICANTE PARA *TSUKEMEN* (PÁG. 135).
O SENCILLAMENTE SE PUEDE ADEREZAR CON *TARE* PARA EL TAZÓN BASE. ¡TE RECOMENDAMOS EL *SHOYU*!

CALDO DE GYOKAI
(CALDO DE PESCADO)

PARA 1 LITRO APROXIMADAMENTE

INGREDIENTES:

1 LITRO DE CALDO DE *TONKOTSU*, *TORIKOTSU* O *YASAI*, O CALDO BASE DE POLLO O CERDO (PÁGS. 42-43)

1 LÁMINA DE 20 X 10 CM DE *KOMBU*

1/2 TAZA DE *NIBOSHI* (VER LA DESPENSA, PÁG. 18)

1/2 TAZA DE *KATSUOBUSHI*

EL *TARE* QUE SE DESEE

COLOCA EL CALDO O CALDO BASE EN UNA OLLA MEDIANA Y LLÉVALO A UN PUNTO SUAVE DE EBULLICIÓN A TEMPERATURA MEDIA-ALTA.

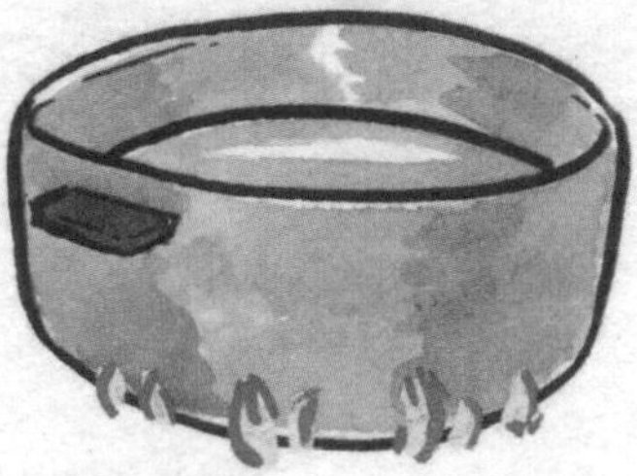

RETÍRALO DEL FUEGO Y AÑADE EL *KOMBU*, *NIBOSHI* Y *KATSUOBUSHI*.

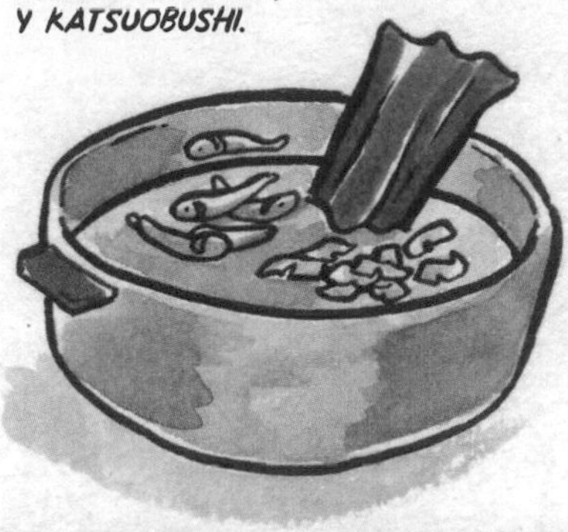

DEJA EN INFUSIÓN DURANTE 1 HORA.

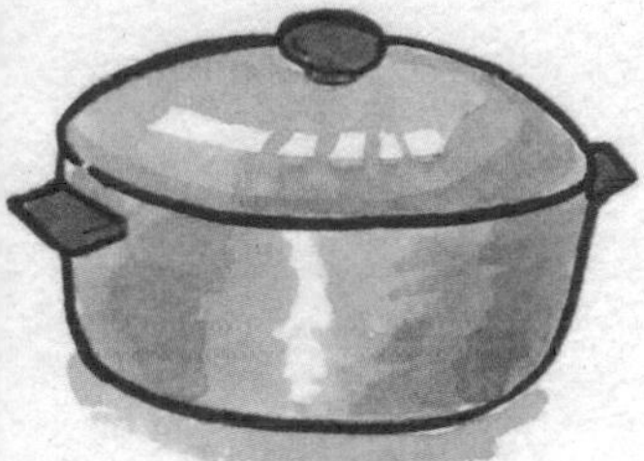

A CONTINUACIÓN, CUÉLALO Y DESECHA LOS SÓLIDOS.

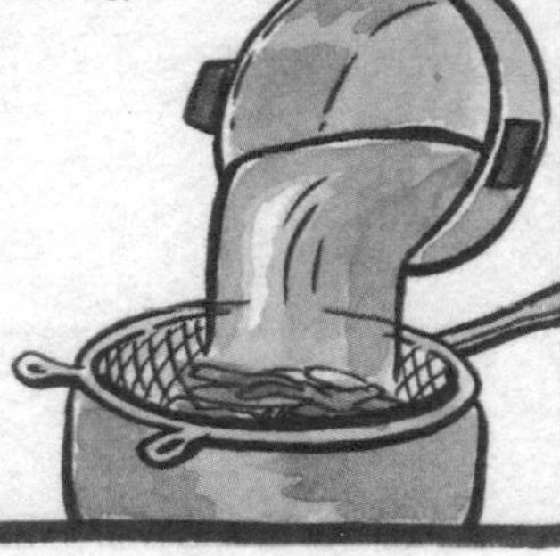

CONSERVA EL CALDO HASTA QUE VAYAS A USARLO EN LA NEVERA HASTA 3 DÍAS O CONGELADO HASTA UN MÁXIMO DE 3 MESES.

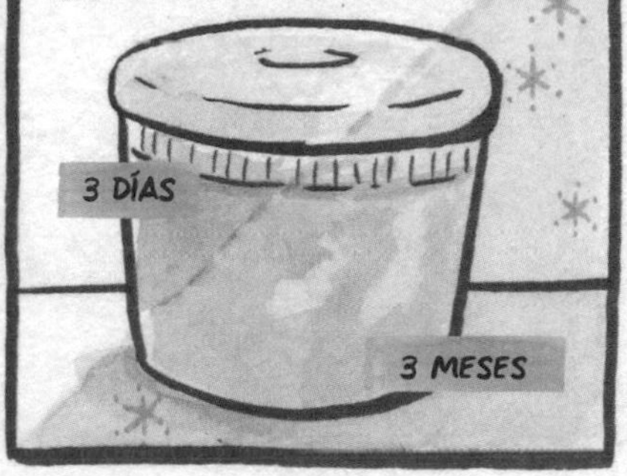
3 DÍAS
3 MESES

SI LO HAS PREPARADO CON CALDO DE *TONKOTSU* O *TORIKOTSU*, SIGUE LAS INSTRUCCIONES PARA PREPARAR CALDO PICANTE PARA *TSUKEMEN* (PÁG. 135).

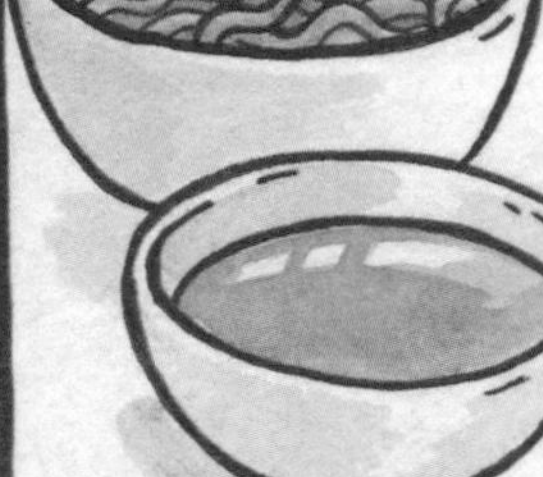

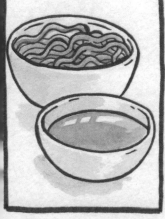

SI VAS A USARLO PARA PREPARAR EL TAZÓN BASE (PÁG. 24), LLÉVALO A UNA EBULLICIÓN SUAVE Y ADERÉZALO EMPLEANDO LAS SIGUIENTES CANTIDADES DEL TARE QUE DESEES POR CADA 375 ML DE CALDO:

TARE	CANTIDAD POR CADA 375 ML DE CALDO
SHIO (PÁG. 46)	30 ML (2 CUCHARADAS)
SHOYU (PÁG. 47)	60 ML (1/4 DE TAZA)
MISO (PÁG. 48)	60 ML (1/4 DE TAZA)

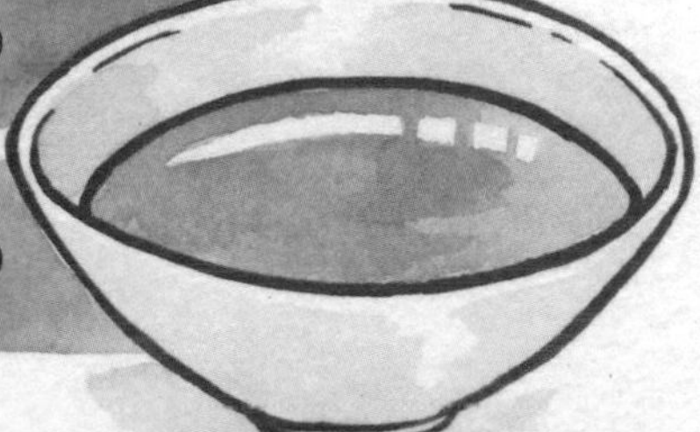

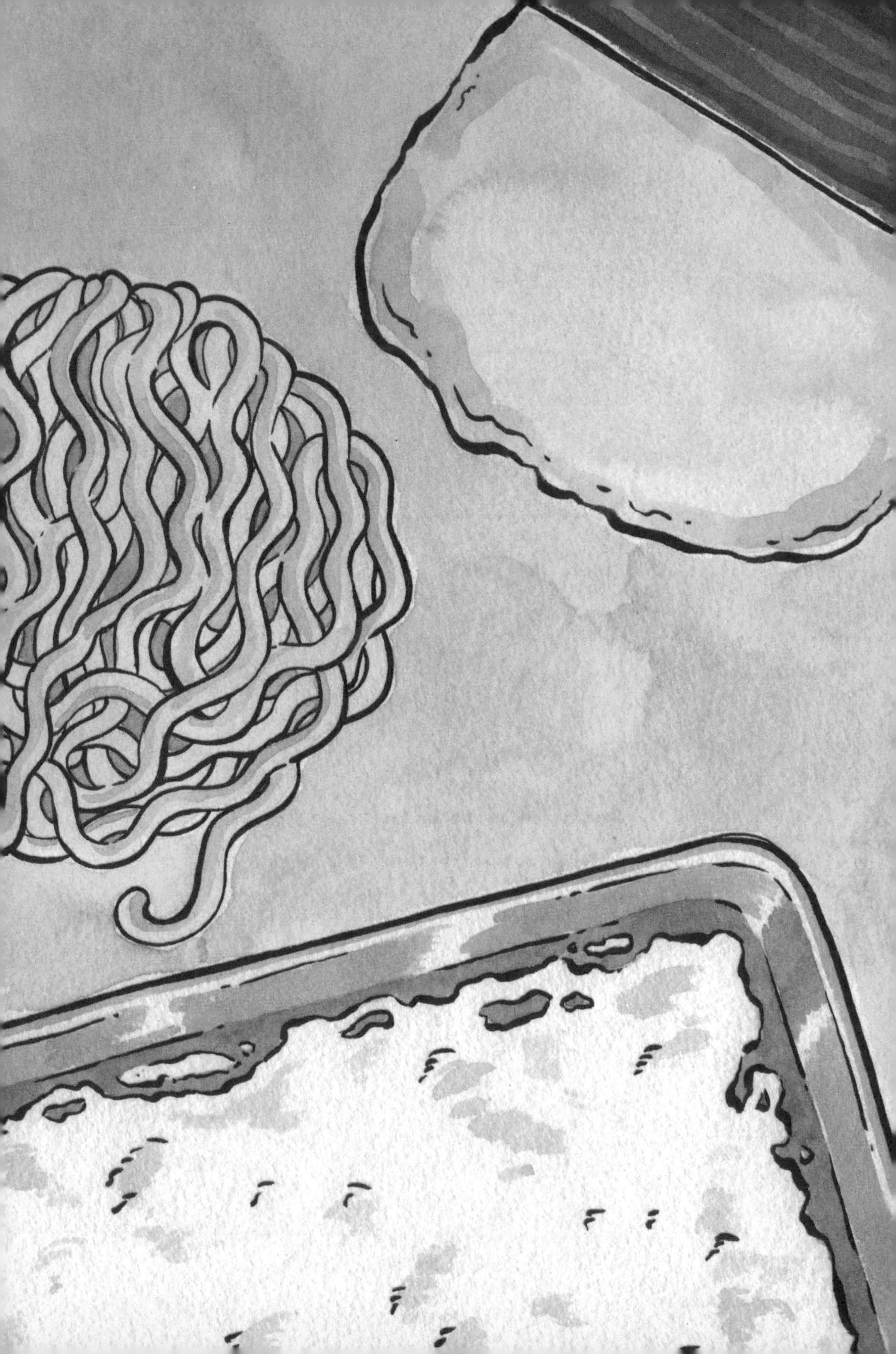

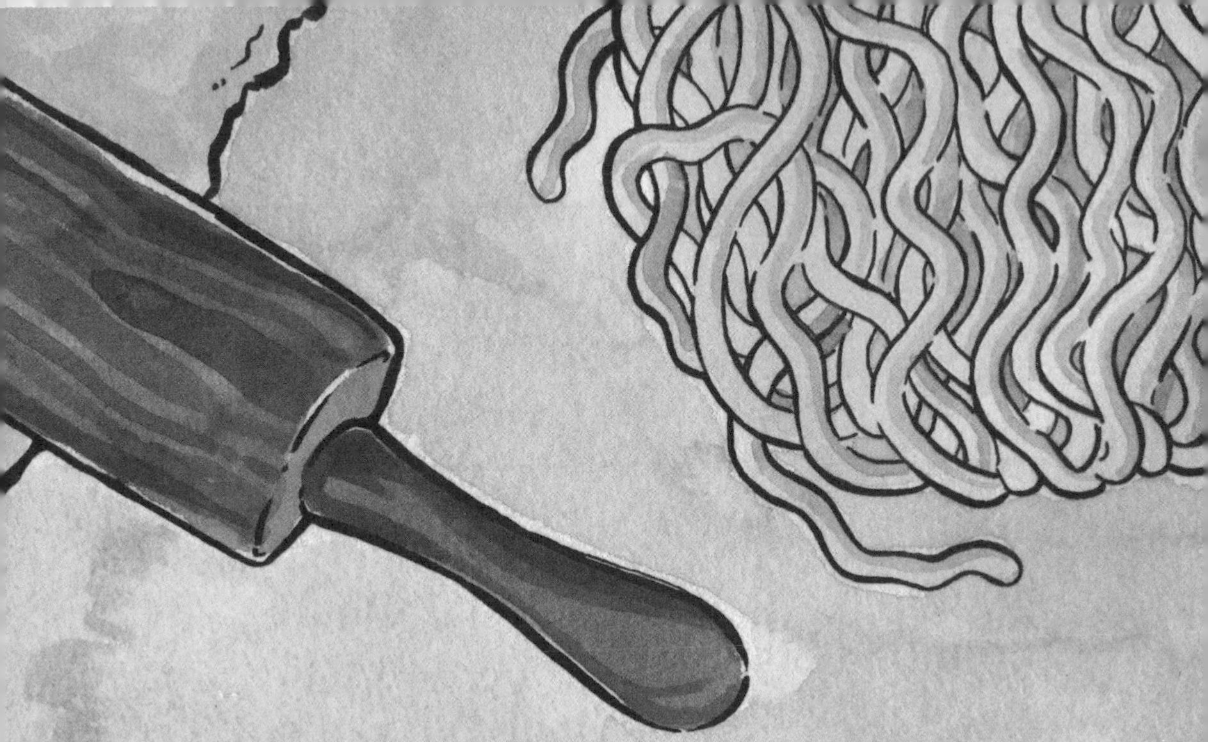

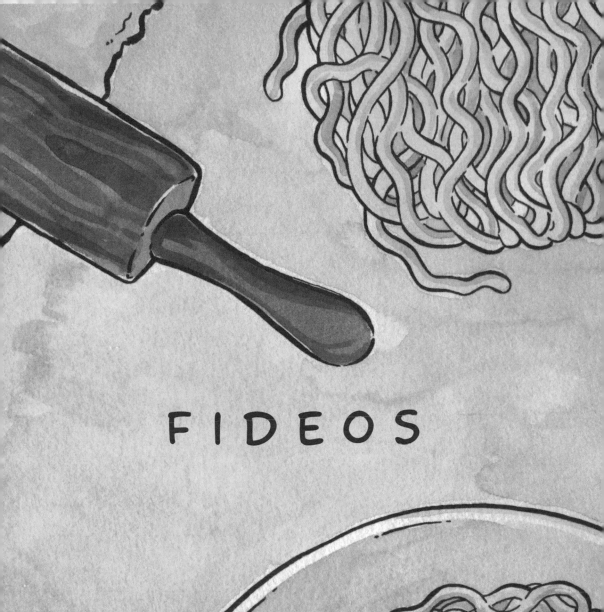

FIDEOS

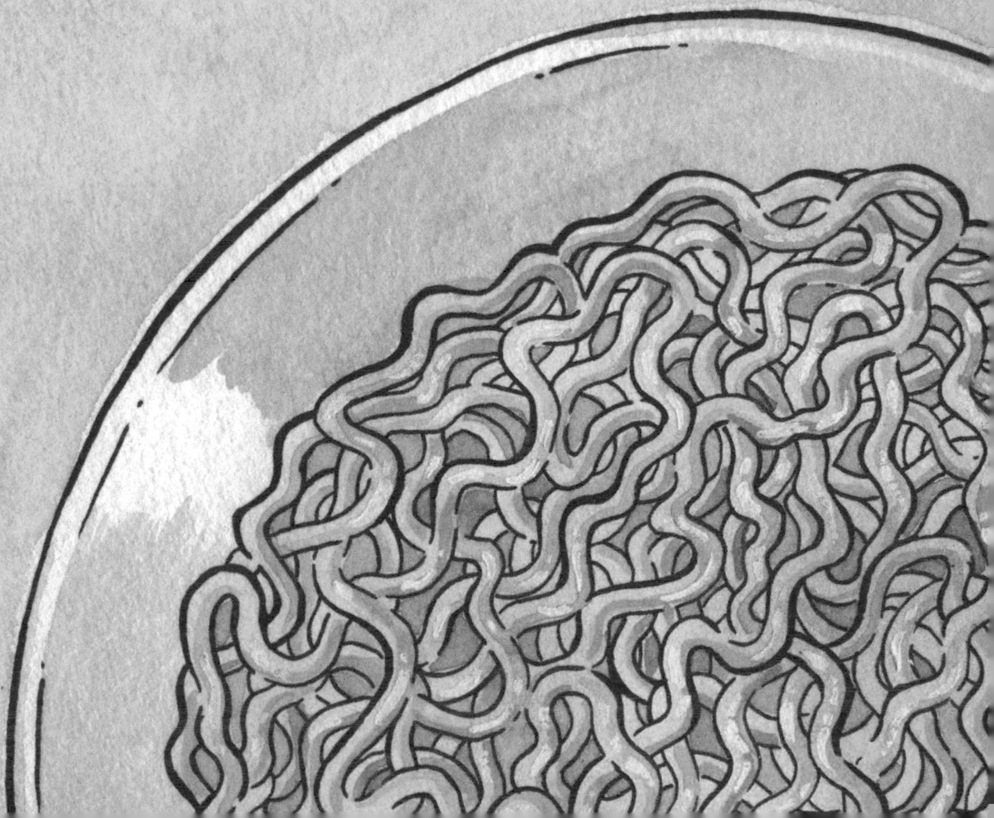

EL ABECÉ DE LOS FIDEOS

con KENSHIRO UKI de SUN NOODLE y RAMEN LAB

KENSHIRO UKI ES TODA UNA AUTORIDAD EN LO QUE RESPECTA A LOS FIDEOS PARA RAMEN; AL FIN Y AL CABO, ES EL VICEPRESIDENTE DE SUN NOODLE, PRODUCTOR DE LOS MEJORES FIDEOS PREFABRICADOS QUE EXISTEN.

SUN NOODLE, FUNDADA POR EL PADRE DE KENSHIRO, HIDEHITO, EN 1981, HACE FIDEOS ESPECIALES PARA *RAMEN-YA* DE TODO EL PAÍS Y FABRICA UNAS CUANTAS VARIEDADES PARA EL MERCADO GENERAL.

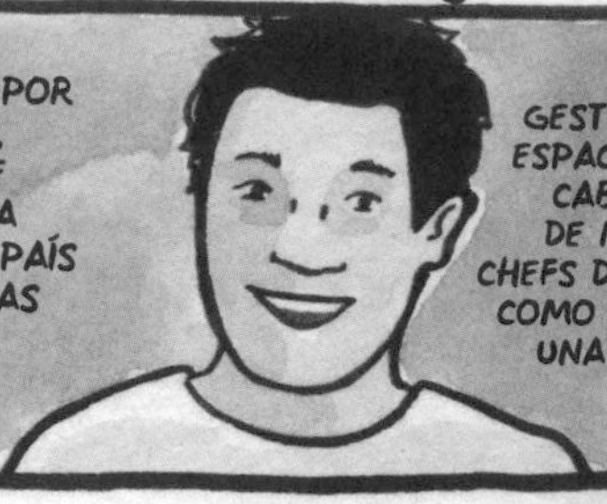

KENSHIRO TAMBIÉN GESTIONA RAMEN LAB, UN ESPACIO DE COCINA QUE DA CABIDA EN SU *RAMEN-YA* DE MANHATTAN TANTO A CHEFS DE RAMEN EN CIERNES COMO A LOS QUE YA TIENEN UNA SÓLIDA TRAYECTORIA.

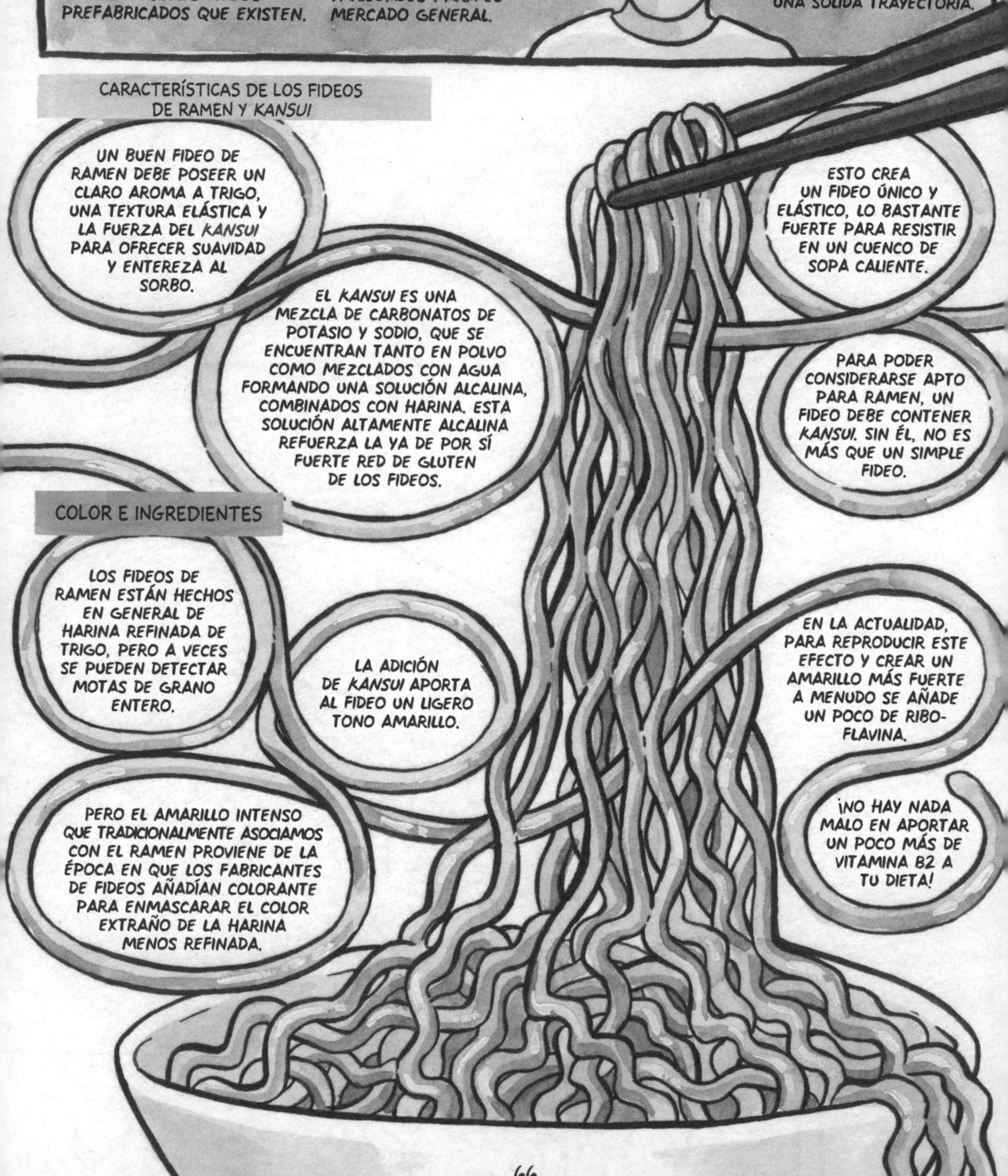

CARACTERÍSTICAS DE LOS FIDEOS DE RAMEN Y *KANSUI*
UN BUEN FIDEO DE RAMEN DEBE POSEER UN CLARO AROMA A TRIGO, UNA TEXTURA ELÁSTICA Y LA FUERZA DEL *KANSUI* PARA OFRECER SUAVIDAD Y ENTEREZA AL SORBO.
EL *KANSUI* ES UNA MEZCLA DE CARBONATOS DE POTASIO Y SODIO, QUE SE ENCUENTRAN TANTO EN POLVO COMO MEZCLADOS CON AGUA FORMANDO UNA SOLUCIÓN ALCALINA, COMBINADOS CON HARINA. ESTA SOLUCIÓN ALTAMENTE ALCALINA REFUERZA LA YA DE POR SÍ FUERTE RED DE GLUTEN DE LOS FIDEOS.
ESTO CREA UN FIDEO ÚNICO Y ELÁSTICO, LO BASTANTE FUERTE PARA RESISTIR EN UN CUENCO DE SOPA CALIENTE.
PARA PODER CONSIDERARSE APTO PARA RAMEN, UN FIDEO DEBE CONTENER *KANSUI*. SIN ÉL, NO ES MÁS QUE UN SIMPLE FIDEO.
COLOR E INGREDIENTES
LOS FIDEOS DE RAMEN ESTÁN HECHOS EN GENERAL DE HARINA REFINADA DE TRIGO, PERO A VECES SE PUEDEN DETECTAR MOTAS DE GRANO ENTERO.
LA ADICIÓN DE *KANSUI* APORTA AL FIDEO UN LIGERO TONO AMARILLO.
PERO EL AMARILLO INTENSO QUE TRADICIONALMENTE ASOCIAMOS CON EL RAMEN PROVIENE DE LA ÉPOCA EN QUE LOS FABRICANTES DE FIDEOS AÑADÍAN COLORANTE PARA ENMASCARAR EL COLOR EXTRAÑO DE LA HARINA MENOS REFINADA.
EN LA ACTUALIDAD, PARA REPRODUCIR ESTE EFECTO Y CREAR UN AMARILLO MÁS FUERTE A MENUDO SE AÑADE UN POCO DE RIBOFLAVINA.
¡NO HAY NADA MALO EN APORTAR UN POCO MÁS DE VITAMINA B2 A TU DIETA!

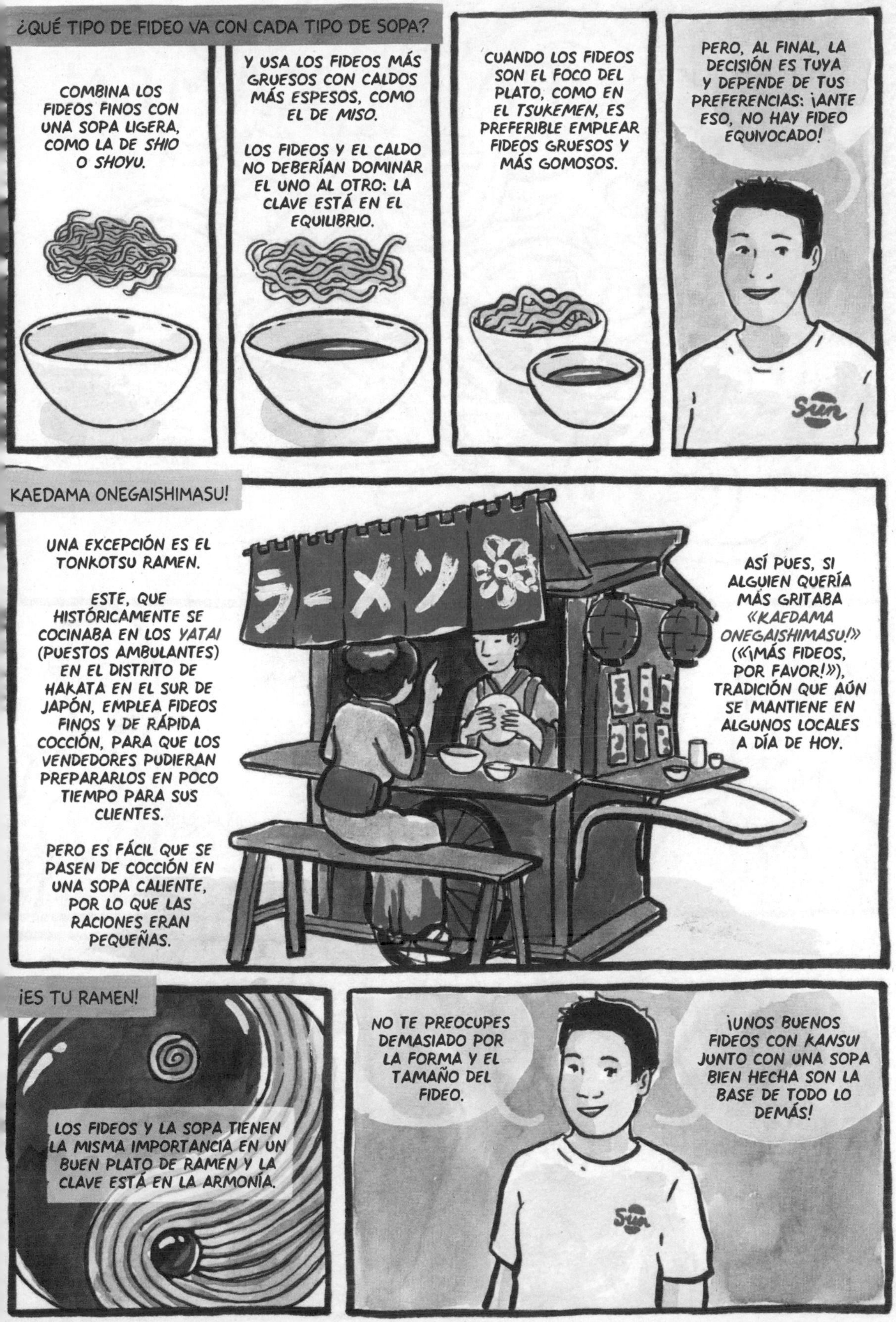

¿QUÉ TIPO DE FIDEO VA CON CADA TIPO DE SOPA?
COMBINA LOS FIDEOS FINOS CON UNA SOPA LIGERA, COMO LA DE *SHIO* O *SHOYU*.
Y USA LOS FIDEOS MÁS GRUESOS CON CALDOS MÁS ESPESOS, COMO EL DE *MISO*.
LOS FIDEOS Y EL CALDO NO DEBERÍAN DOMINAR EL UNO AL OTRO: LA CLAVE ESTÁ EN EL EQUILIBRIO.
CUANDO LOS FIDEOS SON EL FOCO DEL PLATO, COMO EN EL *TSUKEMEN*, ES PREFERIBLE EMPLEAR FIDEOS GRUESOS Y MÁS GOMOSOS.
PERO, AL FINAL, LA DECISIÓN ES TUYA Y DEPENDE DE TUS PREFERENCIAS: ¡ANTE ESO, NO HAY FIDEO EQUIVOCADO!
Sun
KAEDAMA ONEGAISHIMASU!
UNA EXCEPCIÓN ES EL TONKOTSU RAMEN.
ESTE, QUE HISTÓRICAMENTE SE COCINABA EN LOS *YATAI* (PUESTOS AMBULANTES) EN EL DISTRITO DE HAKATA EN EL SUR DE JAPÓN, EMPLEA FIDEOS FINOS Y DE RÁPIDA COCCIÓN, PARA QUE LOS VENDEDORES PUDIERAN PREPARARLOS EN POCO TIEMPO PARA SUS CLIENTES.
PERO ES FÁCIL QUE SE PASEN DE COCCIÓN EN UNA SOPA CALIENTE, POR LO QUE LAS RACIONES ERAN PEQUEÑAS.
ラーメン
ASÍ PUES, SI ALGUIEN QUERÍA MÁS GRITABA «*KAEDAMA ONEGAISHIMASU!*» («¡MÁS FIDEOS, POR FAVOR!»), TRADICIÓN QUE AÚN SE MANTIENE EN ALGUNOS LOCALES A DÍA DE HOY.
¡ES TU RAMEN!
LOS FIDEOS Y LA SOPA TIENEN LA MISMA IMPORTANCIA EN UN BUEN PLATO DE RAMEN Y LA CLAVE ESTÁ EN LA ARMONÍA.
NO TE PREOCUPES DEMASIADO POR LA FORMA Y EL TAMAÑO DEL FIDEO.
¡UNOS BUENOS FIDEOS CON *KANSUI* JUNTO CON UNA SOPA BIEN HECHA SON LA BASE DE TODO LO DEMÁS!
Sun

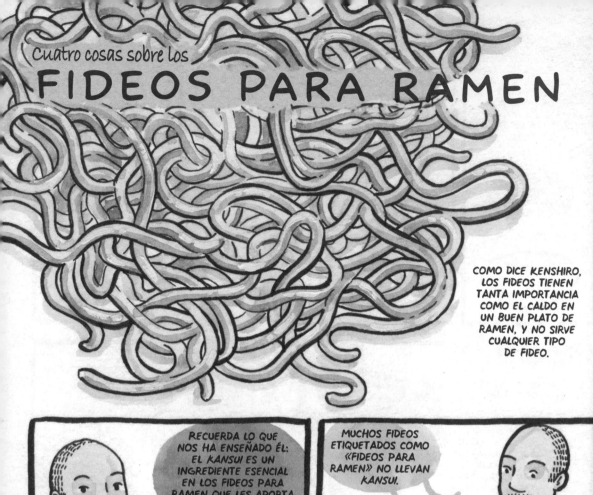

Cuatro cosas sobre los

FIDEOS PARA RAMEN

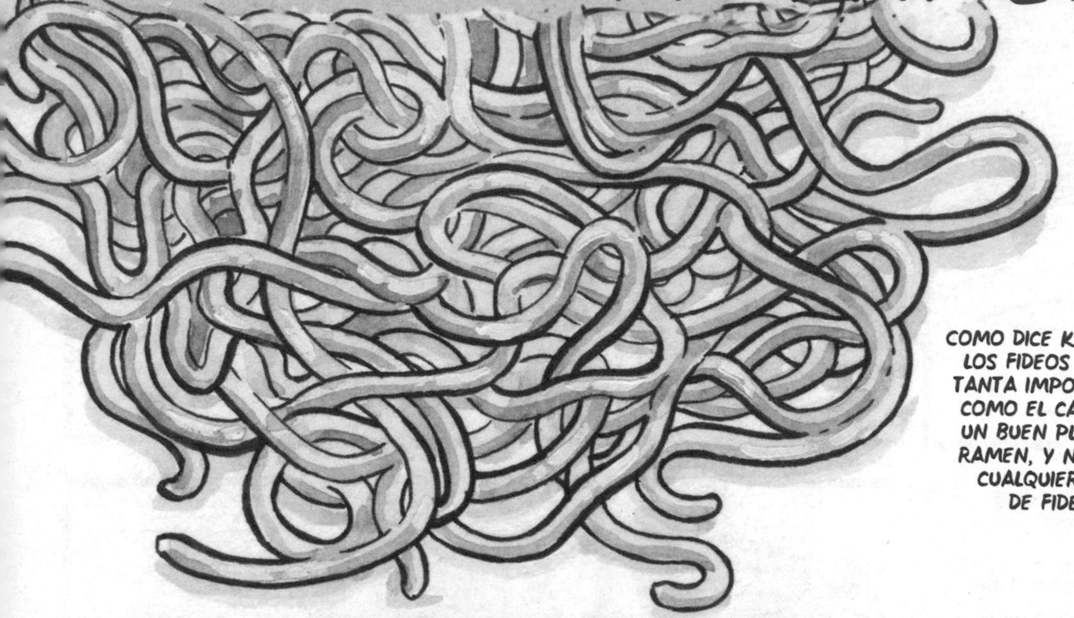

COMO DICE KENSHIRO, LOS FIDEOS TIENEN TANTA IMPORTANCIA COMO EL CALDO EN UN BUEN PLATO DE RAMEN, Y NO SIRVE CUALQUIER TIPO DE FIDEO.

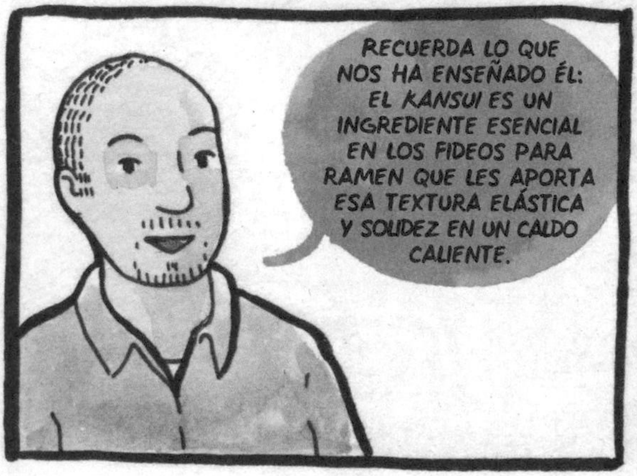
RECUERDA LO QUE NOS HA ENSEÑADO ÉL: EL *KANSUI* ES UN INGREDIENTE ESENCIAL EN LOS FIDEOS PARA RAMEN QUE LES APORTA ESA TEXTURA ELÁSTICA Y SOLIDEZ EN UN CALDO CALIENTE.

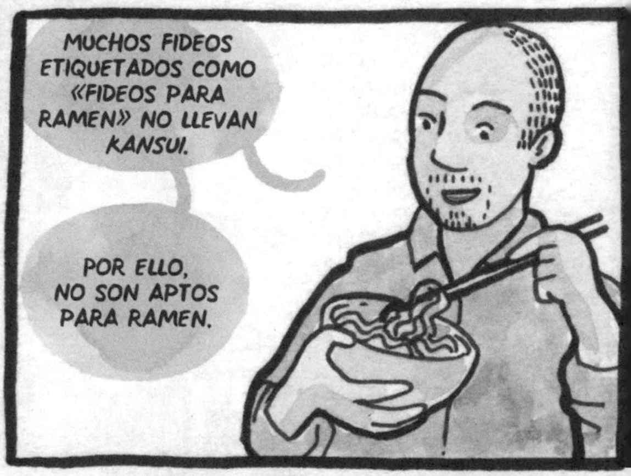
MUCHOS FIDEOS ETIQUETADOS COMO «FIDEOS PARA RAMEN» NO LLEVAN *KANSUI*.
POR ELLO, NO SON APTOS PARA RAMEN.

HAY MUCHAS Y BUENAS VARIEDADES DE FIDEOS FRESCOS PARA RAMEN EN LAS NEVERAS Y CONGELADORES DE LOS SUPERMERCADOS ASIÁTICOS, Y TAMBIÉN ENCONTRARÁS FIDEOS SECOS.

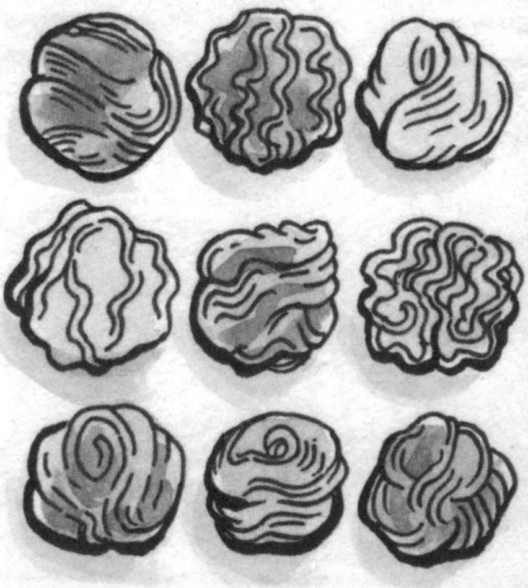

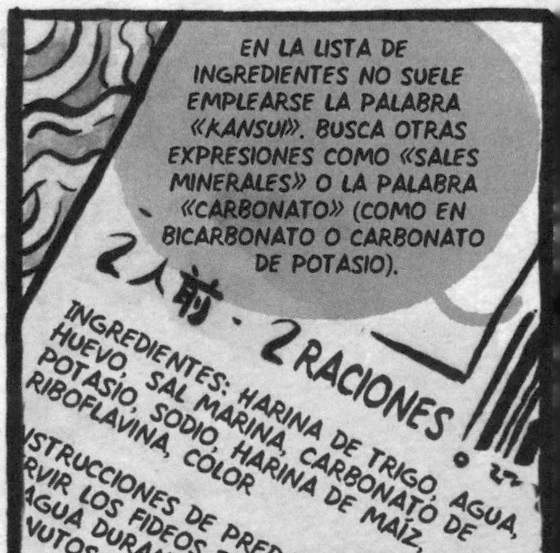
EN LA LISTA DE INGREDIENTES NO SUELE EMPLEARSE LA PALABRA «*KANSUI*». BUSCA OTRAS EXPRESIONES COMO «SALES MINERALES» O LA PALABRA «CARBONATO» (COMO EN BICARBONATO O CARBONATO DE POTASIO).
2人前・2 RACIONES
INGREDIENTES: HARINA DE TRIGO, AGUA, HUEVO, SAL MARINA, CARBONATO DE POTASIO, SODIO, HARINA DE MAÍZ, RIBOFLAVINA, COLOR
ISTRUCCIONES DE PREPARA
RVIR LOS FIDEOS EN
AGUA DURANTE
NUTOS

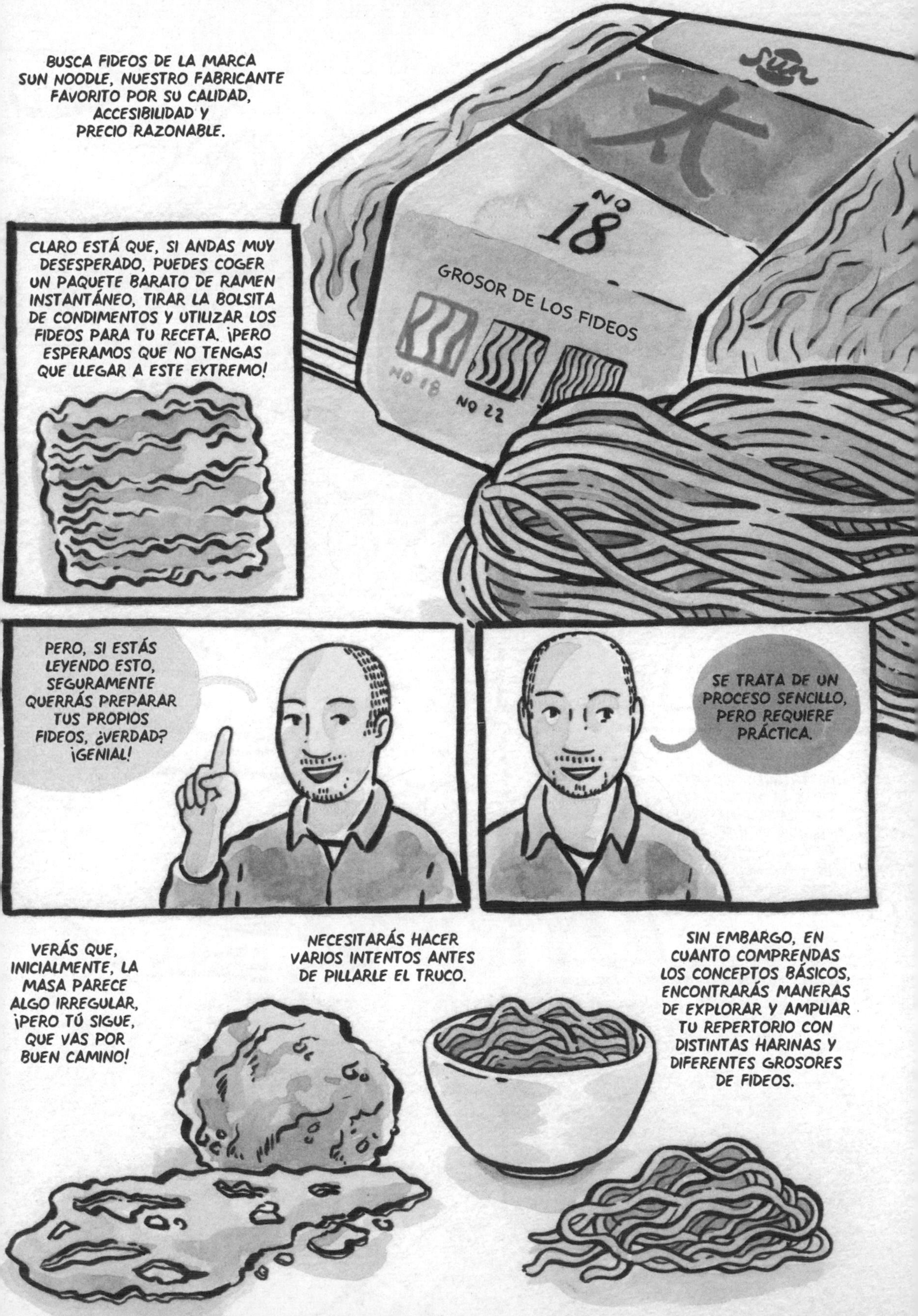
BUSCA FIDEOS DE LA MARCA SUN NOODLE, NUESTRO FABRICANTE FAVORITO POR SU CALIDAD, ACCESIBILIDAD Y PRECIO RAZONABLE.
Sun
NO 18
GROSOR DE LOS FIDEOS
NO 18
NO 22
CLARO ESTÁ QUE, SI ANDAS MUY DESESPERADO, PUEDES COGER UN PAQUETE BARATO DE RAMEN INSTANTÁNEO, TIRAR LA BOLSITA DE CONDIMENTOS Y UTILIZAR LOS FIDEOS PARA TU RECETA. ¡PERO ESPERAMOS QUE NO TENGAS QUE LLEGAR A ESTE EXTREMO!
PERO, SI ESTÁS LEYENDO ESTO, SEGURAMENTE QUERRÁS PREPARAR TUS PROPIOS FIDEOS, ¿VERDAD? ¡GENIAL!
SE TRATA DE UN PROCESO SENCILLO, PERO REQUIERE PRÁCTICA.
VERÁS QUE, INICIALMENTE, LA MASA PARECE ALGO IRREGULAR, ¡PERO TÚ SIGUE, QUE VAS POR BUEN CAMINO!
NECESITARÁS HACER VARIOS INTENTOS ANTES DE PILLARLE EL TRUCO.
SIN EMBARGO, EN CUANTO COMPRENDAS LOS CONCEPTOS BÁSICOS, ENCONTRARÁS MANERAS DE EXPLORAR Y AMPLIAR TU REPERTORIO CON DISTINTAS HARINAS Y DIFERENTES GROSORES DE FIDEOS.

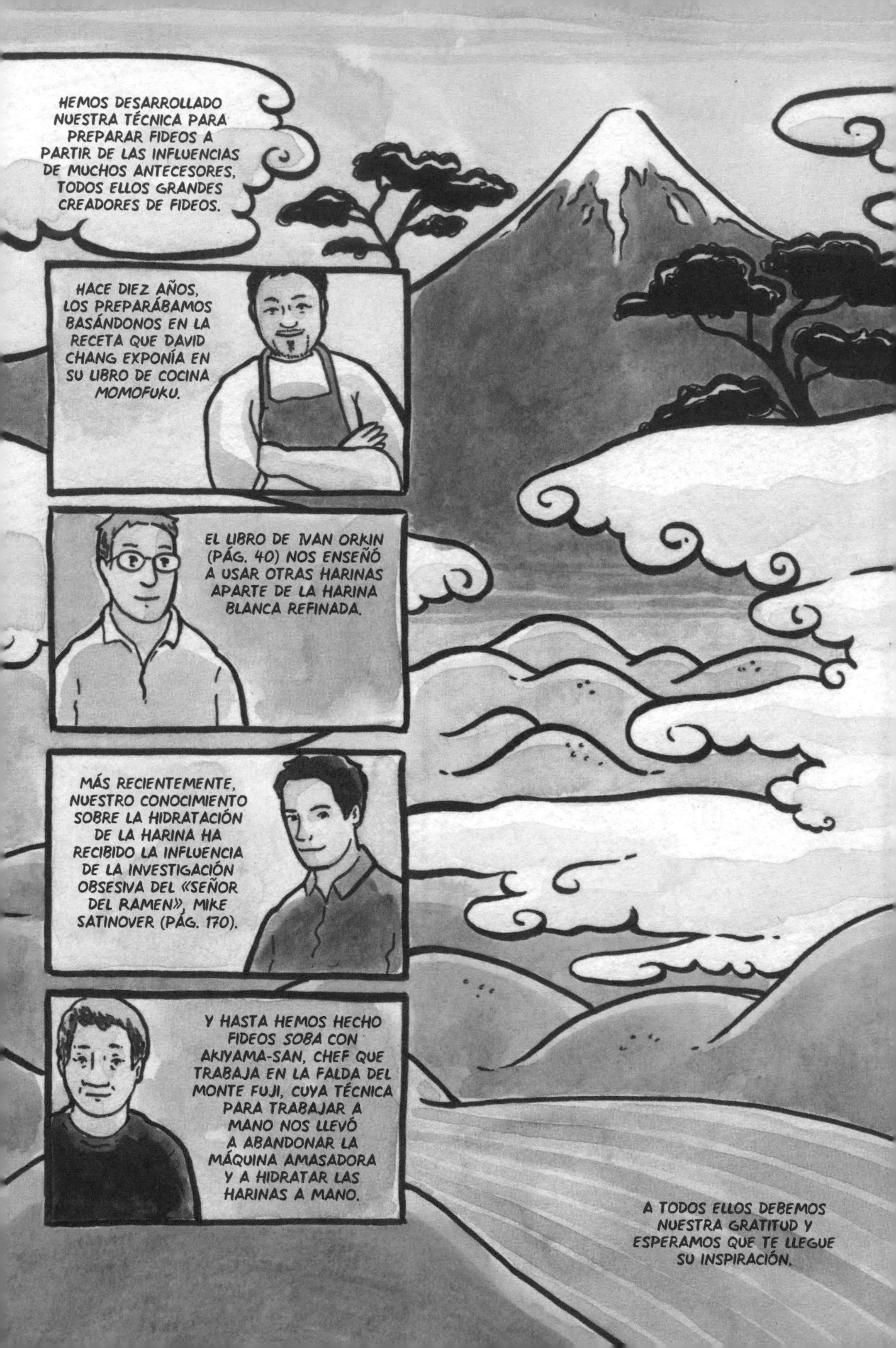
HEMOS DESARROLLADO NUESTRA TÉCNICA PARA PREPARAR FIDEOS A PARTIR DE LAS INFLUENCIAS DE MUCHOS ANTECESORES, TODOS ELLOS GRANDES CREADORES DE FIDEOS.
HACE DIEZ AÑOS, LOS PREPARÁBAMOS BASÁNDONOS EN LA RECETA QUE DAVID CHANG EXPONÍA EN SU LIBRO DE COCINA *MOMOFUKU*.
EL LIBRO DE IVAN ORKIN (PÁG. 40) NOS ENSEÑÓ A USAR OTRAS HARINAS APARTE DE LA HARINA BLANCA REFINADA.
MÁS RECIENTEMENTE, NUESTRO CONOCIMIENTO SOBRE LA HIDRATACIÓN DE LA HARINA HA RECIBIDO LA INFLUENCIA DE LA INVESTIGACIÓN OBSESIVA DEL «SEÑOR DEL RAMEN», MIKE SATINOVER (PÁG. 170).
Y HASTA HEMOS HECHO FIDEOS *SOBA* CON AKIYAMA-SAN, CHEF QUE TRABAJA EN LA FALDA DEL MONTE FUJI, CUYA TÉCNICA PARA TRABAJAR A MANO NOS LLEVÓ A ABANDONAR LA MÁQUINA AMASADORA Y A HIDRATAR LAS HARINAS A MANO.
A TODOS ELLOS DEBEMOS NUESTRA GRATITUD Y ESPERAMOS QUE TE LLEGUE SU INSPIRACIÓN.

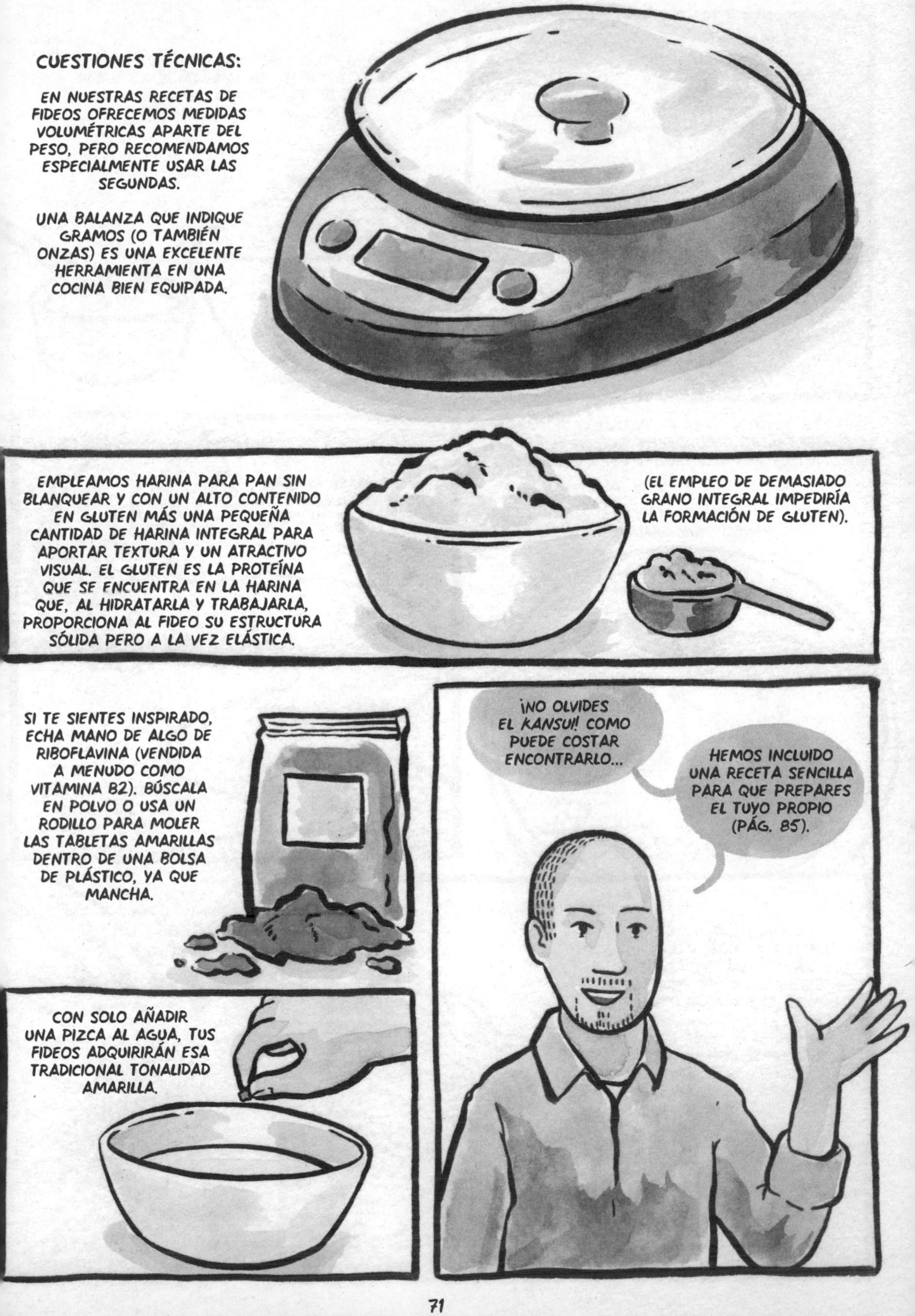
CUESTIONES TÉCNICAS:
EN NUESTRAS RECETAS DE FIDEOS OFRECEMOS MEDIDAS VOLUMÉTRICAS APARTE DEL PESO, PERO RECOMENDAMOS ESPECIALMENTE USAR LAS SEGUNDAS.
UNA BALANZA QUE INDIQUE GRAMOS (O TAMBIÉN ONZAS) ES UNA EXCELENTE HERRAMIENTA EN UNA COCINA BIEN EQUIPADA.
EMPLEAMOS HARINA PARA PAN SIN BLANQUEAR Y CON UN ALTO CONTENIDO EN GLUTEN MÁS UNA PEQUEÑA CANTIDAD DE HARINA INTEGRAL PARA APORTAR TEXTURA Y UN ATRACTIVO VISUAL. EL GLUTEN ES LA PROTEÍNA QUE SE ENCUENTRA EN LA HARINA QUE, AL HIDRATARLA Y TRABAJARLA, PROPORCIONA AL FIDEO SU ESTRUCTURA SÓLIDA PERO A LA VEZ ELÁSTICA.
(EL EMPLEO DE DEMASIADO GRANO INTEGRAL IMPEDIRÍA LA FORMACIÓN DE GLUTEN).
SI TE SIENTES INSPIRADO, ECHA MANO DE ALGO DE RIBOFLAVINA (VENDIDA A MENUDO COMO VITAMINA B2). BÚSCALA EN POLVO O USA UN RODILLO PARA MOLER LAS TABLETAS AMARILLAS DENTRO DE UNA BOLSA DE PLÁSTICO, YA QUE MANCHA.
CON SOLO AÑADIR UNA PIZCA AL AGUA, TUS FIDEOS ADQUIRIRÁN ESA TRADICIONAL TONALIDAD AMARILLA.
¡NO OLVIDES EL *KANSUI*! COMO PUEDE COSTAR ENCONTRARLO...
HEMOS INCLUIDO UNA RECETA SENCILLA PARA QUE PREPARES EL TUYO PROPIO (PÁG. 85).

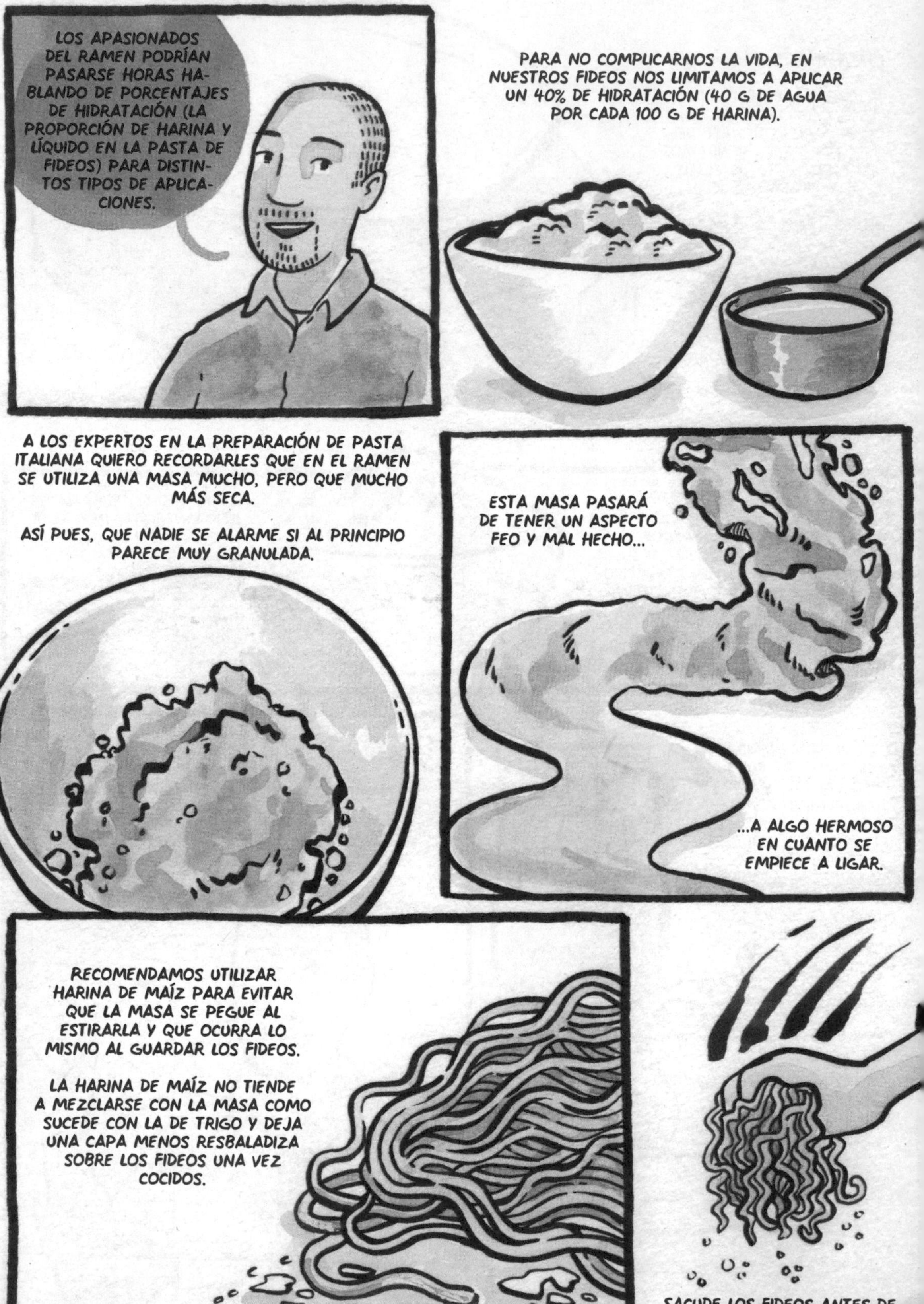
LOS APASIONADOS DEL RAMEN PODRÍAN PASARSE HORAS HABLANDO DE PORCENTAJES DE HIDRATACIÓN (LA PROPORCIÓN DE HARINA Y LÍQUIDO EN LA PASTA DE FIDEOS) PARA DISTINTOS TIPOS DE APLICACIONES.
PARA NO COMPLICARNOS LA VIDA, EN NUESTROS FIDEOS NOS LIMITAMOS A APLICAR UN 40% DE HIDRATACIÓN (40 G DE AGUA POR CADA 100 G DE HARINA).
A LOS EXPERTOS EN LA PREPARACIÓN DE PASTA ITALIANA QUIERO RECORDARLES QUE EN EL RAMEN SE UTILIZA UNA MASA MUCHO, PERO QUE MUCHO MÁS SECA.
ASÍ PUES, QUE NADIE SE ALARME SI AL PRINCIPIO PARECE MUY GRANULADA.
ESTA MASA PASARÁ DE TENER UN ASPECTO FEO Y MAL HECHO...
...A ALGO HERMOSO EN CUANTO SE EMPIECE A LIGAR.
RECOMENDAMOS UTILIZAR HARINA DE MAÍZ PARA EVITAR QUE LA MASA SE PEGUE AL ESTIRARLA Y QUE OCURRA LO MISMO AL GUARDAR LOS FIDEOS.
LA HARINA DE MAÍZ NO TIENDE A MEZCLARSE CON LA MASA COMO SUCEDE CON LA DE TRIGO Y DEJA UNA CAPA MENOS RESBALADIZA SOBRE LOS FIDEOS UNA VEZ COCIDOS.
SACUDE LOS FIDEOS ANTES DE COCINARLOS PARA ELIMINAR CUALQUIER EXCESO.

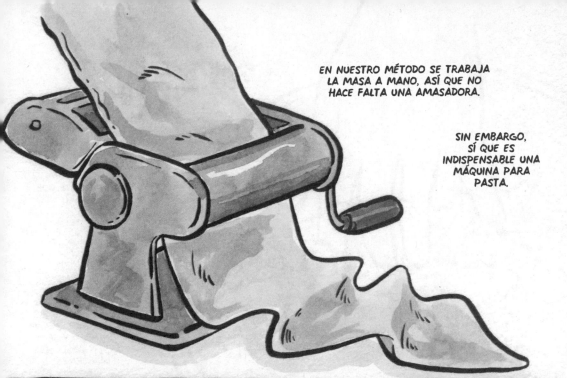

EN NUESTRO MÉTODO SE TRABAJA LA MASA A MANO, ASÍ QUE NO HACE FALTA UNA AMASADORA.

SIN EMBARGO, SÍ QUE ES INDISPENSABLE UNA MÁQUINA PARA PASTA.

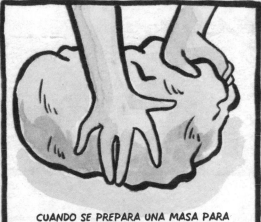

CUANDO SE PREPARA UNA MASA PARA PAN O PASTA FRESCA, SE REQUIERE TRABAJARLA MUCHO PARA QUE EL GLUTEN DE LA HARINA SE DESARROLLE.

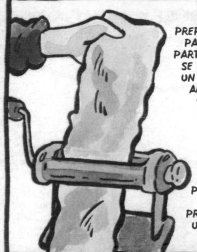

PERO EN LA PREPARACIÓN DE FIDEOS PARA RAMEN, GRAN PARTE DE ESTE PROCESO SE PRODUCE DURANTE UN TIPO DE AMASADO AL QUE LLAMAMOS «COMPRESIÓN».

ESTO CONSISTE EN PRESIONAR LA MASA CON LA INMENSA PRESIÓN QUE PRODUCE UNA MÁQUINA PARA PASTA.

EN LAS PÁGINAS SIGUIENTES, SE EXPLICAN LOS PASOS NECESARIOS PARA MAXIMIZAR EL DESARROLLO DEL GLUTEN A FIN DE OBTENER UNOS FIDEOS DE RAMEN DELICIOSAMENTE ELÁSTICOS.

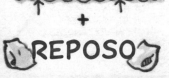

HIDRATACIÓN
+
COMPRESIÓN
+
REPOSO

= DESARROLLO DEL GLUTEN

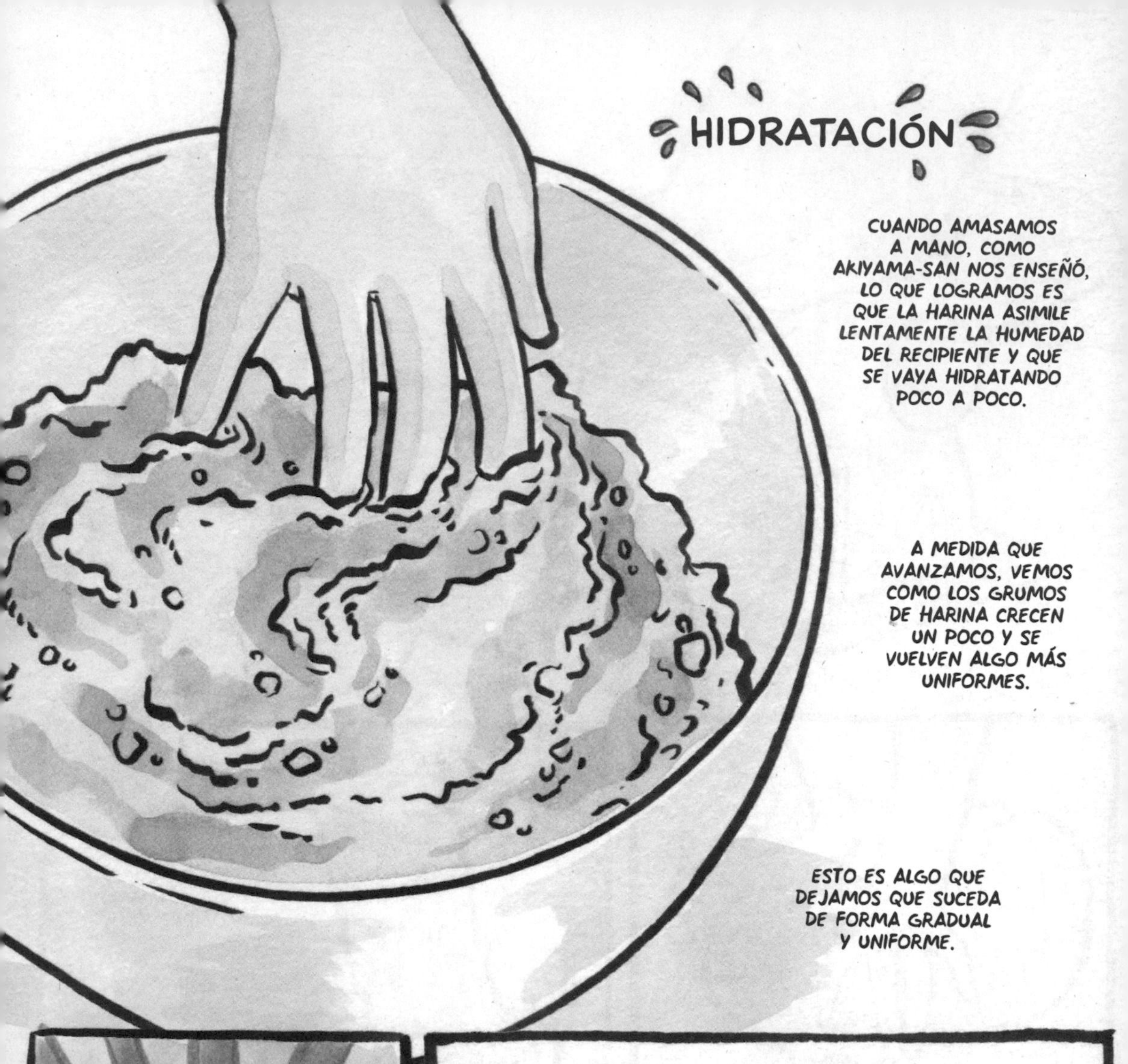
HIDRATACIÓN
CUANDO AMASAMOS A MANO, COMO AKIYAMA-SAN NOS ENSEÑÓ, LO QUE LOGRAMOS ES QUE LA HARINA ASIMILE LENTAMENTE LA HUMEDAD DEL RECIPIENTE Y QUE SE VAYA HIDRATANDO POCO A POCO.
A MEDIDA QUE AVANZAMOS, VEMOS COMO LOS GRUMOS DE HARINA CRECEN UN POCO Y SE VUELVEN ALGO MÁS UNIFORMES.
ESTO ES ALGO QUE DEJAMOS QUE SUCEDA DE FORMA GRADUAL Y UNIFORME.

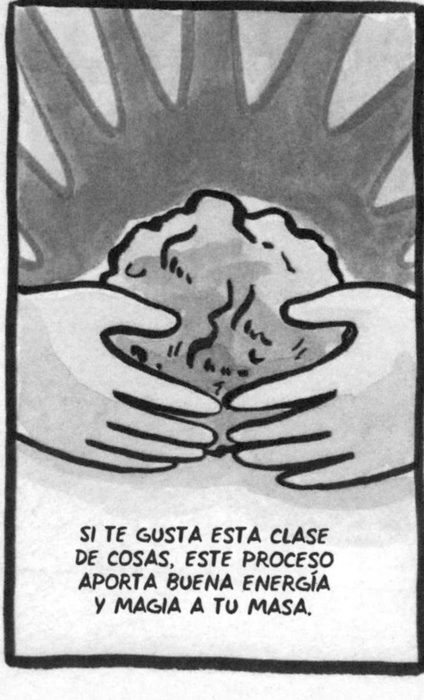
SI TE GUSTA ESTA CLASE DE COSAS, ESTE PROCESO APORTA BUENA ENERGÍA Y MAGIA A TU MASA.

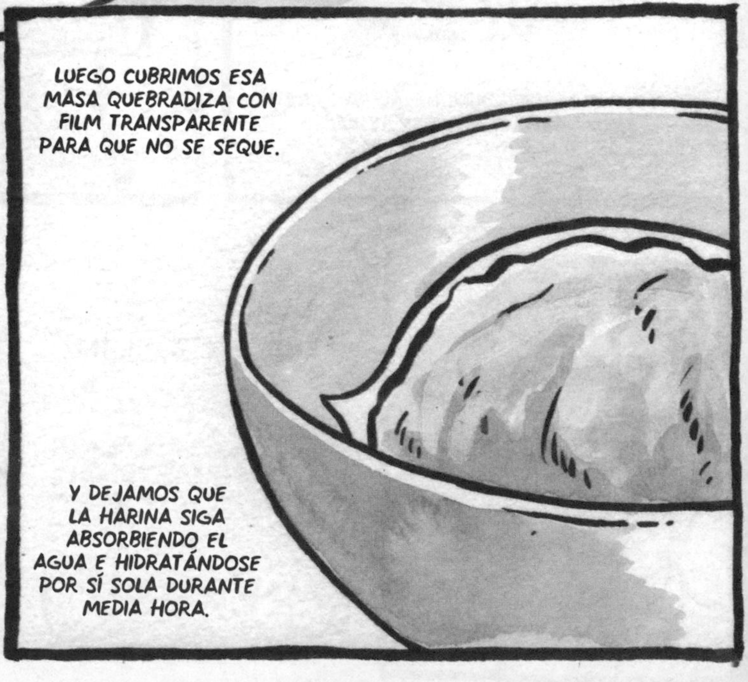
LUEGO CUBRIMOS ESA MASA QUEBRADIZA CON FILM TRANSPARENTE PARA QUE NO SE SEQUE.
Y DEJAMOS QUE LA HARINA SIGA ABSORBIENDO EL AGUA E HIDRATÁNDOSE POR SÍ SOLA DURANTE MEDIA HORA.

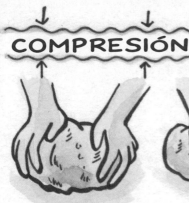

COMPRESIÓN

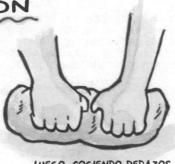

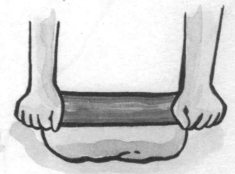

A CONTINUACIÓN, EMPEZAMOS A AMASAR MANUALMENTE, PRESIONANDO LA MASA CON AMBAS MANOS.

LUEGO, COGIENDO PEDAZOS MÁS PEQUEÑOS Y FÁCILES DE TRABAJAR, SEGUIMOS PRESIONANDO CON NUESTRO PROPIO PESO.

TAMBIÉN PUEDES AYUDARTE DE UN RODILLO.

PARA LA ÚLTIMA ETAPA DE LA COMPRESIÓN, NECESITAMOS LA FUERZA MECÁNICA DE UNA MÁQUINA PARA PASTA.

SIN ELLA, COMPRIMIR ESTOS FIDEOS SERÍA UNA TAREA BASTANTE DIFÍCIL.

UNA MÁQUINA PARA PASTA ELÉCTRICA O UN ACCESORIO PARA UNA AMASADORA TE HARÁ LAS COSAS MUCHÍSIMO MÁS FÁCILES.

ASÍ QUE DEVUÉLVELE EL FAVOR AL APARATO Y APLASTA LA MASA TODO LO QUE PUEDAS ANTES DE INTRODUCÍRSELA.

¡NO QUERRÁS QUEMARLE EL MOTOR, ¿VERDAD?! (O TU BRAZO, SI USAS UN MODELO MANUAL).

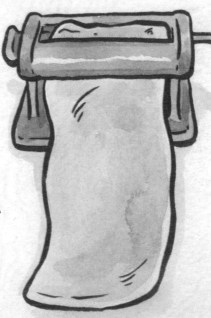

LA PRIMERA VEZ QUE PASES LA MASA POR LA MÁQUINA SE ROMPERÁ Y DESMIGAJARÁ, ADQUIRIENDO UN ASPECTO IRREGULAR, PERO TÚ NO SUFRAS Y SIGUE.

CADA VEZ QUE LA MASA PASE POR LA MÁQUINA, EL GLUTEN QUE CONTIENE SE FORTALECERÁ Y LA MASA SE VOLVERÁ MÁS SUAVE.

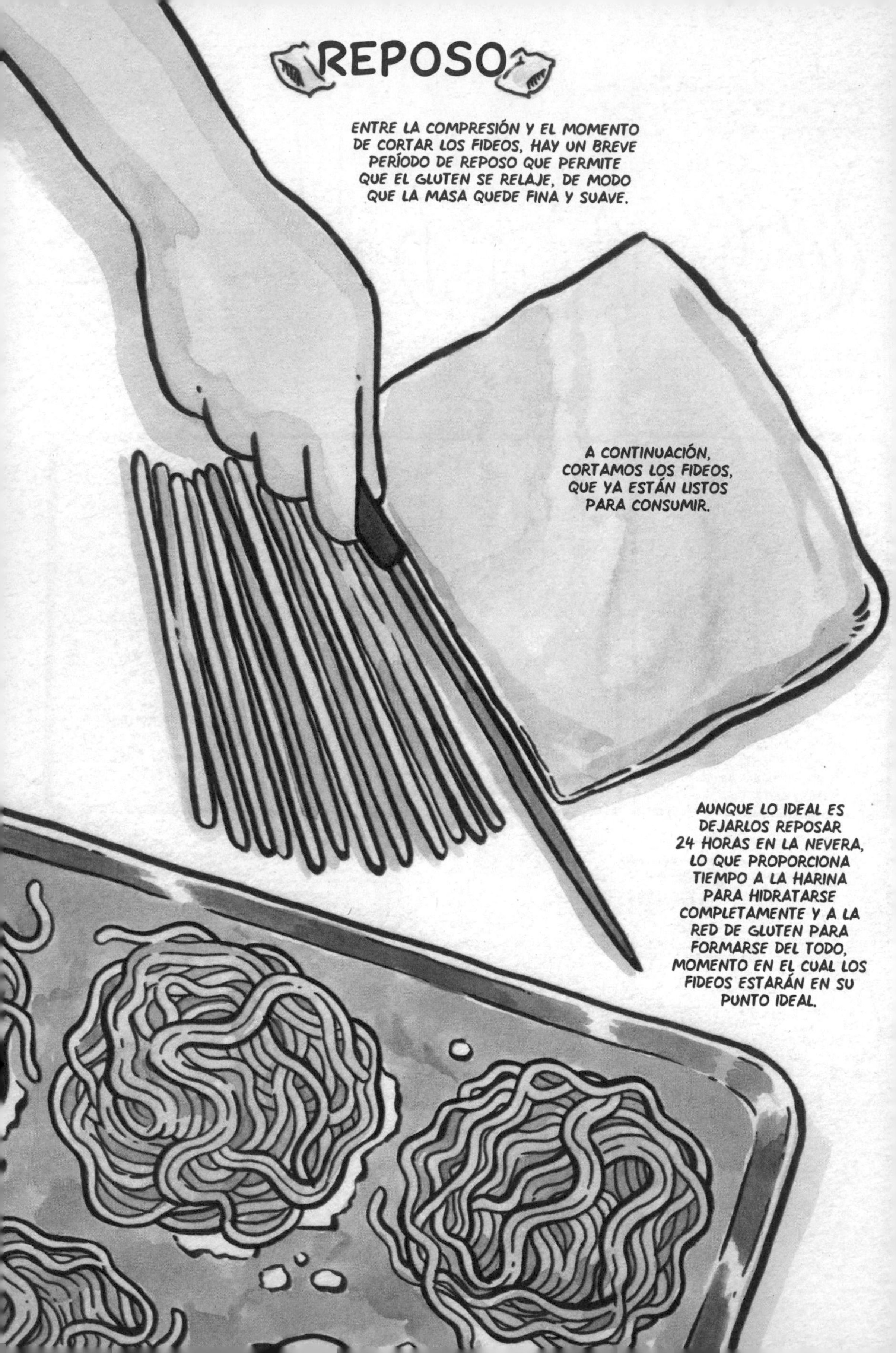
REPOSO
ENTRE LA COMPRESIÓN Y EL MOMENTO DE CORTAR LOS FIDEOS, HAY UN BREVE PERÍODO DE REPOSO QUE PERMITE QUE EL GLUTEN SE RELAJE, DE MODO QUE LA MASA QUEDE FINA Y SUAVE.
A CONTINUACIÓN, CORTAMOS LOS FIDEOS, QUE YA ESTÁN LISTOS PARA CONSUMIR.
AUNQUE LO IDEAL ES DEJARLOS REPOSAR 24 HORAS EN LA NEVERA, LO QUE PROPORCIONA TIEMPO A LA HARINA PARA HIDRATARSE COMPLETAMENTE Y A LA RED DE GLUTEN PARA FORMARSE DEL TODO, MOMENTO EN EL CUAL LOS FIDEOS ESTARÁN EN SU PUNTO IDEAL.

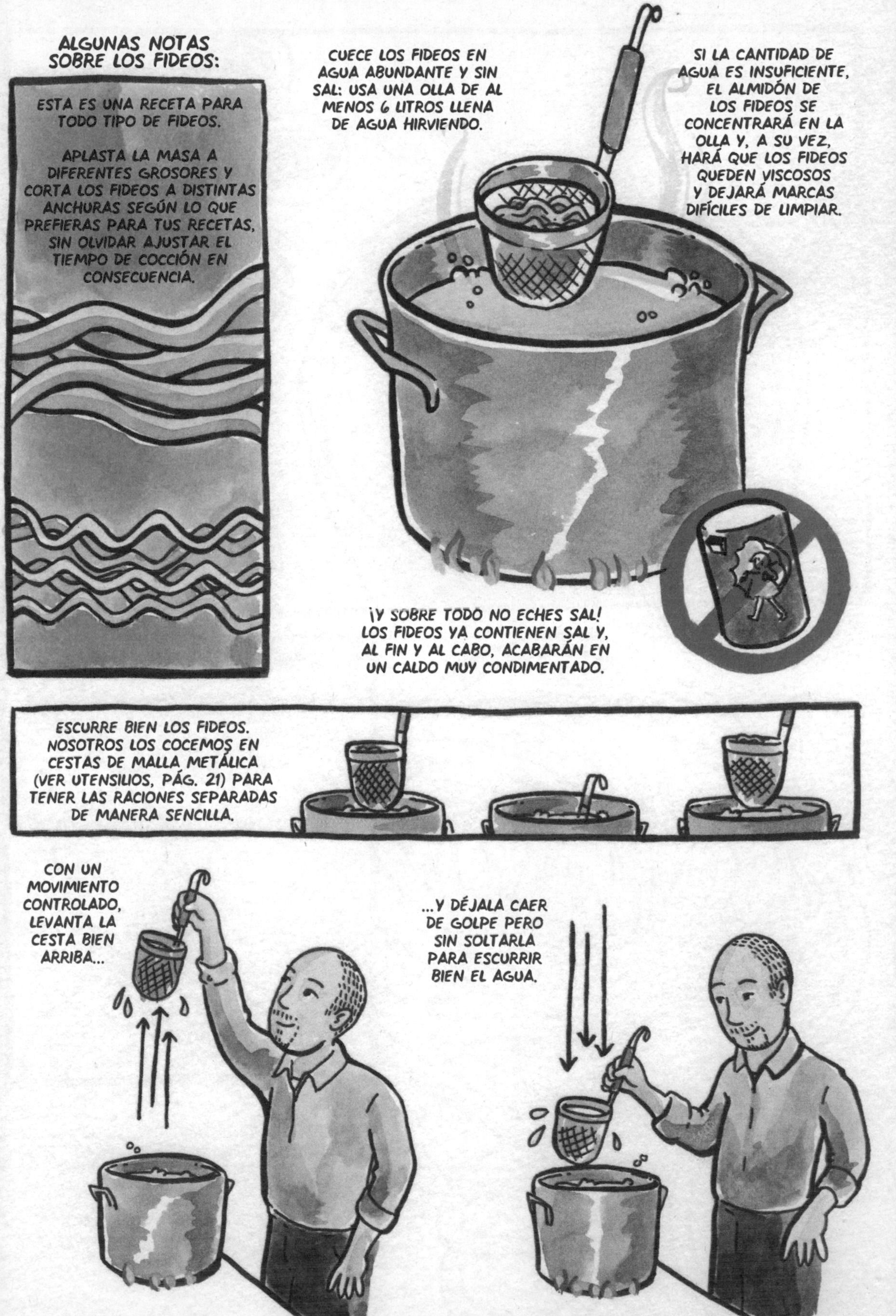
ALGUNAS NOTAS SOBRE LOS FIDEOS:
ESTA ES UNA RECETA PARA TODO TIPO DE FIDEOS.
APLASTA LA MASA A DIFERENTES GROSORES Y CORTA LOS FIDEOS A DISTINTAS ANCHURAS SEGÚN LO QUE PREFIERAS PARA TUS RECETAS, SIN OLVIDAR AJUSTAR EL TIEMPO DE COCCIÓN EN CONSECUENCIA.
CUECE LOS FIDEOS EN AGUA ABUNDANTE Y SIN SAL: USA UNA OLLA DE AL MENOS 6 LITROS LLENA DE AGUA HIRVIENDO.
SI LA CANTIDAD DE AGUA ES INSUFICIENTE, EL ALMIDÓN DE LOS FIDEOS SE CONCENTRARÁ EN LA OLLA Y, A SU VEZ, HARÁ QUE LOS FIDEOS QUEDEN VISCOSOS Y DEJARÁ MARCAS DIFÍCILES DE LIMPIAR.
¡Y SOBRE TODO NO ECHES SAL! LOS FIDEOS YA CONTIENEN SAL Y, AL FIN Y AL CABO, ACABARÁN EN UN CALDO MUY CONDIMENTADO.
ESCURRE BIEN LOS FIDEOS. NOSOTROS LOS COCEMOS EN CESTAS DE MALLA METÁLICA (VER UTENSILIOS, PÁG. 21) PARA TENER LAS RACIONES SEPARADAS DE MANERA SENCILLA.
CON UN MOVIMIENTO CONTROLADO, LEVANTA LA CESTA BIEN ARRIBA...
...Y DÉJALA CAER DE GOLPE PERO SIN SOLTARLA PARA ESCURRIR BIEN EL AGUA.

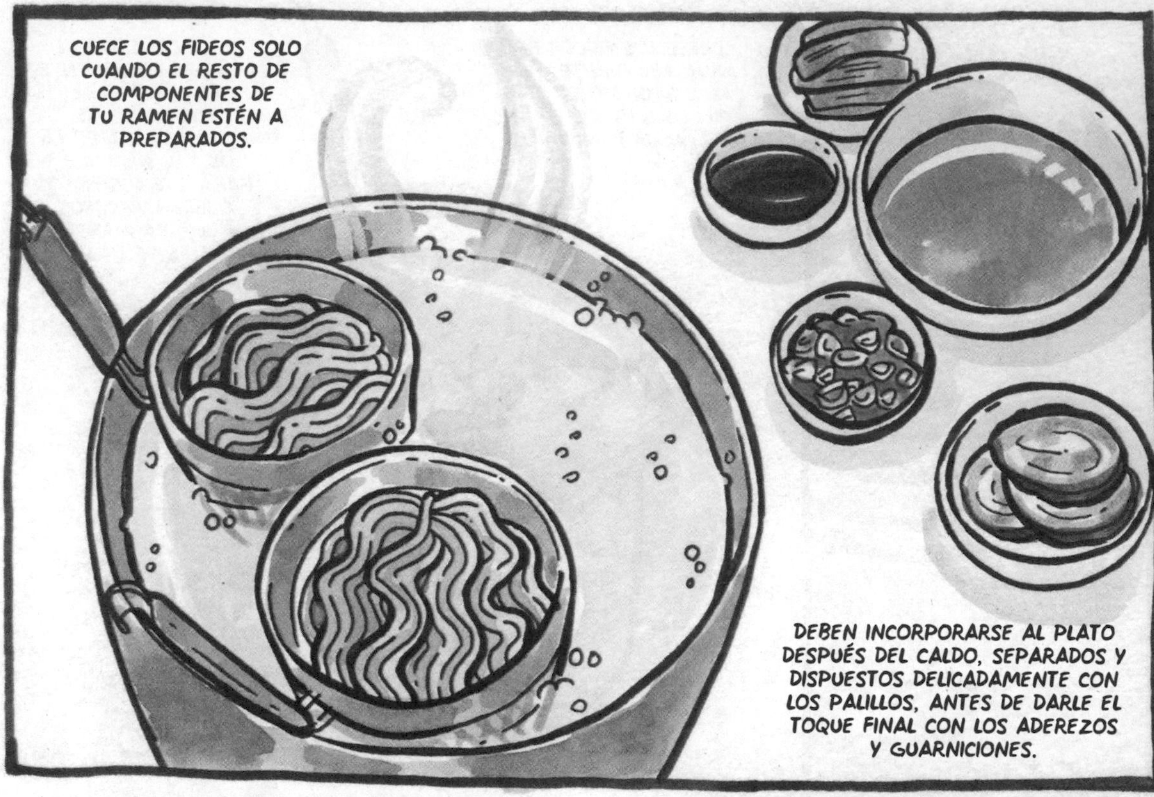
CUECE LOS FIDEOS SOLO CUANDO EL RESTO DE COMPONENTES DE TU RAMEN ESTÉN A PREPARADOS.
DEBEN INCORPORARSE AL PLATO DESPUÉS DEL CALDO, SEPARADOS Y DISPUESTOS DELICADAMENTE CON LOS PALILLOS, ANTES DE DARLE EL TOQUE FINAL CON LOS ADEREZOS Y GUARNICIONES.

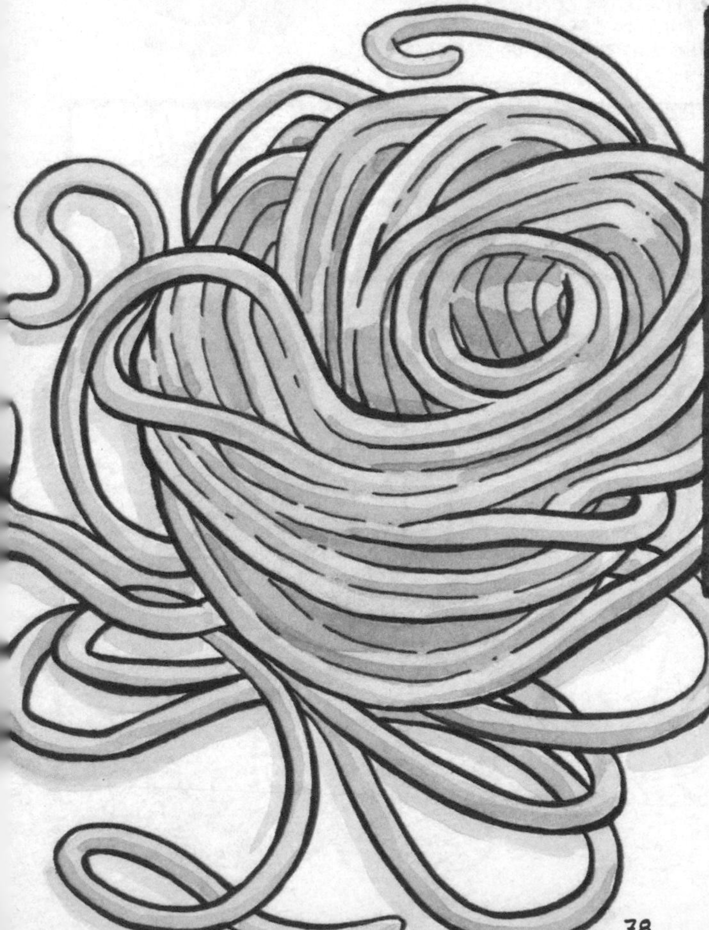

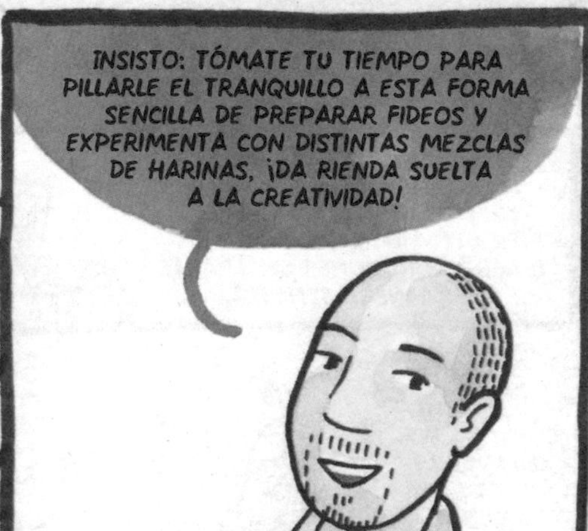
INSISTO: TÓMATE TU TIEMPO PARA PILLARLE EL TRANQUILLO A ESTA FORMA SENCILLA DE PREPARAR FIDEOS Y EXPERIMENTA CON DISTINTAS MEZCLAS DE HARINAS, ¡DA RIENDA SUELTA A LA CREATIVIDAD!

EXPLORA DISTINTAS TEXTURAS Y GROSORES PARA DIFERENTES CALDOS, ¡Y CONGELA LO QUE SOBRE PARA TENER RESERVAS!

DESPUÉS DE TODO, LOS FIDEOS CASEROS HACEN QUE TU PLATO DE RAMEN SEA REALMENTE TUYO.

FIDEOS CASEROS PARA RAMEN

PARA 5 RACIONES DE UNOS 140 G

INGREDIENTES:

200 G DE AGUA (APROXIMADAMENTE 1 TAZA MENOS 2 CUCHARADAS)

5 G DE BICARBONATO HORNEADO (APROXIMADAMENTE UNA CUCHARADITA; RECETA A CONTINUACIÓN)

5 G DE SAL (APROXIMADAMENTE UNA CUCHARADITA)

UNA PIZCA DE RIBOFLAVINA (OPCIONAL)

25 G DE HARINA INTEGRAL DE TRIGO (3 CUCHARADAS + 1 CUCHARADITA)

475 G DE HARINA PARA PAN (APROXIMADAMENTE 3,5 TAZAS)

HARINA DE MAÍZ PARA ESPOLVOREAR

PREPARA EL *KANSUI* LÍQUIDO: PON EL AGUA EN UN RECIPIENTE PEQUEÑO.

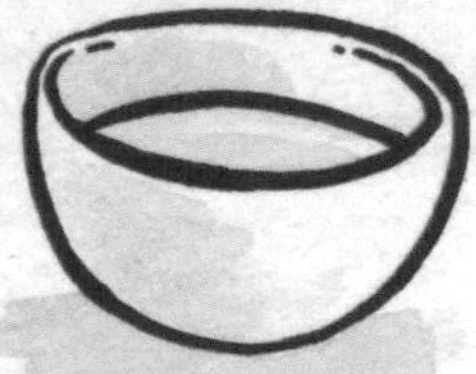

AÑADE EL BICARBONATO HORNEADO, LA SAL Y LA RIBOFLAVINA Y REMUEVE BIEN HASTA QUE SE DISUELVAN.

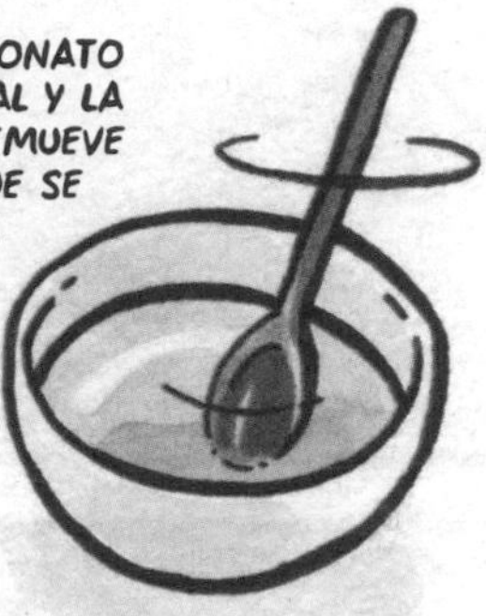

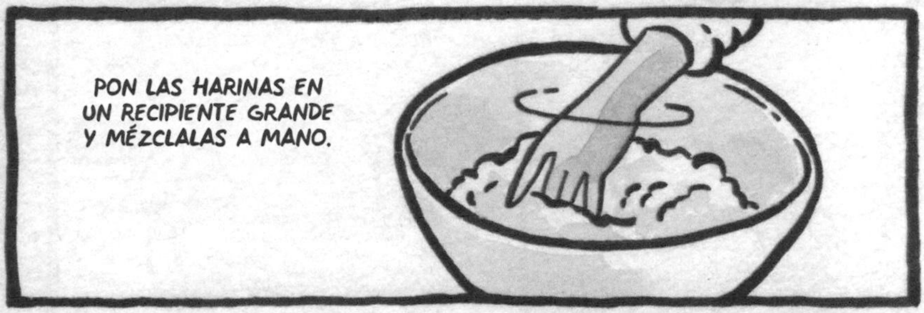
PON LAS HARINAS EN UN RECIPIENTE GRANDE Y MÉZCLALAS A MANO.

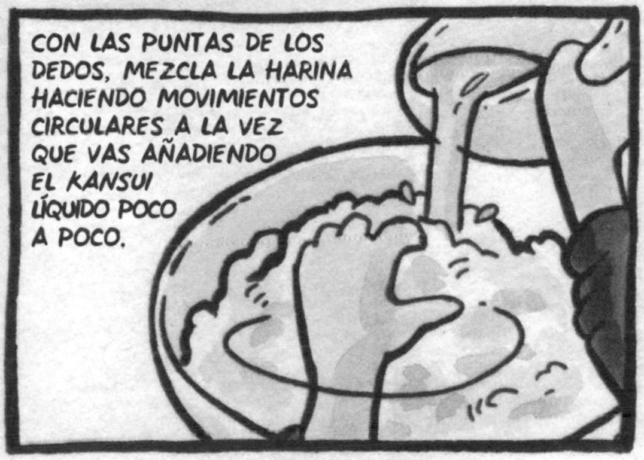
CON LAS PUNTAS DE LOS DEDOS, MEZCLA LA HARINA HACIENDO MOVIMIENTOS CIRCULARES A LA VEZ QUE VAS AÑADIENDO EL *KANSUI* LÍQUIDO POCO A POCO.

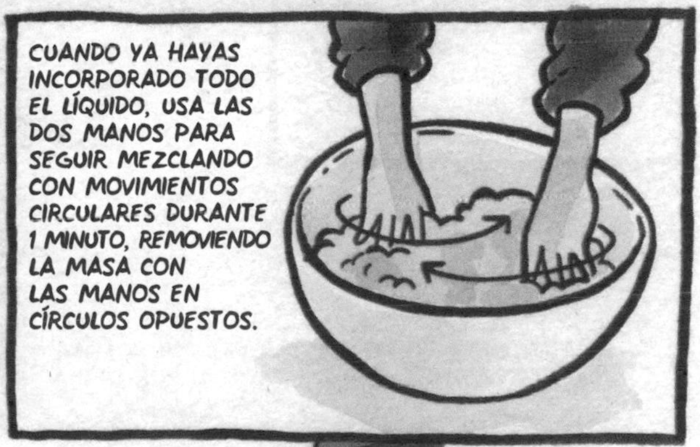
CUANDO YA HAYAS INCORPORADO TODO EL LÍQUIDO, USA LAS DOS MANOS PARA SEGUIR MEZCLANDO CON MOVIMIENTOS CIRCULARES DURANTE 1 MINUTO, REMOVIENDO LA MASA CON LAS MANOS EN CÍRCULOS OPUESTOS.

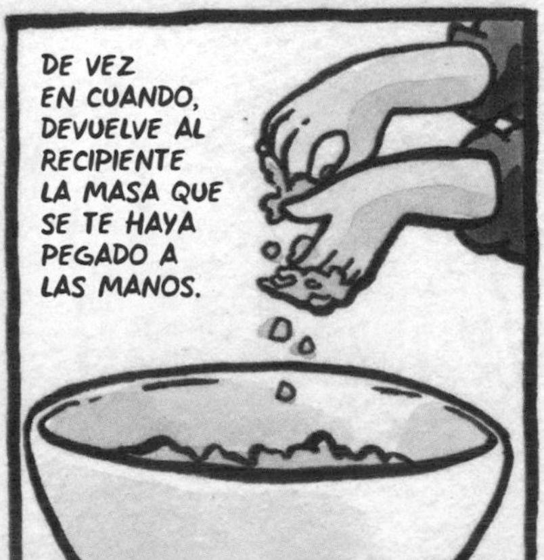
DE VEZ EN CUANDO, DEVUELVE AL RECIPIENTE LA MASA QUE SE TE HAYA PEGADO A LAS MANOS.

LA MASA TENDRÁ UN ASPECTO GRUMOSO.

¡NO PASA NADA!

CÚBRELA CON FILM TRANSPARENTE Y DÉJALA REPOSAR DURANTE 30 MINUTOS.

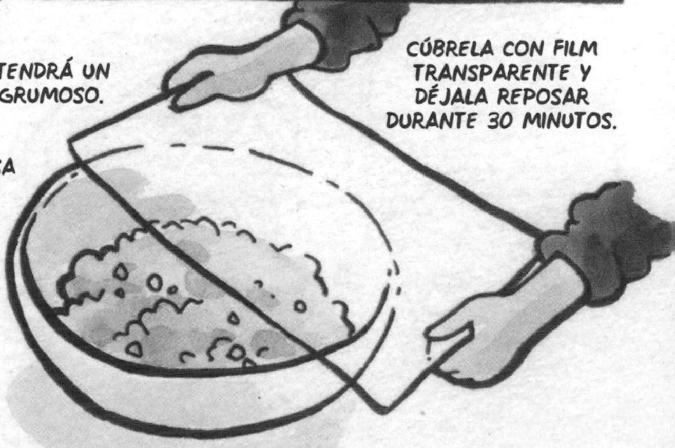

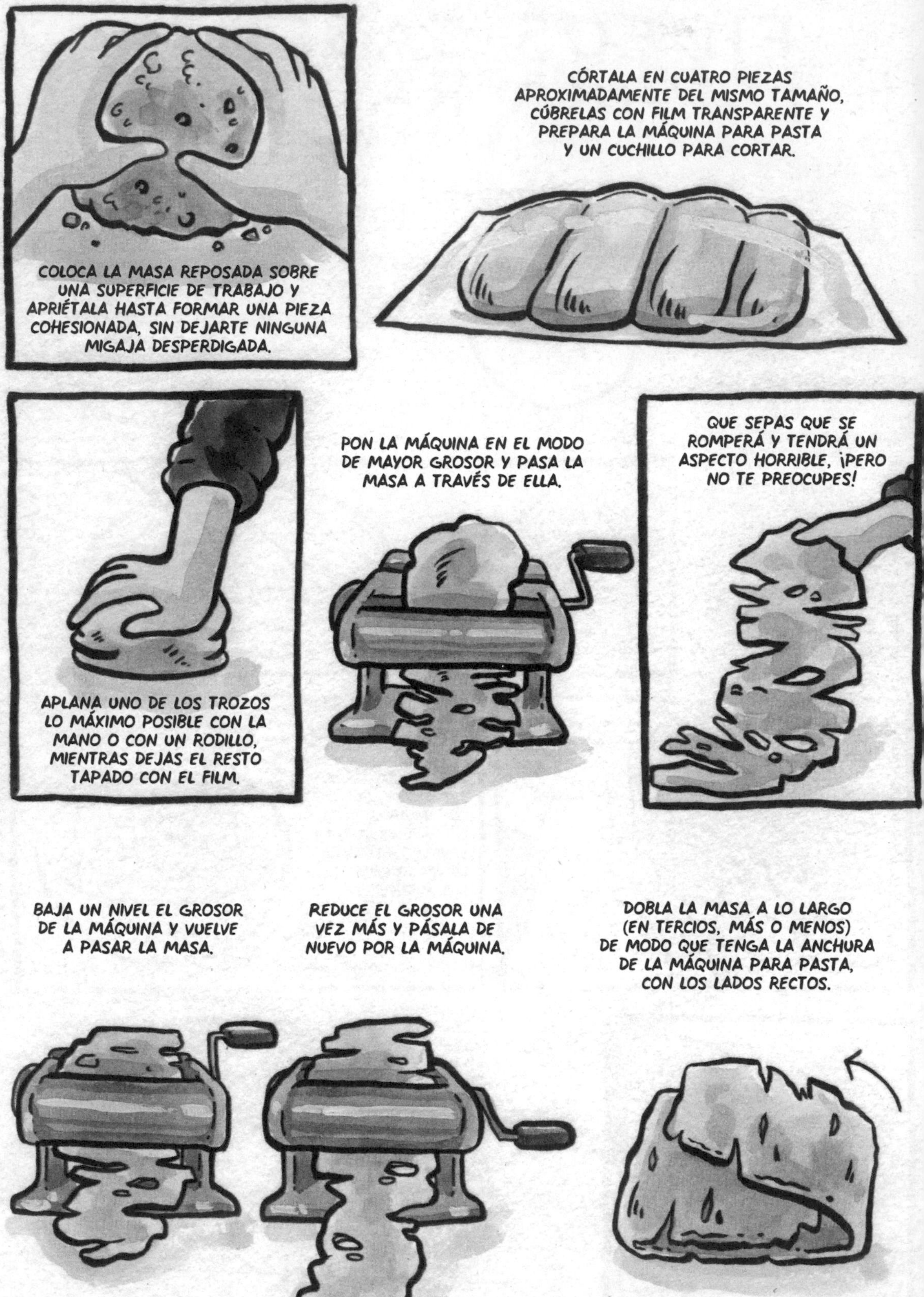
COLOCA LA MASA REPOSADA SOBRE UNA SUPERFICIE DE TRABAJO Y APRIÉTALA HASTA FORMAR UNA PIEZA COHESIONADA, SIN DEJARTE NINGUNA MIGAJA DESPERDIGADA.
CÓRTALA EN CUATRO PIEZAS APROXIMADAMENTE DEL MISMO TAMAÑO, CÚBRELAS CON FILM TRANSPARENTE Y PREPARA LA MÁQUINA PARA PASTA Y UN CUCHILLO PARA CORTAR.
APLANA UNO DE LOS TROZOS LO MÁXIMO POSIBLE CON LA MANO O CON UN RODILLO, MIENTRAS DEJAS EL RESTO TAPADO CON EL FILM.
PON LA MÁQUINA EN EL MODO DE MAYOR GROSOR Y PASA LA MASA A TRAVÉS DE ELLA.
QUE SEPAS QUE SE ROMPERÁ Y TENDRÁ UN ASPECTO HORRIBLE, ¡PERO NO TE PREOCUPES!
BAJA UN NIVEL EL GROSOR DE LA MÁQUINA Y VUELVE A PASAR LA MASA.
REDUCE EL GROSOR UNA VEZ MÁS Y PÁSALA DE NUEVO POR LA MÁQUINA.
DOBLA LA MASA A LO LARGO (EN TERCIOS, MÁS O MENOS) DE MODO QUE TENGA LA ANCHURA DE LA MÁQUINA PARA PASTA, CON LOS LADOS RECTOS.

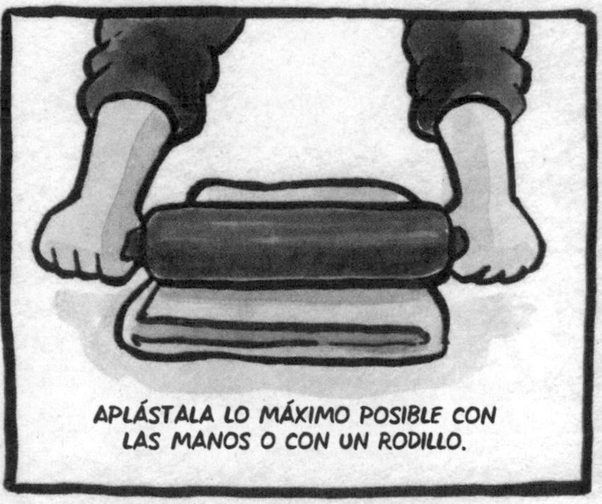
APLÁSTALA LO MÁXIMO POSIBLE CON LAS MANOS O CON UN RODILLO.

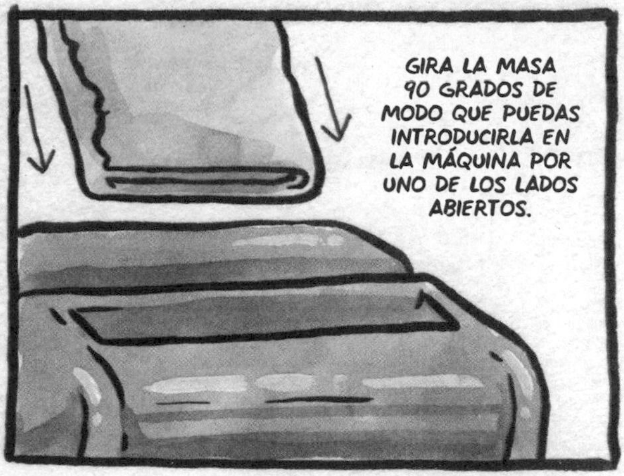
GIRA LA MASA 90 GRADOS DE MODO QUE PUEDAS INTRODUCIRLA EN LA MÁQUINA POR UNO DE LOS LADOS ABIERTOS.

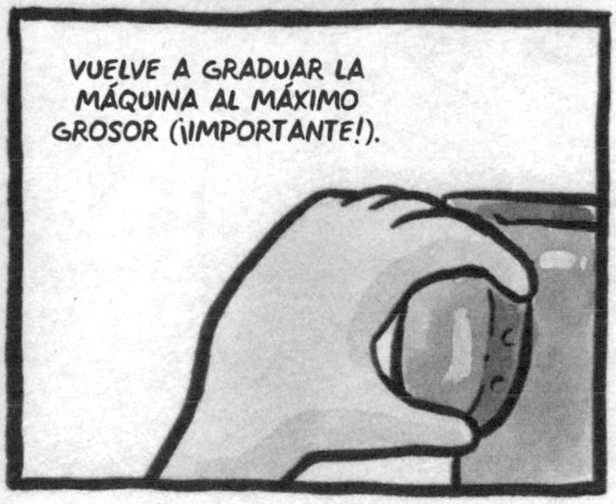
VUELVE A GRADUAR LA MÁQUINA AL MÁXIMO GROSOR (¡IMPORTANTE!).

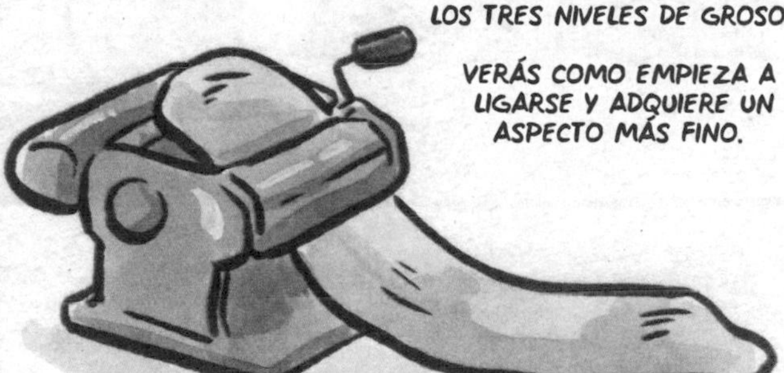

PASA LA MASA DE NUEVO POR LOS TRES NIVELES DE GROSOR.

VERÁS COMO EMPIEZA A LIGARSE Y ADQUIERE UN ASPECTO MÁS FINO.

A CONTINUACIÓN, VUELVE A GRADUAR LA MÁQUINA Y REPITE TODO EL PROCESO DE DOBLAR LA MASA Y PASARLA POR LA MÁQUINA UNA VEZ MÁS.

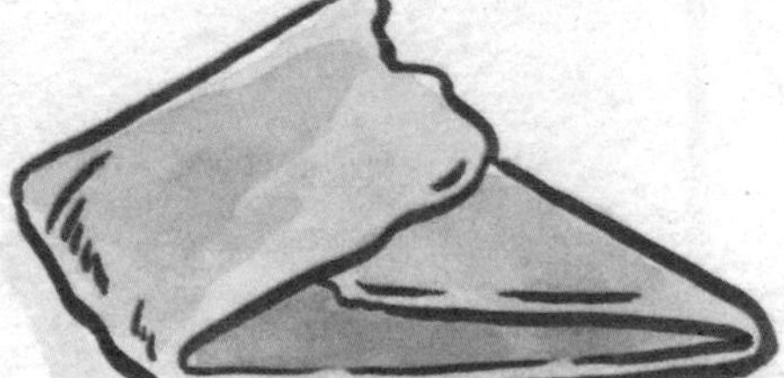

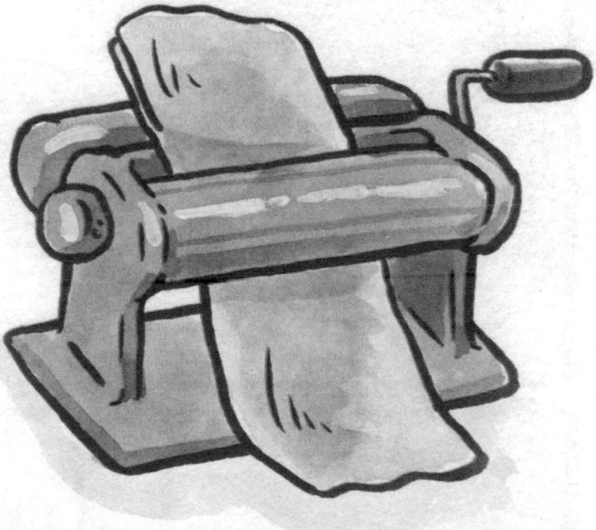

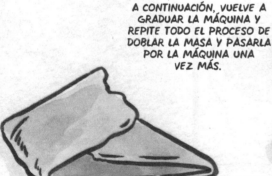

APARTA ESTE CUARTO DE MASA CUBRIÉNDOLO CON FILM TRANSPARENTE PARA DEJARLO REPOSAR MIENTRAS TRABAJAS CON EL RESTO DE LA MASA.

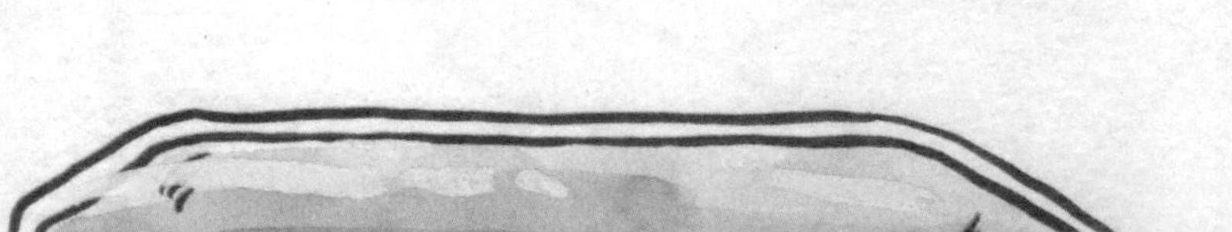

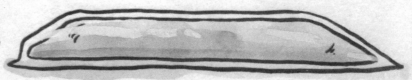

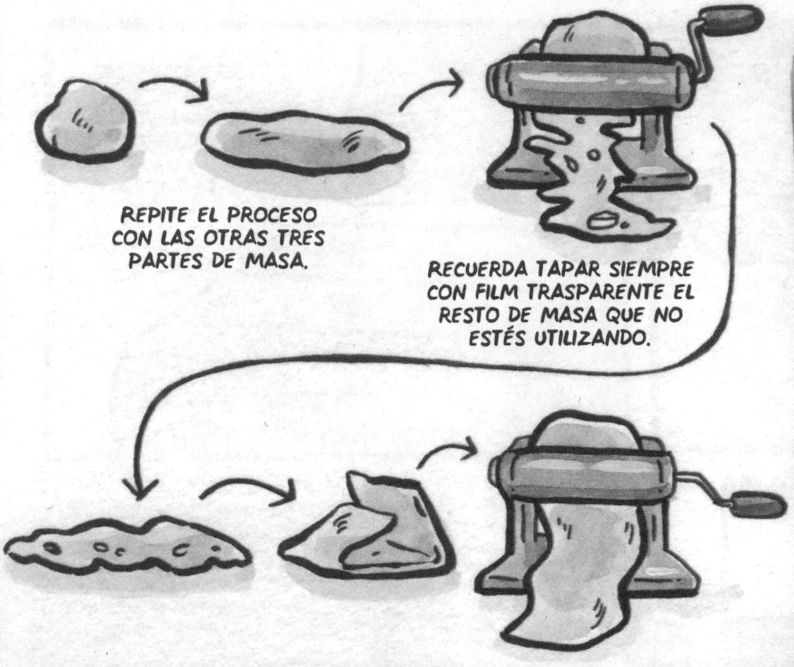
REPITE EL PROCESO CON LAS OTRAS TRES PARTES DE MASA.
RECUERDA TAPAR SIEMPRE CON FILM TRASPARENTE EL RESTO DE MASA QUE NO ESTÉS UTILIZANDO.

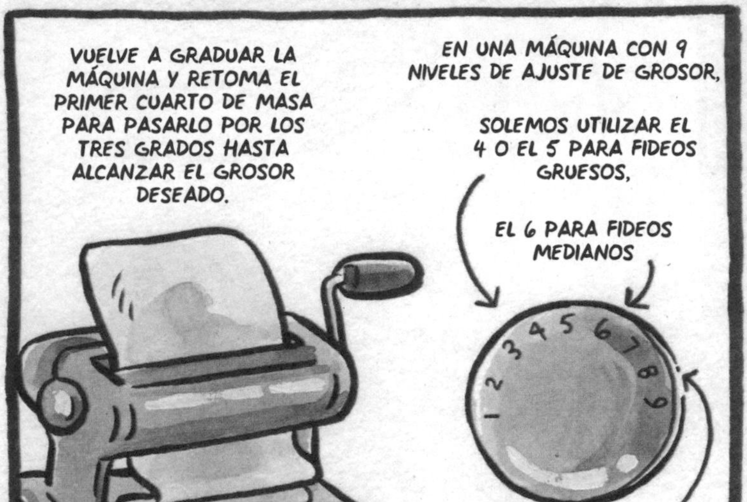
VUELVE A GRADUAR LA MÁQUINA Y RETOMA EL PRIMER CUARTO DE MASA PARA PASARLO POR LOS TRES GRADOS HASTA ALCANZAR EL GROSOR DESEADO.
EN UNA MÁQUINA CON 9 NIVELES DE AJUSTE DE GROSOR,
SOLEMOS UTILIZAR EL 4 O EL 5 PARA FIDEOS GRUESOS,
EL 6 PARA FIDEOS MEDIANOS
1 2 3 4 5 6 7 8 9
Y CUALQUIERA DE LOS NIVELES MÁS ALTOS PARA FIDEOS FINOS.

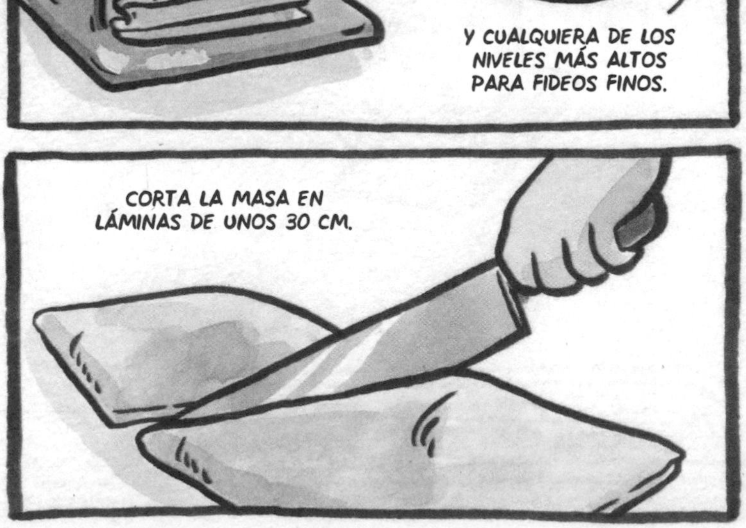
CORTA LA MASA EN LÁMINAS DE UNOS 30 CM.

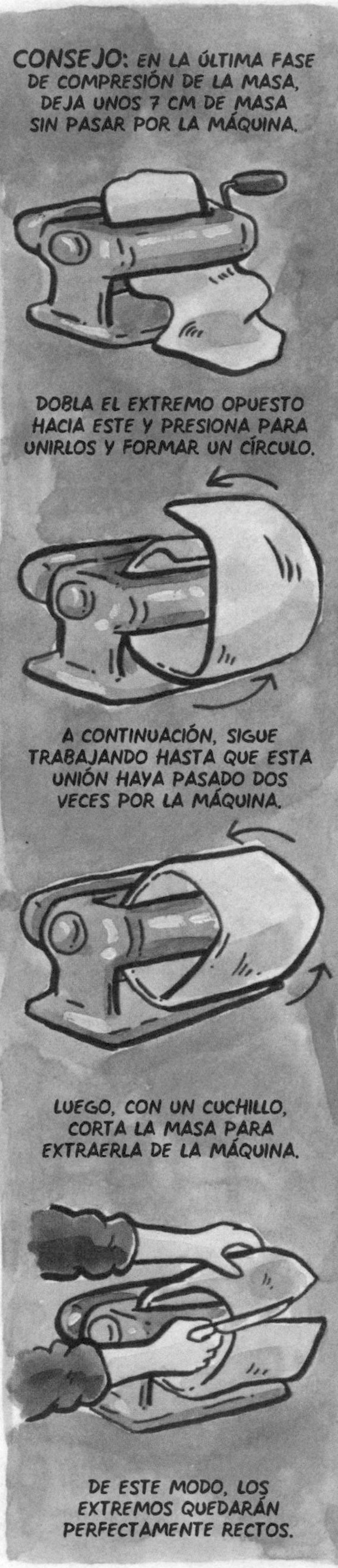
CONSEJO: EN LA ÚLTIMA FASE DE COMPRESIÓN DE LA MASA, DEJA UNOS 7 CM DE MASA SIN PASAR POR LA MÁQUINA.
DOBLA EL EXTREMO OPUESTO HACIA ESTE Y PRESIONA PARA UNIRLOS Y FORMAR UN CÍRCULO.
A CONTINUACIÓN, SIGUE TRABAJANDO HASTA QUE ESTA UNIÓN HAYA PASADO DOS VECES POR LA MÁQUINA.
LUEGO, CON UN CUCHILLO, CORTA LA MASA PARA EXTRAERLA DE LA MÁQUINA.
DE ESTE MODO, LOS EXTREMOS QUEDARÁN PERFECTAMENTE RECTOS.

AHORA PASA LA MASA POR EL CORTADOR MÁS FINO DE LA MÁQUINA PARA PASTA.

TAMBIÉN PUEDES CORTAR LOS FIDEOS A MANO AL GROSOR DESEADO.

¡OPCIONAL!

PARA QUE LOS FIDEOS QUEDEN ONDULADOS, APRIÉTALOS CON LAS MANOS UNA VEZ CORTADOS.

SACÚDELOS.

Y REPITE HASTA QUE QUEDEN TAN ONDULADOS COMO QUIERAS.

APÁRTALOS Y REPITE EL PROCESO CON LAS LÁMINAS DE MASA RESTANTES.

DIVIDE LA PASTA EN RACIONES DE UNOS 140 G (MÁS O MENOS, SEGÚN TUS PREFERENCIAS).

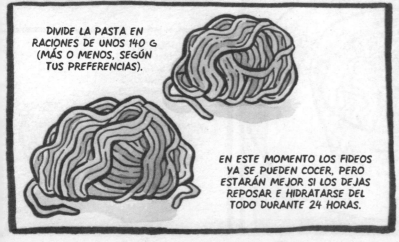

EN ESTE MOMENTO LOS FIDEOS YA SE PUEDEN COCER, PERO ESTARÁN MEJOR SI LOS DEJAS REPOSAR E HIDRATARSE DEL TODO DURANTE 24 HORAS.

SI LOS DEJAS REPOSAR, ESPOLVOREA UN POCO DE HARINA DE MAÍZ Y COLÓCALOS SOBRE UNA BANDEJA.

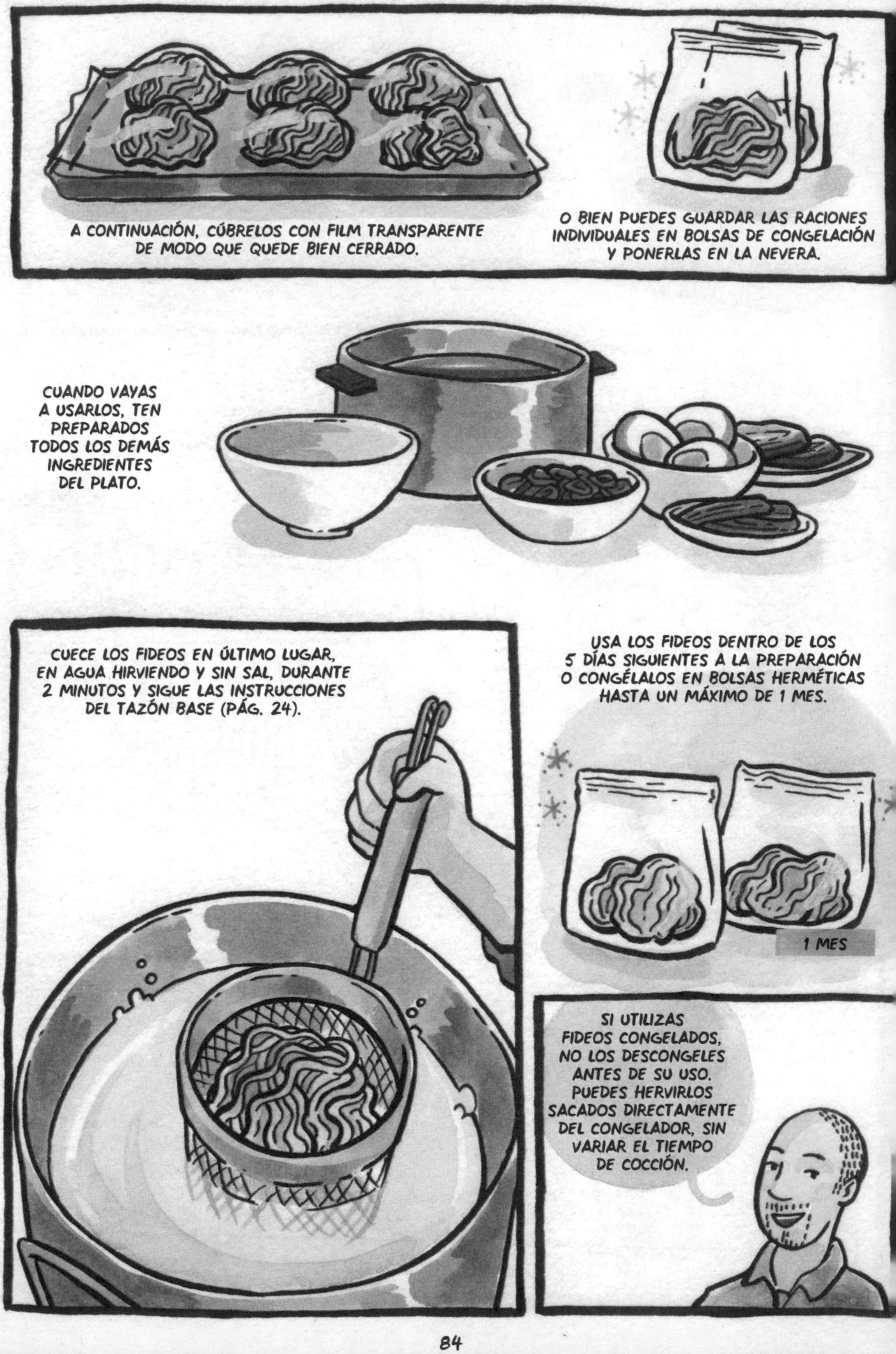
A CONTINUACIÓN, CÚBRELOS CON FILM TRANSPARENTE DE MODO QUE QUEDE BIEN CERRADO.
O BIEN PUEDES GUARDAR LAS RACIONES INDIVIDUALES EN BOLSAS DE CONGELACIÓN Y PONERLAS EN LA NEVERA.
CUANDO VAYAS A USARLOS, TEN PREPARADOS TODOS LOS DEMÁS INGREDIENTES DEL PLATO.
CUECE LOS FIDEOS EN ÚLTIMO LUGAR, EN AGUA HIRVIENDO Y SIN SAL, DURANTE 2 MINUTOS Y SIGUE LAS INSTRUCCIONES DEL TAZÓN BASE (PÁG. 24).
USA LOS FIDEOS DENTRO DE LOS 5 DÍAS SIGUIENTES A LA PREPARACIÓN O CONGÉLALOS EN BOLSAS HERMÉTICAS HASTA UN MÁXIMO DE 1 MES.
1 MES
SI UTILIZAS FIDEOS CONGELADOS, NO LOS DESCONGELES ANTES DE SU USO. PUEDES HERVIRLOS SACADOS DIRECTAMENTE DEL CONGELADOR, SIN VARIAR EL TIEMPO DE COCCIÓN.

BICARBONATO HORNEADO

(KANSUI)

PARA 1/2 TAZA APROXIMADAMENTE

INGREDIENTES:

1/2 TAZA DE BICARBONATO

LA COMBINACIÓN DE CARBONATOS DE POTASIO Y DE SODIO QUE SE EMPLEA EN LA PREPARACIÓN DE FIDEOS PARA RAMEN COMERCIALES PUEDE SER DIFÍCIL DE ENCONTRAR PARA EL CONSUMIDOR PARTICULAR.

POR SUERTE, EL VENERADO CIENTÍFICO DE LOS ALIMENTOS HAROLD MCGEE NOS REVELÓ EL MISTERIO DEL INACCESIBLE *KANSUI* CUANDO DESCUBRIÓ QUE AL HORNEAR BICARBONATO SU ALCALINIDAD AUMENTA LO SUFICIENTE PARA CREAR UN SUSTITUTO DEL *KANSUI* EFECTIVO Y ACCESIBLE.

PRECALIENTA EL HORNO A 135 °C.

EXTIENDE 1/2 TAZA DE BICARBONATO SOBRE UNA BANDEJA DE HORNO.

HORNÉALO DURANTE 1 HORA.

DÉJALO ENFRIAR ANTES DE USARLO Y GUÁRDALO EN UN RECIPIENTE HERMÉTICO A TEMPERATURA AMBIENTE INDEFINIDAMENTE.

LA ELEVADA ALCALINIDAD DEL BICARBONATO HORNEADO PUEDE IRRITAR LIGERAMENTE LA PIEL.

ASÍ PUES, LAS PERSONAS CON PIELES SENSIBLES DEBERÍAN EMPLEAR UTENSILIOS O GUANTES PARA MANIPULARLO.

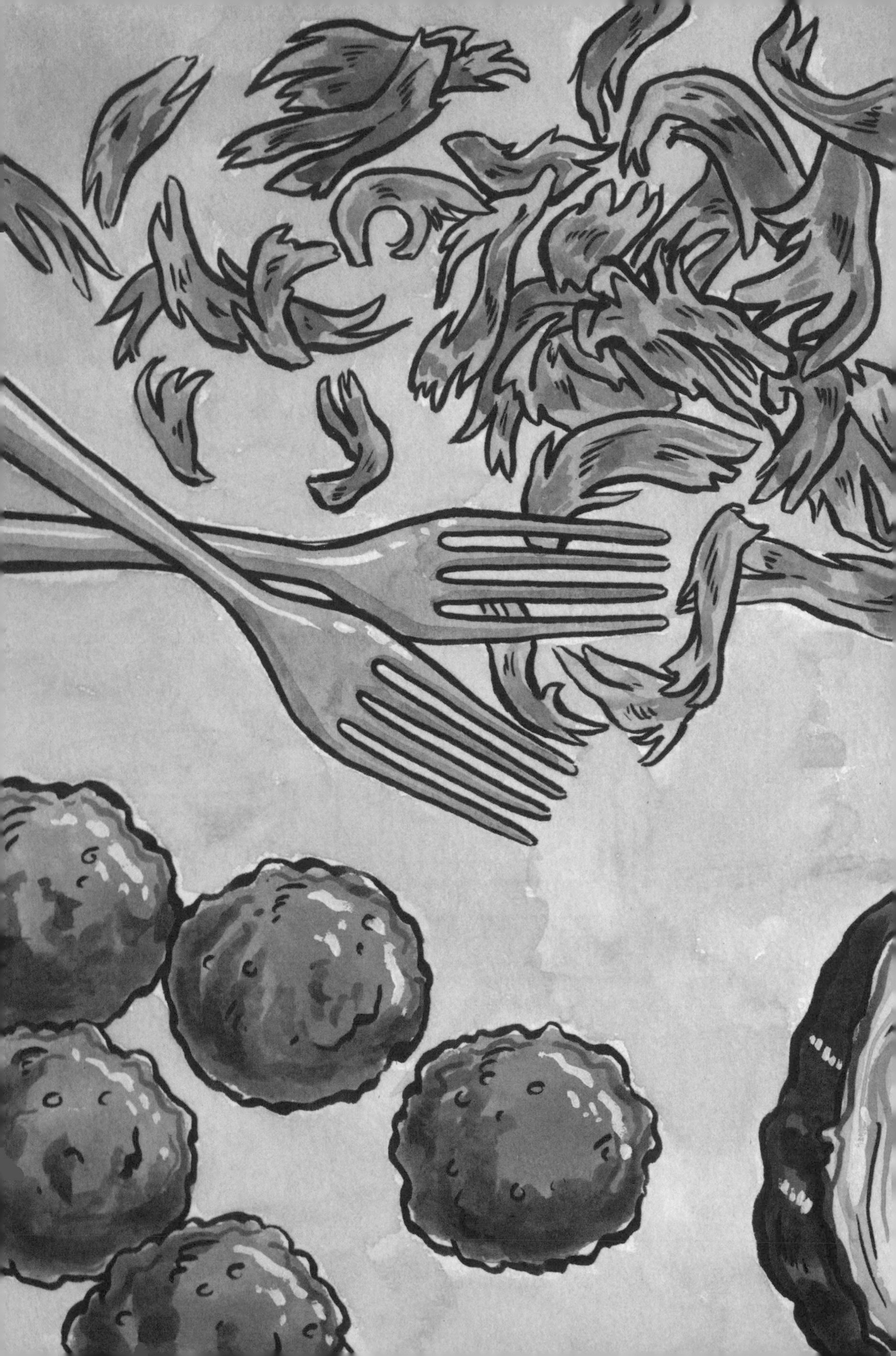

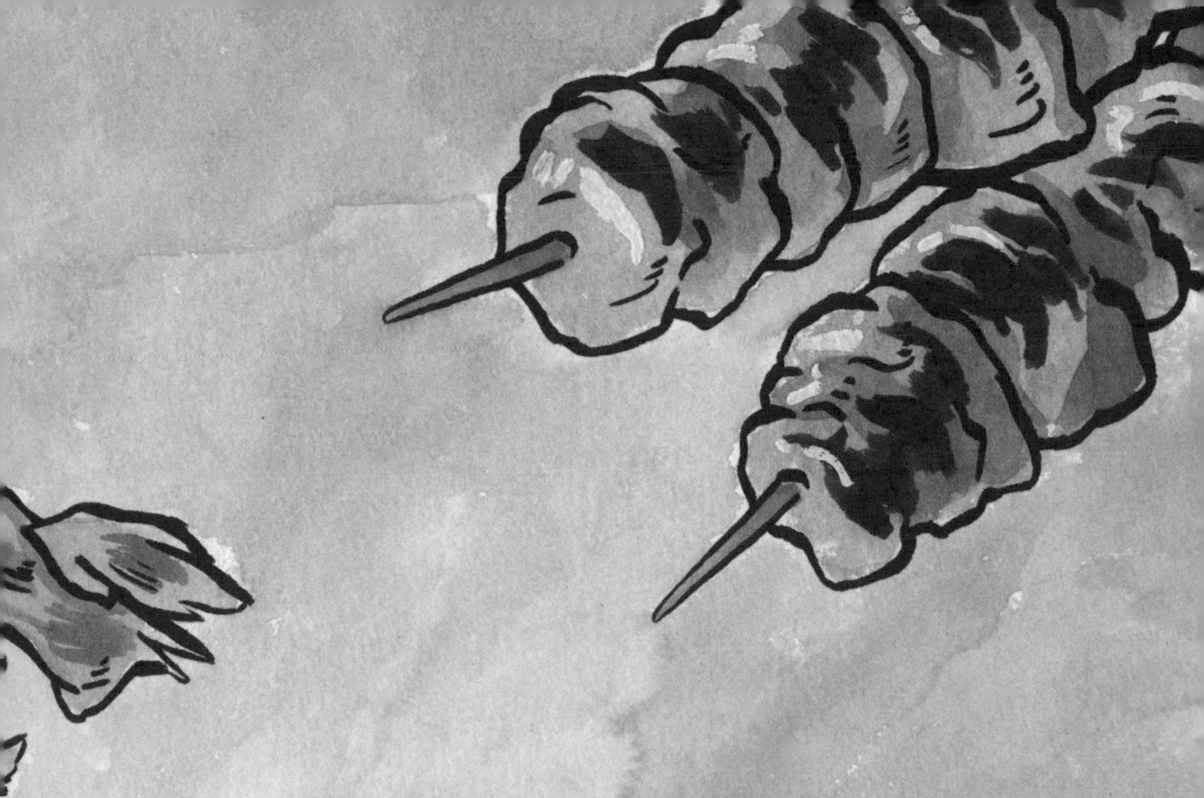

CARNES

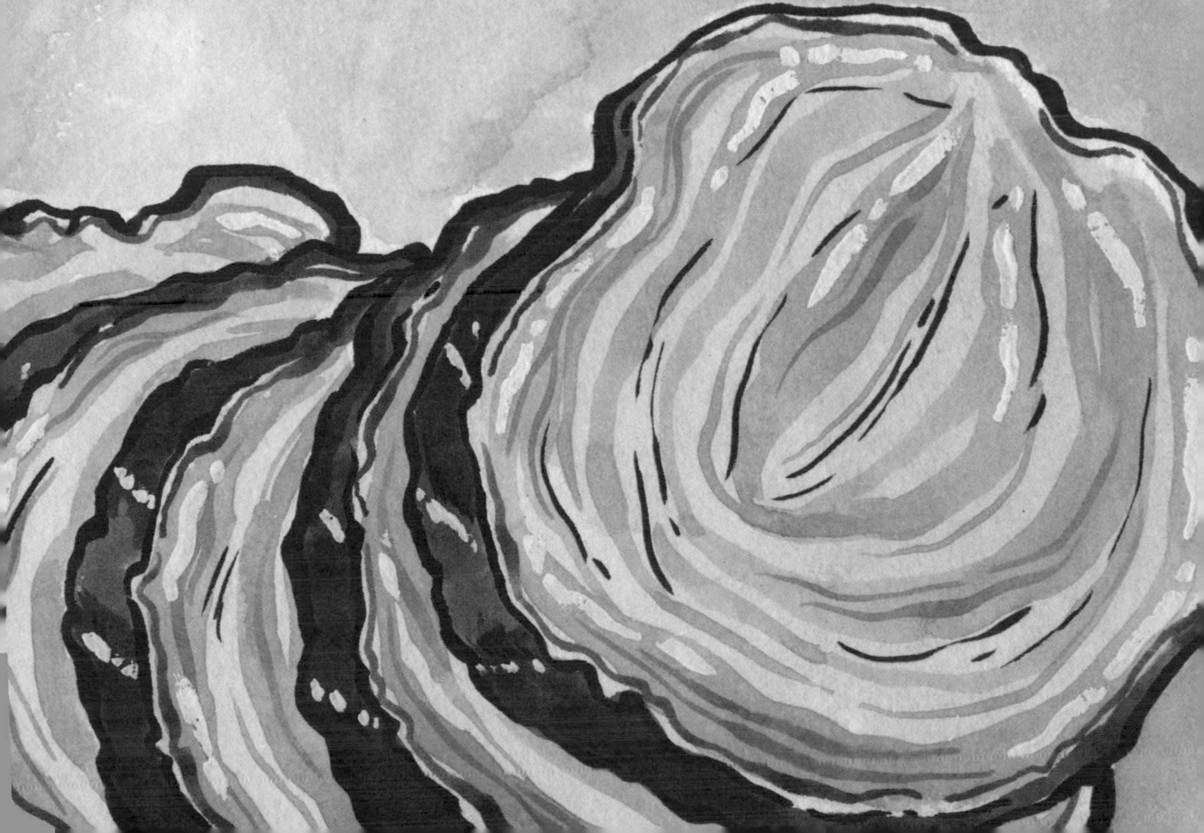

Cuatro cosas sobre el

CHASHU

LA PALABRA *CHASHU* NO ES LA ÚNICA COSA QUE SE HA ADAPTADO A PARTIR DEL ORIGINAL CHINO.

LA FORMA DE COCINARLO Y, EN DEFINITIVA, EL RESULTADO FINAL HAN EVOLUCIONADO TAMBIÉN HACIA ALGO ÚNICAMENTE JAPONÉS.

EL *CHAR SIU* CHINO —SUCULENTO Y DELICIOSO YA DE POR SÍ— SE PREPARA ROSTIZANDO O ASANDO A LA BARBACOA UNA PIEZA DE CARNE DE CERDO ENSARTADA TRAS MARINARLA EN UNA SALSA ROJA DULCE.

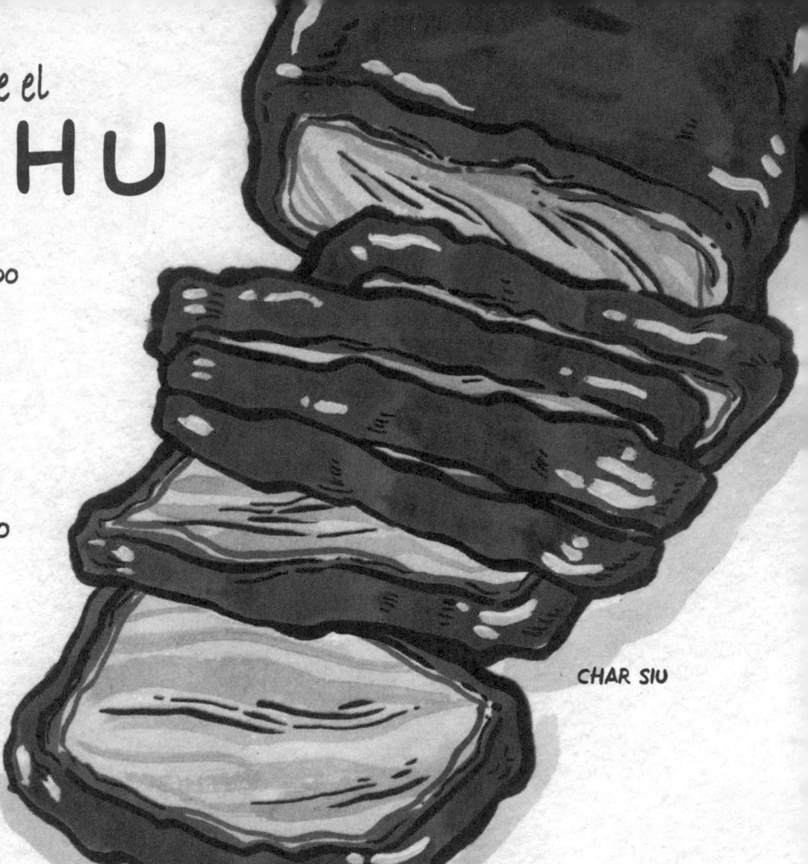

CHAR SIU

CHAR 叉 = TENEDOR
SIU 燒 = ASAR

CON EL TIEMPO, EN JAPÓN SE TRANSFORMÓ EN UNA PIEZA DE CARNE DE CERDO ESTOFADA EN UNA SALSA DE SOJA ENDULZADA DE MODO QUE QUEDA TAN TIERNA QUE CASI SE DESHACE Y QUE LUEGO SE CORTA MUY FINA PARA DECORAR EL TAZÓN DE RAMEN.

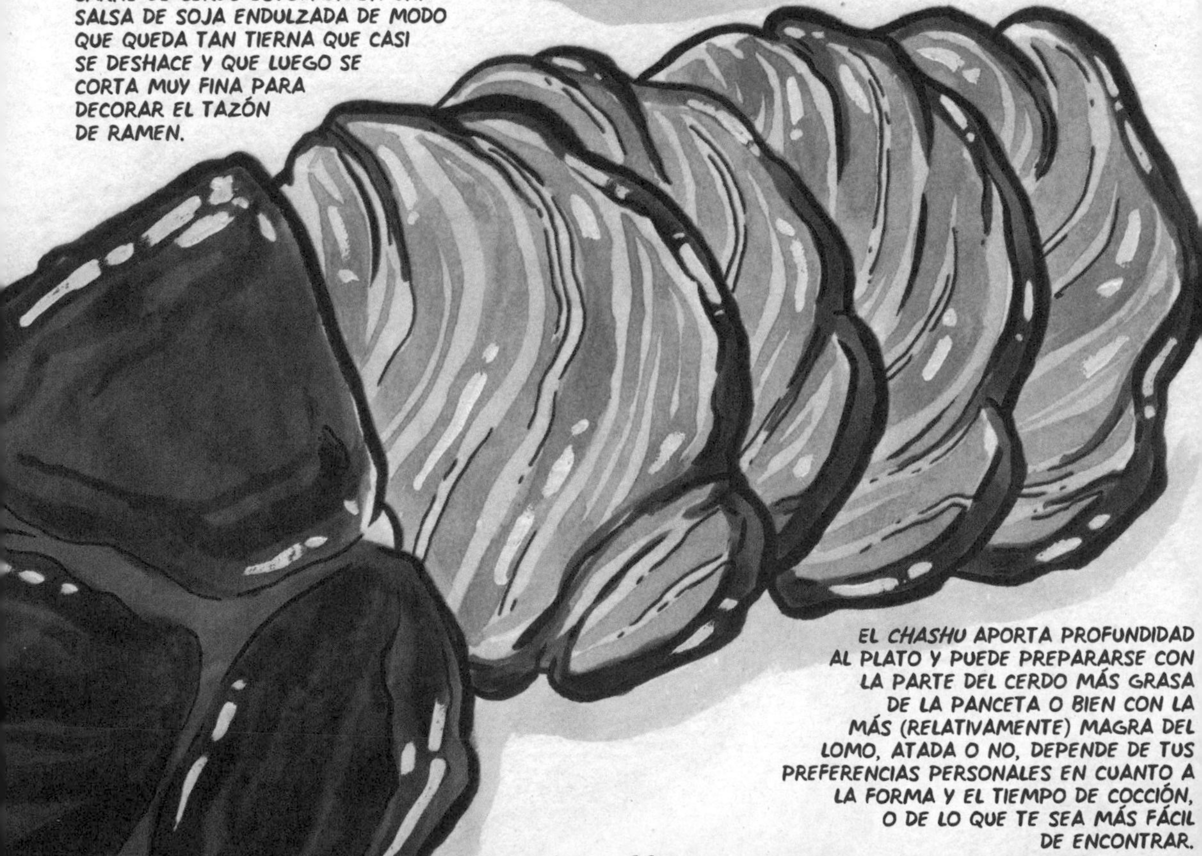

CHASHU

EL *CHASHU* APORTA PROFUNDIDAD AL PLATO Y PUEDE PREPARARSE CON LA PARTE DEL CERDO MÁS GRASA DE LA PANCETA O BIEN CON LA MÁS (RELATIVAMENTE) MAGRA DEL LOMO, ATADA O NO, DEPENDE DE TUS PREFERENCIAS PERSONALES EN CUANTO A LA FORMA Y EL TIEMPO DE COCCIÓN, O DE LO QUE TE SEA MÁS FÁCIL DE ENCONTRAR.

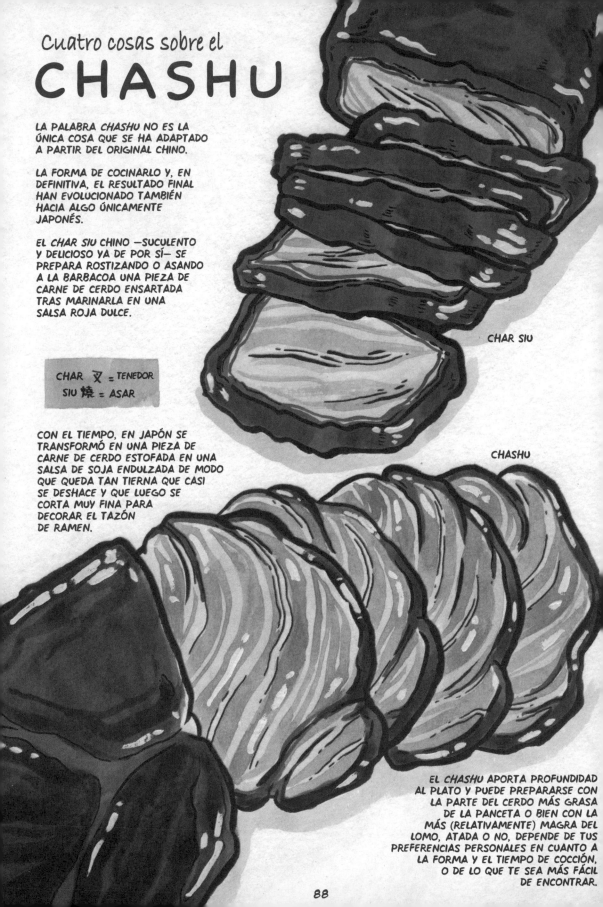

CHASHU

PARA UNAS 10 RACIONES

INGREDIENTES:

2 CUCHARADAS DE GRASA DE CERDO DE LA RECETA DEL CALDO Y GRASA DE CERDO (PÁG. 43) O DE ACEITE DE CANOLA

1,5 KG DE LOMO DE CERDO SIN HUESO NI PIEL O 1,5 KG DE PANCETA DE CERDO (DE UNOS 25 X 30 CM)

6 DIENTES DE AJO APLASTADOS Y PELADOS

2 TROZOS DE JENGIBRE DE 5 CM SIN PELAR Y EN RODAJAS DE UNOS 0,5 CM DE GROSOR

1 CHILE DE ÁRBOL

1 MANOJO DE CEBOLLETAS, LIMPIAS Y CORTADAS TRANSVERSALMENTE POR LA MITAD

1 TAZA DE MIRIN

1/4 DE TAZA DE VINAGRE DE VINO DE ARROZ

3/4 DE TAZA DE SALSA DE SOJA

1/4 DE TAZA COLMADA DE AZÚCAR MORENO

1 TAZA DE SAKE

ESTA RECETA OFRECE INSTRUCCIONES PARA EL LOMO DE CERDO

Y DOS FORMAS DE PANCETA: ATADA EN UN BONITO Y PRIETO CILINDRO

O EN SU FORMA RECTANGULAR NATURAL, A MENUDO LLAMADA *KAKUNI*.

PARA ATAR LA PANCETA, EXTIÉNDELA SOBRE EL LADO DE LA GRASA Y UNO DE LOS EXTREMOS CORTOS DE CARA A TI.

ENRÓLLALA A LO LARGO HASTA FORMAR UN CILINDRO BIEN PRIETO.

A CONTINUACIÓN, ÁTALA CON CUERDA DE CARNICERO A INTERVALOS DE UNOS 2,5 CM Y MANTENIÉNDOLA TAN CEÑIDA COMO PUEDAS.

A FUEGO MEDIO-ALTO, CALIENTA UNA CAZUELA CON UNA TAPA QUE AJUSTE BIEN Y EN LA QUE QUEPA EL CERDO SIN SOBRAR DEMASIADO ESPACIO.

CUANDO ESTÉ CALIENTE, ECHA LA GRASA.

CUANDO ESTA SE HAYA FUNDIDO, INCORPORA EL CERDO Y SELLA LA CARNE HASTA QUE ADQUIERA UN TONO MARRÓN DORADO POR AMBOS LADOS. CALCULA UNOS 3 O 4 MINUTOS POR LADO.

RETIRA EL CERDO DE LA CAZUELA Y RESÉRVALO.

SI UTILIZAS PANCETA, PROBABLEMENTE SUELTE UN MONTÓN DE GRASA DURANTE EL PROCESO DE SELLADO. DEJA UNAS CUANTAS CUCHARADAS EN LA CAZUELA Y RETIRA EL SOBRANTE.

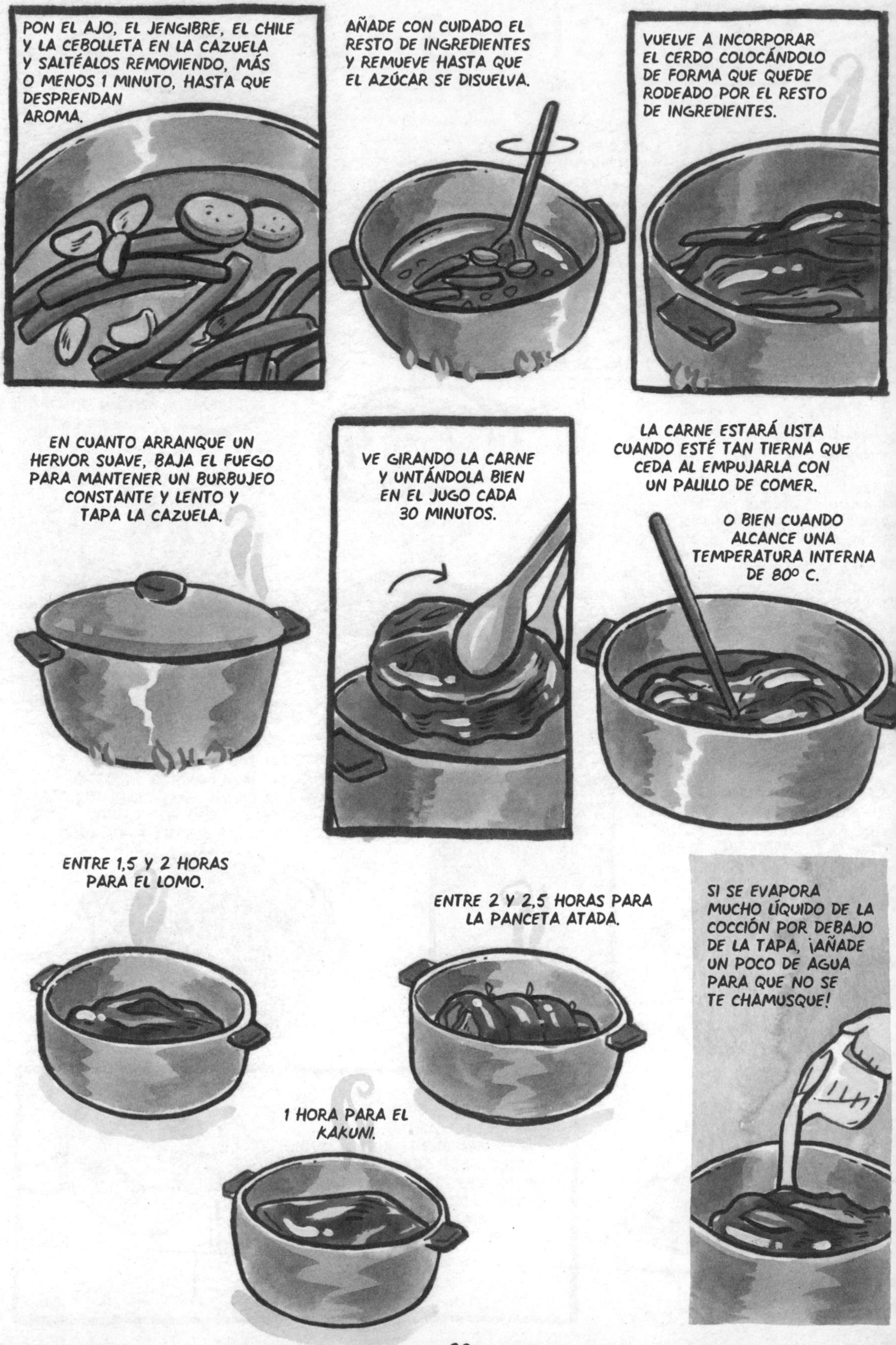
PON EL AJO, EL JENGIBRE, EL CHILE Y LA CEBOLLETA EN LA CAZUELA Y SALTÉALOS REMOVIENDO, MÁS O MENOS 1 MINUTO, HASTA QUE DESPRENDAN AROMA.
AÑADE CON CUIDADO EL RESTO DE INGREDIENTES Y REMUEVE HASTA QUE EL AZÚCAR SE DISUELVA.
VUELVE A INCORPORAR EL CERDO COLOCÁNDOLO DE FORMA QUE QUEDE RODEADO POR EL RESTO DE INGREDIENTES.
EN CUANTO ARRANQUE UN HERVOR SUAVE, BAJA EL FUEGO PARA MANTENER UN BURBUJEO CONSTANTE Y LENTO Y TAPA LA CAZUELA.
VE GIRANDO LA CARNE Y UNTÁNDOLA BIEN EN EL JUGO CADA 30 MINUTOS.
LA CARNE ESTARÁ LISTA CUANDO ESTÉ TAN TIERNA QUE CEDA AL EMPUJARLA CON UN PALILLO DE COMER.
O BIEN CUANDO ALCANCE UNA TEMPERATURA INTERNA DE 80º C.
ENTRE 1,5 Y 2 HORAS PARA EL LOMO.
ENTRE 2 Y 2,5 HORAS PARA LA PANCETA ATADA.
1 HORA PARA EL KAKUNI.
SI SE EVAPORA MUCHO LÍQUIDO DE LA COCCIÓN POR DEBAJO DE LA TAPA, ¡AÑADE UN POCO DE AGUA PARA QUE NO SE TE CHAMUSQUE!

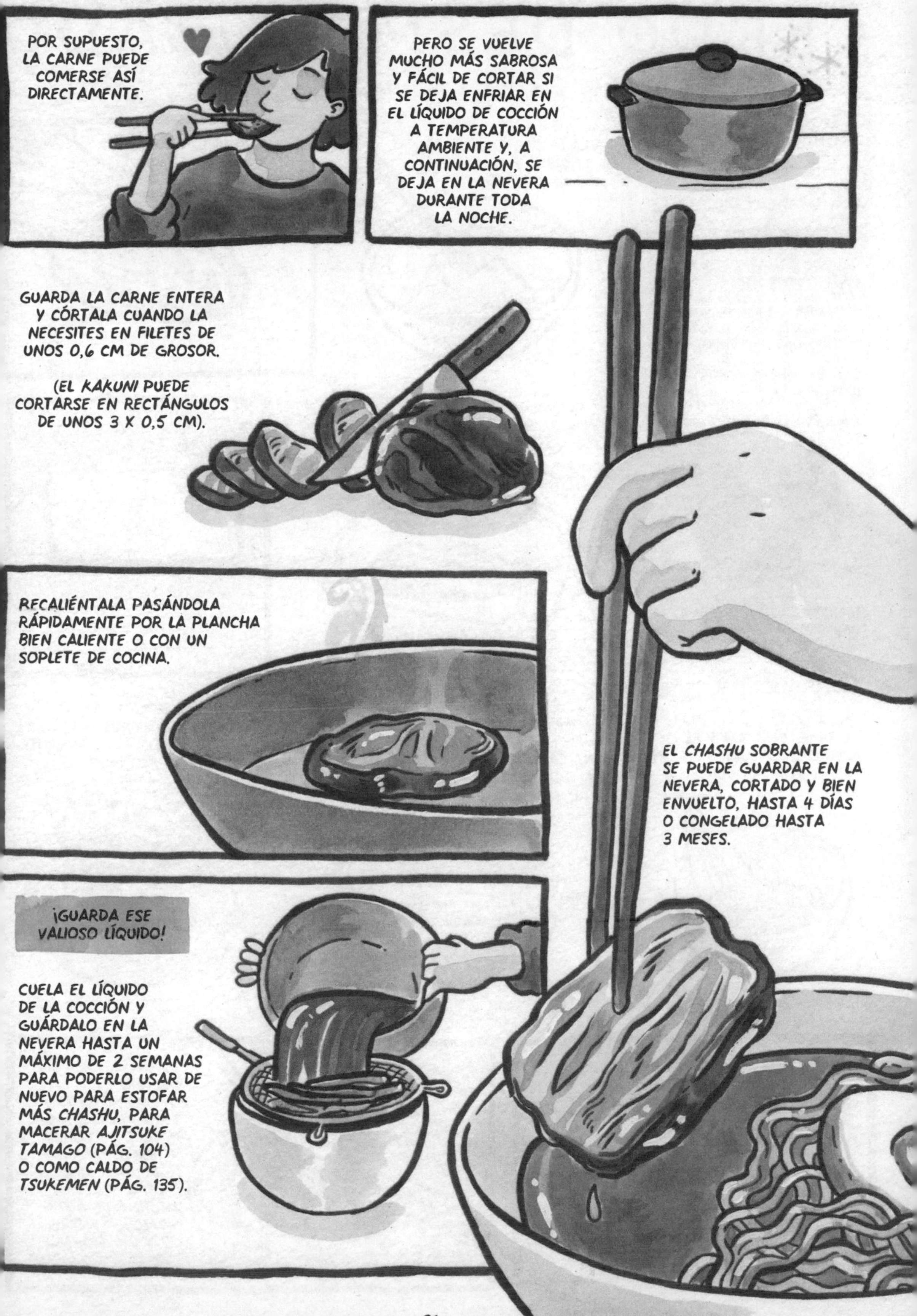

POR SUPUESTO, LA CARNE PUEDE COMERSE ASÍ DIRECTAMENTE.
PERO SE VUELVE MUCHO MÁS SABROSA Y FÁCIL DE CORTAR SI SE DEJA ENFRIAR EN EL LÍQUIDO DE COCCIÓN A TEMPERATURA AMBIENTE Y, A CONTINUACIÓN, SE DEJA EN LA NEVERA DURANTE TODA LA NOCHE.
GUARDA LA CARNE ENTERA Y CÓRTALA CUANDO LA NECESITES EN FILETES DE UNOS 0,6 CM DE GROSOR.
(EL *KAKUNI* PUEDE CORTARSE EN RECTÁNGULOS DE UNOS 3 X 0,5 CM).
RECALIÉNTALA PASÁNDOLA RÁPIDAMENTE POR LA PLANCHA BIEN CALIENTE O CON UN SOPLETE DE COCINA.
¡GUARDA ESE VALIOSO LÍQUIDO!
CUELA EL LÍQUIDO DE LA COCCIÓN Y GUÁRDALO EN LA NEVERA HASTA UN MÁXIMO DE 2 SEMANAS PARA PODERLO USAR DE NUEVO PARA ESTOFAR MÁS *CHASHU*, PARA MACERAR *AJITSUKE TAMAGO* (PÁG. 104) O COMO CALDO DE *TSUKEMEN* (PÁG. 135).
EL *CHASHU* SOBRANTE SE PUEDE GUARDAR EN LA NEVERA, CORTADO Y BIEN ENVUELTO, HASTA 4 DÍAS O CONGELADO HASTA 3 MESES.

CERDO DESMENUZADO

PARA UNAS 6 RACIONES DE 85 G

INGREDIENTES:

1 CUCHARADA DE SAL

1 CUCHARADA DE AZÚCAR

1 TROZO DE JENGIBRE FRESCO DE UNOS 5 CM, PELADO Y RALLADO CON UN RALLADOR DE TIPO LIMA O PICADO

2 DIENTES DE AJO PELADOS Y RALLADOS CON UN RALLADOR DE TIPO LIMA O PICADOS

1 KG DE LOMO DE CERDO DESHUESADO

1/4 DE TAZA DE SALSA DE SOJA

1/2 TAZA DE SAKE

1 TAZA DE AGUA

2 CUCHARADAS DEL *MISO* QUE PREFIERAS O DE *GOCHUJANG* (VER LA DESPENSA, PÁG. 16)

1 MANOJO DE CEBOLLETAS, LIMPIAS Y CORTADAS TRANSVERSALMENTE POR LA MITAD

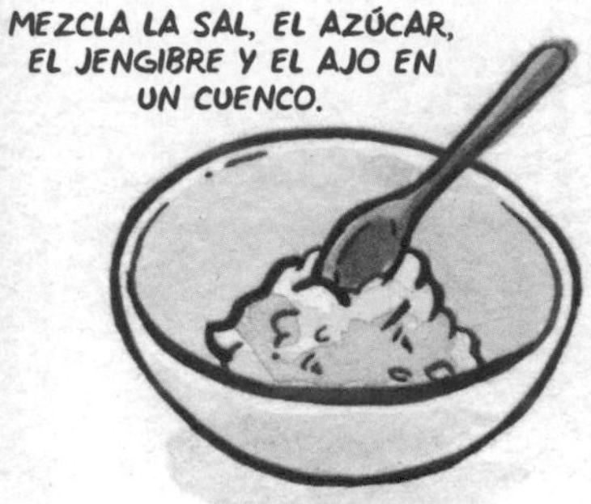
MEZCLA LA SAL, EL AZÚCAR, EL JENGIBRE Y EL AJO EN UN CUENCO.

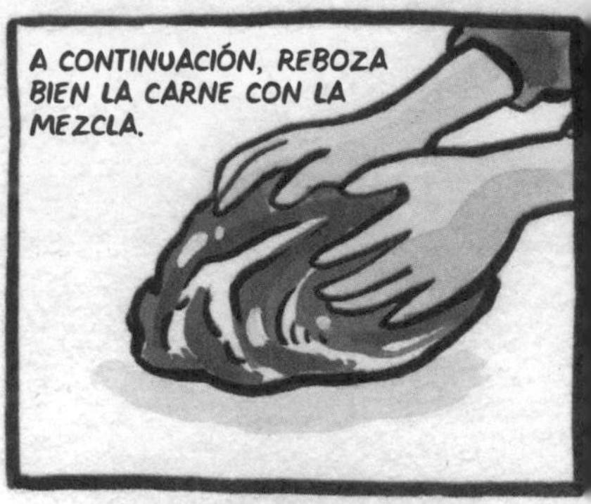
A CONTINUACIÓN, REBOZA BIEN LA CARNE CON LA MEZCLA.

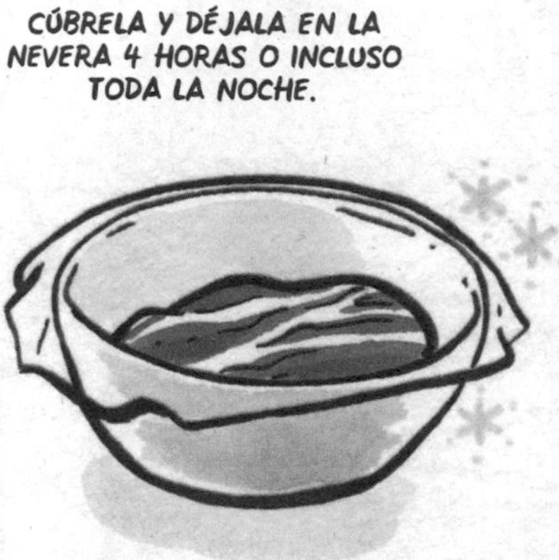
CÚBRELA Y DÉJALA EN LA NEVERA 4 HORAS O INCLUSO TODA LA NOCHE.

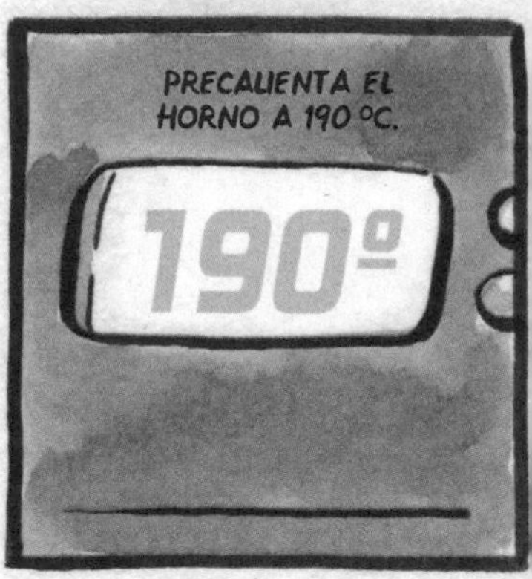
PRECALIENTA EL HORNO A 190 ºC.
190º

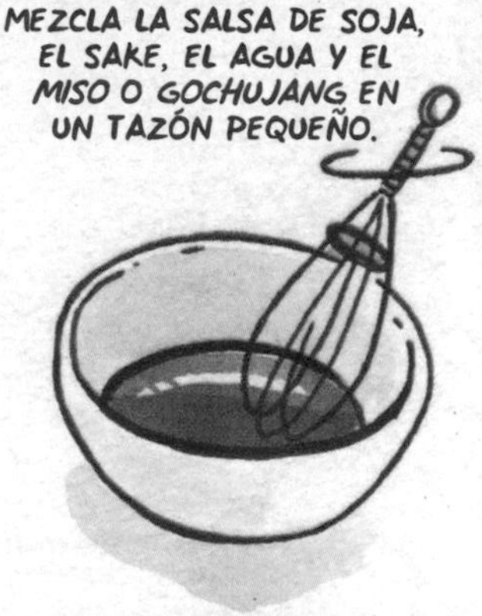
MEZCLA LA SALSA DE SOJA, EL SAKE, EL AGUA Y EL *MISO* O *GOCHUJANG* EN UN TAZÓN PEQUEÑO.

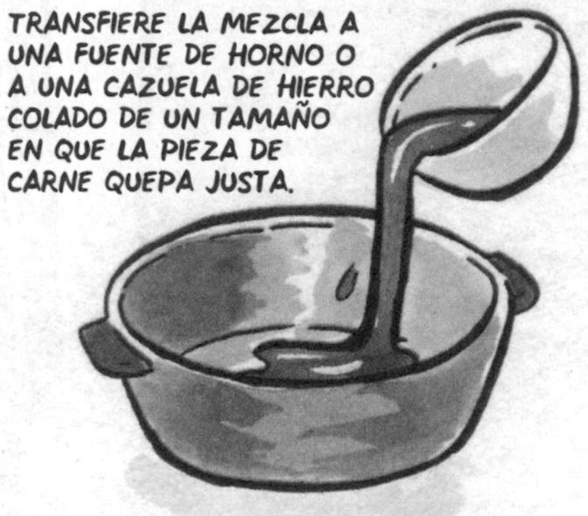
TRANSFIERE LA MEZCLA A UNA FUENTE DE HORNO O A UNA CAZUELA DE HIERRO COLADO DE UN TAMAÑO EN QUE LA PIEZA DE CARNE QUEPA JUSTA.

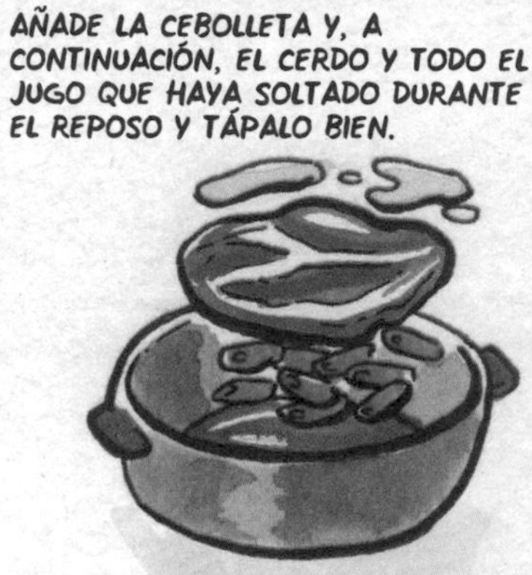
AÑADE LA CEBOLLETA Y, A CONTINUACIÓN, EL CERDO Y TODO EL JUGO QUE HAYA SOLTADO DURANTE EL REPOSO Y TÁPALO BIEN.

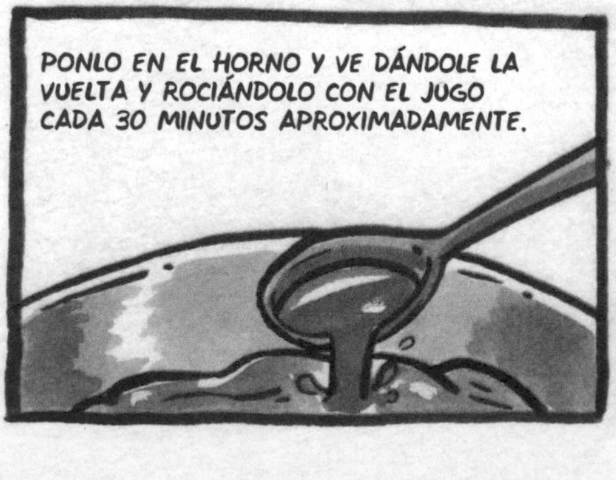
PONLO EN EL HORNO Y VE DÁNDOLE LA VUELTA Y ROCIÁNDOLO CON EL JUGO CADA 30 MINUTOS APROXIMADAMENTE.

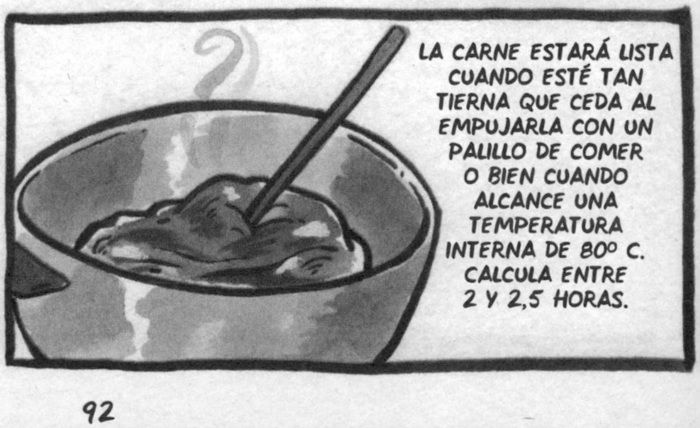
LA CARNE ESTARÁ LISTA CUANDO ESTÉ TAN TIERNA QUE CEDA AL EMPUJARLA CON UN PALILLO DE COMER O BIEN CUANDO ALCANCE UNA TEMPERATURA INTERNA DE 80º C. CALCULA ENTRE 2 Y 2,5 HORAS.

RETIRA DEL HORNO Y DEJA ENFRIAR SIN TAPAR HASTA QUE LA CARNE ESTÉ LO BASTANTE FRÍA PARA MANIPULARLA.
DESMENUZA LA CARNE CON LAS MANOS O CON UN TENEDOR.
CUELA EL LÍQUIDO DE LA COCCIÓN Y DESECHA LOS SÓLIDOS.
ECHA EL CERDO DESMENUZADO EN EL LÍQUIDO DE COCCIÓN.
O BIEN PUEDES CONSERVAR LA CARNE EN LA NEVERA HASTA 3 DÍAS.
3 DÍAS
USA RACIONES DE UNOS 85 G (UN PUÑADO PEQUEÑO) SEGÚN SE INDICA EN EL TAZÓN BASE (PÁG. 24) DIRECTAMENTE.
RECALIÉNTALA CON APROXIMADAMENTE 1/4 DE TAZA DEL LÍQUIDO DE COCCIÓN POR RACIÓN EN UNA SARTÉN PEQUEÑA A FUEGO MEDIO-ALTO.
SI DESEAS CONSERVARLA POR MÁS TIEMPO, TE RECOMENDAMOS QUE LA DISTRIBUYAS EN RACIONES Y LAS COLOQUES EN BOLSAS HERMÉTICAS INDIVIDUALES JUNTO CON 1/4 DE TAZA DE LÍQUIDO DE COCCIÓN (SI SOBRA LÍQUIDO, PUEDES GUARDARLO PARA DARLE OTRO USO) Y LAS CONGELES DURANTE UN MÁXIMO DE 2 MESES.
2 MESES
PARA RECALENTARLA, BASTA CON QUE PONGAS EL CONGELADO DIRECTAMENTE EN LA SARTÉN Y PROCEDAS COMO YA HEMOS INDICADO.

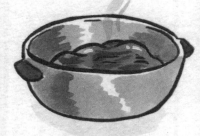

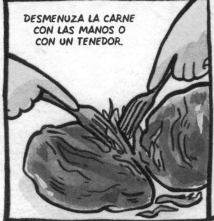

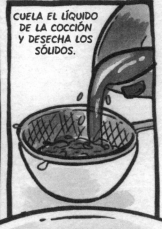

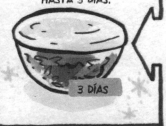

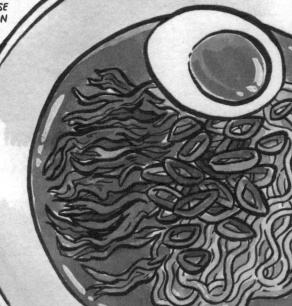

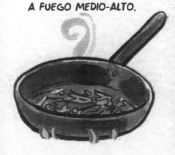

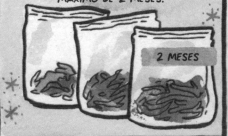

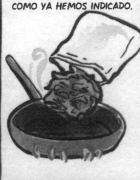

POLLO DESMENUZADO

PARA UNAS 6 RACIONES DE 85 G

INGREDIENTES:

2 CUCHARADAS DEL *MISO* QUE PREFIERAS

1/2 TAZA DE SAKE

2 CUCHARADAS DE SALSA DE SOJA

1 TAZA DE *DASHI* (PÁG. 45), CALDO DE POLLO (PÁG. 42) O DE CERDO (PÁG. 43) O DE AGUA

8 MUSLOS DE POLLO, PREFERIBLEMENTE CON EL HUESO Y LA PIEL

SAL

2 CUCHARADAS DE GRASA DE POLLO (PÁG. 42) O DE ACEITE DE CANOLA

1 TROZO DE JENGIBRE FRESCO DE UNOS 10 CM, SIN PELAR Y CORTADO EN RODAJAS FINAS

3 DIENTES DE AJO APLASTADOS CON EL LATERAL DE LA HOJA DEL CUCHILLO

3 CEBOLLETAS, LIMPIAS Y CORTADAS EN RODAJAS DE UNOS 5 CM

BATE EL *MISO*, EL SAKE, LA SALSA DE SOJA Y EL *DASHI* O EL CALDO Y RESERVA.

SALA LOS MUSLOS DE POLLO.

CALIENTA UNA CAZUELA O SARTÉN DE HIERRO COLADO GRANDE A FUEGO MEDIO-ALTO Y ECHA LA GRASA.

DISPÓN LOS MUSLOS DE POLLO ENCIMA CON EL LADO DE LA PIEL BOCABAJO.

COCINA HASTA QUE ADQUIERA UN TONO MARRÓN DORADO Y QUE NO SE PEGUE (UNOS 3 O 4 MINUTOS) Y DALE LA VUELTA.
DÉJALO 3 MINUTOS MÁS.

A CONTINUACIÓN, AÑADE EL JENGIBRE, EL AJO Y LA CEBOLLETA Y SALTEA APROXIMADAMENTE 1 MINUTO HASTA QUE DESPRENDAN AROMA.

AÑADE EL DASHI.

CUBRE BIEN LA SARTÉN Y BAJA EL FUEGO PARA MANTENER UN BURBUJEO SUAVE.

LA CARNE ESTARÁ LISTA CUANDO ESTÉ TIERNA Y SE DESPRENDA FÁCILMENTE (ENTRE 20 Y 25 MINUTOS; 15 SI SON MUSLOS DESHUESADOS).

RETIRA DEL FUEGO Y DEJA ENFRIAR SIN TAPAR HASTA QUE LA CARNE ESTÉ LO BASTANTE FRÍA PARA MANIPULARLA.

QUÍTALE LA PIEL Y RESÉRVALA PARA PREPARAR PIEL DE POLLO CRUJIENTE (PÁG. 117) O DESÉCHALA.

CORTA LA CARNE A TROZOS DEL TAMAÑO DE UN BOCADO, RETIRANDO EL CARTÍLAGO QUE LA UNE AL HUESO.

REPÁRTELA EN RACIONES DE UNOS 85 G.

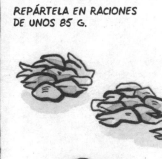

PUEDES USARLAS DIRECTAMENTE PARA EL RAMEN, YA QUE SE RECALENTARÁN DIRECTAMENTE EN EL CALDO CALIENTE.

O BIEN PUEDES CONSERVAR LA CARNE QUE NO UTILICES EN LA NEVERA HASTA 3 DÍAS O CONGELARLA EN RACIONES INDIVIDUALES (CON EL LÍQUIDO DE COCCIÓN) DURANTE UN MÁXIMO DE 2 MESES.

3 DÍAS

2 MESES

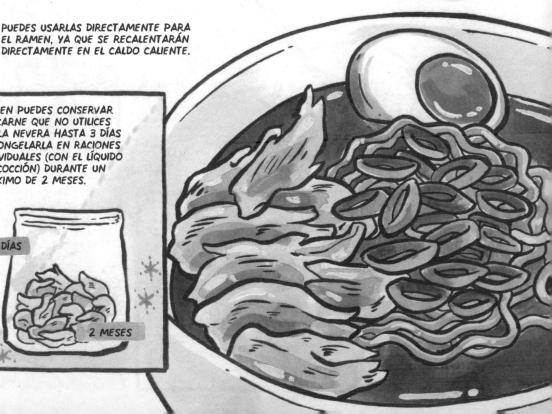

YAKITORI
(POLLO MARINADO A LA PARRILLA)

PARA 2-4 RACIONES

INGREDIENTES:

3 DIENTES DE AJO PELADOS Y RALLADOS CON UN RALLADOR DE TIPO LIMA O PICADOS

1 TROZO DE JENGIBRE FRESCO DE UNOS 5 CM, PELADO Y RALLADO CON UN RALLADOR DE TIPO LIMA O PICADO

2 CEBOLLETAS LIMPIAS Y PICADAS

1/2 TAZA DE SALSA DE SOJA

1/4 DE TAZA DE *MIRIN*

1/4 DE TAZA DE SAKE

1 CUCHARADA DE ACEITE DE SÉSAMO

1 CUCHARADA DE AZÚCAR

1/2 KG DE MUSLOS DE POLLO DESHUESADOS Y SIN PIEL, CORTADOS A PIEZAS DE UNOS 2,5 CM

LA CANTIDAD NECESARIA DE ACEITE DE CANOLA

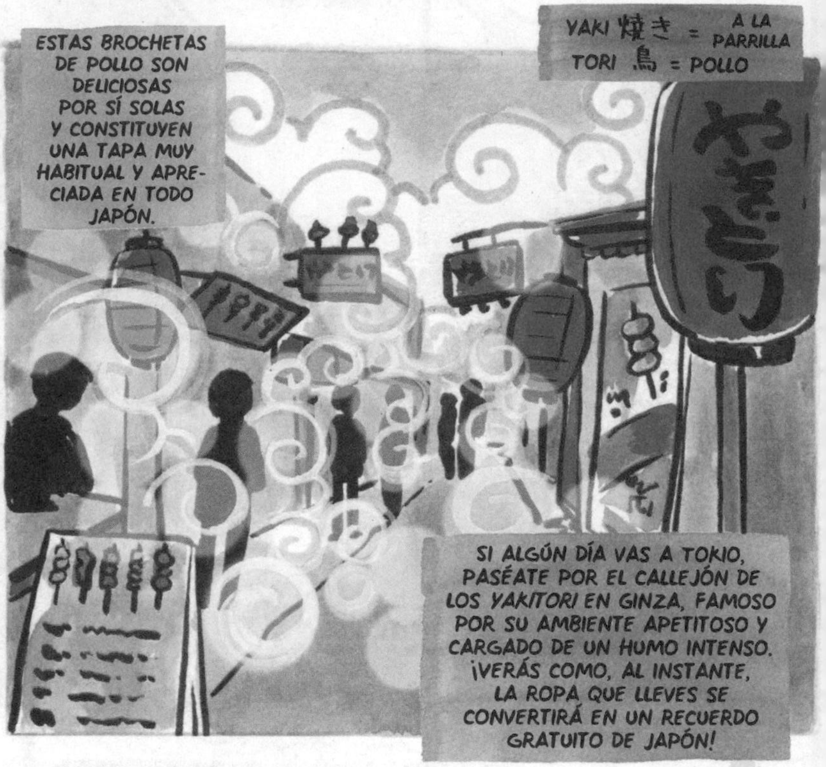
ESTAS BROCHETAS DE POLLO SON DELICIOSAS POR SÍ SOLAS Y CONSTITUYEN UNA TAPA MUY HABITUAL Y APRECIADA EN TODO JAPÓN.
YAKI 焼き = A LA PARRILLA
TORI 鳥 = POLLO
SI ALGÚN DÍA VAS A TOKIO, PASÉATE POR EL CALLEJÓN DE LOS *YAKITORI* EN GINZA, FAMOSO POR SU AMBIENTE APETITOSO Y CARGADO DE UN HUMO INTENSO. ¡VERÁS COMO, AL INSTANTE, LA ROPA QUE LLEVES SE CONVERTIRÁ EN UN RECUERDO GRATUITO DE JAPÓN!

COLOCA TODOS LOS INGREDIENTES MENOS EL POLLO EN UN CUENCO PEQUEÑO Y REMUEVE BIEN.

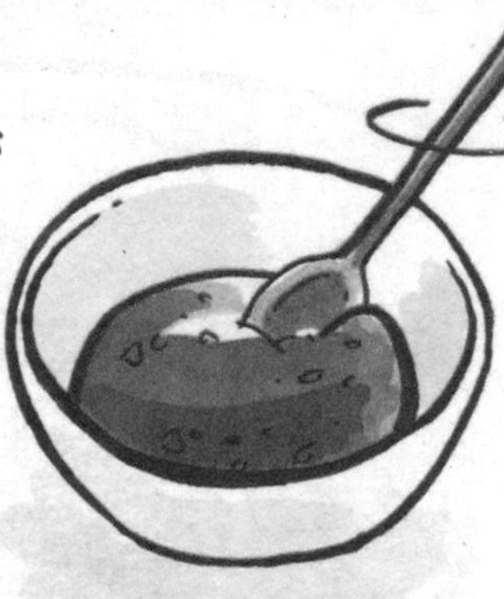

PON EL POLLO EN UNA BOLSA HERMÉTICA Y AÑADE EL ADOBO. INTENTA EXTRAER TODO EL AIRE QUE PUEDAS DE LA BOLSA Y CIÉRRALA.

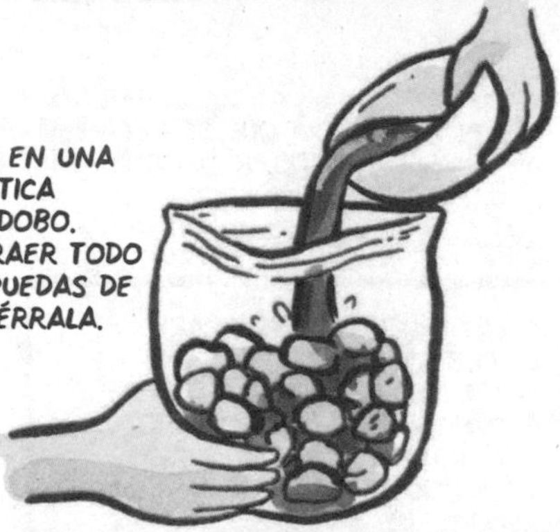

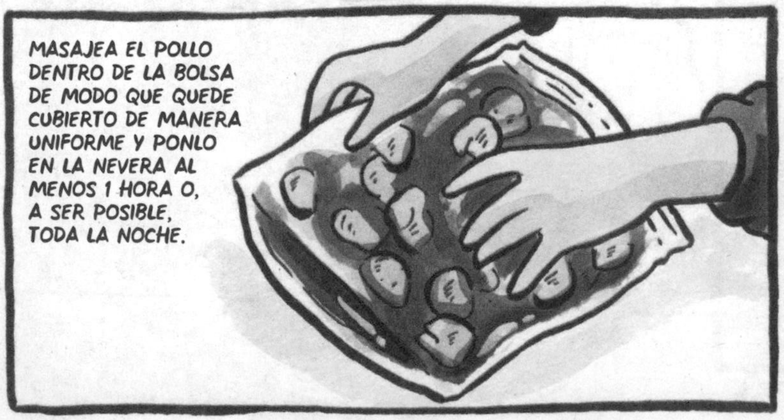
MASAJEA EL POLLO DENTRO DE LA BOLSA DE MODO QUE QUEDE CUBIERTO DE MANERA UNIFORME Y PONLO EN LA NEVERA AL MENOS 1 HORA O, A SER POSIBLE, TODA LA NOCHE.

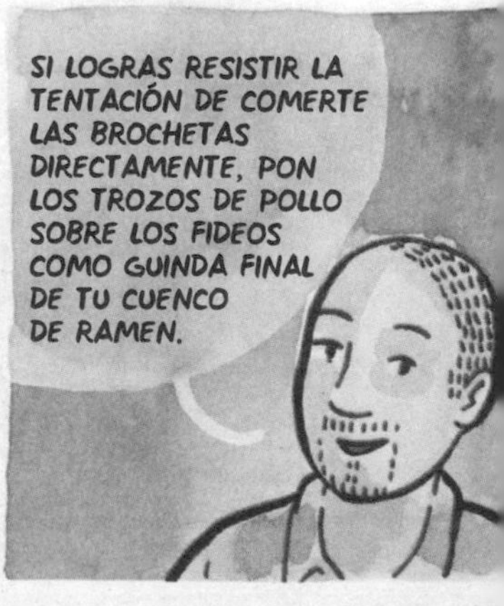
SI LOGRAS RESISTIR LA TENTACIÓN DE COMERTE LAS BROCHETAS DIRECTAMENTE, PON LOS TROZOS DE POLLO SOBRE LOS FIDEOS COMO GUINDA FINAL DE TU CUENCO DE RAMEN.

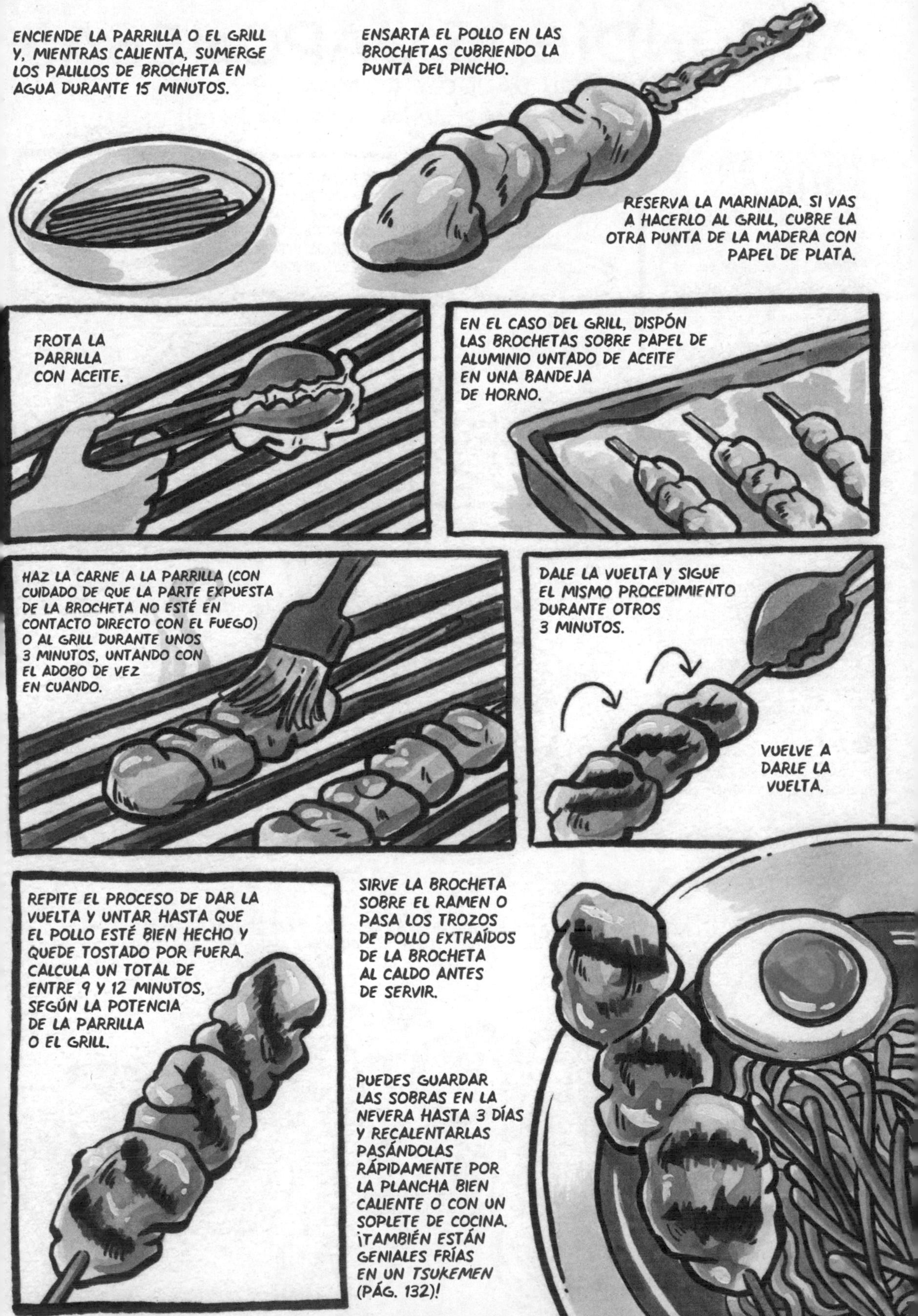
ENCIENDE LA PARRILLA O EL GRILL Y, MIENTRAS CALIENTA, SUMERGE LOS PALILLOS DE BROCHETA EN AGUA DURANTE 15 MINUTOS.
ENSARTA EL POLLO EN LAS BROCHETAS CUBRIENDO LA PUNTA DEL PINCHO.
RESERVA LA MARINADA. SI VAS A HACERLO AL GRILL, CUBRE LA OTRA PUNTA DE LA MADERA CON PAPEL DE PLATA.
FROTA LA PARRILLA CON ACEITE.
EN EL CASO DEL GRILL, DISPÓN LAS BROCHETAS SOBRE PAPEL DE ALUMINIO UNTADO DE ACEITE EN UNA BANDEJA DE HORNO.
HAZ LA CARNE A LA PARRILLA (CON CUIDADO DE QUE LA PARTE EXPUESTA DE LA BROCHETA NO ESTÉ EN CONTACTO DIRECTO CON EL FUEGO) O AL GRILL DURANTE UNOS 3 MINUTOS, UNTANDO CON EL ADOBO DE VEZ EN CUANDO.
DALE LA VUELTA Y SIGUE EL MISMO PROCEDIMIENTO DURANTE OTROS 3 MINUTOS.
VUELVE A DARLE LA VUELTA.
REPITE EL PROCESO DE DAR LA VUELTA Y UNTAR HASTA QUE EL POLLO ESTÉ BIEN HECHO Y QUEDE TOSTADO POR FUERA. CALCULA UN TOTAL DE ENTRE 9 Y 12 MINUTOS, SEGÚN LA POTENCIA DE LA PARRILLA O EL GRILL.
SIRVE LA BROCHETA SOBRE EL RAMEN O PASA LOS TROZOS DE POLLO EXTRAÍDOS DE LA BROCHETA AL CALDO ANTES DE SERVIR.
PUEDES GUARDAR LAS SOBRAS EN LA NEVERA HASTA 3 DÍAS Y RECALENTARLAS PASÁNDOLAS RÁPIDAMENTE POR LA PLANCHA BIEN CALIENTE O CON UN SOPLETE DE COCINA. ¡TAMBIÉN ESTÁN GENIALES FRÍAS EN UN *TSUKEMEN* (PÁG. 132)!

ALBÓNDIGAS JAPONESAS

(NIKU DANGO Y TSUKUNE)

PARA UNAS 2 DOCENAS DE ALBÓNDIGAS (4-6 RACIONES)

INGREDIENTES:

1/2 KG DE CARNE PICADA DE CERDO O DE POLLO

1 TROZO DE JENGIBRE DE UNOS 2,5 CM, PELADO Y RALLADO CON UN RALLADOR DE TIPO LIMA O PICADO

2 DIENTES DE AJO RALLADOS CON UN RALLADOR DE TIPO LIMA O PICADOS

3 CEBOLLETAS LIMPIAS Y PICADAS

1 CUCHARADA DE SEMILLAS DE SÉSAMO TOSTADAS

1 CUCHARADITA DE *SHICHIMI TOGARASHI* (VER LA DESPENSA, PÁG. 17)

2 CUCHARADAS DE SALSA DE SOJA

1 CUCHARADITA DE ACEITE DE SÉSAMO

1 CUCHARADITA DE VINAGRE DE VINO DE ARROZ

1 CUCHARADITA DE *MIRIN*

1 HUEVO

1 CUCHARADITA DE SALSA DE PESCADO (OPCIONAL)

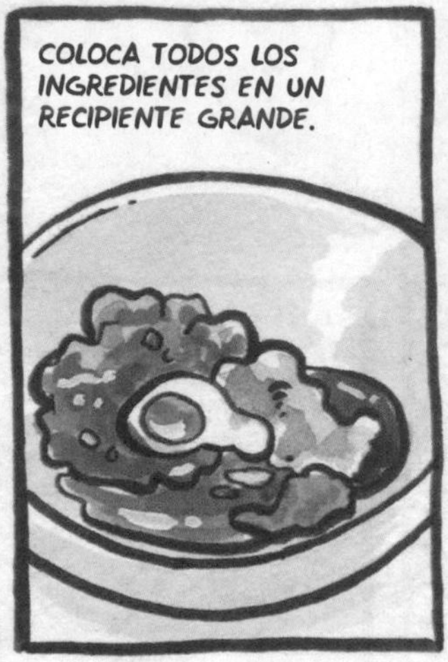
COLOCA TODOS LOS INGREDIENTES EN UN RECIPIENTE GRANDE.

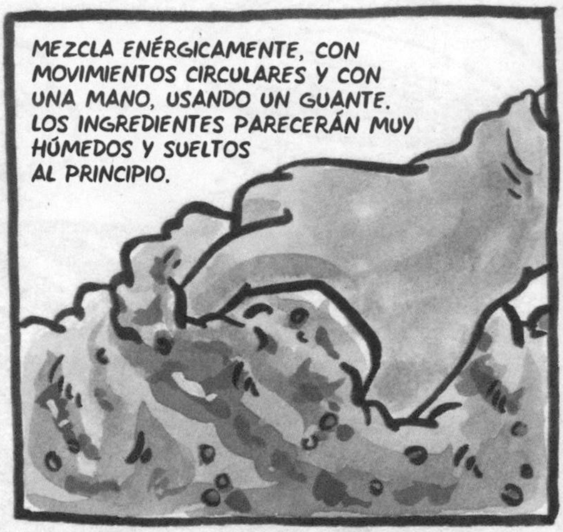
MEZCLA ENÉRGICAMENTE, CON MOVIMIENTOS CIRCULARES Y CON UNA MANO, USANDO UN GUANTE. LOS INGREDIENTES PARECERÁN MUY HÚMEDOS Y SUELTOS AL PRINCIPIO.

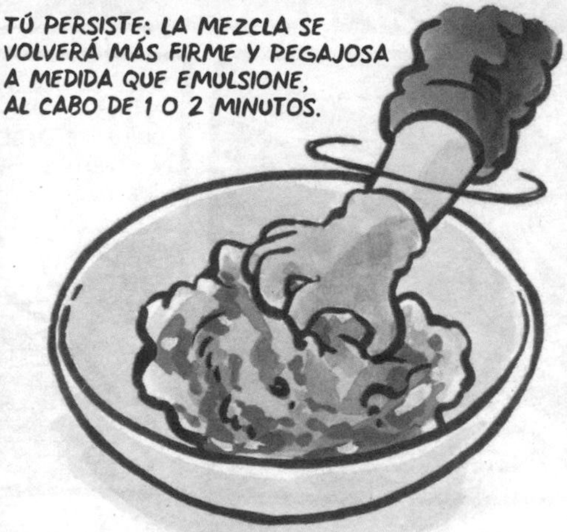
TÚ PERSISTE: LA MEZCLA SE VOLVERÁ MÁS FIRME Y PEGAJOSA A MEDIDA QUE EMULSIONE, AL CABO DE 1 O 2 MINUTOS.

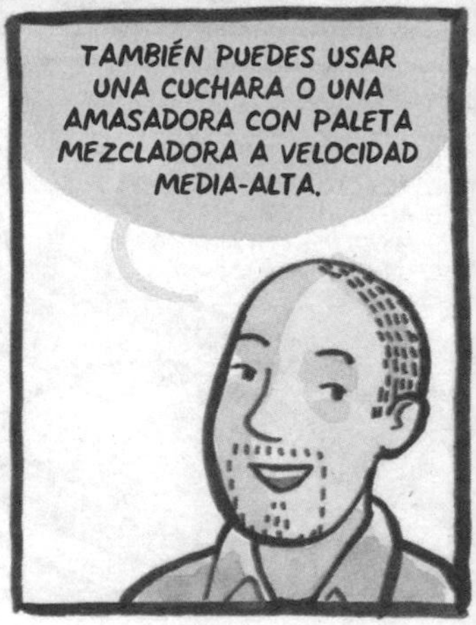
TAMBIÉN PUEDES USAR UNA CUCHARA O UNA AMASADORA CON PALETA MEZCLADORA A VELOCIDAD MEDIA-ALTA.

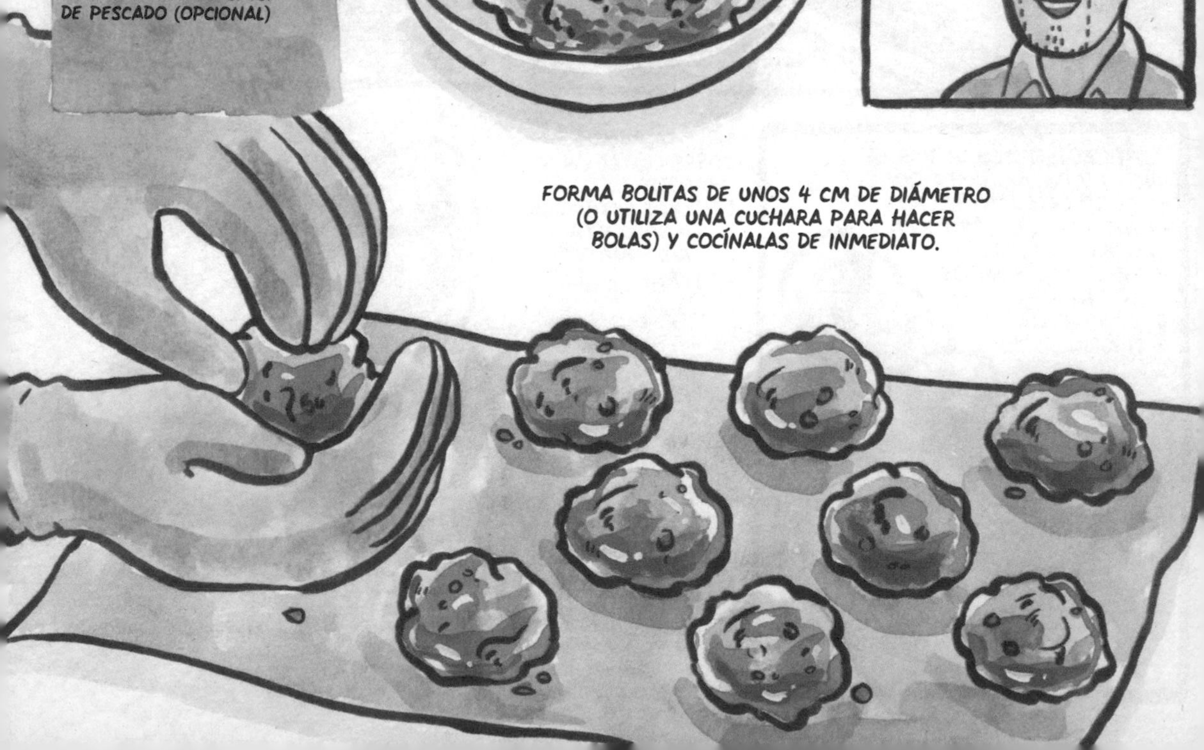
FORMA BOLITAS DE UNOS 4 CM DE DIÁMETRO (O UTILIZA UNA CUCHARA PARA HACER BOLAS) Y COCÍNALAS DE INMEDIATO.

ESTAS ALBÓNDIGAS PUEDEN PREPARARSE SIGUIENDO UNO DE ESTOS MÉTODOS:
SI QUIERES QUE CONSERVEN LA FORMA REDONDA PERO QUE NO SE OSCUREZCAN.
HIÉRVELAS EN AGUA A FUEGO LENTO (¡NO A HERVOR FUERTE!) DURANTE 4 O 5 MINUTOS (TAMBIÉN PUEDES APROVECHAR EL CALDO DEL PROPIO RAMEN, PERO ES MENOS REFINADO).
SI TE DA IGUAL QUE NO SALGAN TAN REDONDAS, PERO QUIERES QUE QUEDEN BIEN DORADITAS (EN LA SARTÉN SE APLASTAN UN POCO).
FRÍELAS EN UNA SARTÉN DE HIERRO COLADO A FUEGO MEDIO CON UNA CUCHARADA DE ACEITE DE CANOLA, GIRÁNDOLAS DE VEZ EN CUANDO, DURANTE 8 O 10 MINUTOS.
SI QUIERES QUE QUEDEN REDONDITAS Y CONSISTENTES, AUNQUE PLANAS POR LA BASE.
HORNÉALAS EN UNA BANDEJA FORRADA CON PAPEL PARA HORNO A 200 ºC DURANTE 8 O 10 MINUTOS.
PARA DISTINGUIR ENTRE TIPOS DE ALBÓNDIGAS, A LAS QUE ESTÁN HECHAS DE CERDO LAS LLAMAMOS NIKU DANGO (LITERALMENTE BOLA HERVIDA DE CARNE).
A LAS DE POLLO, TSUKUNE, EL NOMBRE DE LAS ALBÓNDIGAS DE POLLO QUE SIRVEN LOS ESPECIALISTAS EN BROCHETAS DE LOS YAKITORI-YA.
OMITIMOS LA SALSA DE TARE QUE NORMALMENTE ACOMPAÑA A ESTAS DELICIAS, YA QUE VAN A ESTAR NADANDO EN TU RIQUÍSIMA SOPA.
CUANDO ESTÉN LISTAS, ÚSALAS PARA DECORAR TU RAMEN.
TAMBIÉN PUEDES DEJARLAS ENFRIAR PARA GUARDARLAS HASTA 3 DÍAS EN LA NEVERA O CONGELARLAS POR UN MÁXIMO DE 1 MES.
3 DÍAS
1 MES
¡FRÍAS ESTÁN GENIALES, PERO TAMBIÉN PUEDES RECALENTARLAS SIMPLEMENTE SUMERGIÉNDOLAS EN TU CALDO BIEN CALIENTE!

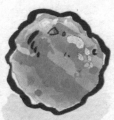

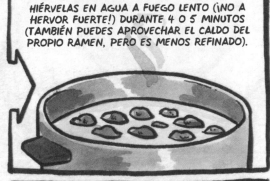

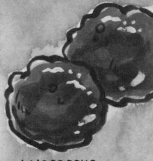

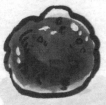

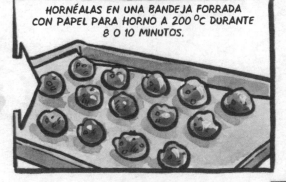

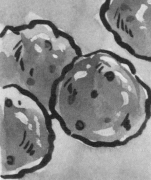

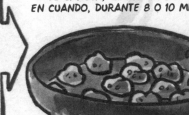

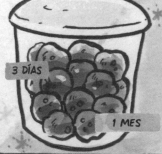

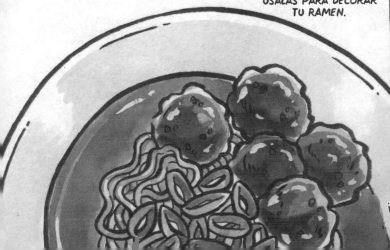

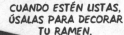

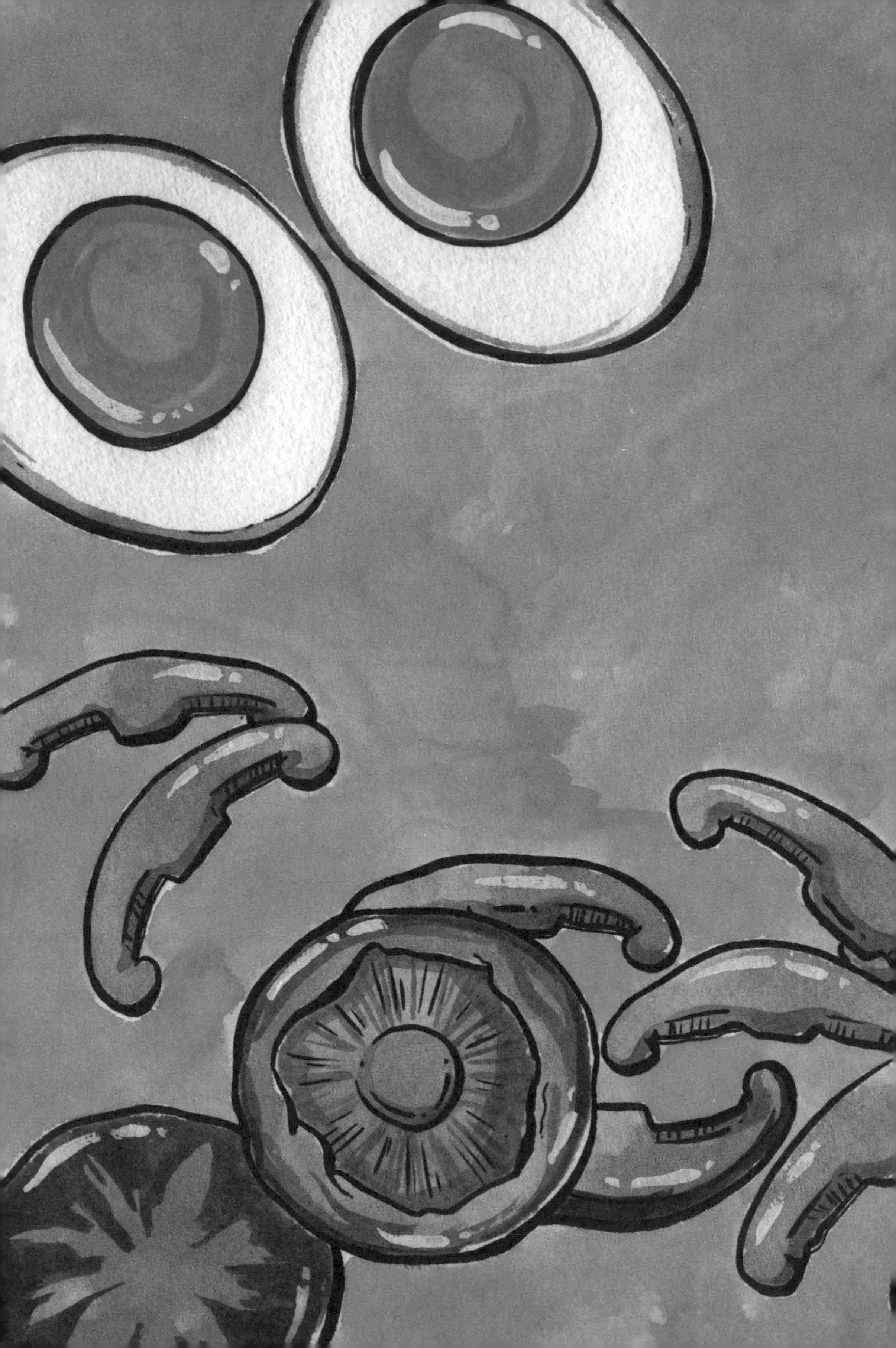

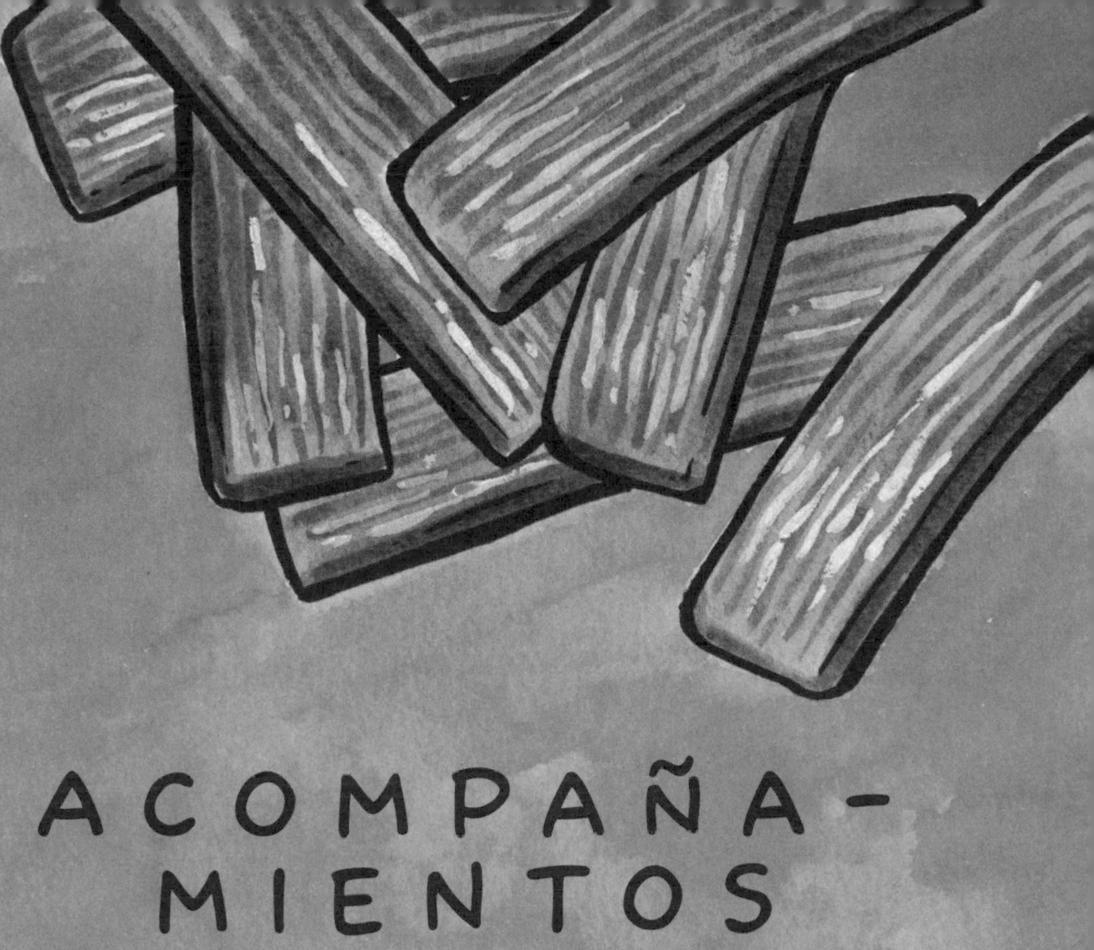

ACOMPAÑA-MIENTOS

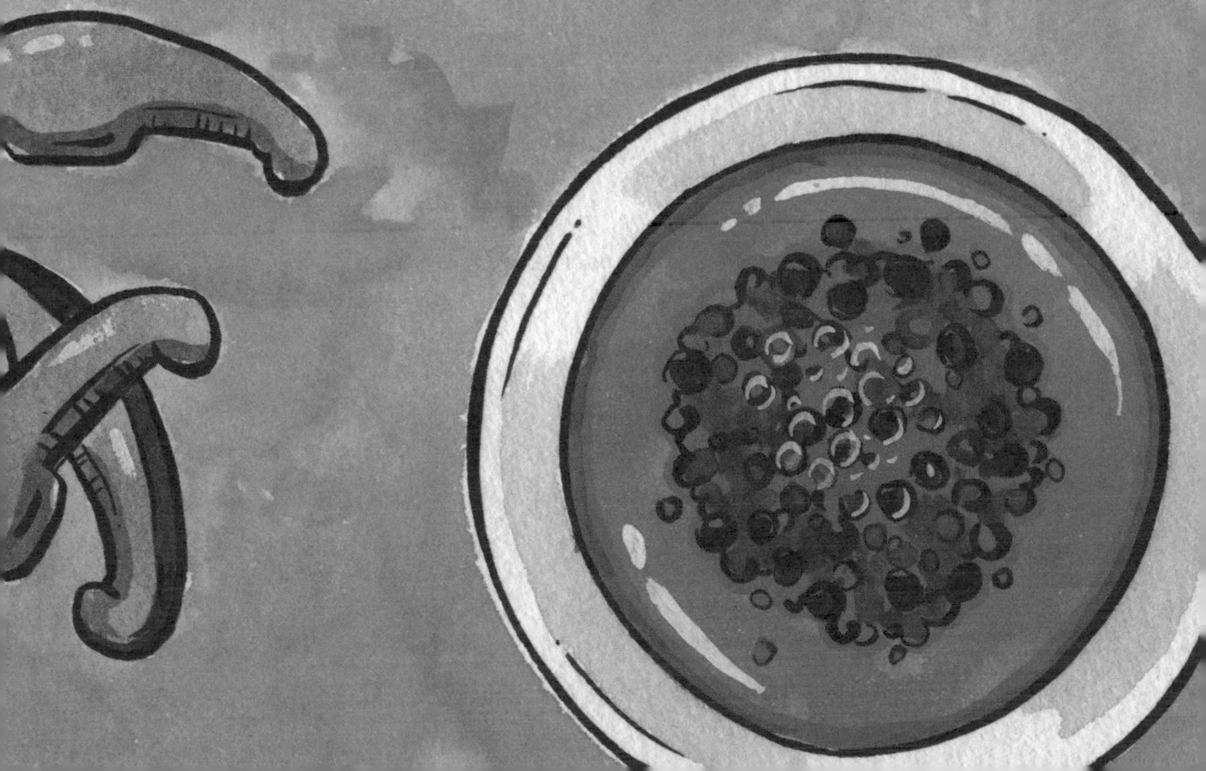

Cuatro cosas sobre el AJITSUKE TAMAGO

ESTE OMNIPRESENTE INGREDIENTE DEL RAMEN SE PREPARA, PARA EMPEZAR, DURO O PASADO POR AGUA, SEGÚN PREFIERAS, Y LUEGO SE SUMERGE EN UN ESCABECHE MUY CONDIMENTADO.

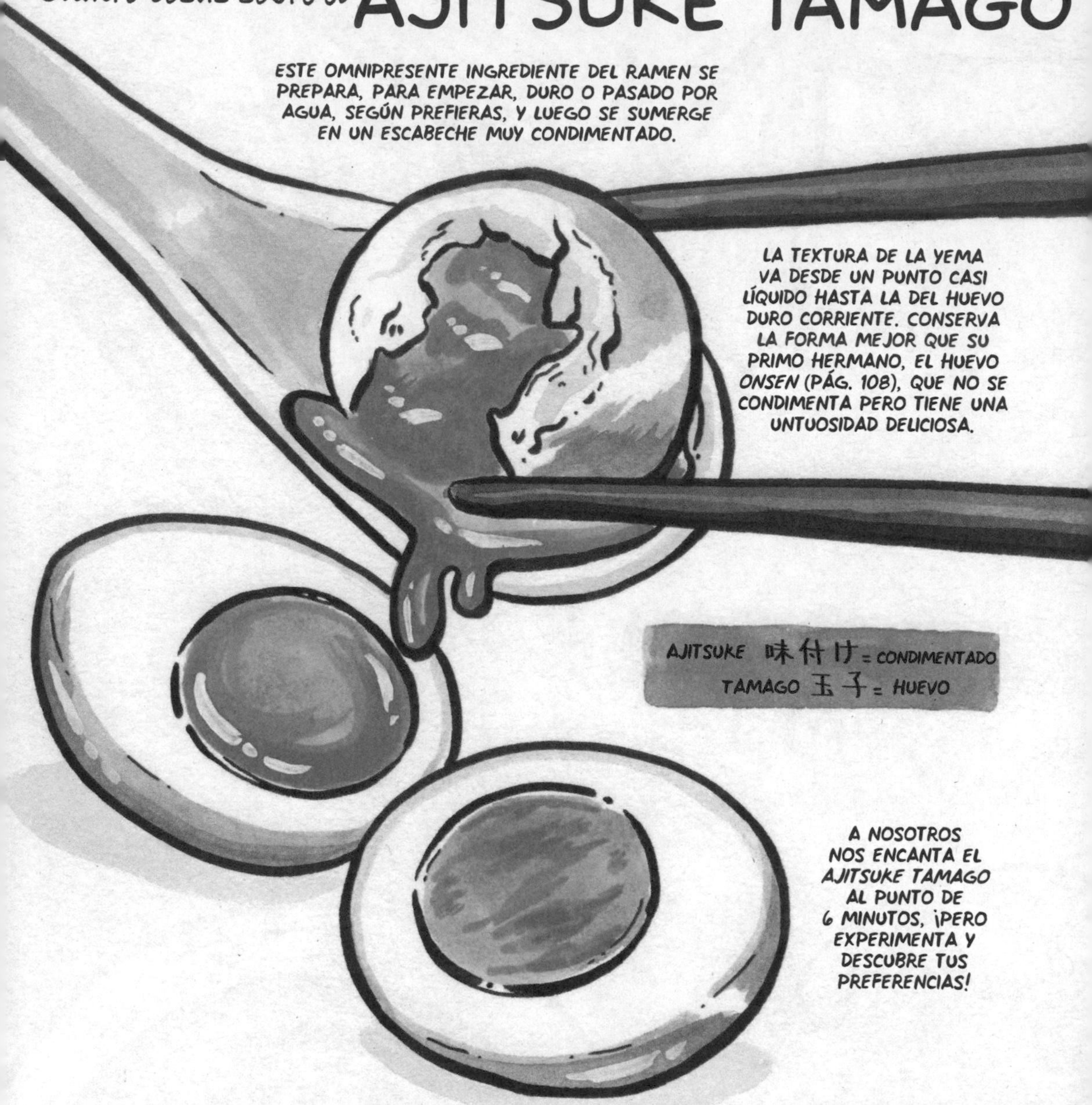

LA TEXTURA DE LA YEMA VA DESDE UN PUNTO CASI LÍQUIDO HASTA LA DEL HUEVO DURO CORRIENTE. CONSERVA LA FORMA MEJOR QUE SU PRIMO HERMANO, EL HUEVO *ONSEN* (PÁG. 108), QUE NO SE CONDIMENTA PERO TIENE UNA UNTUOSIDAD DELICIOSA.

AJITSUKE 味付け = CONDIMENTADO
TAMAGO 玉子 = HUEVO

A NOSOTROS NOS ENCANTA EL *AJITSUKE TAMAGO* AL PUNTO DE 6 MINUTOS, ¡PERO EXPERIMENTA Y DESCUBRE TUS PREFERENCIAS!

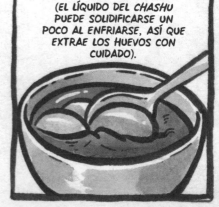

PUEDES PREPARAR EL ESCABECHE PARA ESTOS HUEVOS SIGUIENDO LAS INSTRUCCIONES O SUSTITUIRLO POR UNA MEZCLA DE UNA TAZA DEL LÍQUIDO DE COCCIÓN DEL *CHASHU* (PÁG. 89) Y UNA TAZA DE AGUA SI DESEAS UNA MARINADA MÁS FUERTE Y CON SABOR A CERDO.

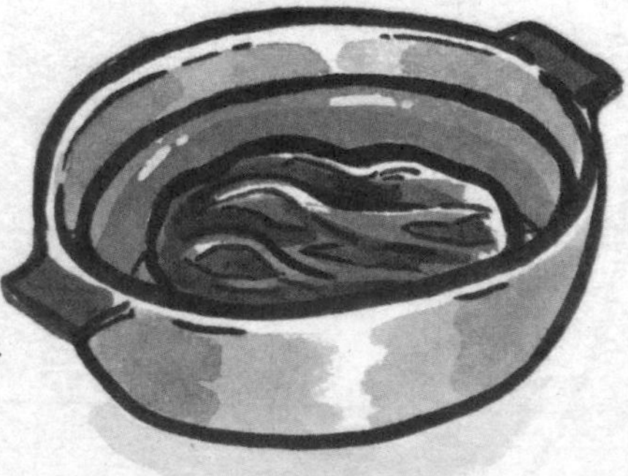

(EL LÍQUIDO DEL *CHASHU* PUEDE SOLIDIFICARSE UN POCO AL ENFRIARSE, ASÍ QUE EXTRAE LOS HUEVOS CON CUIDADO).

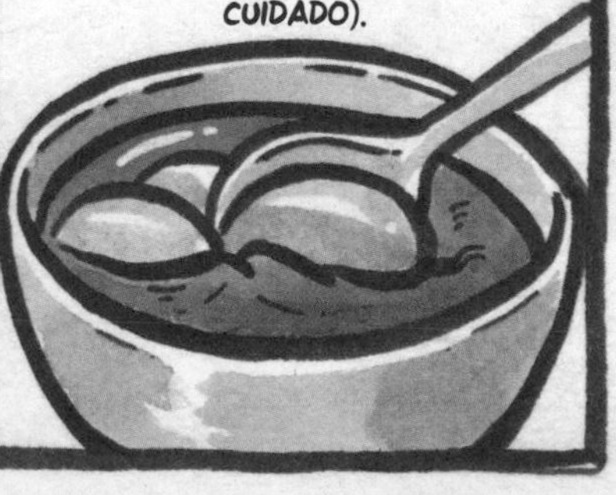

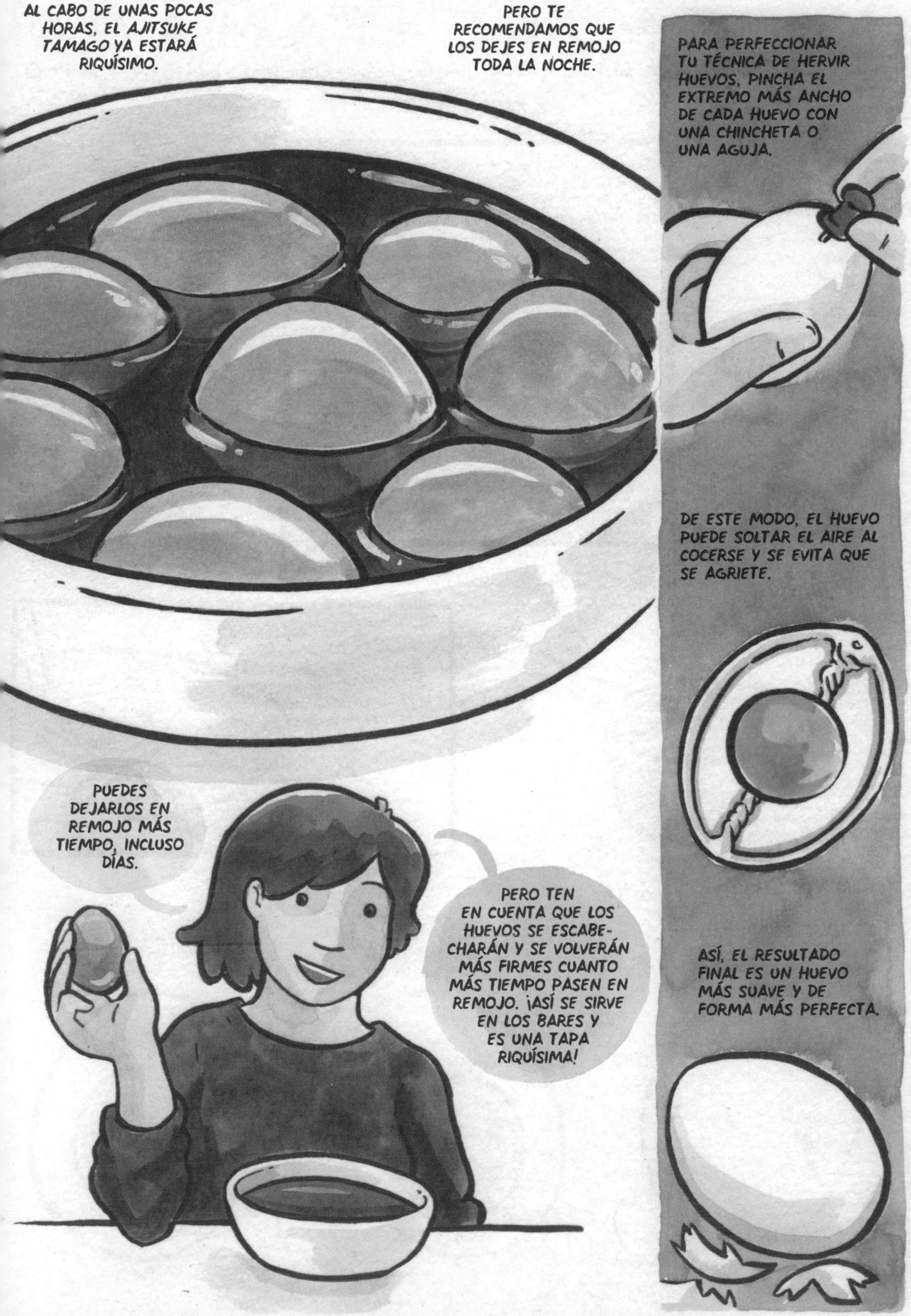
AL CABO DE UNAS POCAS HORAS, EL *AJITSUKE TAMAGO* YA ESTARÁ RIQUÍSIMO.
PERO TE RECOMENDAMOS QUE LOS DEJES EN REMOJO TODA LA NOCHE.
PUEDES DEJARLOS EN REMOJO MÁS TIEMPO, INCLUSO DÍAS.
PERO TEN EN CUENTA QUE LOS HUEVOS SE ESCABE-CHARÁN Y SE VOLVERÁN MÁS FIRMES CUANTO MÁS TIEMPO PASEN EN REMOJO. ¡ASÍ SE SIRVE EN LOS BARES Y ES UNA TAPA RIQUÍSIMA!
PARA PERFECCIONAR TU TÉCNICA DE HERVIR HUEVOS, PINCHA EL EXTREMO MÁS ANCHO DE CADA HUEVO CON UNA CHINCHETA O UNA AGUJA.
DE ESTE MODO, EL HUEVO PUEDE SOLTAR EL AIRE AL COCERSE Y SE EVITA QUE SE AGRIETE.
ASÍ, EL RESULTADO FINAL ES UN HUEVO MÁS SUAVE Y DE FORMA MÁS PERFECTA.

AJITSUKE TAMAGO

HUEVO PASADO POR AGUA CONDIMENTADO

PARA 6 HUEVOS

INGREDIENTES:

3 DIENTES DE AJO APLASTADOS Y PELADOS

1 TROZO DE JENGIBRE FRESCO DE UNOS 5 CM, SIN PELAR Y EN RODAJAS DE UNOS 0,5 CM

1 CHILE DE ÁRBOL

1/2 TAZA DE *MIRIN*

2 CUCHARADAS DE VINAGRE DE VINO DE ARROZ

1/2 TAZA DE SALSA DE SOJA

1 CUCHARADA DE AZÚCAR MORENO

1 TAZA DE AGUA

6 HUEVOS GRANDES

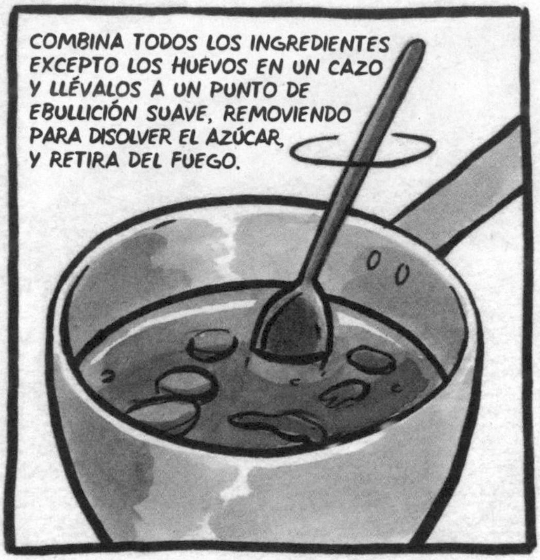
COMBINA TODOS LOS INGREDIENTES EXCEPTO LOS HUEVOS EN UN CAZO Y LLÉVALOS A UN PUNTO DE EBULLICIÓN SUAVE, REMOVIENDO PARA DISOLVER EL AZÚCAR, Y RETIRA DEL FUEGO.

PASA EL LÍQUIDO A UN RECIPIENTE DE 1 LITRO Y DEJA QUE SE ENFRÍE DEL TODO.

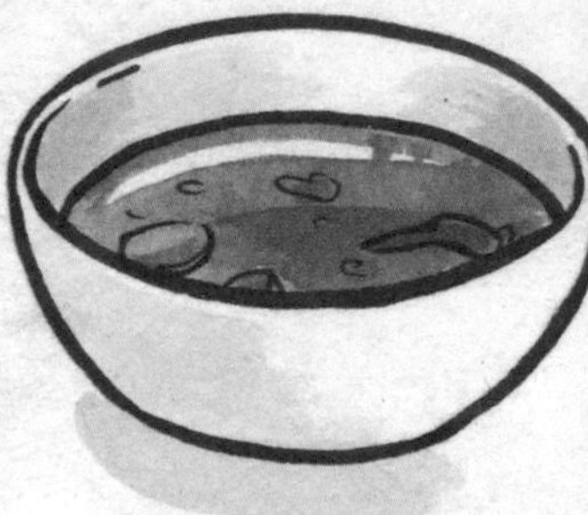

MIENTRAS TANTO, LLEVA A EBULLICIÓN UN CAZO GRANDE DE AGUA A FUEGO VIVO.

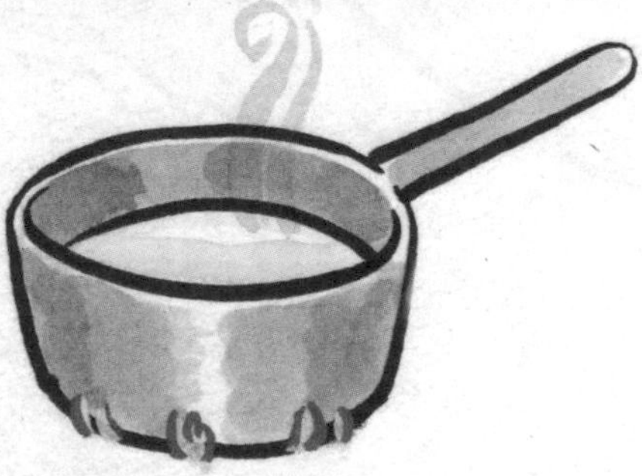

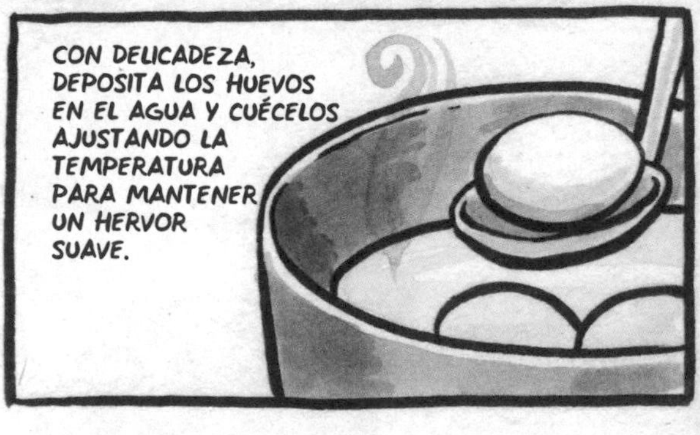
CON DELICADEZA, DEPOSITA LOS HUEVOS EN EL AGUA Y CUÉCELOS AJUSTANDO LA TEMPERATURA PARA MANTENER UN HERVOR SUAVE.

CUECE LOS HUEVOS DURANTE:

6 MINUTOS SI QUIERES UNA YEMA CREMOSA Y DELICADA.

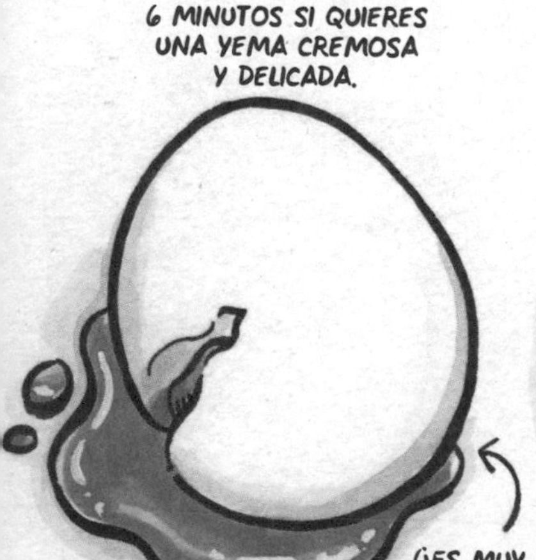

8 MINUTOS SI QUIERES UNA YEMA MÁS FIRME PERO TODAVÍA SUAVE.

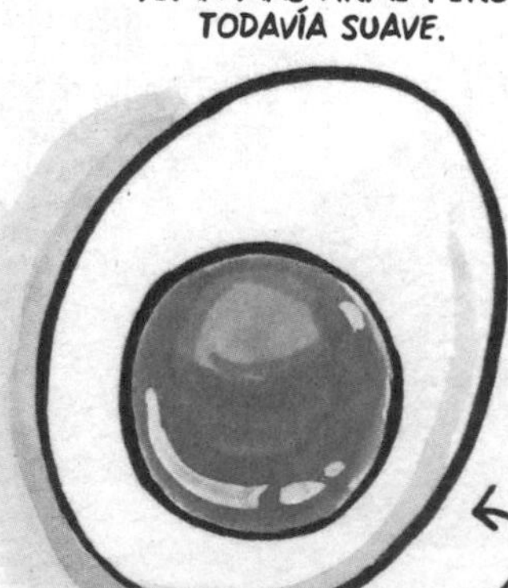

10 MINUTOS PARA UN HUEVO DURO NORMAL.

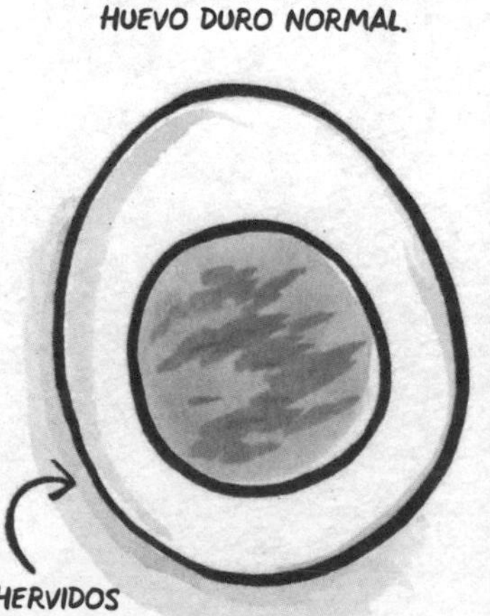

(¡ES MUY FRÁGIL: NO LO CORTES POR LA MITAD ANTES DE SERVIR!)

(LOS HUEVOS HERVIDOS 8 Y 10 MINUTOS PUEDEN CORTARSE POR LA MITAD ANTES DE SERVIR).

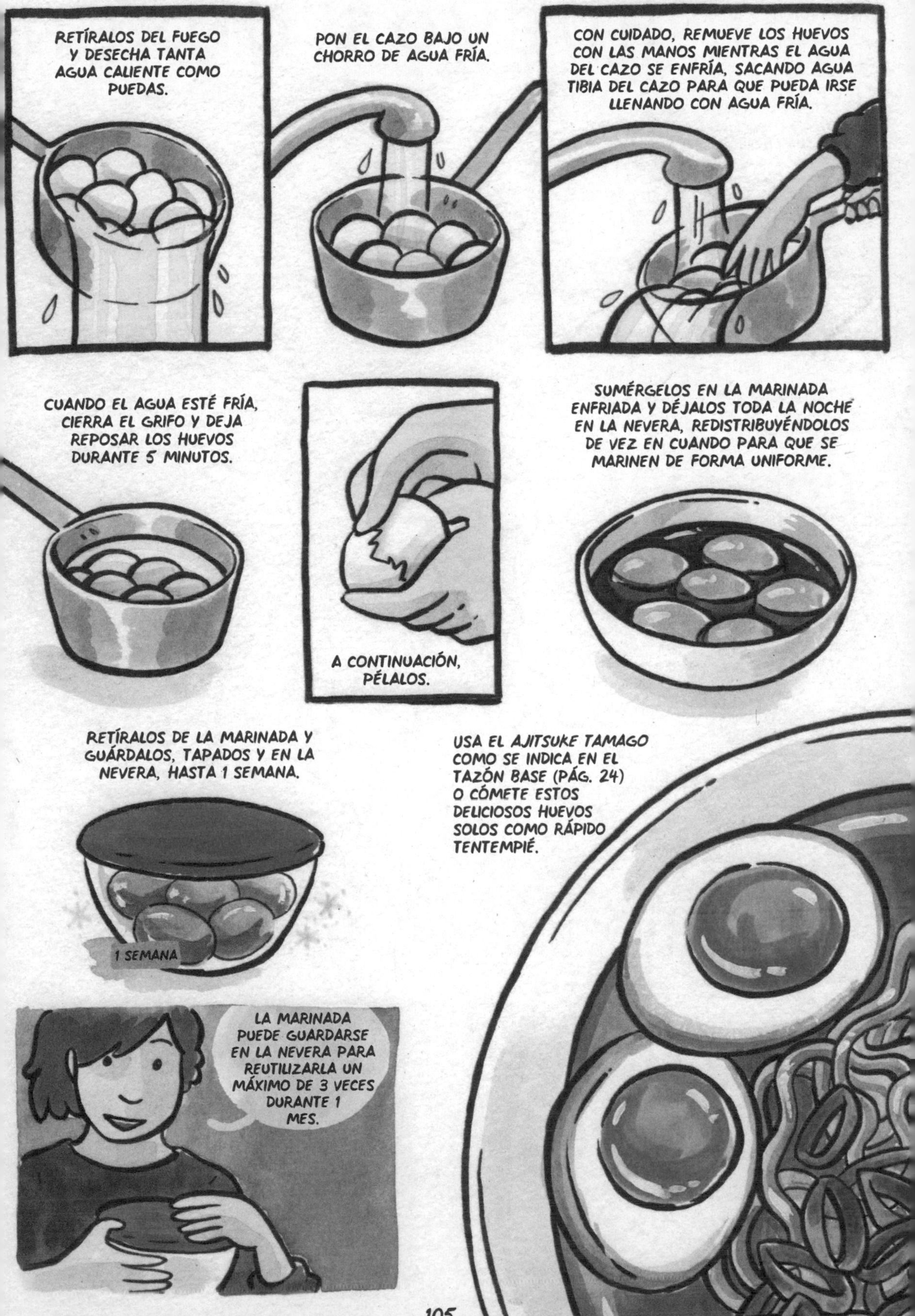
RETÍRALOS DEL FUEGO Y DESECHA TANTA AGUA CALIENTE COMO PUEDAS.
PON EL CAZO BAJO UN CHORRO DE AGUA FRÍA.
CON CUIDADO, REMUEVE LOS HUEVOS CON LAS MANOS MIENTRAS EL AGUA DEL CAZO SE ENFRÍA, SACANDO AGUA TIBIA DEL CAZO PARA QUE PUEDA IRSE LLENANDO CON AGUA FRÍA.
CUANDO EL AGUA ESTÉ FRÍA, CIERRA EL GRIFO Y DEJA REPOSAR LOS HUEVOS DURANTE 5 MINUTOS.
A CONTINUACIÓN, PÉLALOS.
SUMÉRGELOS EN LA MARINADA ENFRIADA Y DÉJALOS TODA LA NOCHE EN LA NEVERA, REDISTRIBUYÉNDOLOS DE VEZ EN CUANDO PARA QUE SE MARINEN DE FORMA UNIFORME.
RETÍRALOS DE LA MARINADA Y GUÁRDALOS, TAPADOS Y EN LA NEVERA, HASTA 1 SEMANA.
1 SEMANA
LA MARINADA PUEDE GUARDARSE EN LA NEVERA PARA REUTILIZARLA UN MÁXIMO DE 3 VECES DURANTE 1 MES.
USA EL *AJITSUKE TAMAGO* COMO SE INDICA EN EL TAZÓN BASE (PÁG. 24) O CÓMETE ESTOS DELICIOSOS HUEVOS SOLOS COMO RÁPIDO TENTEMPIÉ.

Cuatro cosas sobre los HUEVOS ONSEN

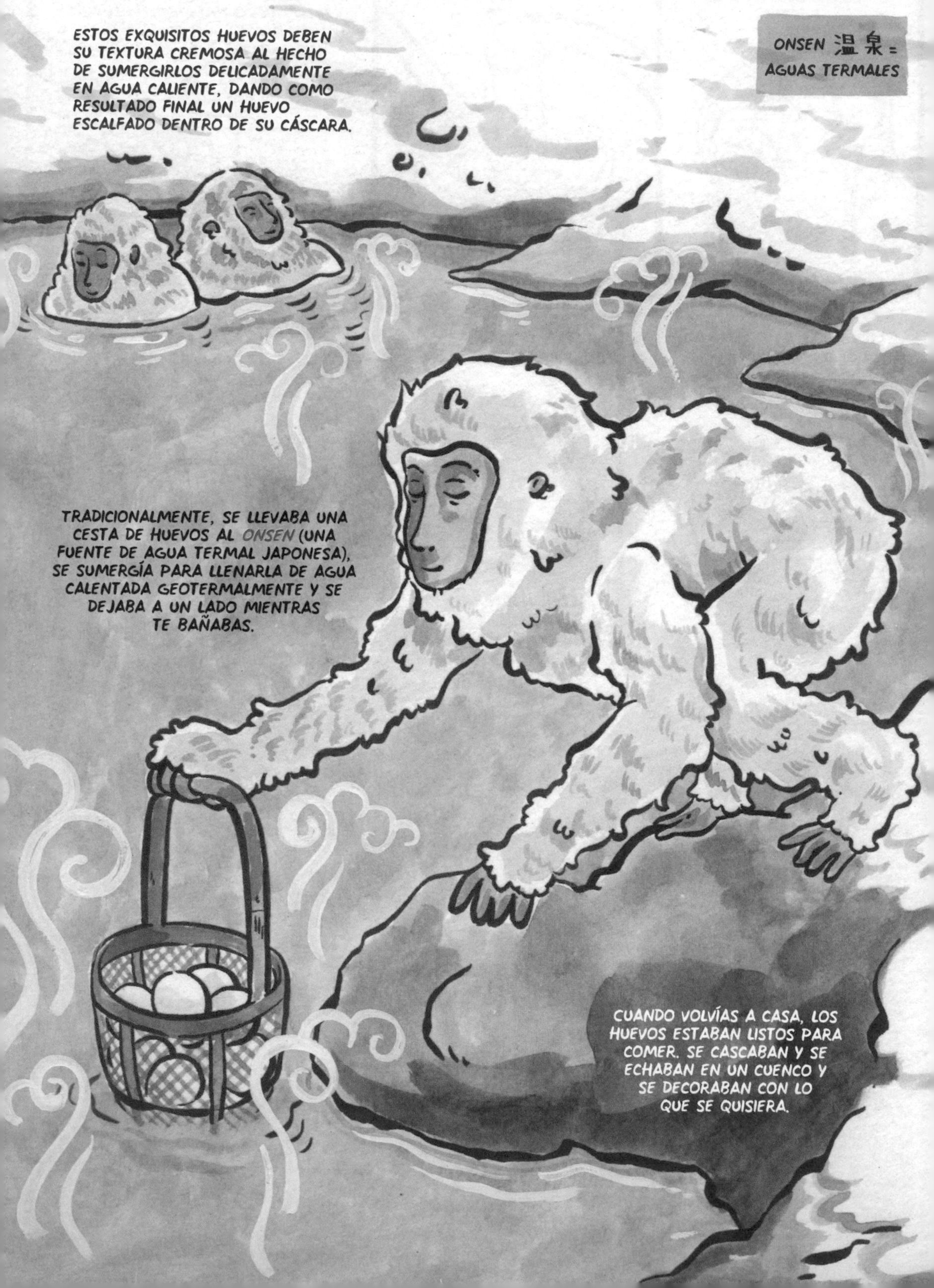
ESTOS EXQUISITOS HUEVOS DEBEN SU TEXTURA CREMOSA AL HECHO DE SUMERGIRLOS DELICADAMENTE EN AGUA CALIENTE, DANDO COMO RESULTADO FINAL UN HUEVO ESCALFADO DENTRO DE SU CÁSCARA.
ONSEN 温泉 = AGUAS TERMALES
TRADICIONALMENTE, SE LLEVABA UNA CESTA DE HUEVOS AL ONSEN (UNA FUENTE DE AGUA TERMAL JAPONESA), SE SUMERGÍA PARA LLENARLA DE AGUA CALENTADA GEOTERMALMENTE Y SE DEJABA A UN LADO MIENTRAS TE BAÑABAS.
CUANDO VOLVÍAS A CASA, LOS HUEVOS ESTABAN LISTOS PARA COMER. SE CASCABAN Y SE ECHABAN EN UN CUENCO Y SE DECORABAN CON LO QUE SE QUISIERA.

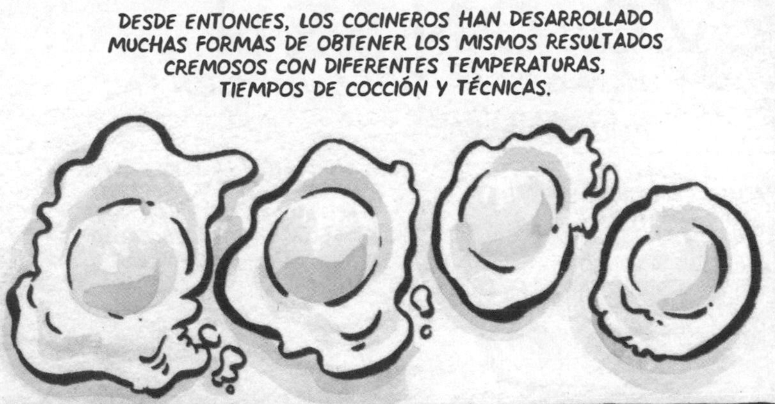
DESDE ENTONCES, LOS COCINEROS HAN DESARROLLADO MUCHAS FORMAS DE OBTENER LOS MISMOS RESULTADOS CREMOSOS CON DIFERENTES TEMPERATURAS, TIEMPOS DE COCCIÓN Y TÉCNICAS.

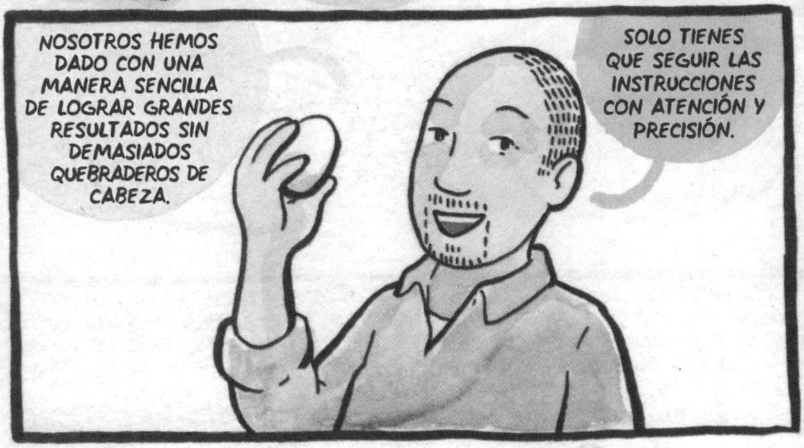
NOSOTROS HEMOS DADO CON UNA MANERA SENCILLA DE LOGRAR GRANDES RESULTADOS SIN DEMASIADOS QUEBRADEROS DE CABEZA.
SOLO TIENES QUE SEGUIR LAS INSTRUCCIONES CON ATENCIÓN Y PRECISIÓN.

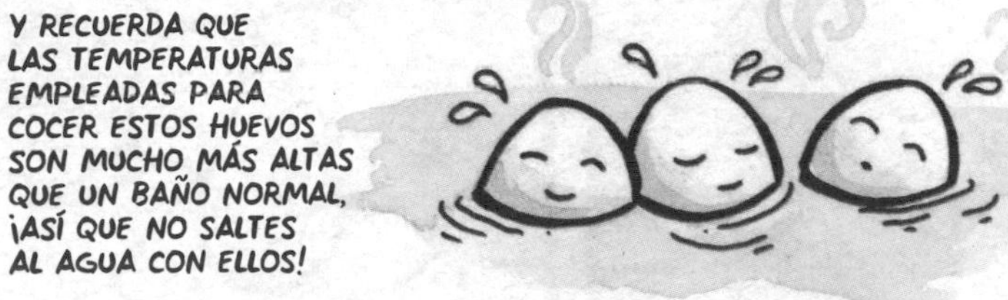
Y RECUERDA QUE LAS TEMPERATURAS EMPLEADAS PARA COCER ESTOS HUEVOS SON MUCHO MÁS ALTAS QUE UN BAÑO NORMAL, ¡ASÍ QUE NO SALTES AL AGUA CON ELLOS!

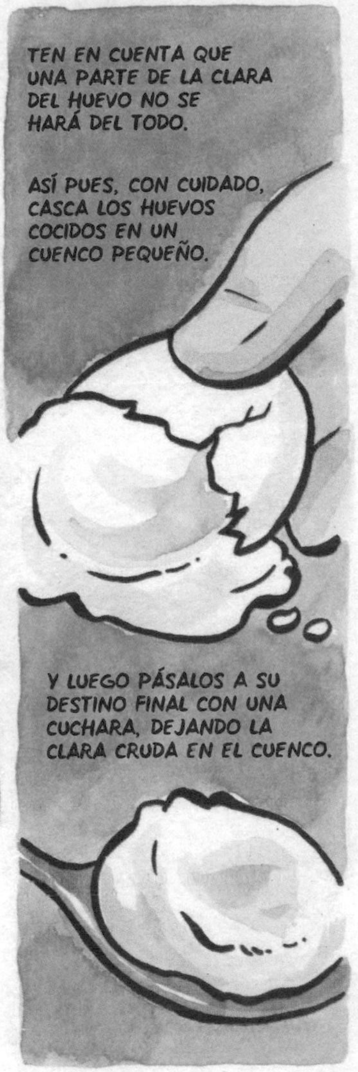
TEN EN CUENTA QUE UNA PARTE DE LA CLARA DEL HUEVO NO SE HARÁ DEL TODO.
ASÍ PUES, CON CUIDADO, CASCA LOS HUEVOS COCIDOS EN UN CUENCO PEQUEÑO.
Y LUEGO PÁSALOS A SU DESTINO FINAL CON UNA CUCHARA, DEJANDO LA CLARA CRUDA EN EL CUENCO.

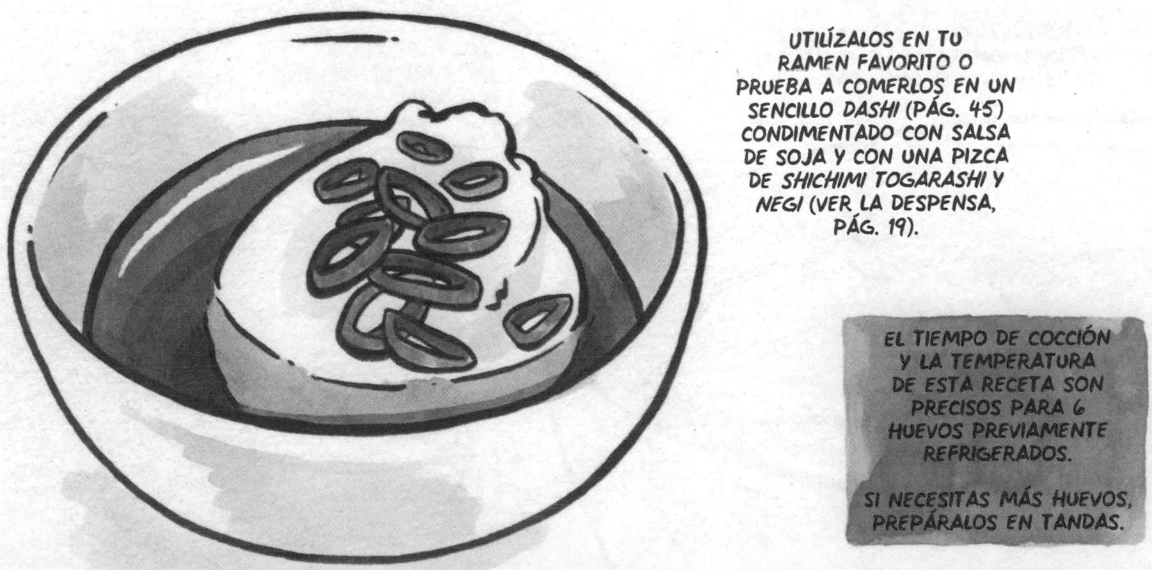
UTILÍZALOS EN TU RAMEN FAVORITO O PRUEBA A COMERLOS EN UN SENCILLO *DASHI* (PÁG. 45) CONDIMENTADO CON SALSA DE SOJA Y CON UNA PIZCA DE *SHICHIMI TOGARASHI* Y *NEGI* (VER LA DESPENSA, PÁG. 19).
EL TIEMPO DE COCCIÓN Y LA TEMPERATURA DE ESTA RECETA SON PRECISOS PARA 6 HUEVOS PREVIAMENTE REFRIGERADOS.
SI NECESITAS MÁS HUEVOS, PREPÁRALOS EN TANDAS.

HUEVO ONSEN
(HUEVO PASADO POR AGUA A COCCIÓN LENTA)

PARA 6 HUEVOS

INGREDIENTES:

6 HUEVOS GRANDES DE LA NEVERA

LLENA UNA CACEROLA MEDIANA Y CON TAPA CON 8 TAZAS DE AGUA Y LLÉVALA A 85 ºC A FUEGO MEDIO-ALTO, MIDIENDO LA TEMPERATURA CON UN TERMÓMETRO DIGITAL.

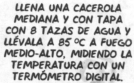

EN CUANTO LA TEMPERATURA ALCANCE LOS 85 ºC, DEPOSITA CON DELICADEZA LOS HUEVOS EN EL AGUA, TAPA LA CACEROLA Y APAGA EL FUEGO.

DEJA REPOSAR DURANTE 17 MINUTOS.

A CONTINUACIÓN, DESECHA TANTA AGUA CALIENTE COMO PUEDAS Y PON LA CACEROLA BAJO UN CHORRO DE AGUA FRÍA DURANTE 1 MINUTO O HASTA QUE LOS HUEVOS SE HAYAN ENFRIADO UN POCO.

CASCA UN HUEVO EN UN CUENCO PEQUEÑO Y RETIRA LA CLARA QUE TENGA ASPECTO DE NO ESTAR HECHA DEL TODO.

CON UNA CUCHARA, COLOCA EL HUEVO ENCIMA DEL RAMEN O CÓMELO SOLO CON EL ACOMPAÑAMIENTO QUE DESEES.

LOS HUEVOS QUE NO UTILICES PUEDEN CONSERVARSE, CON LA CÁSCARA, EN LA NEVERA HASTA 1 SEMANA.

1 SEMANA

CUANDO VAYAS A USARLOS, SUMÉRGELOS EN AGUA CALIENTE DEL GRIFO DURANTE UN PAR DE MINUTOS PARA ROMPER EL FRÍO ANTES DE CASCARLOS EN UN CUENCO Y SERVIRLOS SEGÚN LAS INSTRUCCIONES.

Cuatro cosas sobre el MENMA

EL *MENMA* SON BROTES DE BAMBÚ CRUJIENTES Y SABROSOS QUE SE SUELEN USAR COMO ACOMPAÑAMIENTO DEL RAMEN.

SU MÁXIMA EXPRESIÓN ES SU VERSIÓN ARTESANAL: SE SECAN, SE FERMENTAN Y LUEGO SE RECONSTITUYEN CON UN LÍQUIDO CARGADO DE SABOR.

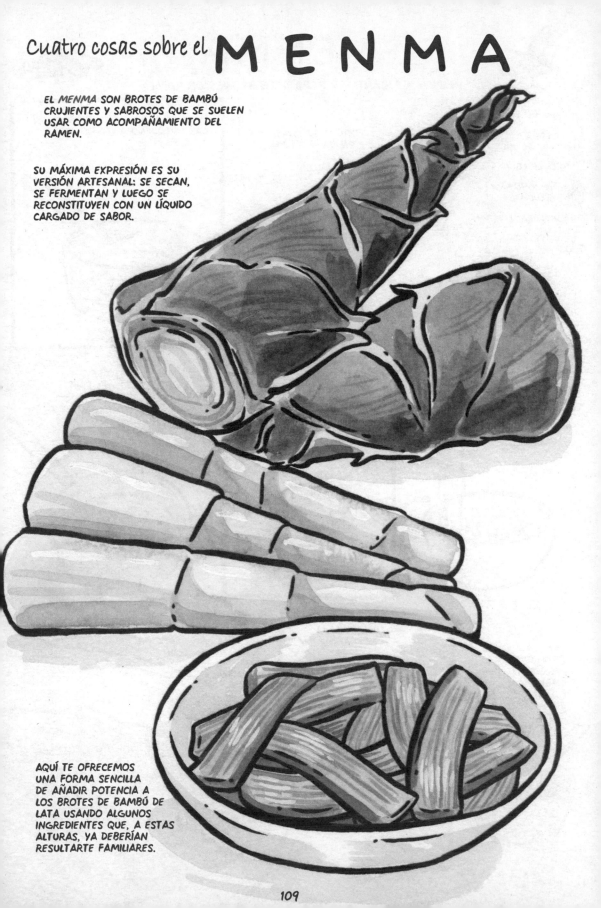

AQUÍ TE OFRECEMOS UNA FORMA SENCILLA DE AÑADIR POTENCIA A LOS BROTES DE BAMBÚ DE LATA USANDO ALGUNOS INGREDIENTES QUE, A ESTAS ALTURAS, YA DEBERÍAN RESULTARTE FAMILIARES.

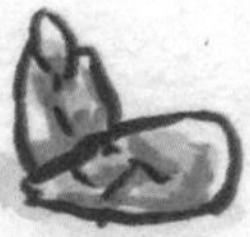

MENMA

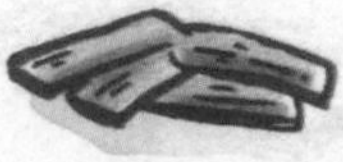

SUFICIENTE CANTIDAD PARA 6-8 TAZONES DE RAMEN

INGREDIENTES:

1 LATA DE BROTES DE BAMBÚ EN AGUA DE UNOS 230 G

1 TAZA DE AGUA

UNAS 2 CUCHARADAS DE *KATSUOBUSHI*

1/4 DE TAZA DE *MIRIN*

1/4 DE TAZA DE SALSA DE SOJA

1 DIENTE DE AJO APLASTADO CON EL LATERAL DE LA HOJA DEL CUCHILLO

1 CHILE DE ÁRBOL

1/4 DE TAZA DE SAKE (OPCIONAL)

ESCURRE EL BAMBÚ Y ENJUÁGALO BIEN.

RESÉRVALO.

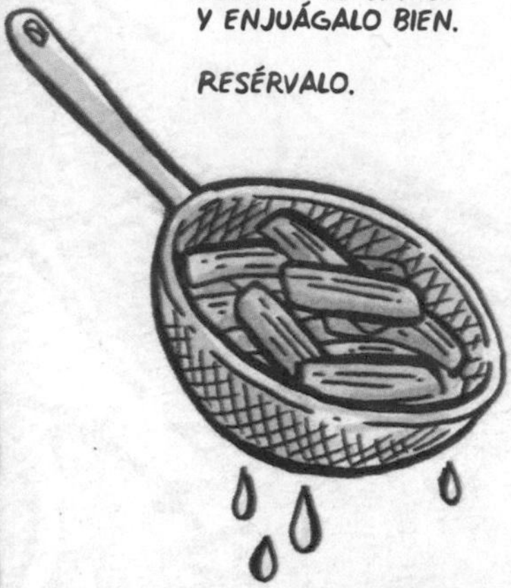

LLEVA EL AGUA A EBULLICIÓN EN UN CAZO PEQUEÑO A TEMPERATURA ALTA.

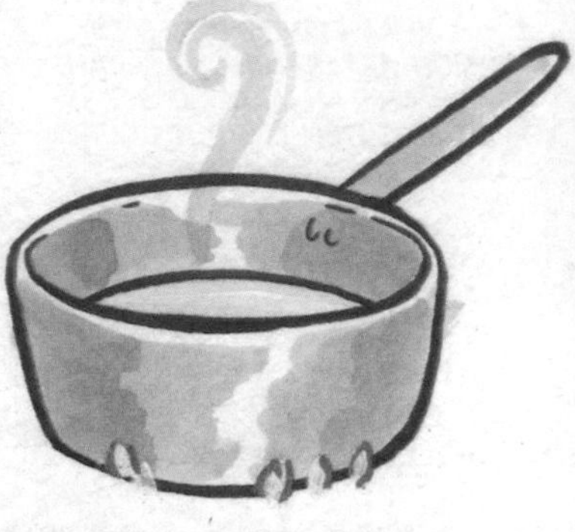

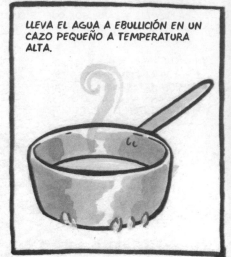

PON EL *KATSUOBUSHI* EN UN CUENCO PEQUEÑO Y CÚBRELO CON AGUA HIRVIENDO.

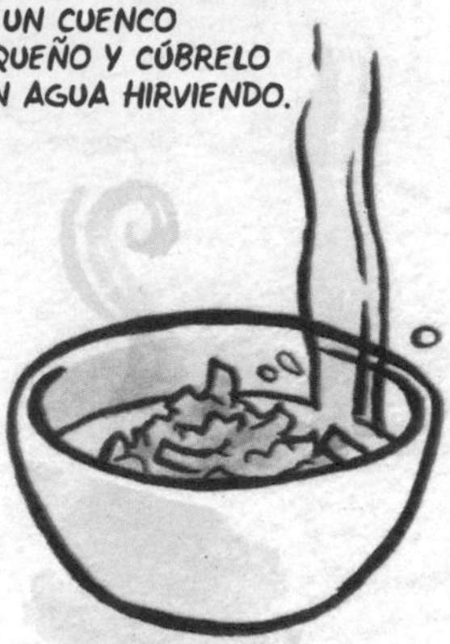

DEJA EN INFUSIÓN DURANTE 10 MINUTOS Y LUEGO CUELA EL LÍQUIDO DE VUELTA AL CAZO. DESECHA EL *KATSUOBUSHI*.

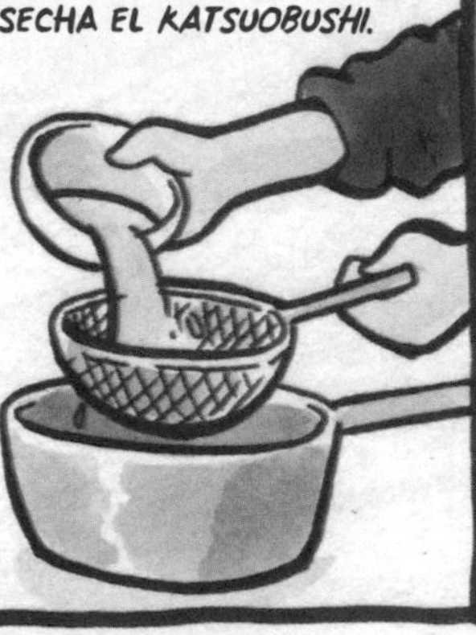

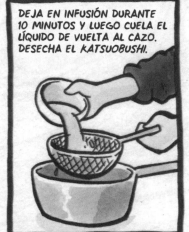

AÑADE EL RESTO DE INGREDIENTES Y EL BAMBÚ AL LÍQUIDO DEL CAZO Y LLEVA A EBULLICIÓN SUAVE A TEMPERATURA MEDIA-ALTA.

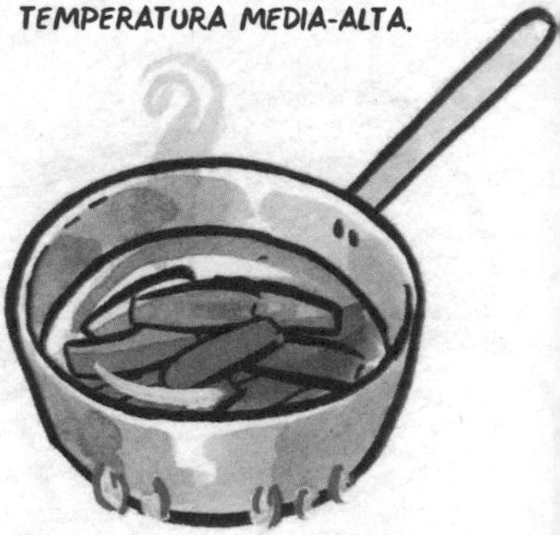

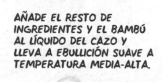

BAJA LA TEMPERATURA PARA MANTENER UN BURBUJEO Y CUECE DURANTE 10 MINUTOS.

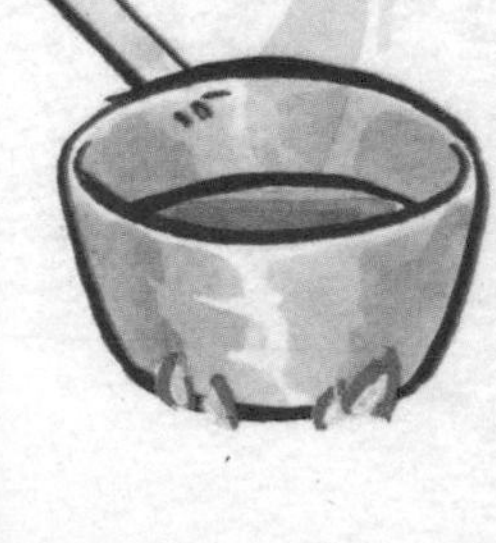

RETIRA DEL FUEGO Y DEJA ENFRIAR A TEMPERATURA AMBIENTE.

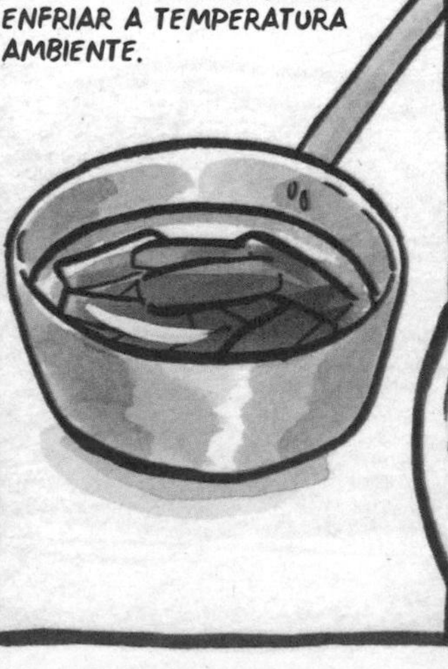

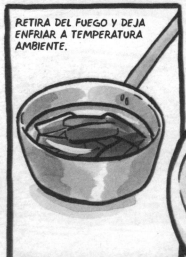

USA UNAS LÁMINAS DE *MENMA* PARA COLOCARLAS ENCIMA DEL RAMEN Y GUARDA EL SOBRANTE EN LA NEVERA EN EL PROPIO LÍQUIDO DE COCCIÓN DURANTE UN MÁXIMO DE 1 SEMANA.

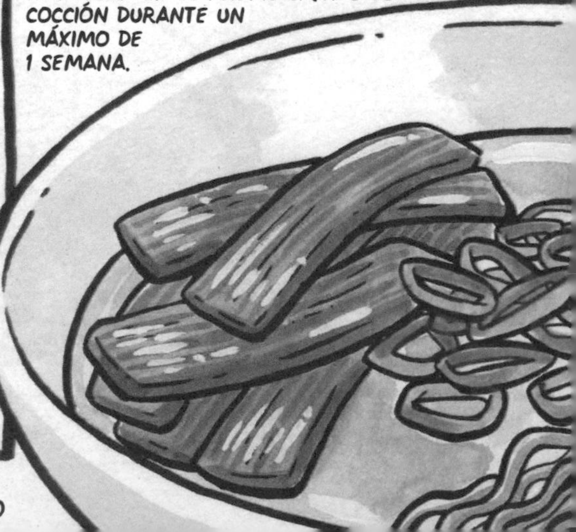

SETAS SHIITAKE ENCURTIDAS

PARA UNAS 2 TAZAS

INGREDIENTES:

UNAS 2 TAZAS DE LAS SETAS *SHIITAKE* RESERVADAS DEL *DASHI* (PÁG. 45) O DEL CALDO DE *YASAI* (PÁG. 60) O 55 G DE *SHIITAKE* DESHIDRATADAS (HIDRATADAS SUMERGIÉNDOLAS EN AGUA CALIENTE DURANTE 15 MINUTOS), EN LÁMINAS

1/2 TAZA DE VINAGRE DE VINO DE ARROZ

1/4 DE TAZA DE SALSA DE SOJA

1/4 DE TAZA DE AGUA

1 TROZO DE JENGIBRE FRESCO DE UNOS 2,5 CM, PELADO Y RALLADO CON UN RALLADOR DE TIPO LIMA (OPCIONAL)

PON LAS SETAS EN UN RECIPIENTE RESISTENTE AL CALOR.

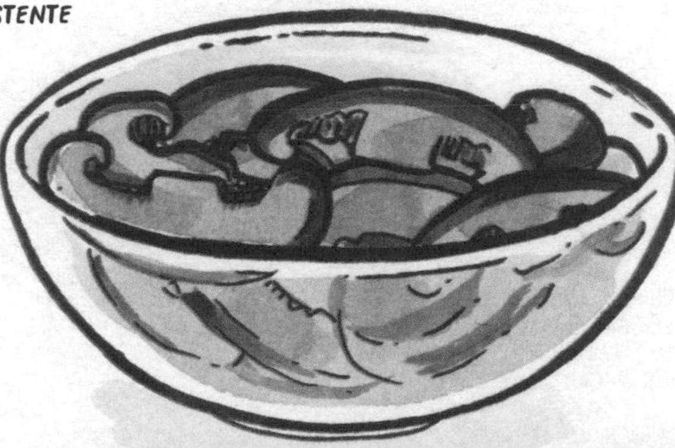

PON EL RESTO DE INGREDIENTES EN UN CAZO PEQUEÑO A FUEGO FUERTE.

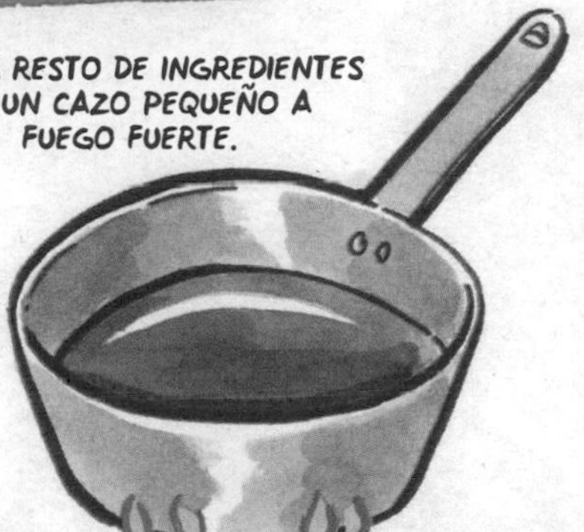

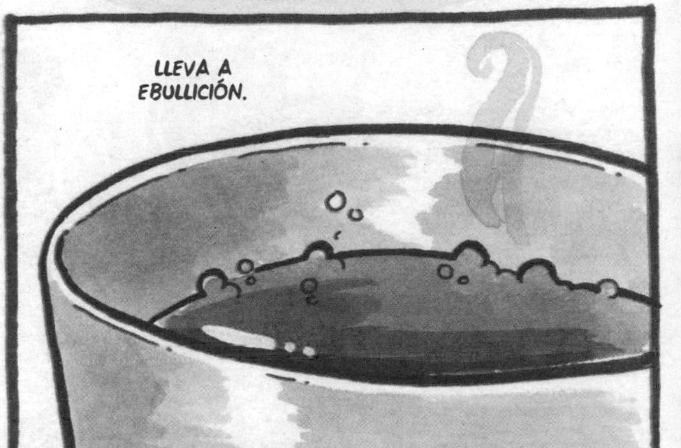
LLEVA A EBULLICIÓN.

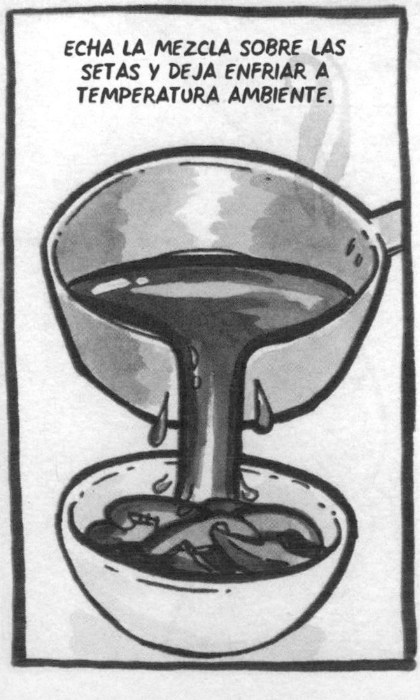
ECHA LA MEZCLA SOBRE LAS SETAS Y DEJA ENFRIAR A TEMPERATURA AMBIENTE.

USA AL MOMENTO O TÁPALO BIEN Y GUARDA EN LA NEVERA HASTA 1 SEMANA.

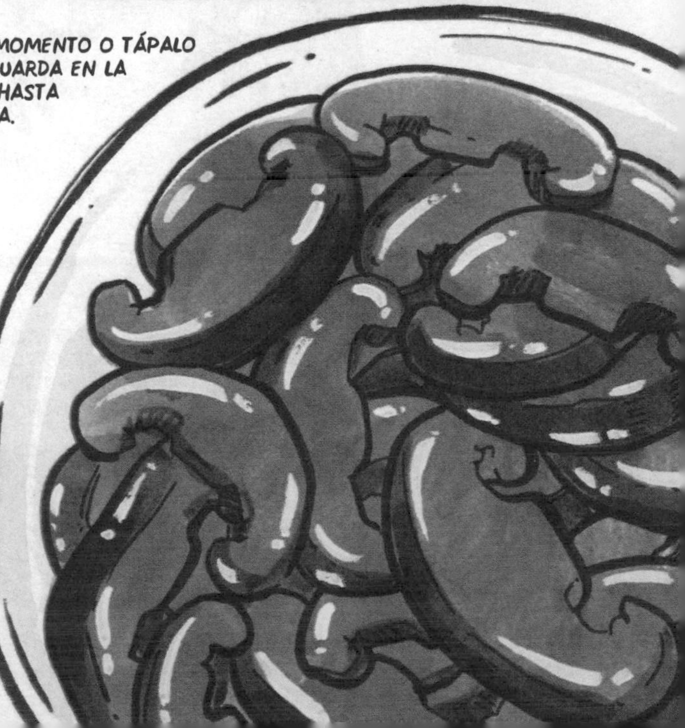

Cuatro cosas sobre las VERDURAS HECHAS AL WOK

AQUÍ TIENES UNA GUÍA SOBRE UNAS CUANTAS TÉCNICAS GRACIAS A LAS CUALES PODRÁS AÑADIR VERDURAS CRUJIENTES Y LIGERAS A TU RAMEN.

ELIGE Y COMBINA COMO DESEES, COORDINANDO LOS TAMAÑOS, FORMAS DE COCINAR Y TIEMPOS.

EL SALTEADO RÁPIDO CON RESULTADOS CRUJIENTES ES PARA LAS VERDURAS MÁS DELGADAS.

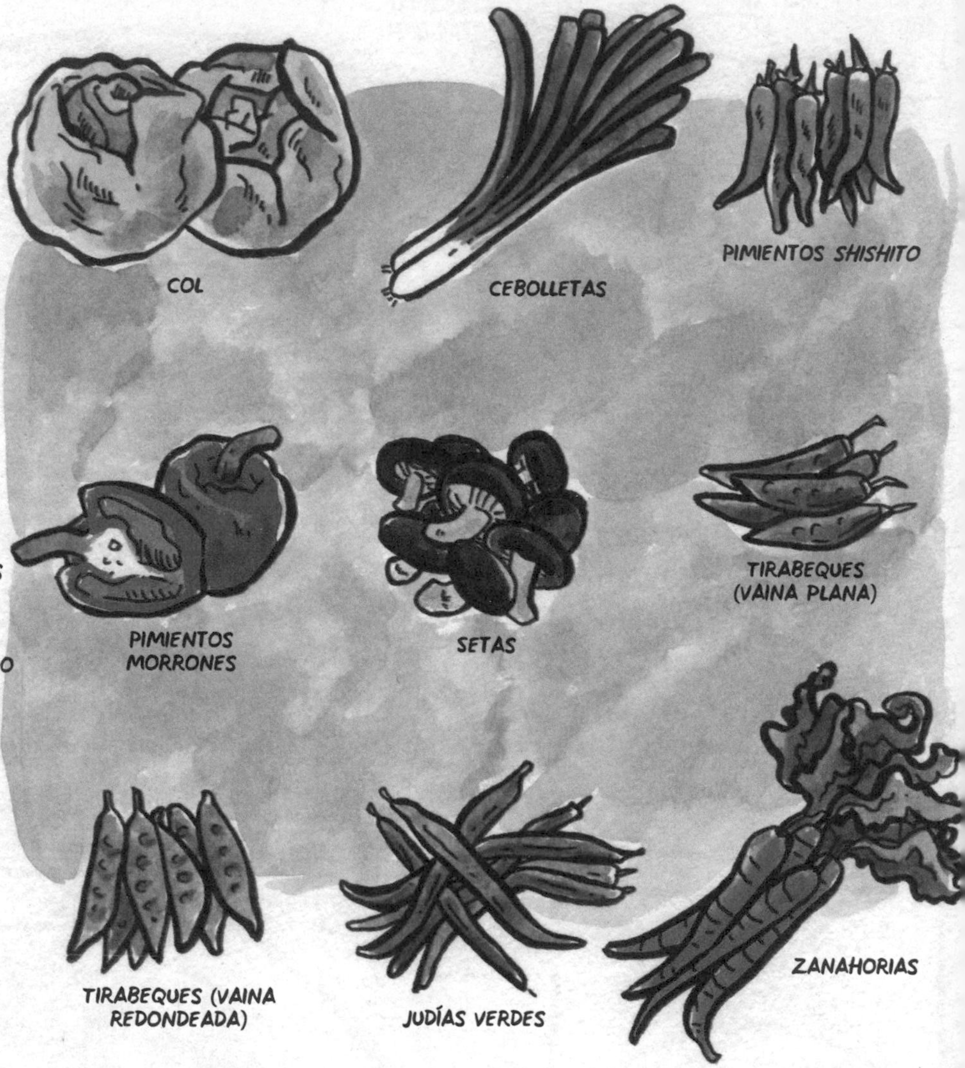
COL
CEBOLLETAS
PIMIENTOS *SHISHITO*
PIMIENTOS MORRONES
SETAS
TIRABEQUES (VAINA PLANA)
TIRABEQUES (VAINA REDONDEADA)
JUDÍAS VERDES
ZANAHORIAS

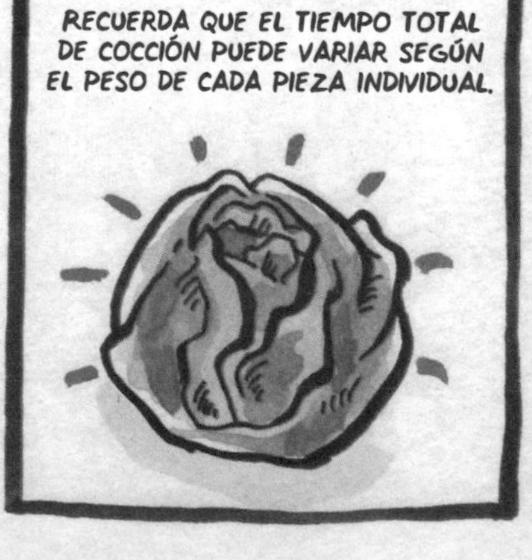
RECUERDA QUE EL TIEMPO TOTAL DE COCCIÓN PUEDE VARIAR SEGÚN EL PESO DE CADA PIEZA INDIVIDUAL.

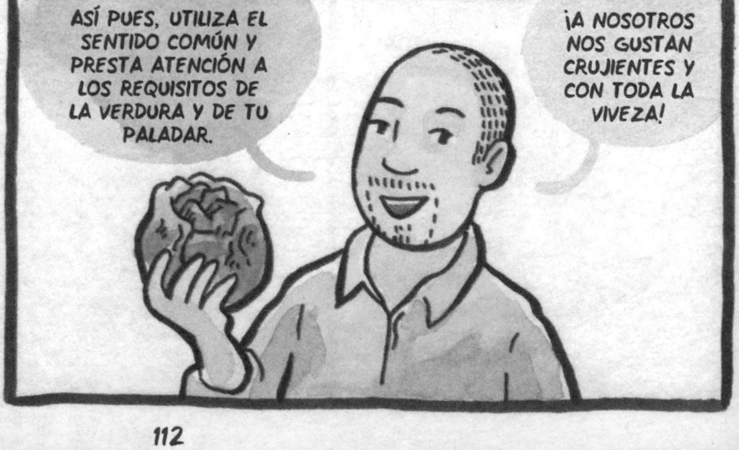
ASÍ PUES, UTILIZA EL SENTIDO COMÚN Y PRESTA ATENCIÓN A LOS REQUISITOS DE LA VERDURA Y DE TU PALADAR.
¡A NOSOTROS NOS GUSTAN CRUJIENTES Y CON TODA LA VIVEZA!

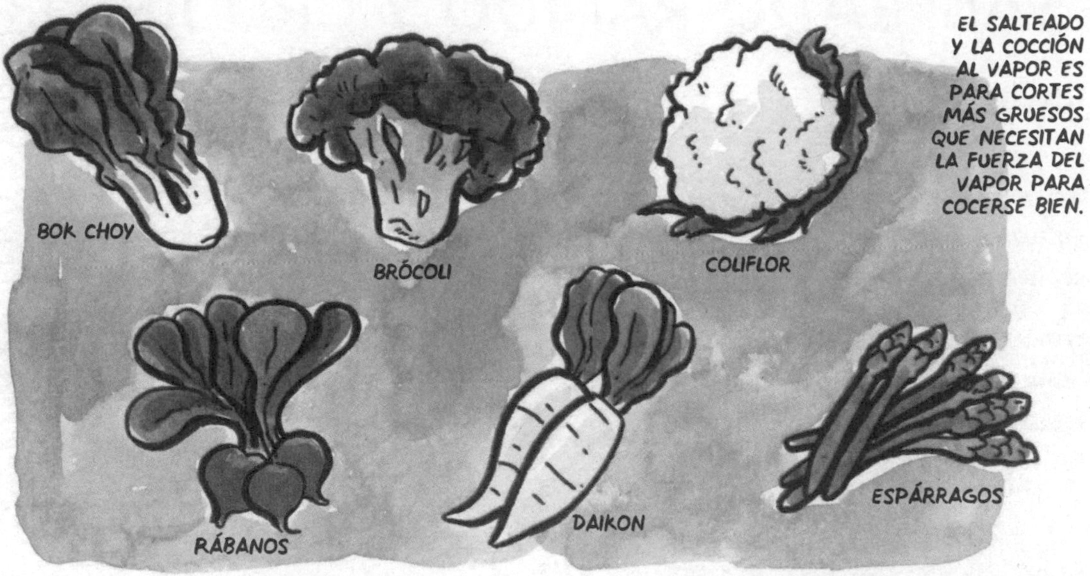
EL SALTEADO Y LA COCCIÓN AL VAPOR ES PARA CORTES MÁS GRUESOS QUE NECESITAN LA FUERZA DEL VAPOR PARA COCERSE BIEN.
BOK CHOY
BRÓCOLI
COLIFLOR
RÁBANOS
DAIKON
ESPÁRRAGOS

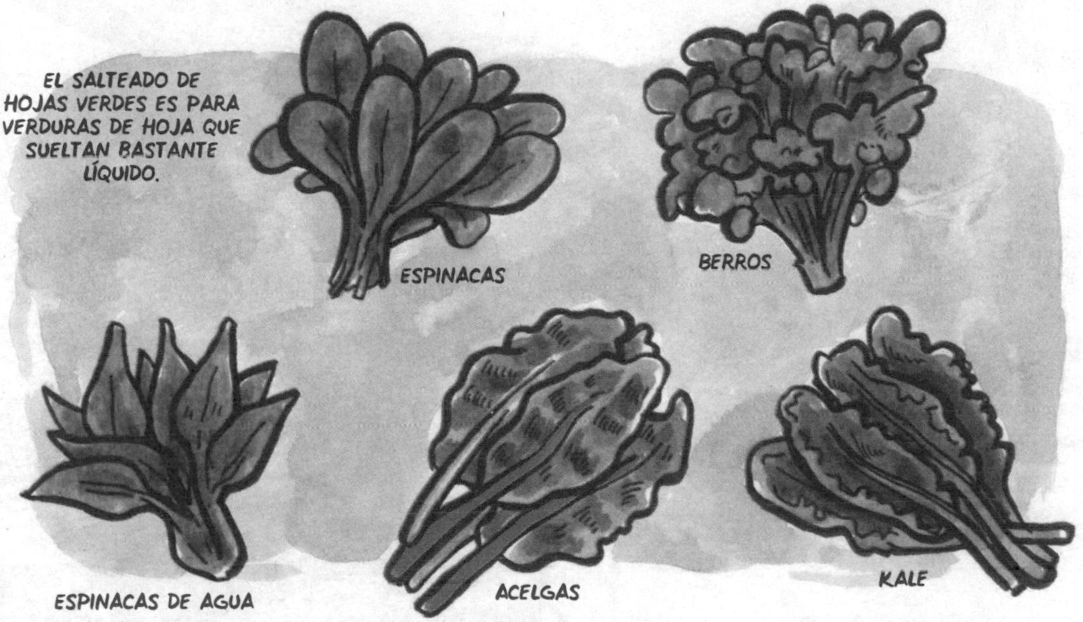
EL SALTEADO DE HOJAS VERDES ES PARA VERDURAS DE HOJA QUE SUELTAN BASTANTE LÍQUIDO.
ESPINACAS
BERROS
ESPINACAS DE AGUA
ACELGAS
KALE

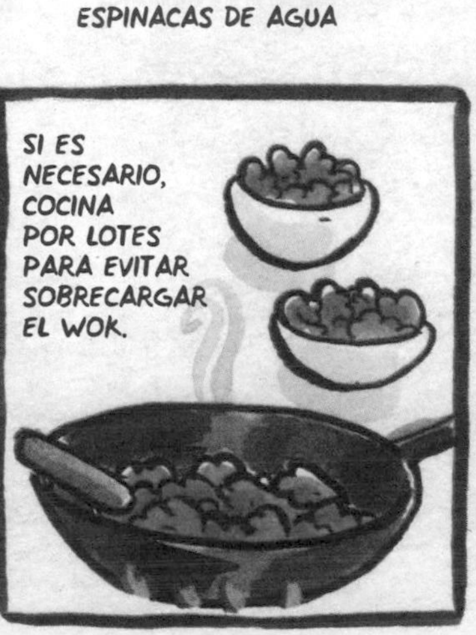
SI ES NECESARIO, COCINA POR LOTES PARA EVITAR SOBRECARGAR EL WOK.

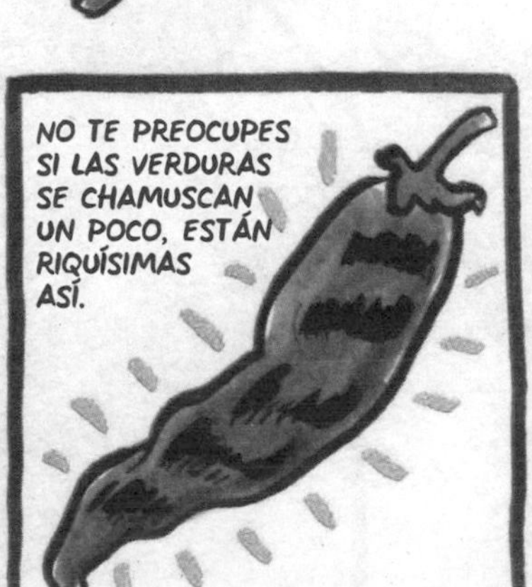
NO TE PREOCUPES SI LAS VERDURAS SE CHAMUSCAN UN POCO, ESTÁN RIQUÍSIMAS ASÍ.

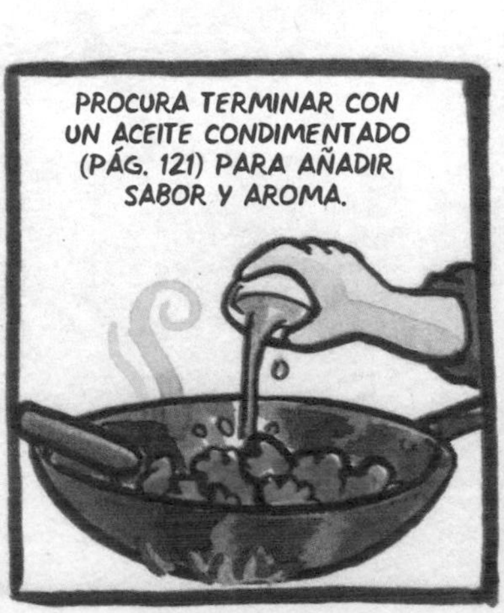
PROCURA TERMINAR CON UN ACEITE CONDIMENTADO (PÁG. 121) PARA AÑADIR SABOR Y AROMA.

SALTEADO RÁPIDO Y CRUJIENTE

PARA UNAS 4 RACIONES

INGREDIENTES:

2 CUCHARADAS DE ACEITE DE CANOLA O DE GRASA DE POLLO O CERDO (PÁGS. 42-43)

1 O 2 TAZAS A ELEGIR ENTRE:

COL, CORTADA A DADOS DE UNOS 2,5 CM

CEBOLLETAS, LIMPIAS Y CORTADAS EN TROZOS DE ENTRE 2,5 Y 5 CM

PIMIENTOS *SHISHITO*

PIMIENTOS MORRONES, DESPEPITADOS Y CORTADOS A TIRAS

SETAS DE UNOS 1,5 CM DE ANCHO, CORTADOS EN TROZOS DE NO MÁS DE 2,5 CM DE LARGO

TIRABEQUES DE VAINA LARGA, CON EL PEDÚNCULO Y LA HEBRA CORTADOS

TIRABEQUES DE VAINA REDONDEADA, CON EL PEDÚNCULO Y LA HEBRA CORTADOS

JUDÍAS VERDES, CON EL PEDÚNCULO Y LA HEBRA CORTADOS

ZANAHORIAS, CORTADAS EN DIAGONAL DE UNOS 0,5 CM DE GROSOR

SAL

CALIENTA UN WOK O UNA SARTÉN DE HIERRO COLADO A FUEGO VIVO.

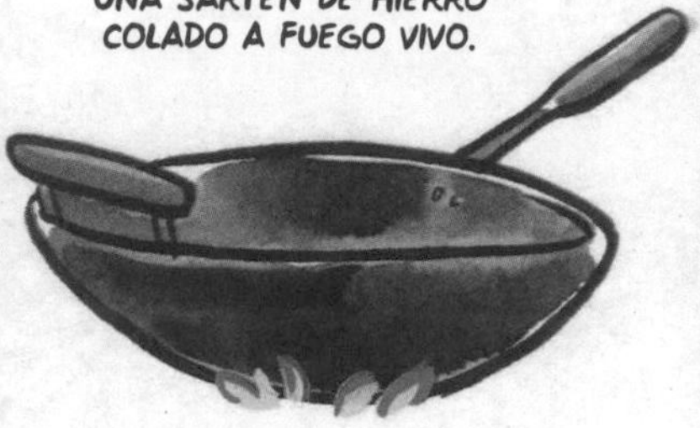

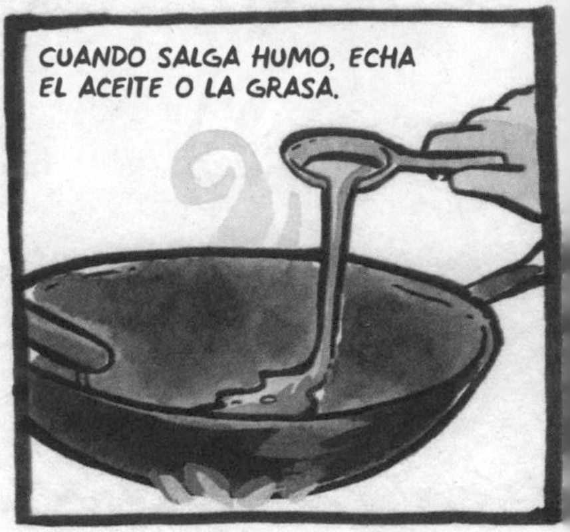
CUANDO SALGA HUMO, ECHA EL ACEITE O LA GRASA.

INCORPORA LAS VERDURAS QUE HAYAS ELEGIDO Y SALA.

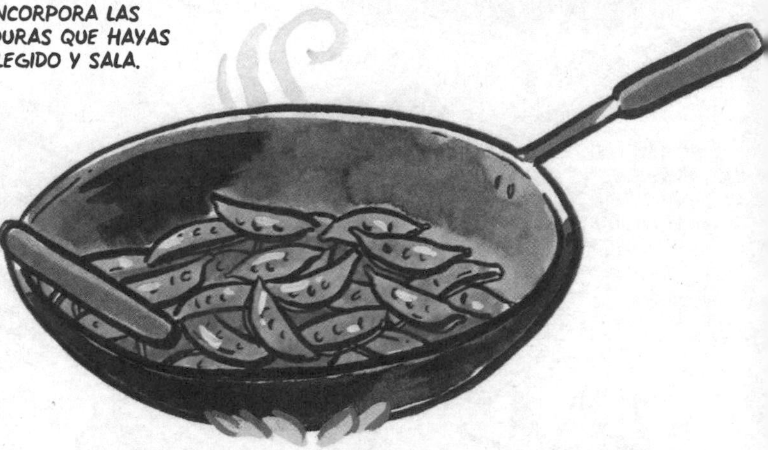

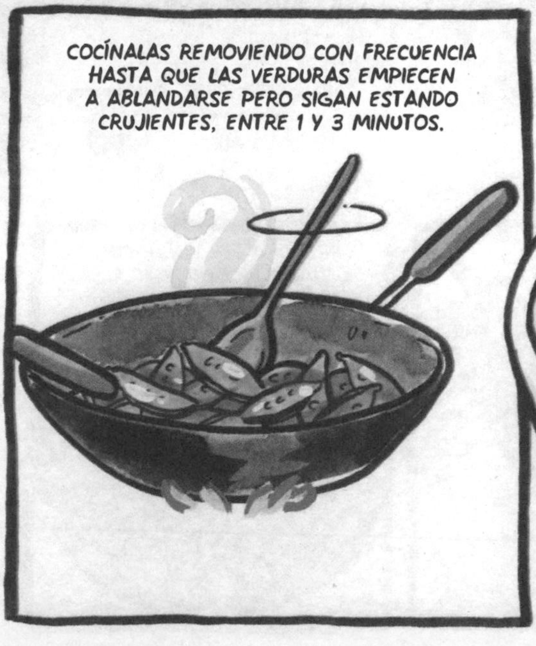
COCÍNALAS REMOVIENDO CON FRECUENCIA HASTA QUE LAS VERDURAS EMPIECEN A ABLANDARSE PERO SIGAN ESTANDO CRUJIENTES, ENTRE 1 Y 3 MINUTOS.

SERVIR SOBRE EL RAMEN ENSEGUIDA.

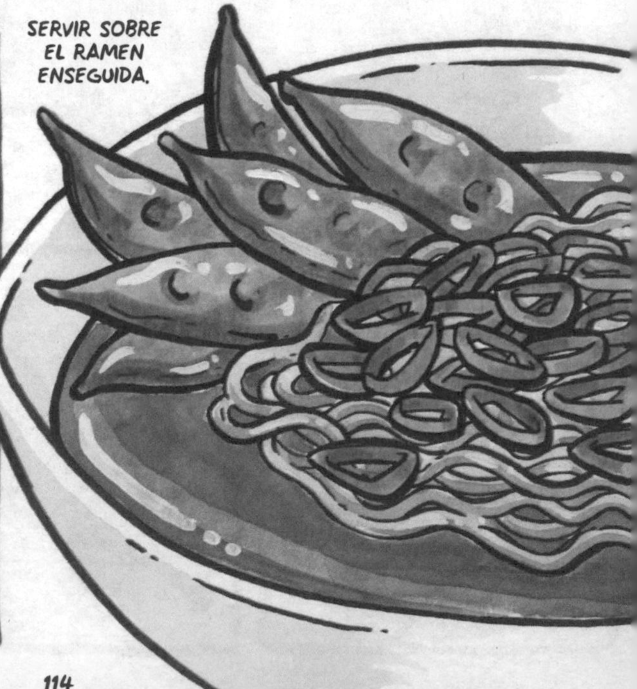

SALTEADO Y COCCIÓN AL VAPOR

PARA UNAS 4 RACIONES

INGREDIENTES:

2 CUCHARADAS DE ACEITE DE CANOLA O DE GRASA DE POLLO O DE CERDO (PÁGS. 42-43)

1 O 2 TAZAS A ELEGIR ENTRE:

BOK CHOY, LIMPIO Y TROCEADO

FLORETES DE BRÓCOLI

FLORETES DE COLIFLOR

RÁBANOS, A CUARTOS

DAIKON, PELADO Y CORTADO EN MEDIAS LUNAS DE UNOS 1,5 CM DE GROSOR

ESPÁRRAGOS, CORTADOS EN TROZOS DE ENTRE 2,5 Y 5 CM

SAL AL GUSTO

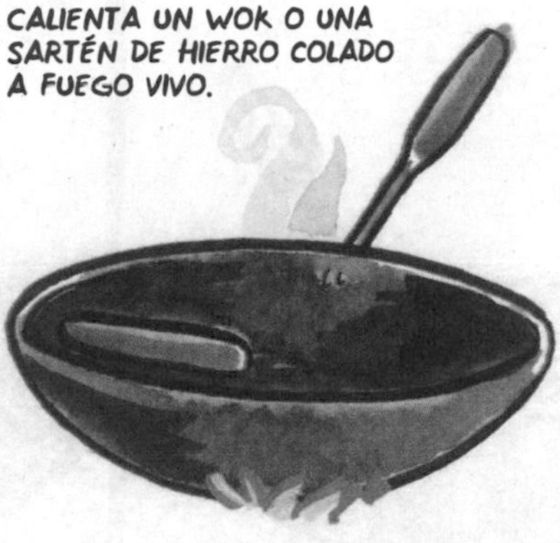
CALIENTA UN WOK O UNA SARTÉN DE HIERRO COLADO A FUEGO VIVO.

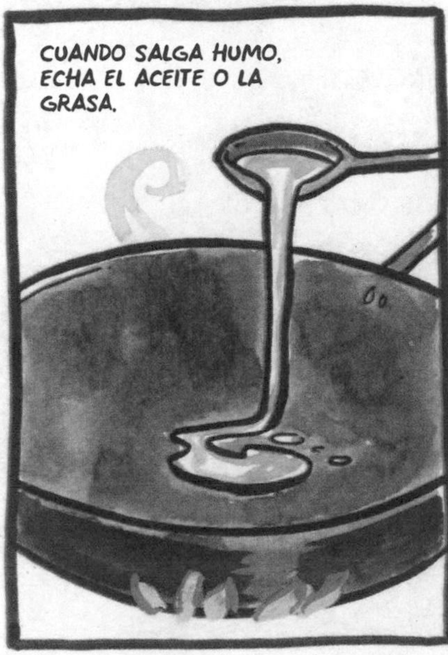
CUANDO SALGA HUMO, ECHA EL ACEITE O LA GRASA.

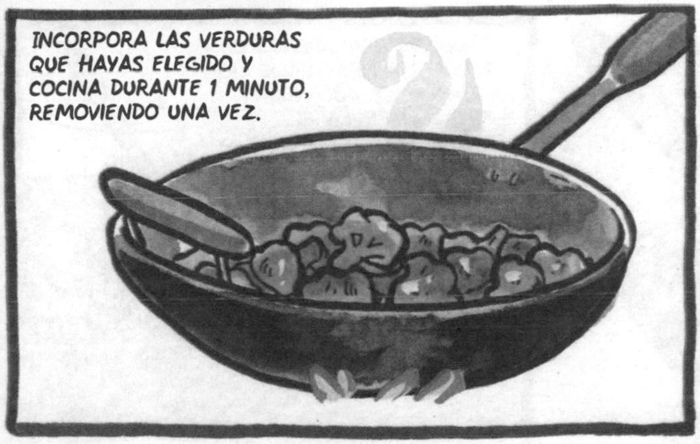
INCORPORA LAS VERDURAS QUE HAYAS ELEGIDO Y COCINA DURANTE 1 MINUTO, REMOVIENDO UNA VEZ.

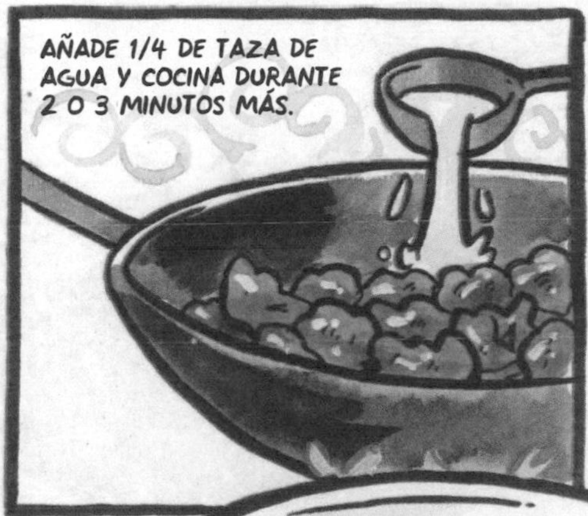
AÑADE 1/4 DE TAZA DE AGUA Y COCINA DURANTE 2 O 3 MINUTOS MÁS.

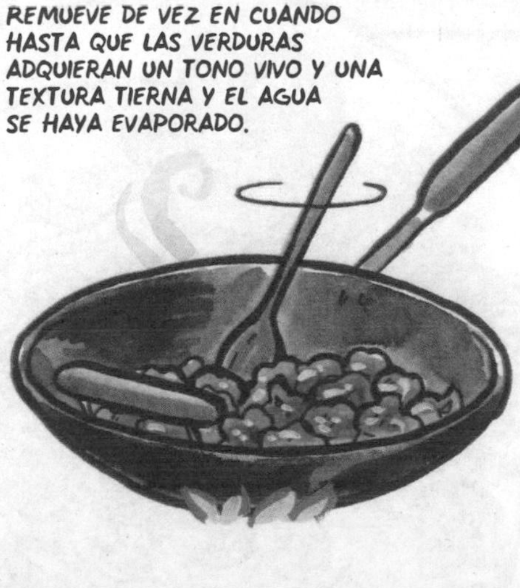
REMUEVE DE VEZ EN CUANDO HASTA QUE LAS VERDURAS ADQUIERAN UN TONO VIVO Y UNA TEXTURA TIERNA Y EL AGUA SE HAYA EVAPORADO.

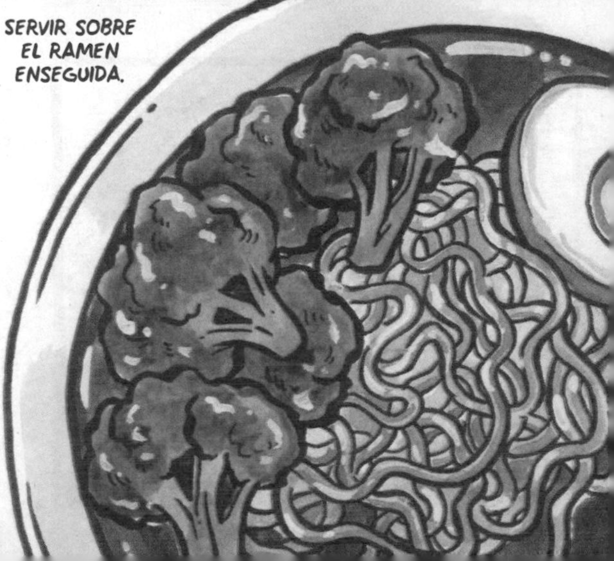
SERVIR SOBRE EL RAMEN ENSEGUIDA.

SALTEADO DE HOJAS VERDES

PARA UNAS 4 RACIONES

INGREDIENTES:

ENTRE 6 Y 10 TAZAS A ELEGIR ENTRE:

ESPINACAS, TROCEADAS

BERROS, TROCEADOS

ESPINACAS DE AGUA, TROCEADAS

ACELGAS, SIN EL TALLO Y CON LAS HOJAS TROCEADAS

KALE, SIN EL TALLO Y CON LAS HOJAS TROCEADAS

SAL

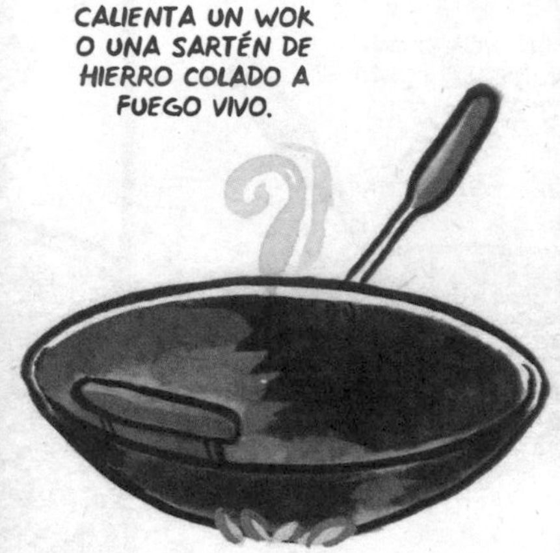
CALIENTA UN WOK O UNA SARTÉN DE HIERRO COLADO A FUEGO VIVO.

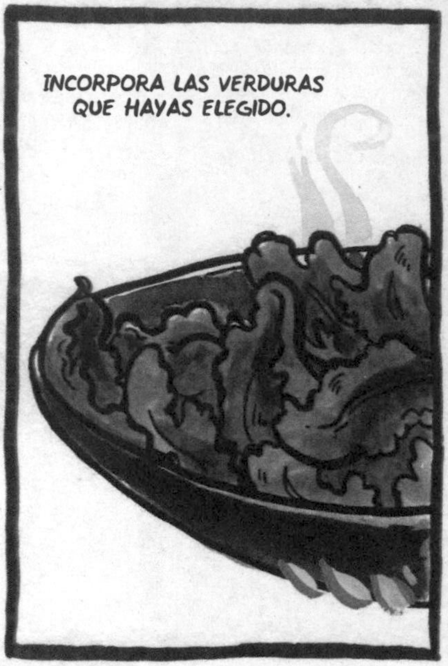
INCORPORA LAS VERDURAS QUE HAYAS ELEGIDO.

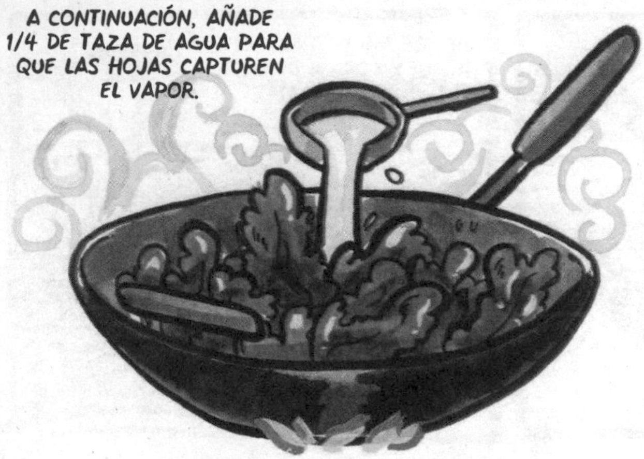
A CONTINUACIÓN, AÑADE 1/4 DE TAZA DE AGUA PARA QUE LAS HOJAS CAPTUREN EL VAPOR.

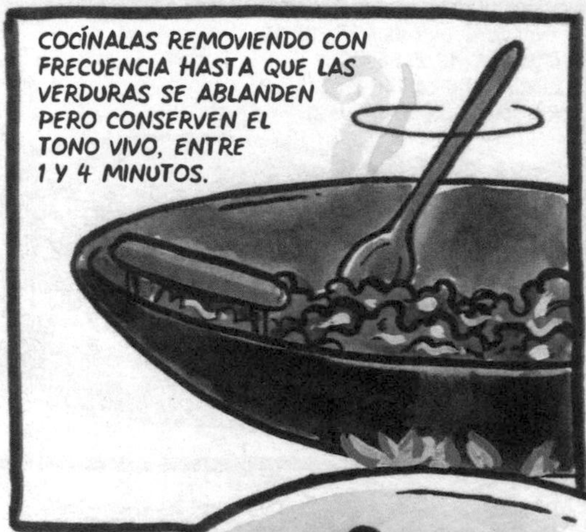
COCÍNALAS REMOVIENDO CON FRECUENCIA HASTA QUE LAS VERDURAS SE ABLANDEN PERO CONSERVEN EL TONO VIVO, ENTRE 1 Y 4 MINUTOS.

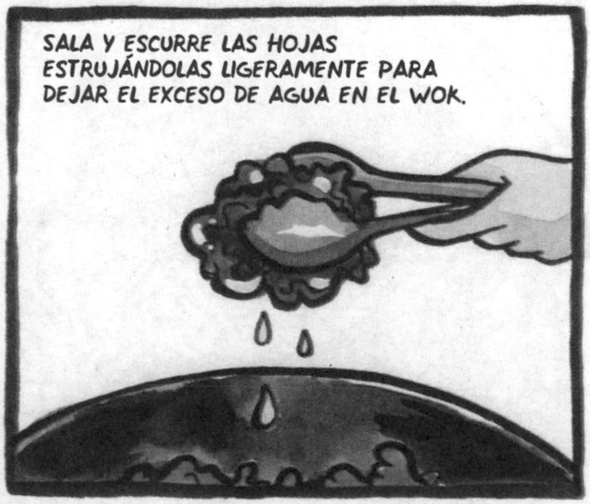
SALA Y ESCURRE LAS HOJAS ESTRUJÁNDOLAS LIGERAMENTE PARA DEJAR EL EXCESO DE AGUA EN EL WOK.

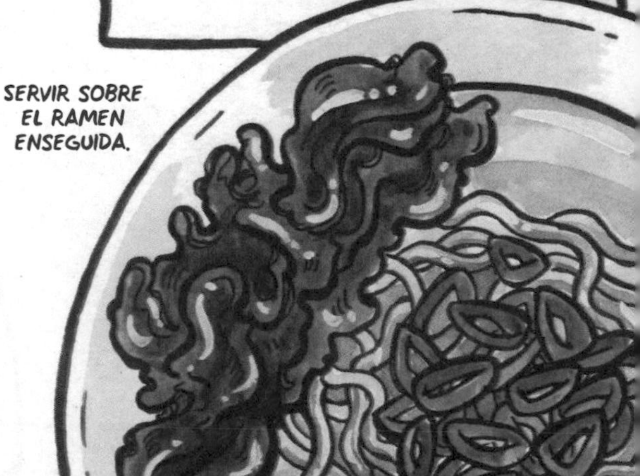
SERVIR SOBRE EL RAMEN ENSEGUIDA.

PIEL CRUJIENTE DE POLLO

PARA 4

INGREDIENTES:

4 PIELES ENTERAS DE MUSLO DE POLLO (CRUDAS O DE POLLO DESMENUZADO, PÁG. 94, DEL RAMEN DE POLLO ESTOFADO CON *KIMCHI*, PÁG. 156, O DEL RAMEN DE POLLO EN ADOBO, PÁG. 163)

1/2 CUCHARADITA DE SAL

SHICHIMI TOGARASHI AL GUSTO (VER LA DESPENSA, PÁG. 17)

PRECALIENTA EL HORNO A 175 ºC.

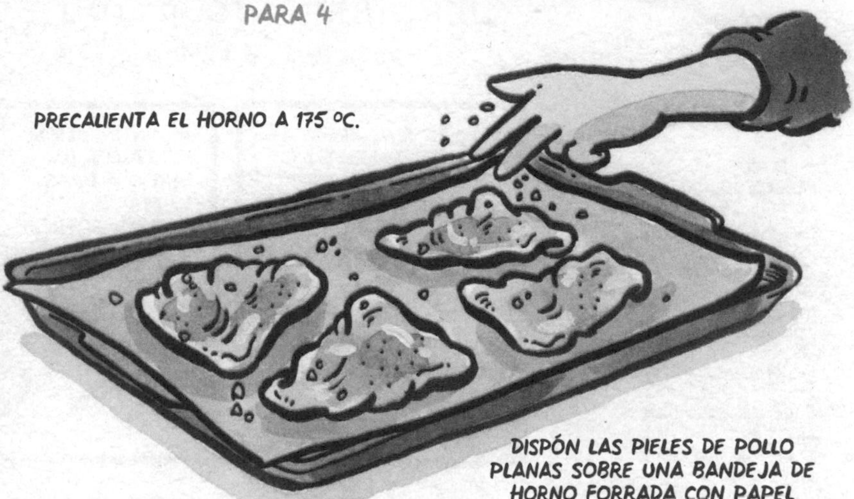

DISPÓN LAS PIELES DE POLLO PLANAS SOBRE UNA BANDEJA DE HORNO FORRADA CON PAPEL DE HORNEAR Y SÁLALAS.

CÚBRELAS CON OTRO PAPEL DE HORNEAR Y PON ENCIMA OTRA BANDEJA DE HORNO PARA EVITAR QUE SE ENROLLEN AL COCINARSE.

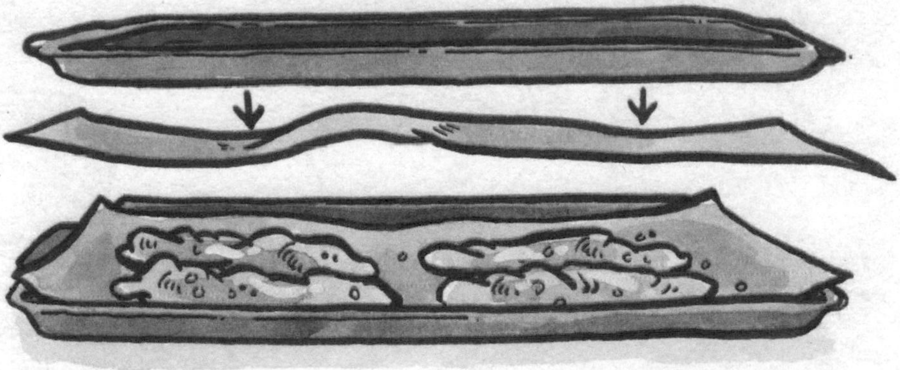

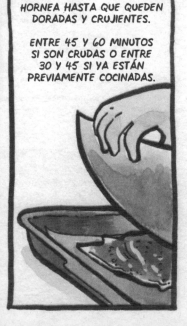

HORNEA HASTA QUE QUEDEN DORADAS Y CRUJIENTES.

ENTRE 45 Y 60 MINUTOS SI SON CRUDAS O ENTRE 30 Y 45 SI YA ESTÁN PREVIAMENTE COCINADAS.

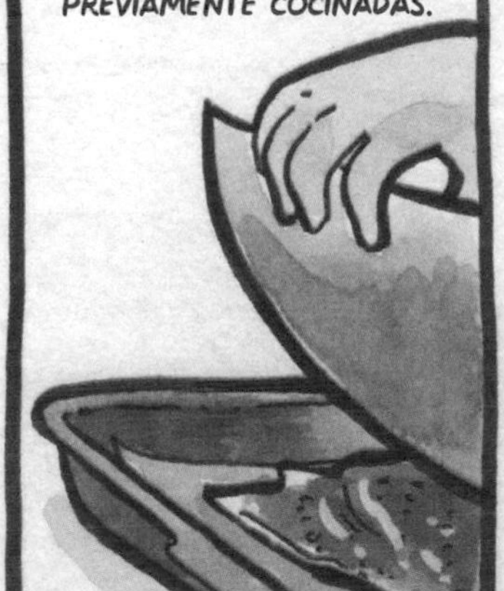

ESPOLVOREA *SHICHIMI TOGARASHI* POR ENCIMA Y CONSÚMELAS AL MOMENTO COMO DECORACIÓN PARA EL RAMEN O DE PICOTEO.

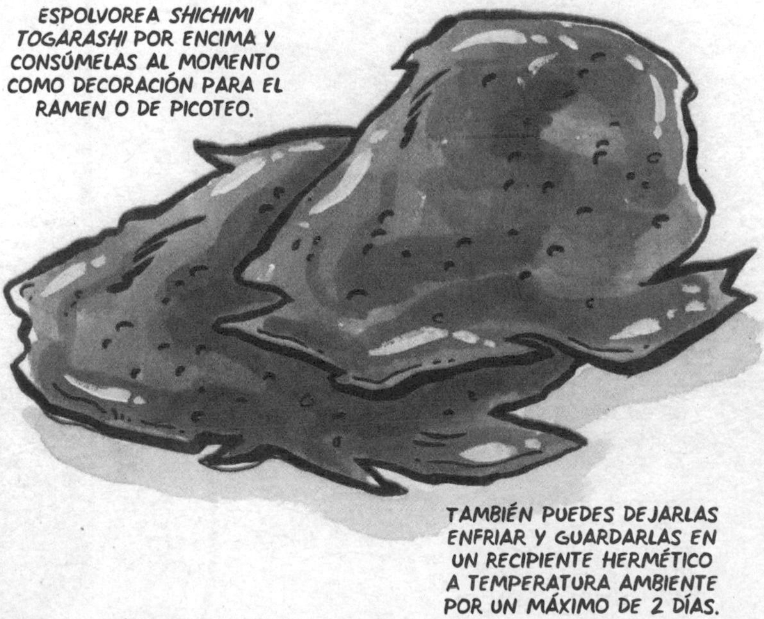

TAMBIÉN PUEDES DEJARLAS ENFRIAR Y GUARDARLAS EN UN RECIPIENTE HERMÉTICO A TEMPERATURA AMBIENTE POR UN MÁXIMO DE 2 DÍAS.

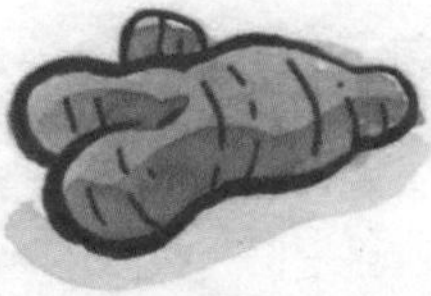

GARI
(JENGIBRE ENCURTIDO)

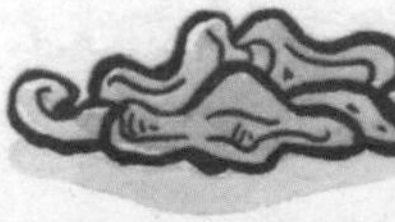

PARA UNAS 6 RACIONES

INGREDIENTES:

3 TROZOS DE JENGIBRE FRESCO DE UNOS 7,5 CM, LO MÁS SÓLIDOS Y RECTOS POSIBLE

1/2 TAZA DE AGUA

1/2 TAZA DE VINAGRE DE VINO DE ARROZ

1 CUCHARADA DE AZÚCAR

1 CUCHARADITA DE SAL

1 CHILE DE ÁRBOL

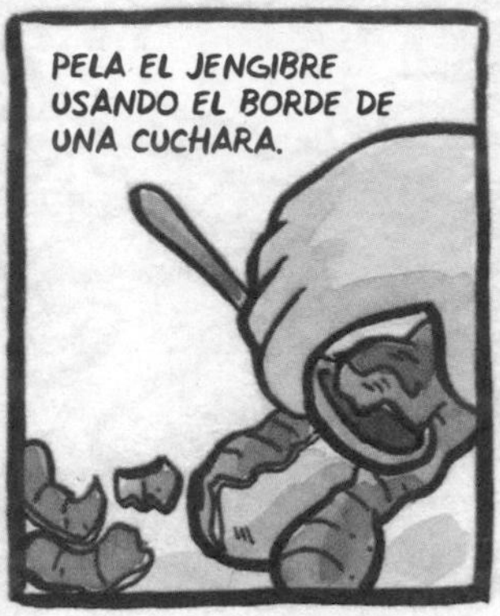
PELA EL JENGIBRE USANDO EL BORDE DE UNA CUCHARA.

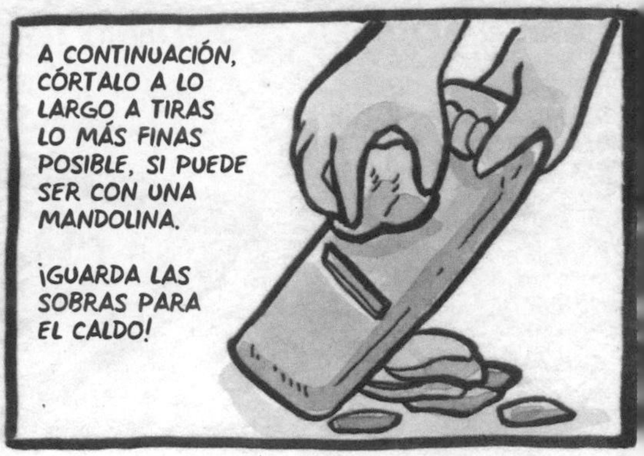
A CONTINUACIÓN, CÓRTALO A LO LARGO A TIRAS LO MÁS FINAS POSIBLE, SI PUEDE SER CON UNA MANDOLINA.
¡GUARDA LAS SOBRAS PARA EL CALDO!

A VECES PUEDES ENCONTRAR *BENI SHOGA* EN EL RAMEN (UN JENGIBRE ENCURTIDO ROJO Y DULCE HECHO CON EL LÍQUIDO DE CIRUELA ENCURTIDA CONOCIDA COMO *UMEBOSHI*).

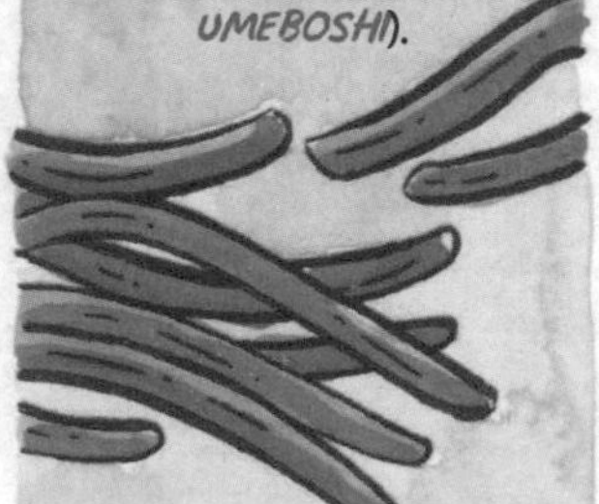

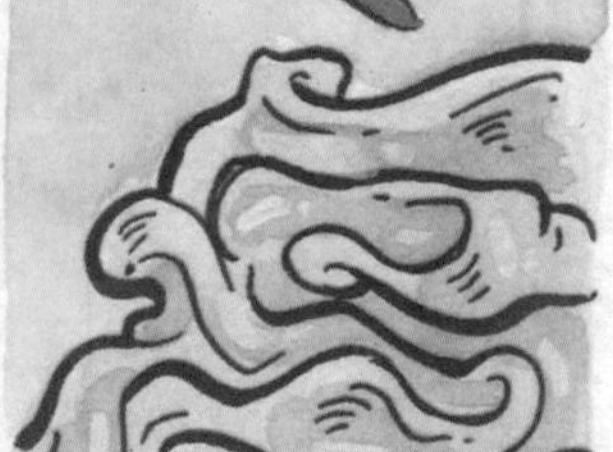

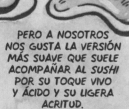

PERO A NOSOTROS NOS GUSTA LA VERSIÓN MÁS SUAVE QUE SUELE ACOMPAÑAR AL *SUSHI* POR SU TOQUE VIVO Y ÁCIDO Y SU LIGERA ACRITUD.

ESPECIALMENTE EN LOS CALDOS MÁS POTENTES COMO EL DEL *MISO* (PÁG. 48) O EL DE *TONKOTSU* (PÁG. 52).

COLOCA EL JENGIBRE EN UN RECIPIENTE PEQUEÑO RESISTENTE AL CALOR.

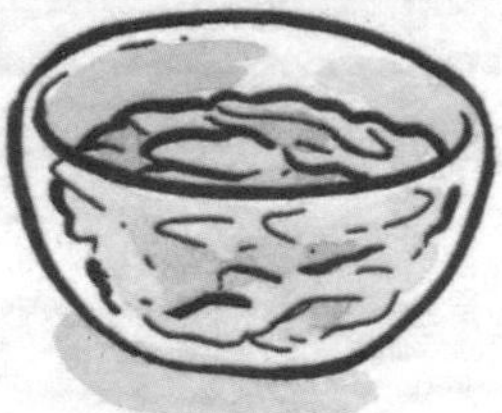

PON EL RESTO DE INGREDIENTES EN UN CAZO PEQUEÑO Y LLEVA A EBULLICIÓN SUAVE A FUEGO MEDIO-ALTO.

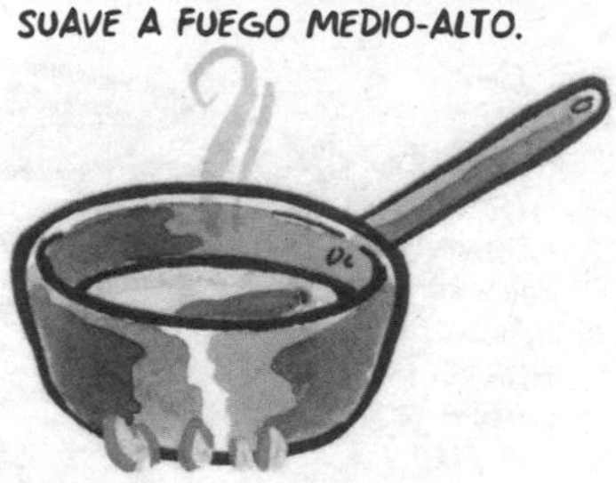

REMUEVE HASTA QUE LA SAL Y EL AZÚCAR SE HAYAN DISUELTO.

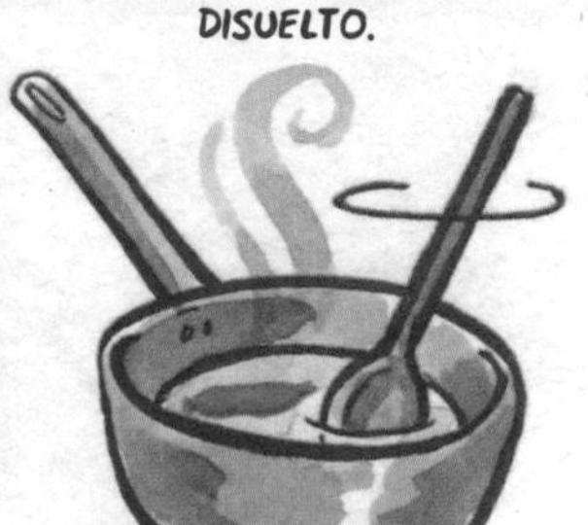

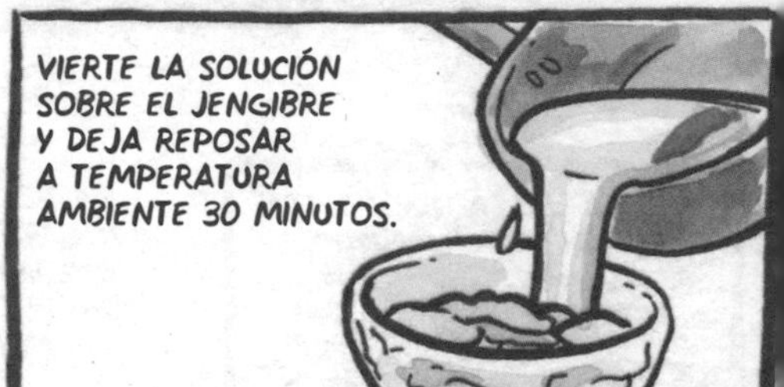
VIERTE LA SOLUCIÓN SOBRE EL JENGIBRE Y DEJA REPOSAR A TEMPERATURA AMBIENTE 30 MINUTOS.

EL *GARI* YA ESTÁ LISTO PARA DECORAR EL RAMEN: UNAS CUANTAS TIRAS POR PLATO SON SUFICIENTES, PERO TODO DEPENDE DE TUS GUSTOS.

GUARDA EL RESTO DE JENGIBRE ENCURTIDO EN SU LÍQUIDO EN LA NEVERA HASTA 1 MES.

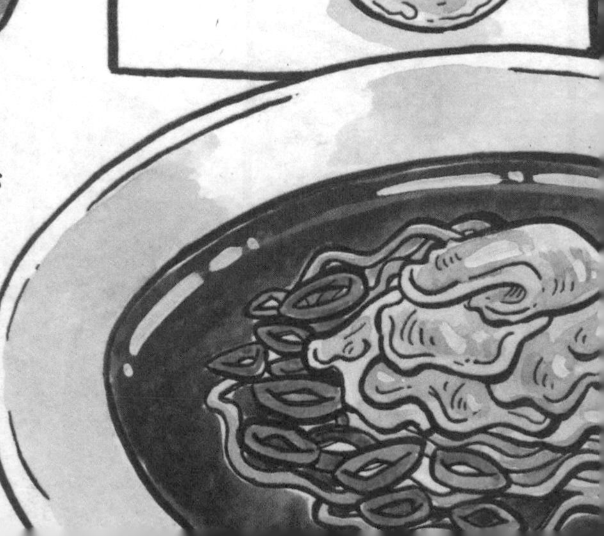

CHALOTA Y CEBOLLETA SOCARRADAS

PARA UNAS 4 RACIONES

INGREDIENTES:

1/4 DE TAZA DE ACEITE DE CANOLA

3 CHALOTAS GRANDES, PELADAS Y CORTADAS EN JULIANA (COMO 1,5 TAZAS)

1 MANOJO DE CEBOLLETAS, CON LA PARTE VERDE CORTADA FINAMENTE EN DIAGONAL Y LA PARTE BLANCA EN TROZOS MÁS GRUESOS, DE UNOS 0,5 CM, CADA UNA POR SEPARADO

1 CUCHARADITA DE CHILE ROJO PICANTE FRESCO PICADO (OPCIONAL)

1 CUCHARADA DE *MIRIN*

2 CUCHARADAS DE SALSA DE SOJA

2 CUCHARADITAS DE ACEITE DE SÉSAMO

1 CUCHARADITA DE VINAGRE DE VINO DE ARROZ

ESTA GUARNICIÓN PARA RAMEN SE PREPARA ENSEGUIDA Y APORTA MUCHO SABOR AL PLATO.

¡TEN PACIENCIA EN LOS INTERVALOS EN QUE NO REMUEVES PARA QUE LAS CHALOTAS ADQUIERAN ESE PUNTITO LIGERAMENTE CARBONIZADO!

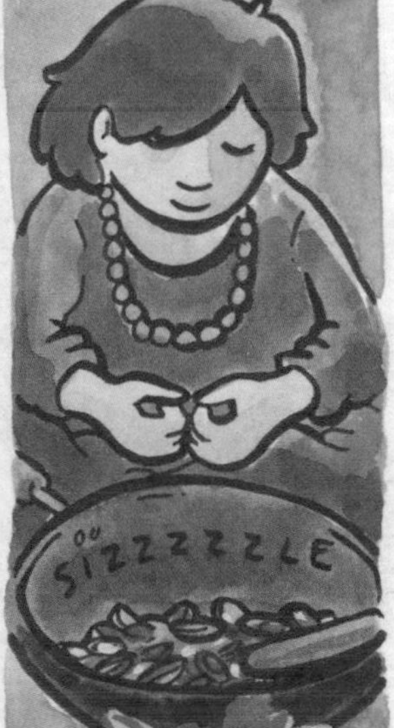
SIZZZZZLE

CALIENTA UN WOK O UNA SARTÉN DE HIERRO COLADO A FUEGO VIVO HASTA QUE EMPIECE A SALIR HUMO.

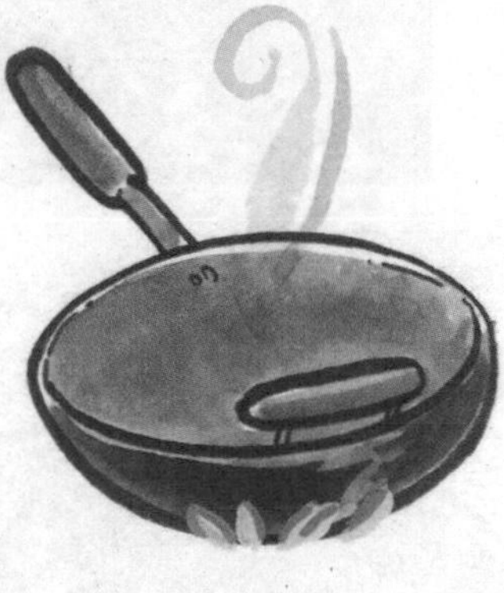

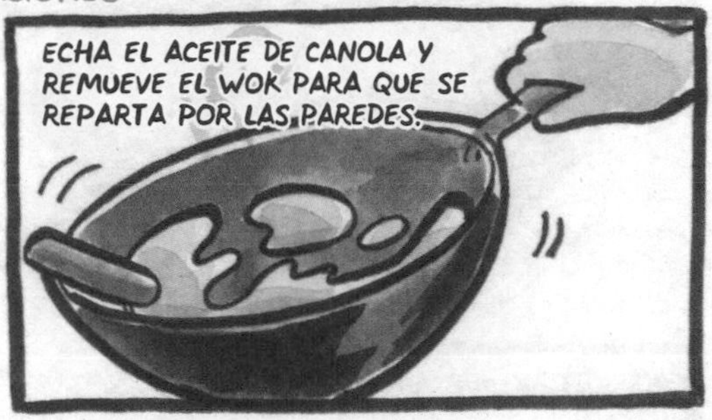
ECHA EL ACEITE DE CANOLA Y REMUEVE EL WOK PARA QUE SE REPARTA POR LAS PAREDES.

INCORPORA LA CHALOTA FORMANDO UNA CAPA UNIFORME.

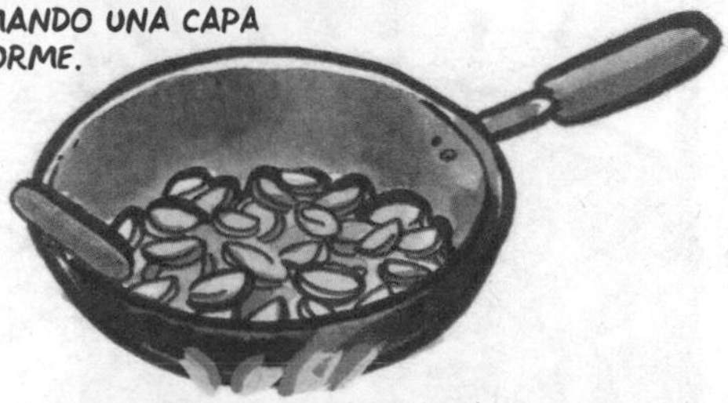

DEJA REPOSAR 30 SEGUNDOS.

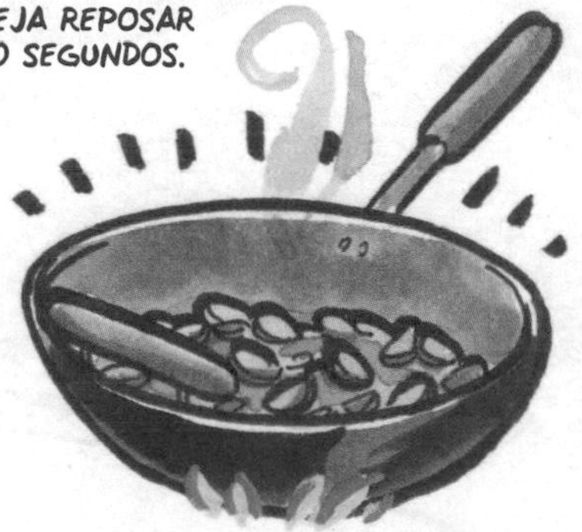

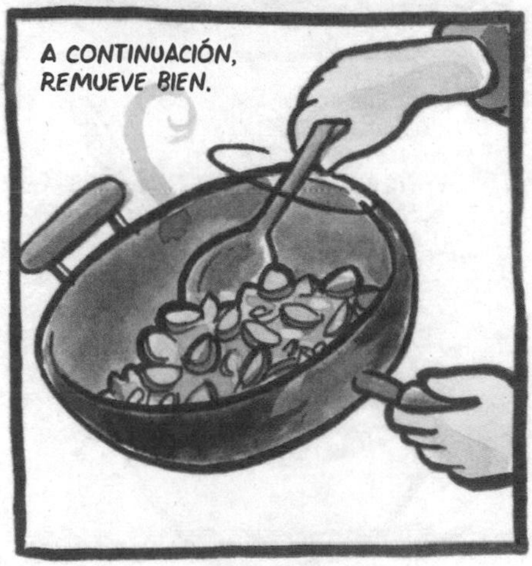
A CONTINUACIÓN, REMUEVE BIEN.

DEJA REPOSAR OTROS 30 SEGUNDOS.

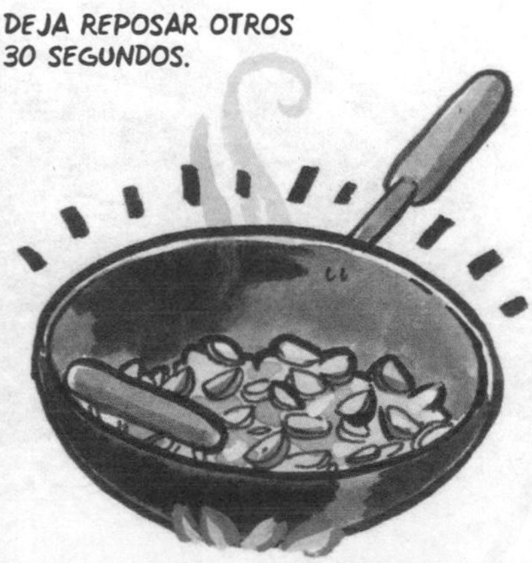

AÑADE LA PARTE BLANCA DE LA CEBOLLETA Y REMUEVE.

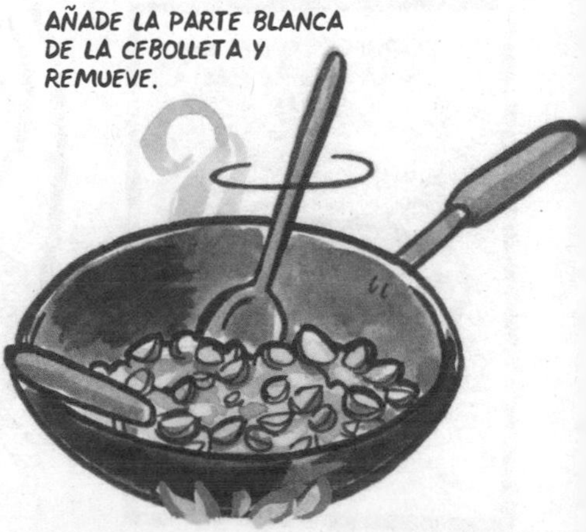

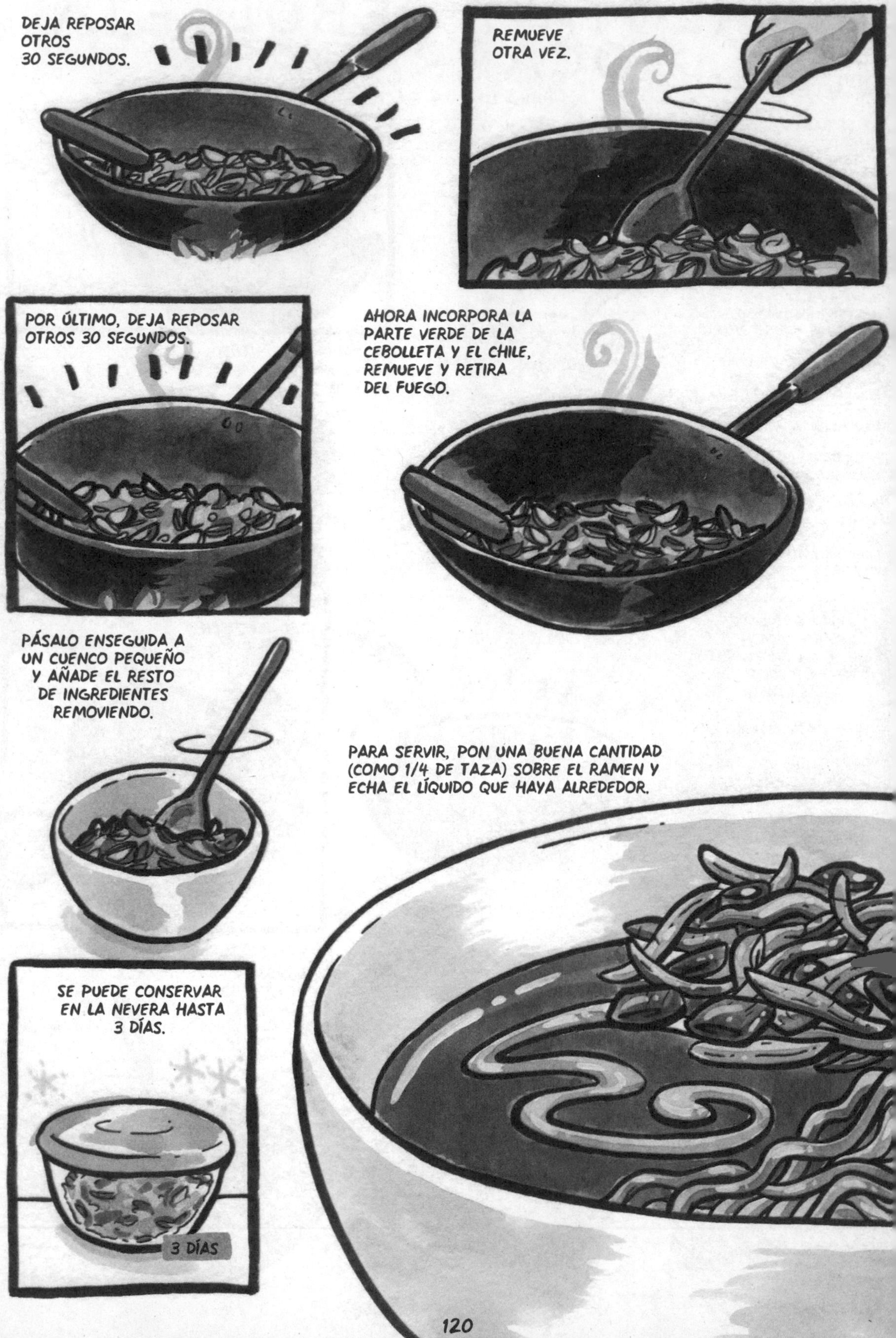
DEJA REPOSAR OTROS 30 SEGUNDOS.
REMUEVE OTRA VEZ.
POR ÚLTIMO, DEJA REPOSAR OTROS 30 SEGUNDOS.
AHORA INCORPORA LA PARTE VERDE DE LA CEBOLLETA Y EL CHILE, REMUEVE Y RETIRA DEL FUEGO.
PÁSALO ENSEGUIDA A UN CUENCO PEQUEÑO Y AÑADE EL RESTO DE INGREDIENTES REMOVIENDO.
SE PUEDE CONSERVAR EN LA NEVERA HASTA 3 DÍAS.
3 DÍAS
PARA SERVIR, PON UNA BUENA CANTIDAD (COMO 1/4 DE TAZA) SOBRE EL RAMEN Y ECHA EL LÍQUIDO QUE HAYA ALREDEDOR.

Cuatro cosas sobre los ACEITES CONDIMENTADOS

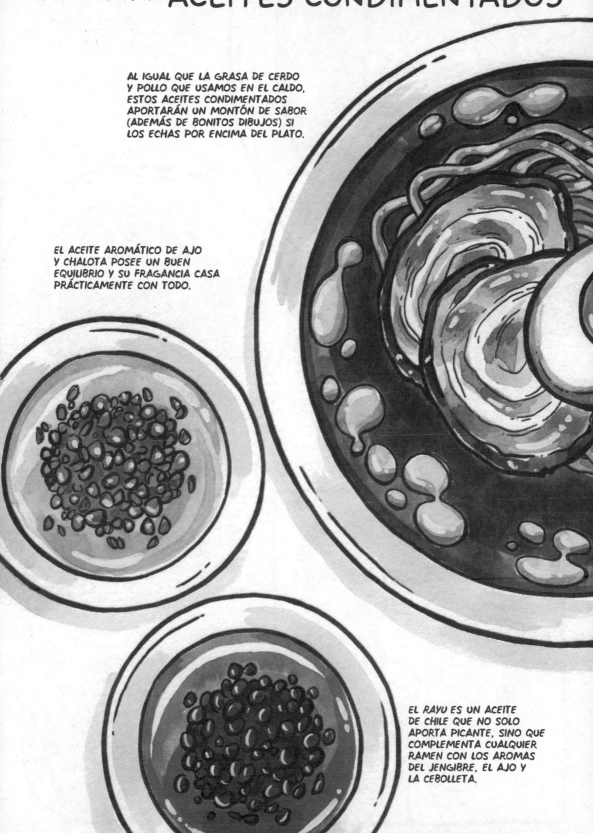

AL IGUAL QUE LA GRASA DE CERDO Y POLLO QUE USAMOS EN EL CALDO, ESTOS ACEITES CONDIMENTADOS APORTARÁN UN MONTÓN DE SABOR (ADEMÁS DE BONITOS DIBUJOS) SI LOS ECHAS POR ENCIMA DEL PLATO.

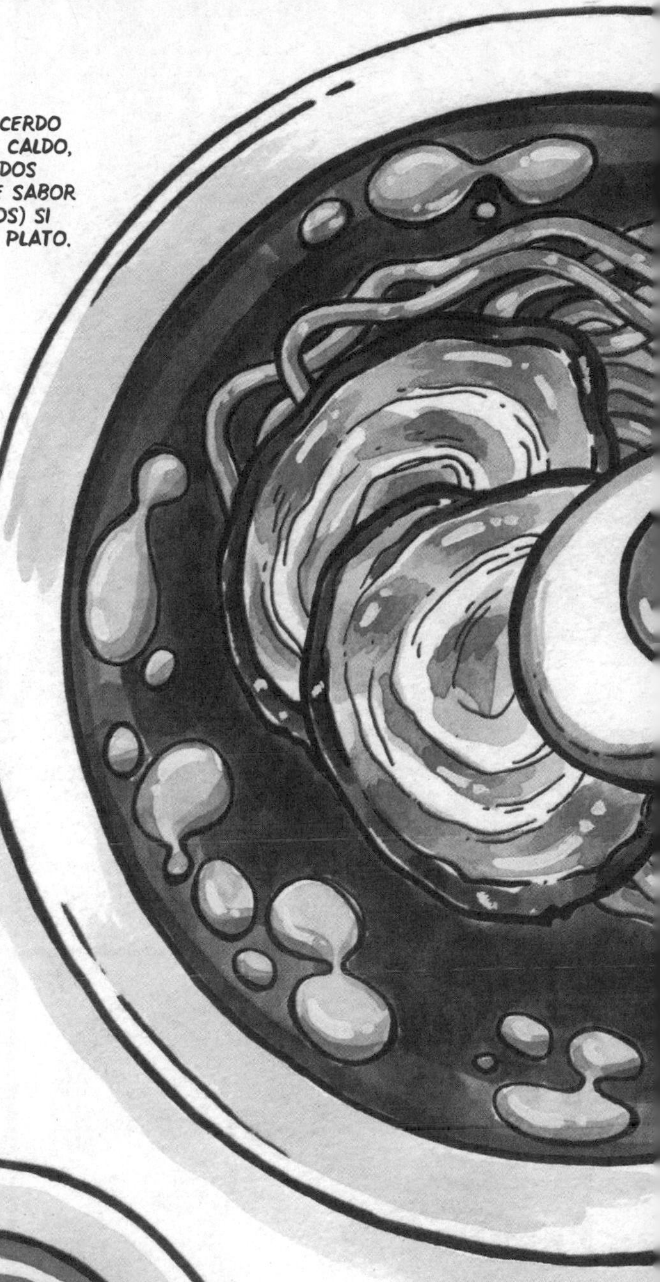

EL ACEITE AROMÁTICO DE AJO Y CHALOTA POSEE UN BUEN EQUILIBRIO Y SU FRAGANCIA CASA PRÁCTICAMENTE CON TODO.

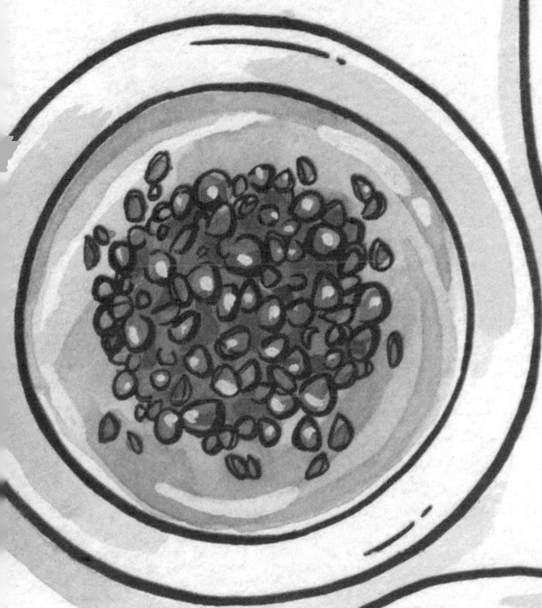

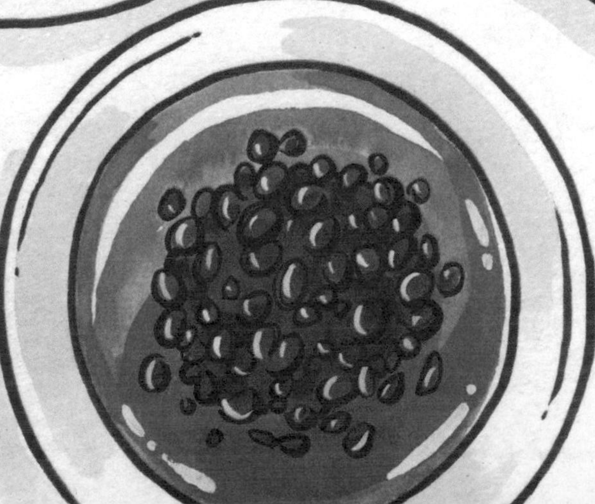

EL *RAYU* ES UN ACEITE DE CHILE QUE NO SOLO APORTA PICANTE, SINO QUE COMPLEMENTA CUALQUIER RAMEN CON LOS AROMAS DEL JENGIBRE, EL AJO Y LA CEBOLLETA.

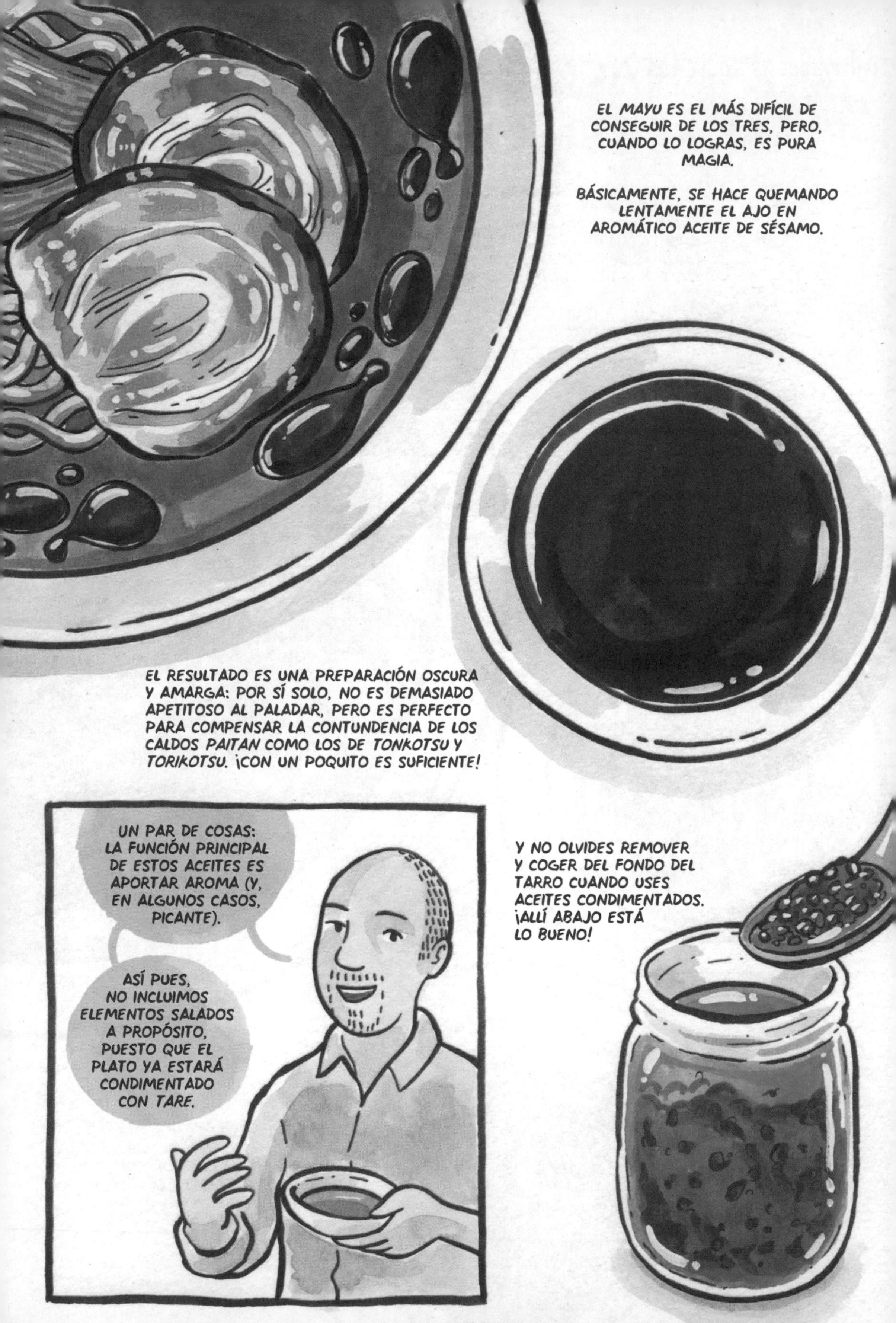
EL *MAYU* ES EL MÁS DIFÍCIL DE CONSEGUIR DE LOS TRES, PERO, CUANDO LO LOGRAS, ES PURA MAGIA.
BÁSICAMENTE, SE HACE QUEMANDO LENTAMENTE EL AJO EN AROMÁTICO ACEITE DE SÉSAMO.
EL RESULTADO ES UNA PREPARACIÓN OSCURA Y AMARGA: POR SÍ SOLO, NO ES DEMASIADO APETITOSO AL PALADAR, PERO ES PERFECTO PARA COMPENSAR LA CONTUNDENCIA DE LOS CALDOS *PAITAN* COMO LOS DE *TONKOTSU* Y *TORIKOTSU*. ¡CON UN POQUITO ES SUFICIENTE!
UN PAR DE COSAS: LA FUNCIÓN PRINCIPAL DE ESTOS ACEITES ES APORTAR AROMA (Y, EN ALGUNOS CASOS, PICANTE).
ASÍ PUES, NO INCLUIMOS ELEMENTOS SALADOS A PROPÓSITO, PUESTO QUE EL PLATO YA ESTARÁ CONDIMENTADO CON *TARE*.
Y NO OLVIDES REMOVER Y COGER DEL FONDO DEL TARRO CUANDO USES ACEITES CONDIMENTADOS. ¡ALLÍ ABAJO ESTÁ LO BUENO!

ACEITE AROMÁTICO DE AJO Y CHALOTA

PARA 1 TAZA APROXIMADAMENTE

INGREDIENTES:

1 TAZA DE ACEITE DE CANOLA

1 CABEZA DE AJO, CON LOS DIENTES PELADOS Y PICADOS

2 CHALOTAS GRANDES PELADAS Y PICADAS

PON TODOS LOS INGREDIENTES EN UN CAZO PEQUEÑO Y DE FONDO GRUESO A BAJA TEMPERATURA.

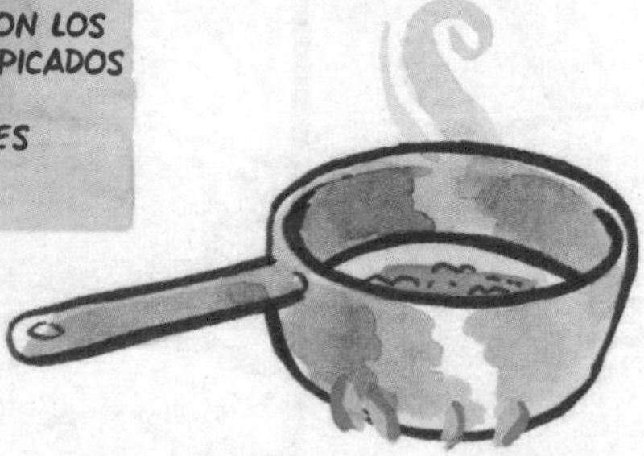

COCINA A FUEGO LENTO PARA QUE EL ACEITE ABSORBA EL AROMA Y EL SABOR DEL AJO Y LA CHALOTA, REMOVIENDO DE VEZ EN CUANDO.

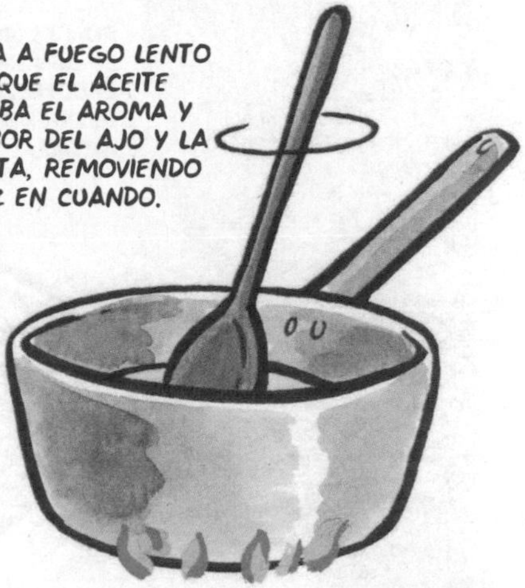

AL CABO DE UNOS 20 O 30 MINUTOS, EL AJO Y LA CHALOTA EMPEZARÁN A ADQUIRIR UN TONO MARRÓN.

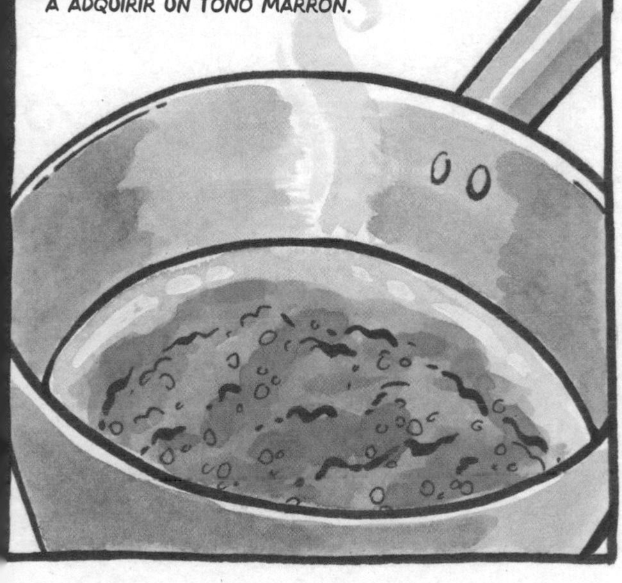

ES EL MOMENTO DE EMPEZAR A REMOVER DE FORMA CONSTANTE DE 2 Y 5 MINUTOS MÁS HASTA QUE EL AJO ADQUIERA UN TONO MARRÓN CLARO UNIFORME.

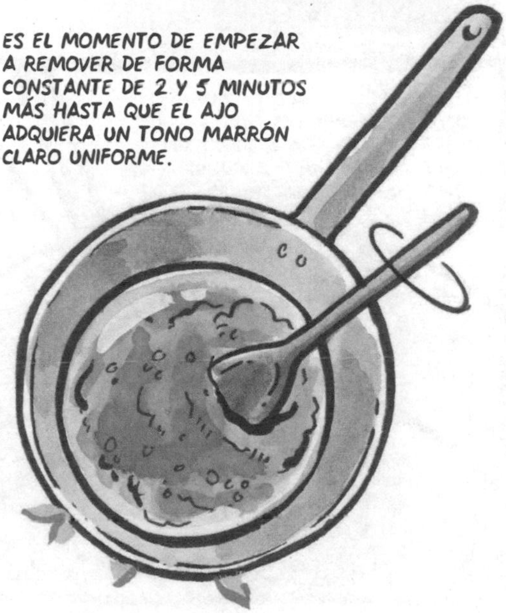

RETIRA DEL FUEGO Y DEJA ENFRIAR A TEMPERATURA AMBIENTE.

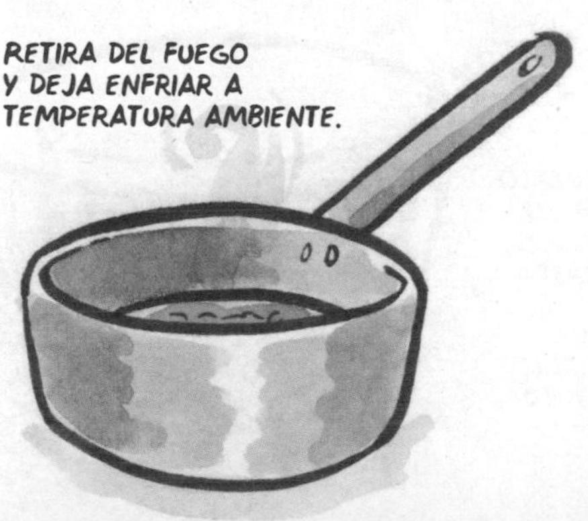

PUEDES GUARDARLO EN LA NEVERA EN UN RECIPIENTE HERMÉTICO HASTA 1 MES, PARA USARLO EN TU RAMEN ECHANDO UNA BUENA CUCHARADA POR ENCIMA.

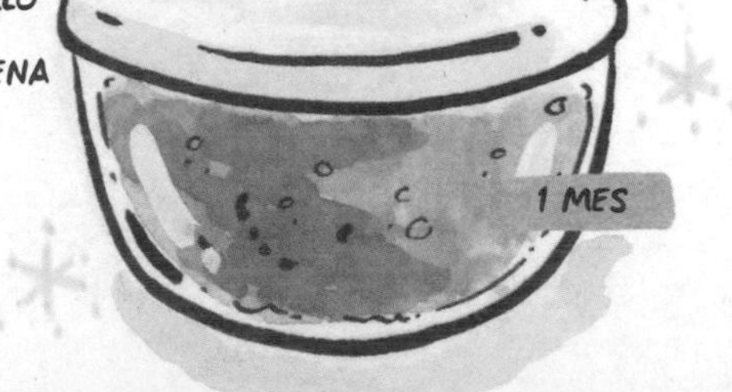
1 MES

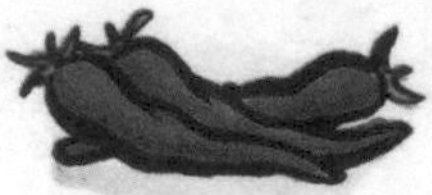

RAYU

(ACEITE DE CHILE JAPONÉS)

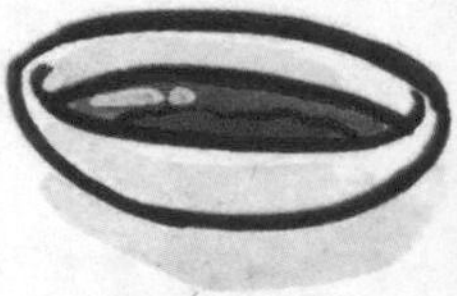

PARA 1,5 TAZAS APROXIMADAMENTE

INGREDIENTES:

1/2 TAZA DE ACEITE DE CANOLA

1 TROZO DE JENGIBRE DE UNOS 7,5 CM, PELADO Y PICADO

6 DIENTES DE AJO PELADOS Y PICADOS

LA PARTE BLANCA DE 3 CEBOLLETAS, LIMPIA Y PICADA

1 CUCHARADA DE *SHICHIMI TOGARASHI* (VER LA DESPENSA, PÁG. 17)

1 CUCHARADITA DE COPOS DE PIMIENTA ROJA APLASTADOS

1/2 TAZA DE ACEITE DE SÉSAMO

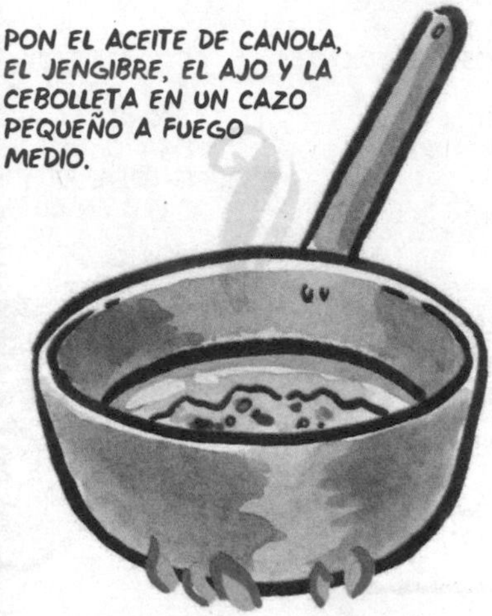
PON EL ACEITE DE CANOLA, EL JENGIBRE, EL AJO Y LA CEBOLLETA EN UN CAZO PEQUEÑO A FUEGO MEDIO.

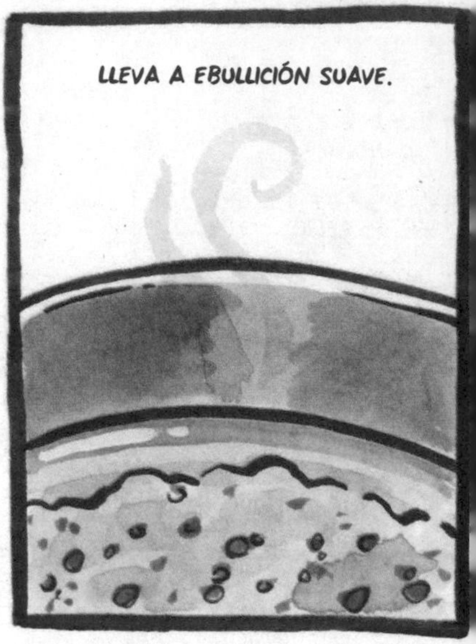
LLEVA A EBULLICIÓN SUAVE.

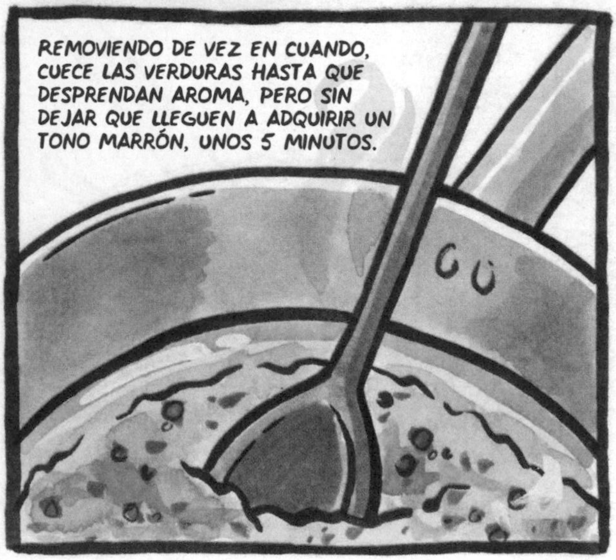
REMOVIENDO DE VEZ EN CUANDO, CUECE LAS VERDURAS HASTA QUE DESPRENDAN AROMA, PERO SIN DEJAR QUE LLEGUEN A ADQUIRIR UN TONO MARRÓN, UNOS 5 MINUTOS.

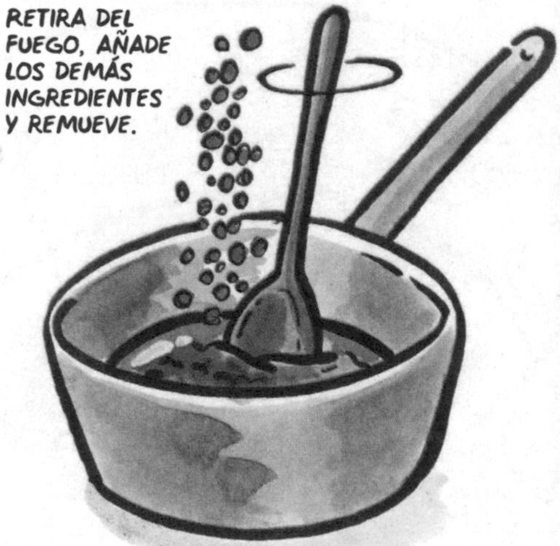
RETIRA DEL FUEGO, AÑADE LOS DEMÁS INGREDIENTES Y REMUEVE.

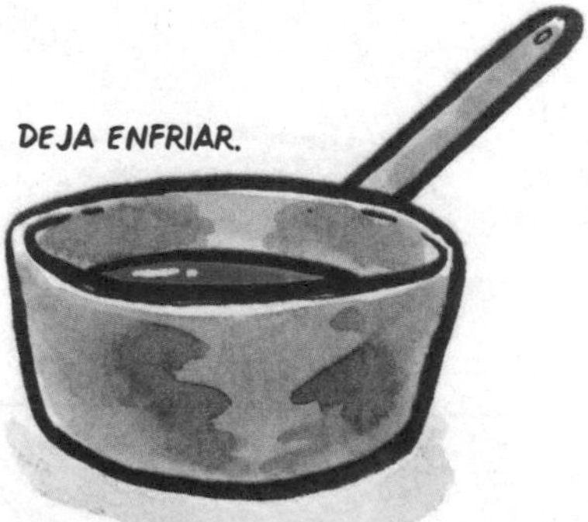
DEJA ENFRIAR.

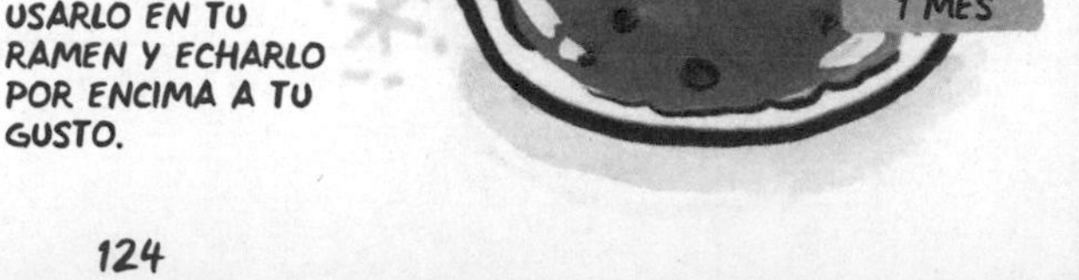
PUEDES GUARDARLO EN LA NEVERA EN UN RECIPIENTE HERMÉTICO HASTA 1 MES, PARA USARLO EN TU RAMEN Y ECHARLO POR ENCIMA A TU GUSTO.
1 MES

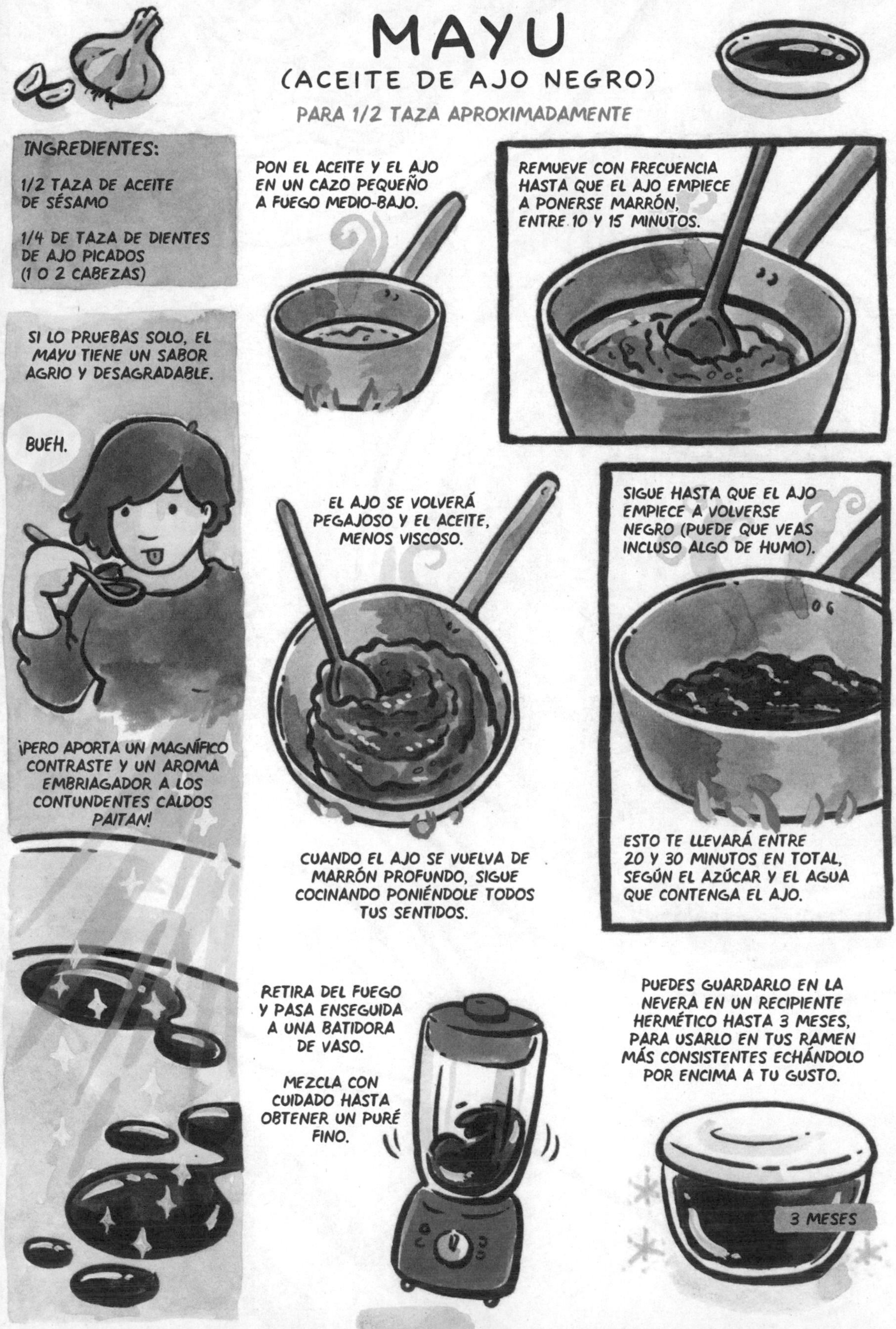
MAYU
(ACEITE DE AJO NEGRO)
PARA 1/2 TAZA APROXIMADAMENTE
INGREDIENTES:
1/2 TAZA DE ACEITE DE SÉSAMO
1/4 DE TAZA DE DIENTES DE AJO PICADOS (1 O 2 CABEZAS)
SI LO PRUEBAS SOLO, EL MAYU TIENE UN SABOR AGRIO Y DESAGRADABLE.
BUEH.
¡PERO APORTA UN MAGNÍFICO CONTRASTE Y UN AROMA EMBRIAGADOR A LOS CONTUNDENTES CALDOS PAITAN!
PON EL ACEITE Y EL AJO EN UN CAZO PEQUEÑO A FUEGO MEDIO-BAJO.
REMUEVE CON FRECUENCIA HASTA QUE EL AJO EMPIECE A PONERSE MARRÓN, ENTRE 10 Y 15 MINUTOS.
EL AJO SE VOLVERÁ PEGAJOSO Y EL ACEITE, MENOS VISCOSO.
CUANDO EL AJO SE VUELVA DE MARRÓN PROFUNDO, SIGUE COCINANDO PONIÉNDOLE TODOS TUS SENTIDOS.
SIGUE HASTA QUE EL AJO EMPIECE A VOLVERSE NEGRO (PUEDE QUE VEAS INCLUSO ALGO DE HUMO).
ESTO TE LLEVARÁ ENTRE 20 Y 30 MINUTOS EN TOTAL, SEGÚN EL AZÚCAR Y EL AGUA QUE CONTENGA EL AJO.
RETIRA DEL FUEGO Y PASA ENSEGUIDA A UNA BATIDORA DE VASO.
MEZCLA CON CUIDADO HASTA OBTENER UN PURÉ FINO.
PUEDES GUARDARLO EN LA NEVERA EN UN RECIPIENTE HERMÉTICO HASTA 3 MESES, PARA USARLO EN TUS RAMEN MÁS CONSISTENTES ECHÁNDOLO POR ENCIMA A TU GUSTO.
3 MESES

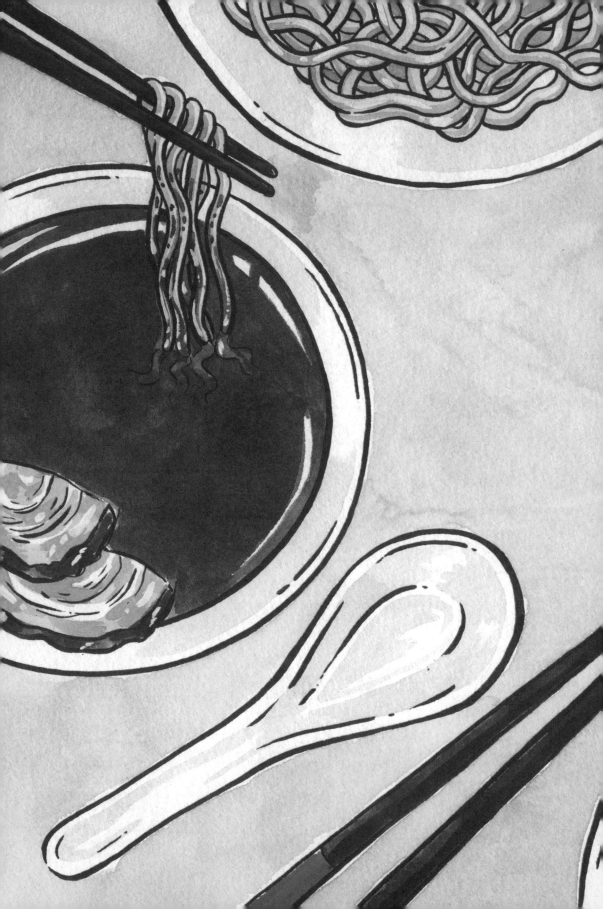

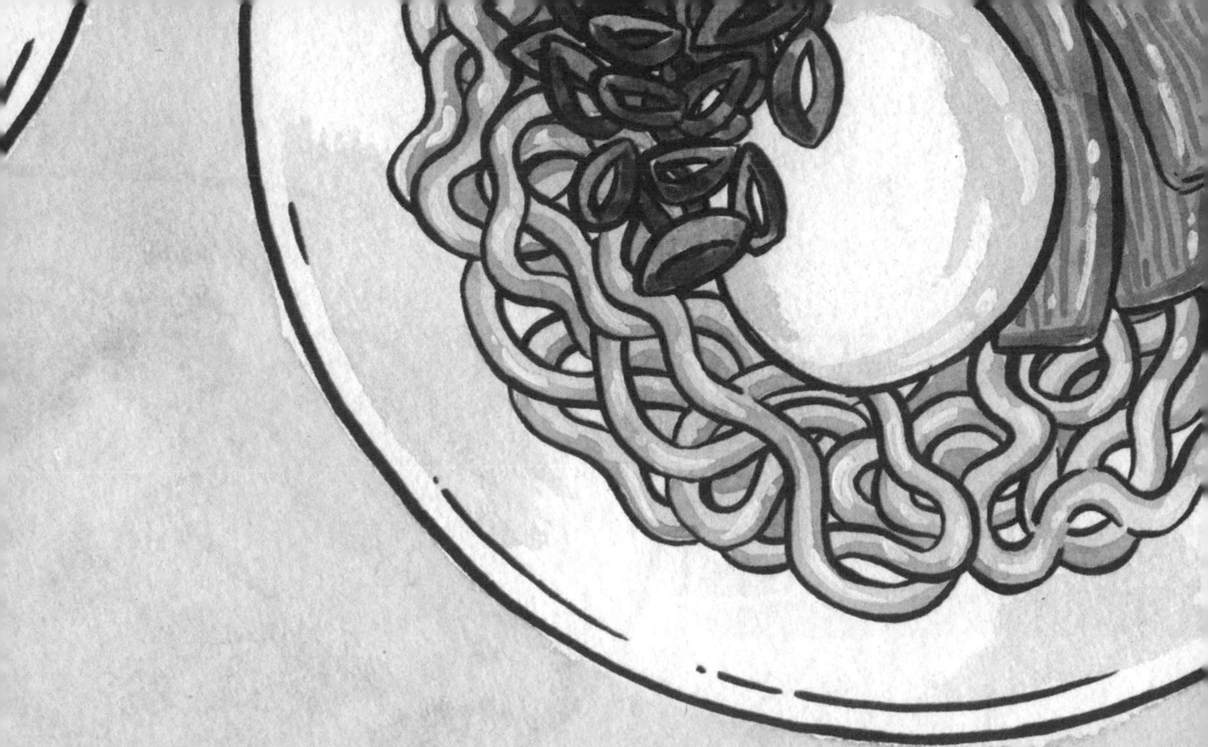

VARIACIONES E IMPROVISACIONES

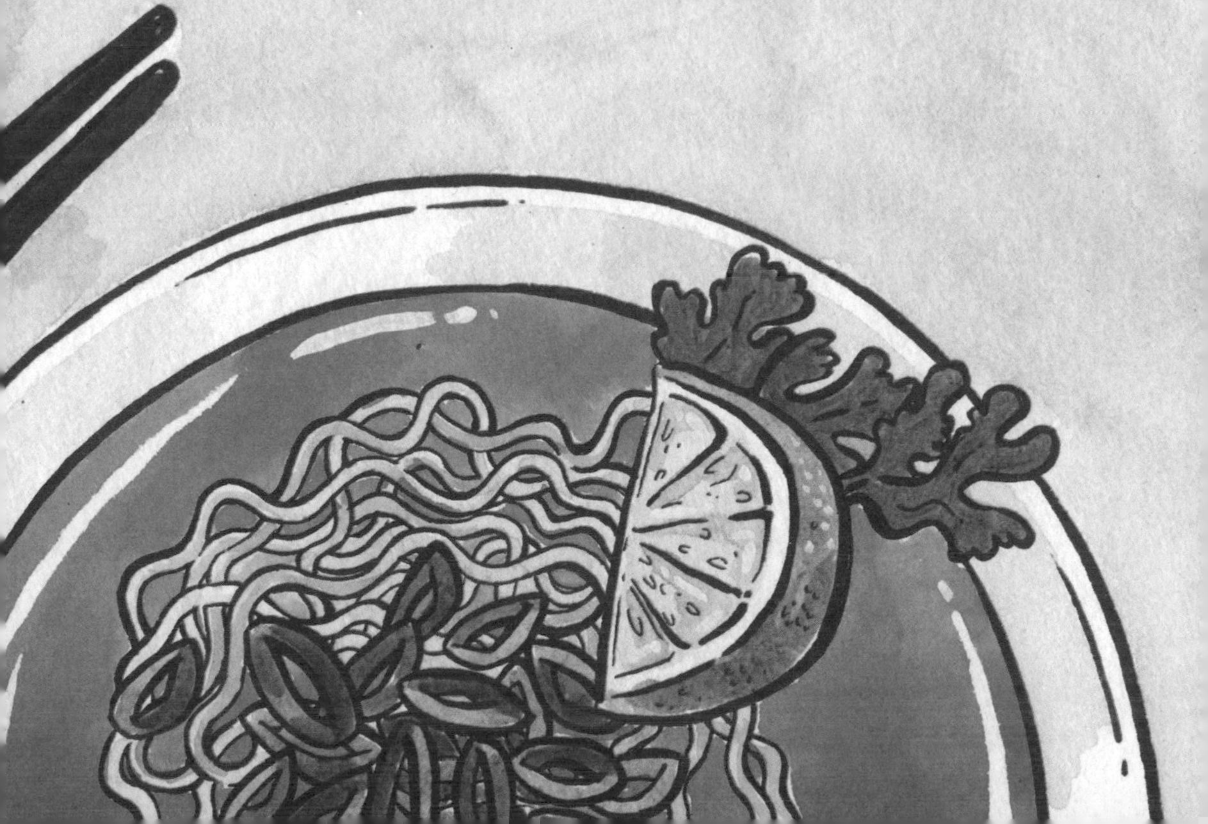

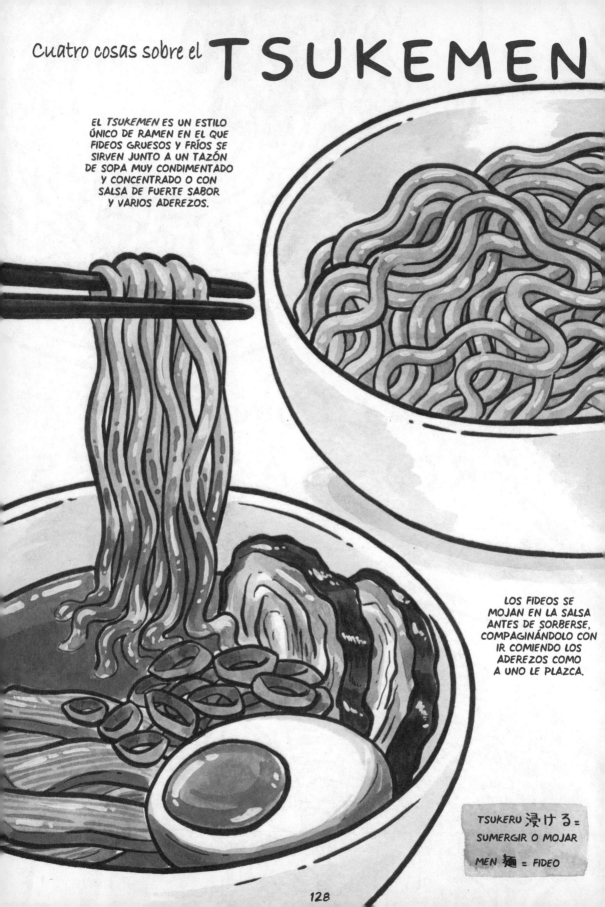

Cuatro cosas sobre el TSUKEMEN

EL *TSUKEMEN* ES UN ESTILO ÚNICO DE RAMEN EN EL QUE FIDEOS GRUESOS Y FRÍOS SE SIRVEN JUNTO A UN TAZÓN DE SOPA MUY CONDIMENTADO Y CONCENTRADO O CON SALSA DE FUERTE SABOR Y VARIOS ADEREZOS.

LOS FIDEOS SE MOJAN EN LA SALSA ANTES DE SORBERSE, COMPAGINÁNDOLO CON IR COMIENDO LOS ADEREZOS COMO A UNO LE PLAZCA.

TSUKERU 浸ける = SUMERGIR O MOJAR

MEN 麺 = FIDEO

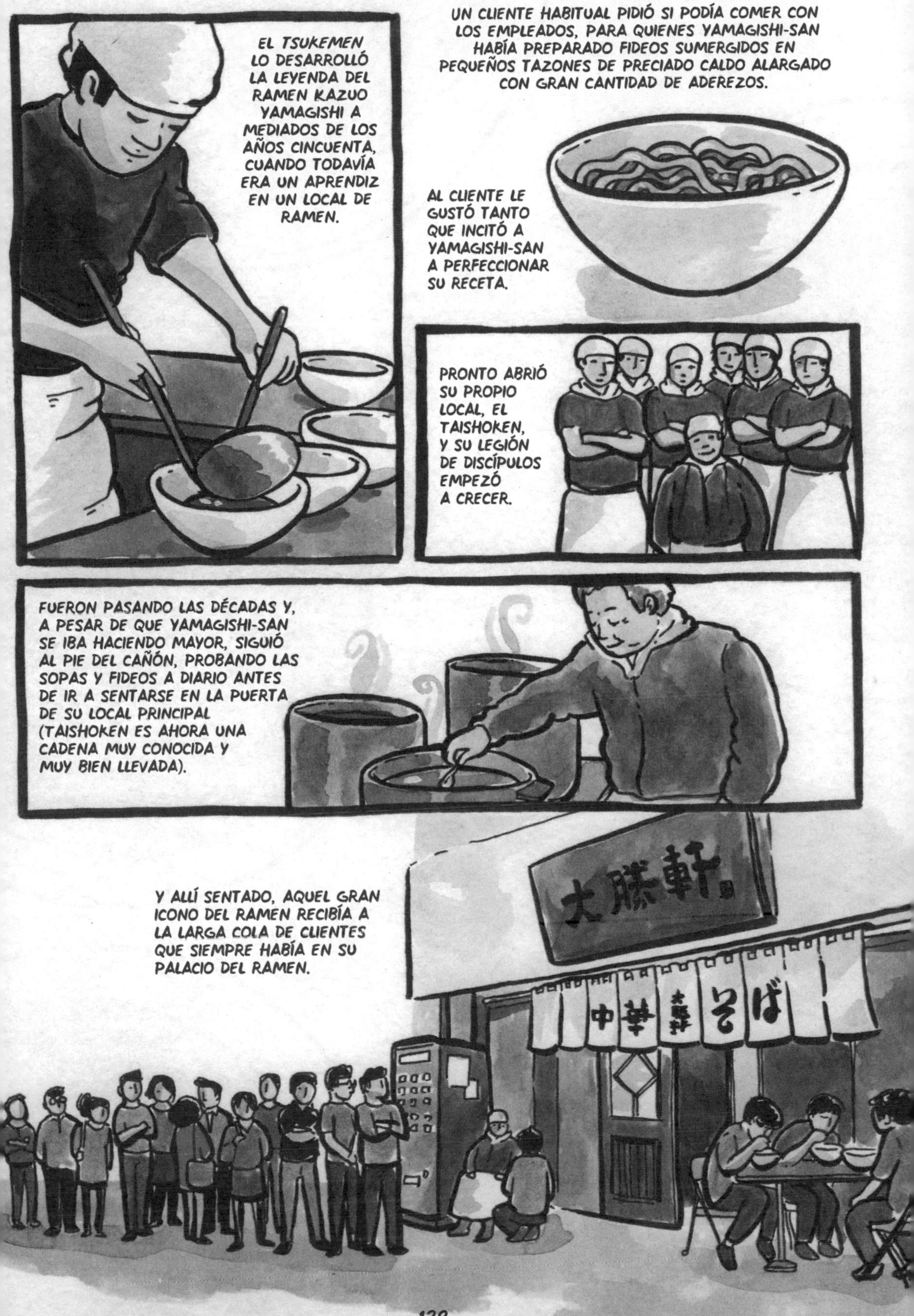
EL *TSUKEMEN* LO DESARROLLÓ LA LEYENDA DEL RAMEN KAZUO YAMAGISHI A MEDIADOS DE LOS AÑOS CINCUENTA, CUANDO TODAVÍA ERA UN APRENDIZ EN UN LOCAL DE RAMEN.
UN CLIENTE HABITUAL PIDIÓ SI PODÍA COMER CON LOS EMPLEADOS, PARA QUIENES YAMAGISHI-SAN HABÍA PREPARADO FIDEOS SUMERGIDOS EN PEQUEÑOS TAZONES DE PRECIADO CALDO ALARGADO CON GRAN CANTIDAD DE ADEREZOS.
AL CLIENTE LE GUSTÓ TANTO QUE INCITÓ A YAMAGISHI-SAN A PERFECCIONAR SU RECETA.
PRONTO ABRIÓ SU PROPIO LOCAL, EL TAISHOKEN, Y SU LEGIÓN DE DISCÍPULOS EMPEZÓ A CRECER.
FUERON PASANDO LAS DÉCADAS Y, A PESAR DE QUE YAMAGISHI-SAN SE IBA HACIENDO MAYOR, SIGUIÓ AL PIE DEL CAÑÓN, PROBANDO LAS SOPAS Y FIDEOS A DIARIO ANTES DE IR A SENTARSE EN LA PUERTA DE SU LOCAL PRINCIPAL (TAISHOKEN ES AHORA UNA CADENA MUY CONOCIDA Y MUY BIEN LLEVADA).
Y ALLÍ SENTADO, AQUEL GRAN ICONO DEL RAMEN RECIBÍA A LA LARGA COLA DE CLIENTES QUE SIEMPRE HABÍA EN SU PALACIO DEL RAMEN.
大勝軒
中華そば

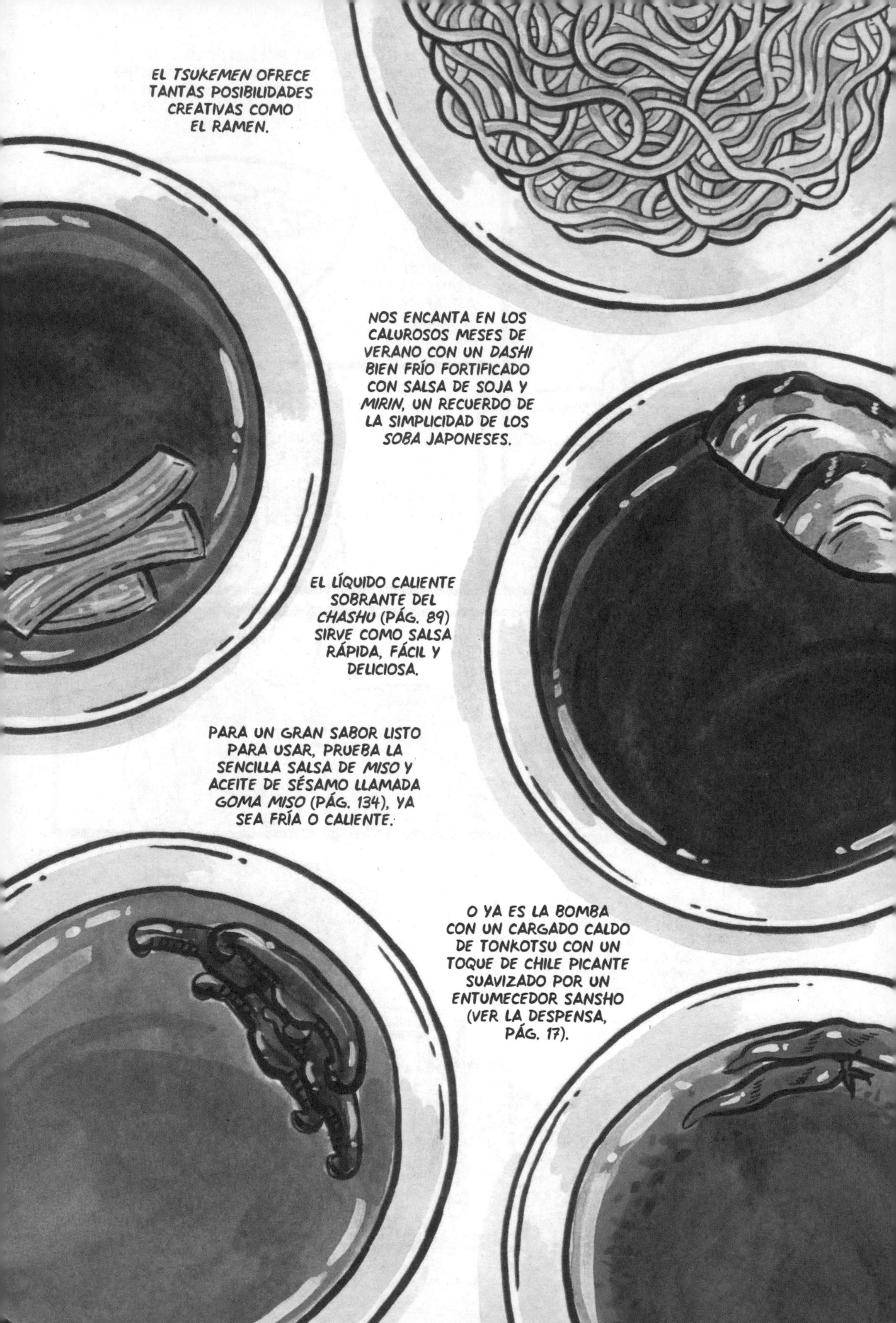
EL *TSUKEMEN* OFRECE TANTAS POSIBILIDADES CREATIVAS COMO EL RAMEN.
NOS ENCANTA EN LOS CALUROSOS MESES DE VERANO CON UN *DASHI* BIEN FRÍO FORTIFICADO CON SALSA DE SOJA Y *MIRIN*, UN RECUERDO DE LA SIMPLICIDAD DE LOS *SOBA* JAPONESES.
EL LÍQUIDO CALIENTE SOBRANTE DEL *CHASHU* (PÁG. 89) SIRVE COMO SALSA RÁPIDA, FÁCIL Y DELICIOSA.
PARA UN GRAN SABOR LISTO PARA USAR, PRUEBA LA SENCILLA SALSA DE *MISO* Y ACEITE DE SÉSAMO LLAMADA *GOMA MISO* (PÁG. 134), YA SEA FRÍA O CALIENTE.
O YA ES LA BOMBA CON UN CARGADO CALDO DE TONKOTSU CON UN TOQUE DE CHILE PICANTE SUAVIZADO POR UN ENTUMECEDOR SANSHO (VER LA DESPENSA, PÁG. 17).

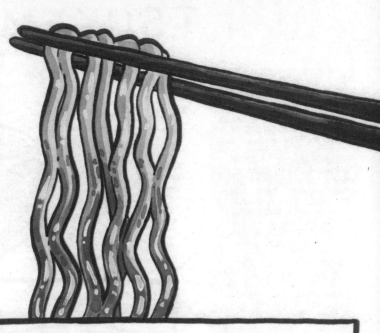

ELIJAS LA SALSA QUE ELIJAS, COMPAGÍNALA CON FIDEOS MÁS GRUESOS PARA RESALTAR LA SATISFACCIÓN DEL BOCADO, YA QUE ASÍ LA SALSA TENDRÁ DONDE AGARRARSE.

TAMBIÉN TEN EN CUENTA QUE LAS RACIONES DE FIDEOS PARA EL *TSUKEMEN* SON NORMALMENTE MAYORES QUE PARA UN TAZÓN DE RAMEN NORMAL, YA QUE NO VAN ACOMPAÑADOS DE UN GRAN TAZÓN DE SOPA.

PERO AJÚSTALAS A TU GUSTO Y, CUANDO TE HAYAS ACABADO LOS FIDEOS, NO TENGAS REPAROS EN SERVIRTE OTRA.

¡TAMBIÉN PUEDES ECHAR UN POCO DE CALDO CALIENTE O AGUA A LA SALSA Y BEBÉRTELO!

TSUKEMEN
(FIDEOS MOJADOS)

PARA 1 RACIÓN

INGREDIENTES:

ENTRE 170 Y 225 G DE FIDEOS FRESCOS PARA RAMEN (CUANTO MÁS GRUESOS, MEJOR)

170 G DE LÍQUIDO DE *DASHI* O *CHASHU* FORTIFICADO PARA *TSUKEMEN* O 115 G DE SALSA *GOMA MISO* O CALDO PICANTE PARA *TSUKEMEN* (RECETA A CONTINUACIÓN)

1 LONCHA DE *CHASHU* (PÁG. 89)

1 *AJITSUKE TAMAGO* (PÁG. 104) CORTADO POR LA MITAD

5 O 6 PIEZAS DE *MENMA* (PÁG. 110)

1 PUÑADITO DE *NEGI* (VER LA DESPENSA, PÁG. 19)

1 BUENA PIZCA DE SEMILLAS DE SÉSAMO TOSTADAS

RAYU (PÁG. 124) O ACEITE AROMÁTICO DE AJO Y CHALOTA (PÁG. 123) AL GUSTO

SHICHIMI TOGARASHI, NORI, YAKITORI (PÁG. 96) O PIEL CRUJIENTE DE POLLO (PÁG. 117) AL GUSTO

PRIMERO DE TODO, PREPARA LOS FIDEOS.

LLENA UNA OLLA GRANDE DE AGUA Y LLÉVALA A EBULLICIÓN A FUEGO VIVO.

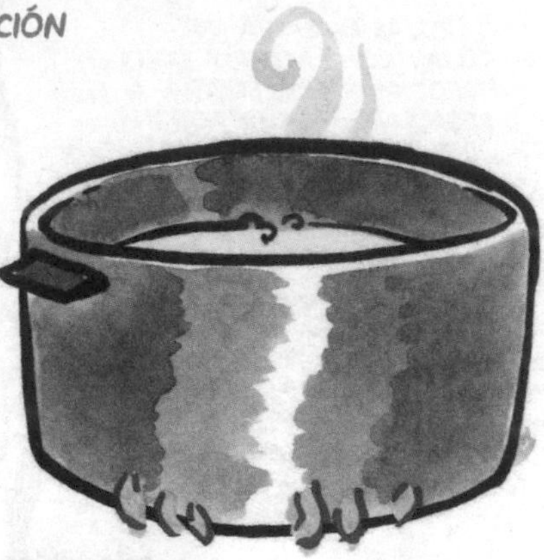

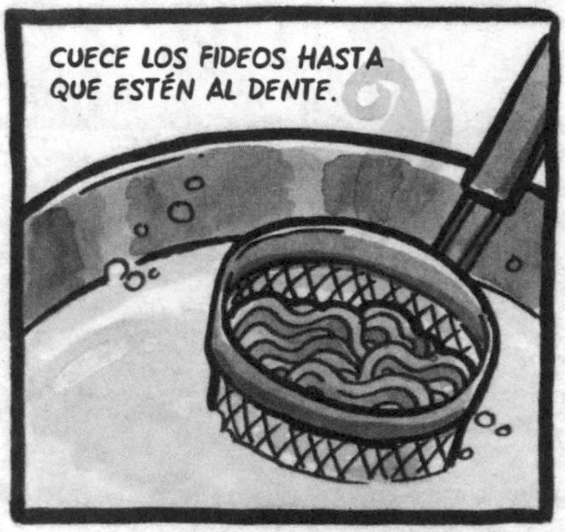
CUECE LOS FIDEOS HASTA QUE ESTÉN AL DENTE.

ESCÚRRELOS.

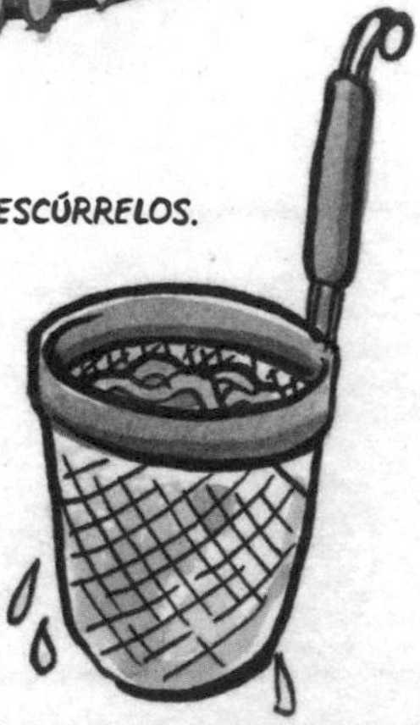

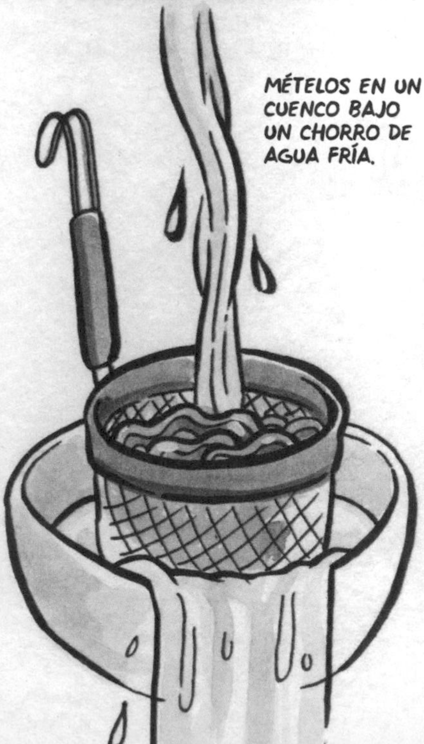
MÉTELOS EN UN CUENCO BAJO UN CHORRO DE AGUA FRÍA.

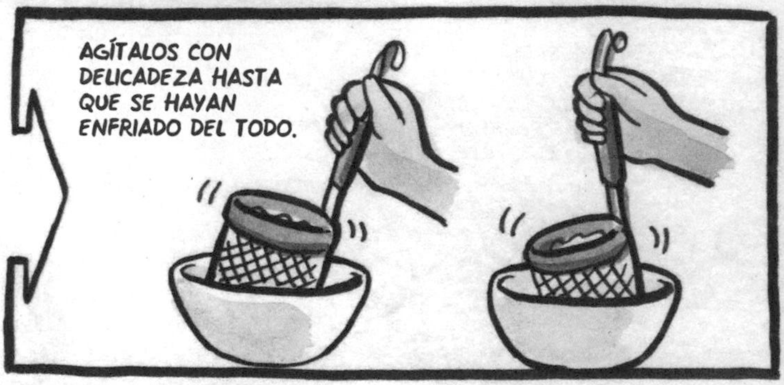
AGÍTALOS CON DELICADEZA HASTA QUE SE HAYAN ENFRIADO DEL TODO.

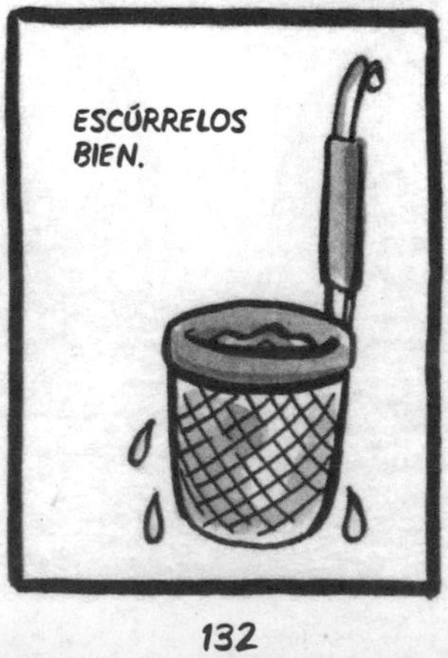
ESCÚRRELOS BIEN.

PÁSALOS A UN CUENCO Y RESÉRVALOS.

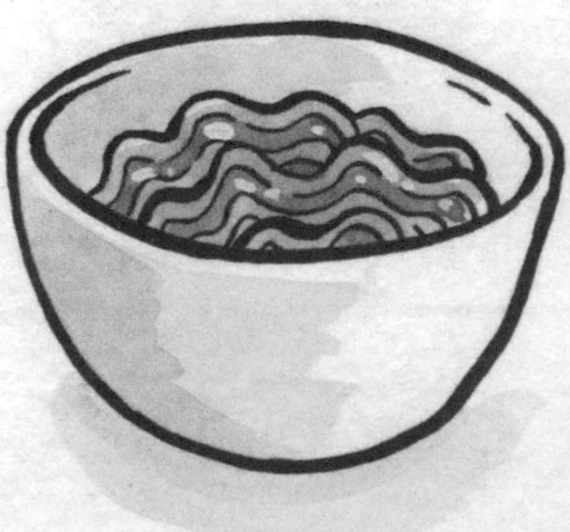

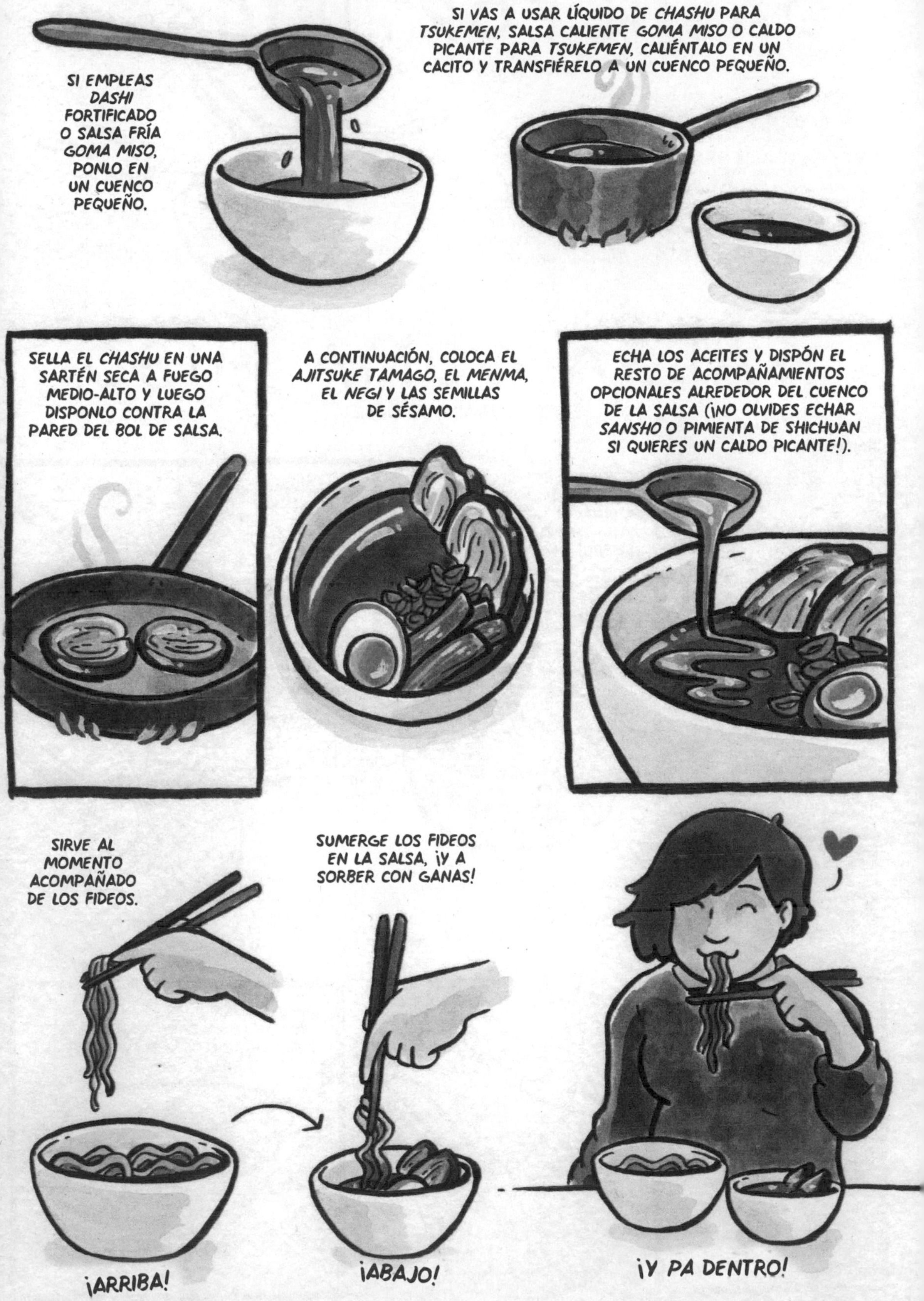
SI EMPLEAS *DASHI* FORTIFICADO O SALSA FRÍA *GOMA MISO*, PONLO EN UN CUENCO PEQUEÑO.
SI VAS A USAR LÍQUIDO DE *CHASHU* PARA *TSUKEMEN*, SALSA CALIENTE *GOMA MISO* O CALDO PICANTE PARA *TSUKEMEN*, CALIÉNTALO EN UN CACITO Y TRANSFIÉRELO A UN CUENCO PEQUEÑO.
SELLA EL *CHASHU* EN UNA SARTÉN SECA A FUEGO MEDIO-ALTO Y LUEGO DISPONLO CONTRA LA PARED DEL BOL DE SALSA.
A CONTINUACIÓN, COLOCA EL *AJITSUKE TAMAGO*, EL *MENMA*, EL *NEGI* Y LAS SEMILLAS DE SÉSAMO.
ECHA LOS ACEITES Y DISPÓN EL RESTO DE ACOMPAÑAMIENTOS OPCIONALES ALREDEDOR DEL CUENCO DE LA SALSA (¡NO OLVIDES ECHAR *SANSHO* O PIMIENTA DE SHICHUAN SI QUIERES UN CALDO PICANTE!).
SIRVE AL MOMENTO ACOMPAÑADO DE LOS FIDEOS.
¡ARRIBA!
SUMERGE LOS FIDEOS EN LA SALSA, ¡Y A SORBER CON GANAS!
¡ABAJO!
¡Y *PA* DENTRO!

DASHI FORTIFICADO

PARA UNA RACIÓN DE 170 G

INGREDIENTES:

1/2 TAZA DE *DASHI* (PÁG. 45)

2 CUCHARADAS DE SALSA DE SOJA

2 CUCHARADAS DE MIRIN

COMBINA TODOS LOS INGREDIENTES Y DEJA EN LA NEVERA AL MENOS 30 MINUTOS ANTES DE USARLO SEGÚN LAS INSTRUCCIONES PARA *TSUKEMEN*.

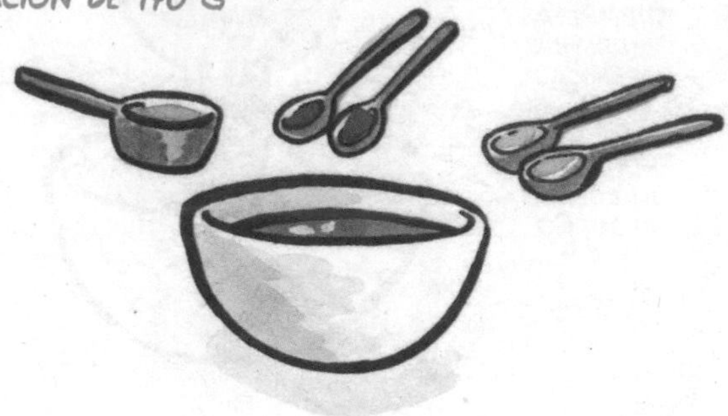

SALSA GOMA MISO

PARA UNAS 4 RACIONES

INGREDIENTES:

3 CUCHARADAS DE ACEITE DE SÉSAMO

2 CUCHARADAS DEL *MISO* QUE PREFIERAS

2 CUCHARADAS DE SALSA DE SOJA

2 CUCHARADITAS DE VINAGRE DE VINO DE ARROZ

1/2 TAZA DE SAKE

1/2 TAZA DE AGUA

1/2 TAZA DE *DASHI* (PÁG. 45) O DE AGUA MÁS UNA CUCHARADITA DE SALSA DE SOJA

1 TROZO DE JENGIBRE FRESCO DE UNOS 2,5 CM, PELADO Y RALLADO CON UN RALLADOR DE TIPO LIMA O PICADO

2 DIENTES DE AJO, RALLADOS CON UN RALLADOR DE TIPO LIMA O PICADOS

BATE EL ACEITE DE SÉSAMO, EL *MISO*, LA SALSA DE SOJA EL VINAGRE, EL SAKE, EL AGUA Y EL *DASHI* EN UNA CACEROLA PEQUEÑA.

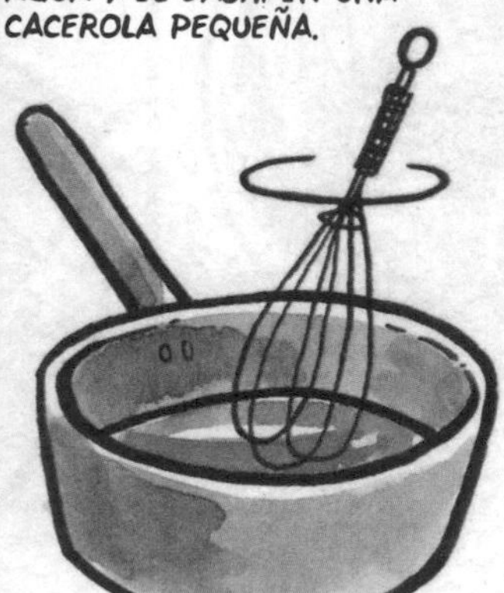

LLEVA A EBULLICIÓN SUAVE A FUEGO MEDIO-ALTO, BATIENDO DE VEZ EN CUANDO, DURANTE 2 MINUTOS PARA QUEMAR EL ALCOHOL.

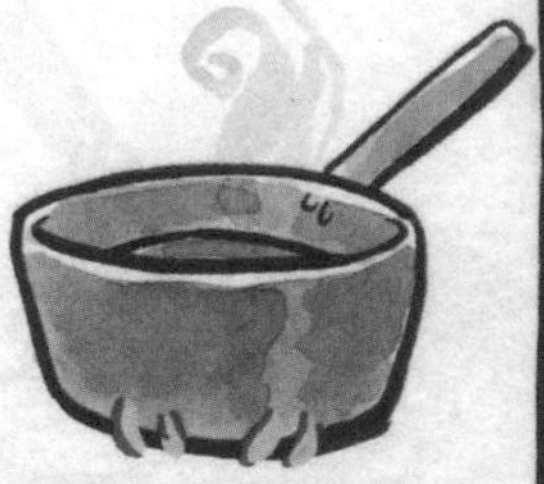

RETIRA DEL FUEGO, INCORPORA EL JENGIBRE Y EL AJO Y VUELVE A BATIR.

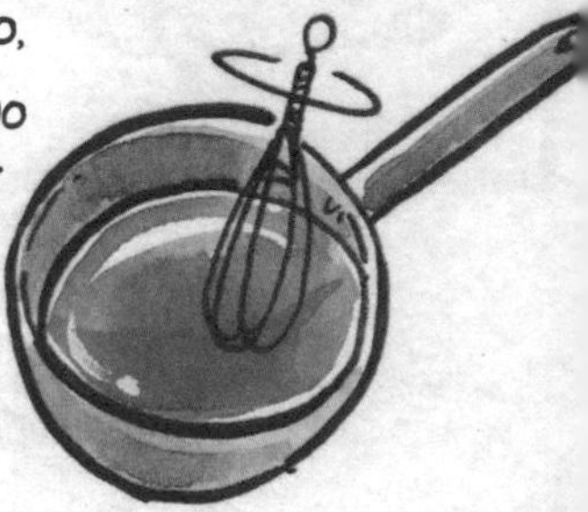

SIRVE AL MOMENTO.

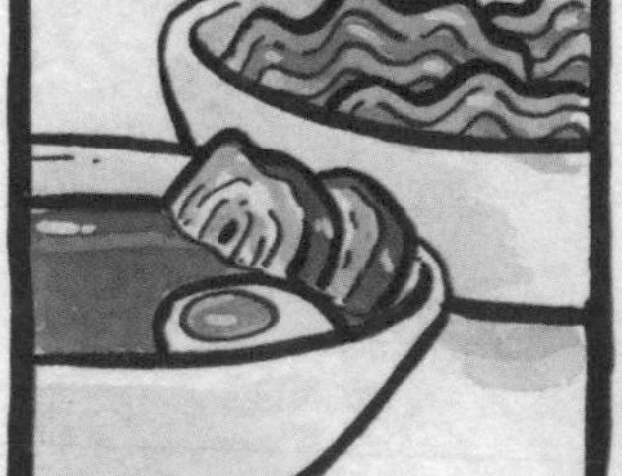

TAMBIÉN PUEDES DEJARLO ENFRIAR, REMOVIENDO ANTES DE SEPARAR LAS PORCIONES PARA REDISTRIBUIR LOS INGREDIENTES.

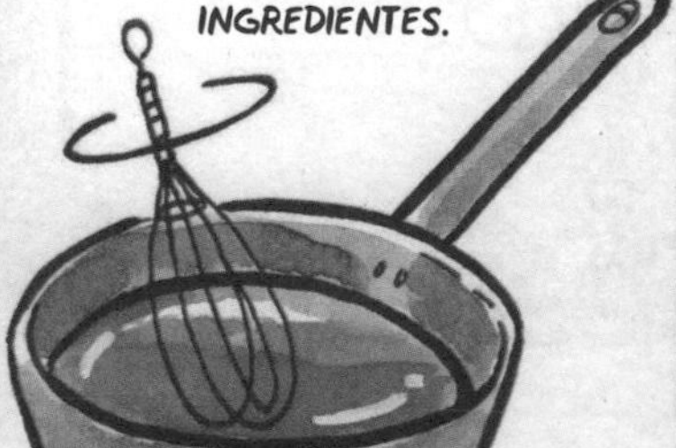

PUEDES CONSERVAR LA SALSA QUE SOBRE EN LA NEVERA HASTA 2 SEMANAS O CONGELADA HASTA 3 MESES.

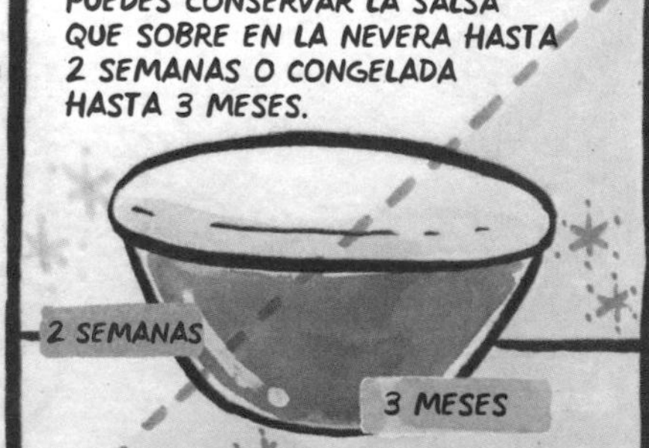
2 SEMANAS
3 MESES

LÍQUIDO DE CHASHU PARA TSUKEMEN

INGREDIENTES:

1/2 TAZA DE LÍQUIDO SOBRANTE DE LA PREPARACIÓN DEL *CHASHU* (PÁG. 89)

1/4 DE TAZA DE AGUA

PARA UNA RACIÓN DE 170 G

DILUYE EL LÍQUIDO DEL *CHASHU* CON AGUA.

USA MAYOR O MENOR CANTIDAD DE AGUA SEGÚN LA CONCENTRACIÓN DEL LÍQUIDO Y TUS GUSTOS PERSONALES Y CALIENTA ANTES DE SERVIR.

CALDO PICANTE PARA TSUKEMEN

PARA UNAS 4 RACIONES

INGREDIENTES:

2 TAZAS DE CALDO DE *TONKOTSU, TORIKOTSU* O *GYOKAI* (PÁG. 63)

3 CUCHARADAS DE GRASA DE CERDO O DE POLLO (PÁG. 42-43)

1/2 TAZA DE SALSA DE SOJA

1 CUCHARADA DE VINAGRE DE VINO DE ARROZ

1 CUCHARADA DE AZÚCAR

1-2 CUCHARADITAS DE COPOS DE PIMIENTA ROJA APLASTADOS

1/4-1/2 DE CUCHARADITA POR RACIÓN DE *SANSHO* O DE GRANOS MOLIDOS DE PIMIENTA DE SHICHUAN TAMIZADOS (OPCIONAL, VER LA DESPENSA, PÁG. 17)

COMBINA TODOS LOS INGREDIENTES MENOS EL *SANSHO* EN UN CAZO Y LLEVA A EBULLICIÓN SUAVE.

BAJA EL FUEGO PARA MANTENER UN BURBUJEO Y CUECE DURANTE 5 MINUTOS.

RETIRA DEL FUEGO Y SIGUE LAS INSTRUCCIONES DE USO PARA EL *TSUKEMEN*, REMOVIENDO BIEN ANTES DE SERVIR CADA RACIÓN PARA QUE LOS INGREDIENTES QUEDEN BIEN DISTRIBUIDOS.

EN EL CASO DE QUE USES *SANSHO*, ESPOLVORÉALO SOBRE CADA RACIÓN DE CALDO.

PUEDES CONSERVAR LA SALSA QUE SOBRE EN LA NEVERA HASTA 2 SEMANAS O CONGELADA HASTA 3 MESES.

2 SEMANAS
3 MESES

Cuatro cosas sobre los ABURA SOBA

ESTE ESTILO DE RAMEN RELATIVAMENTE NUEVO APROVECHA LA BELLEZA DE LA GRASA, BASÁNDOSE EN ELLA PARA OFRECER SABOR Y PARA QUE LOS FIDEOS SIN SOPA FLUYAN LIBREMENTE.

A MENUDO SE SIRVEN CON UN HUEVO CRUDO ENCIMA, QUE SE MEZCLA CON EL RESTO, DE MODO QUE EL CALOR DE LOS FIDEOS CUAJA EL HUEVO CON LA GRASA EN UNA ESPECIE DE SALSA CARBONARA.

Y SE VA ROCIANDO CONTINUAMENTE CON VINAGRE Y *RAYU* HASTA TERMINARSE EL PLATO.

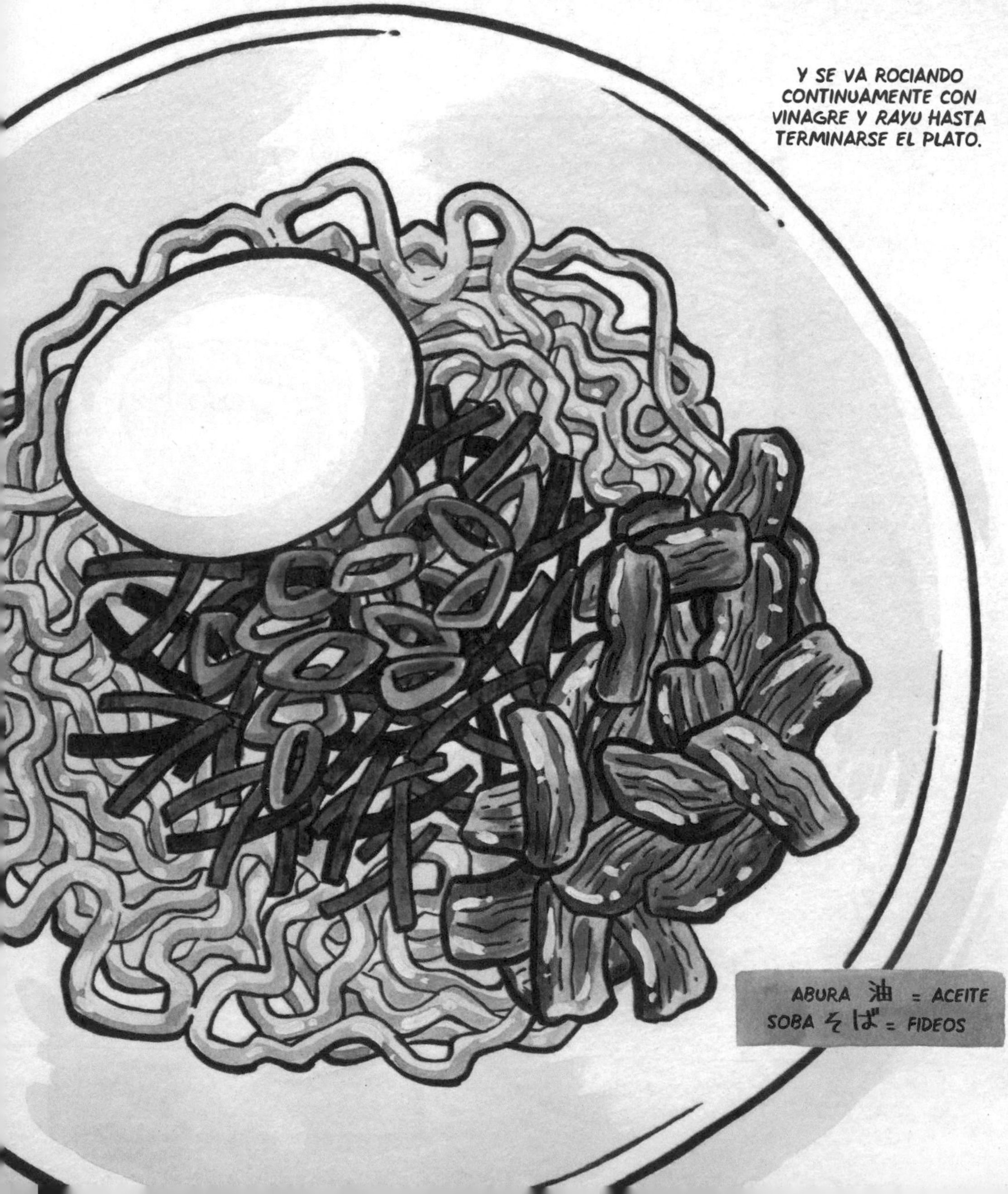
ABURA 油 = ACEITE
SOBA そば = FIDEOS

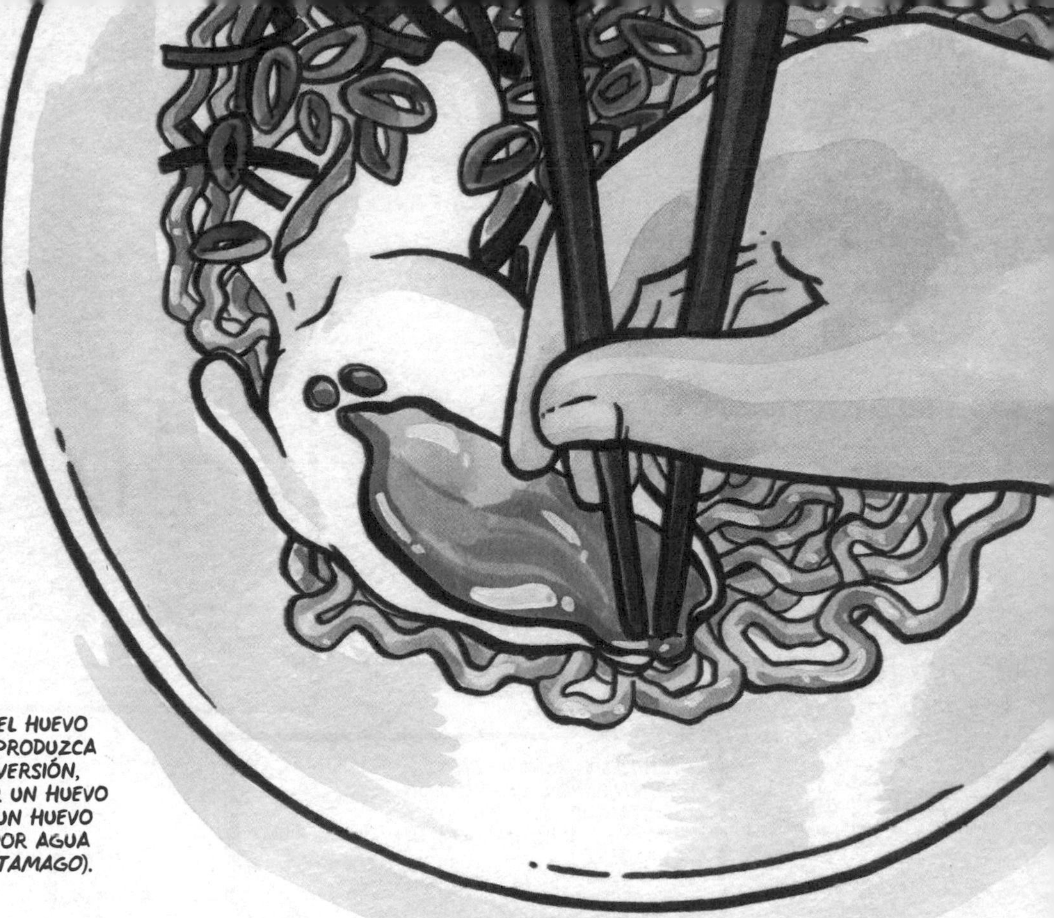

(A QUIEN EL HUEVO CRUDO LE PRODUZCA CIERTA AVERSIÓN, PUEDE USAR UN HUEVO *ONSEN* O UN HUEVO PASADO POR AGUA *AJITSUKE TAMAGO*).

LOS ABURA SOBA TIENEN UN GRAN SABOR Y UN BOCADO SATISFACTORIO, ADEMÁS DE SER FÁCILES DE PREPARAR, YA QUE NO REQUIEREN CALDOS DE LARGA COCCIÓN.

ESTA ES NUESTRA FORMA PREFERIDA DE SERVIRLO USANDO VARIAS RECETAS DE ESTE LIBRO. SI BUSCAS UN ESTILO SIMILAR, CONSULTA LA RECETA DE *MAZEMEN* (PÁG. 141), QUE QUEDA MÁS JUGOSO AL AÑADIRLE UN POCO DE CALDO.

TAMBIÉN PUEDES JUGAR CON DISTINTOS TIPOS DE GRASAS Y GUARNICIONES A TU GUSTO. ¡NO TE CORTES Y DESCUBRE TU MEZCLA FAVORITA!

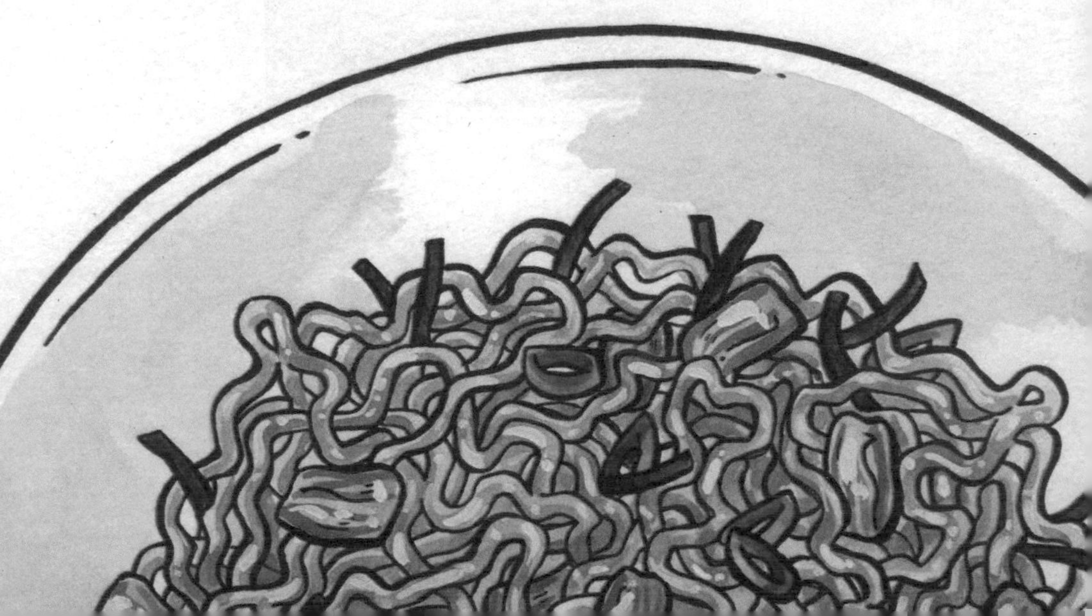

ABURA SOBA
(FIDEOS EN ACEITE)
PARA 1 RACIÓN

INGREDIENTES:

2 CUCHARADAS DE GRASA DE CERDO O POLLO (PÁGS. 42-43)

1 LONCHA DE CHASHU (PÁG. 89) CORTADA EN BASTONCITOS DE UNOS 2,5 X 0,5 CM

1/2 CUCHARADITA DE ACEITE DE SÉSAMO

1 CUCHARADITA DE VINAGRE DE VINO DE ARROZ Y UN POCO MÁS PARA SERVIR

2 CUCHARADITAS DE SALSA DE SOJA

140 G DE FIDEOS CASEROS PARA RAMEN (PÁG. 79) O DE OTRO TIPO DE FIDEOS FRESCOS PARA RAMEN

1 HUEVO CRUDO, ONSEN (PÁG. 108) O AJITSUKE TAMAGO (PÁG. 104)

UNAS CUANTAS PIEZAS DE MENMA (PÁG. 110)

UNAS CUANTAS PIEZAS DE GARI (PÁG. 118)

1 PUÑADITO DE NEGI (VER LA DESPENSA, PÁG. 19)

1 CUCHARADITA DE SEMILLAS DE SÉSAMO

2 TROZOS DE NORI DE 20 X 10 CM A JULIANA

RAYU (PÁG. 124)

LLEVA UNA OLLA GRANDE DE AGUA A EBULLICIÓN A FUEGO VIVO.

MIENTRAS TANTO, FUNDE LA GRASA EN UNA SARTÉN O UN WOK A FUEGO MEDIO-ALTO.

ECHA EL CHASHU Y FRÍELO REMOVIENDO CON FRECUENCIA HASTA QUE ESTÉ CALIENTE, 1 MINUTO APROXIMADAMENTE.

RETIRA EL CHASHU DEL FUEGO Y RESÉRVALO.

ECHA APROXIMADAMENTE 2 CUCHARADAS DE LA GRASA EN EL CUENCO DE SERVIR.

AÑADE EL ACEITE DE SÉSAMO, EL VINAGRE Y LA SALSA DE SOJA.

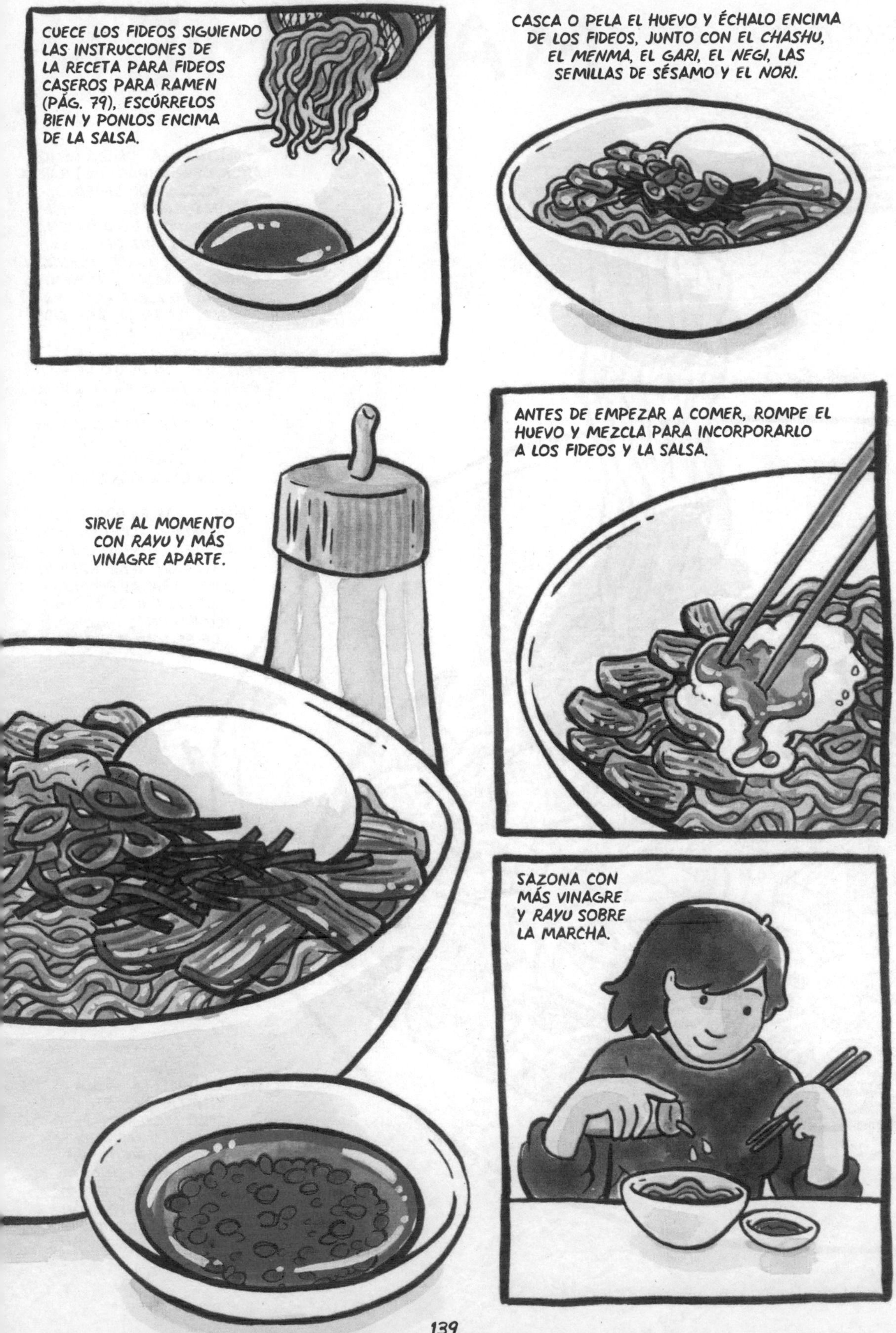
CUECE LOS FIDEOS SIGUIENDO LAS INSTRUCCIONES DE LA RECETA PARA FIDEOS CASEROS PARA RAMEN (PÁG. 79), ESCÚRRELOS BIEN Y PONLOS ENCIMA DE LA SALSA.
CASCA O PELA EL HUEVO Y ÉCHALO ENCIMA DE LOS FIDEOS, JUNTO CON EL *CHASHU*, EL *MENMA*, EL *GARI*, EL *NEGI*, LAS SEMILLAS DE SÉSAMO Y EL *NORI*.
SIRVE AL MOMENTO CON *RAYU* Y MÁS VINAGRE APARTE.
ANTES DE EMPEZAR A COMER, ROMPE EL HUEVO Y MEZCLA PARA INCORPORARLO A LOS FIDEOS Y LA SALSA.
SAZONA CON MÁS VINAGRE Y *RAYU* SOBRE LA MARCHA.

Cuatro cosas sobre los MAZEMEN

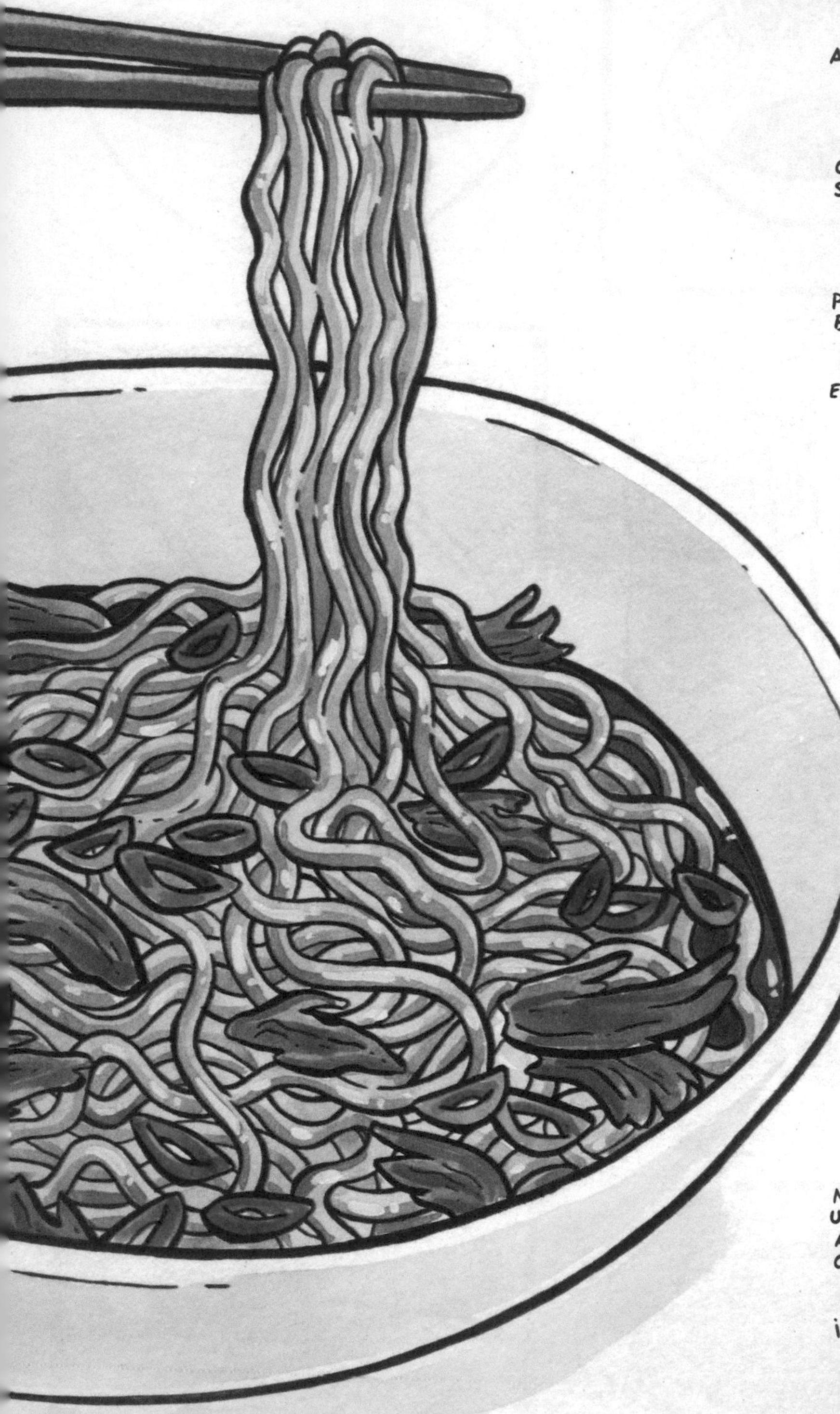

MIENTRAS LA FUERZA DE LOS ABURA SOBA (PÁG. 138) RADICA EN EL USO DE SABROSOS ACEITES Y GRASAS, SU PRIMO HERMANO, EL MAZEMEN, EMPLEA UNA PEQUEÑA CANTIDAD DE CALDO INTENSO Y SABROSOS ACOMPAÑAMIENTOS PARA MEZCLAR BIEN UNA VEZ EN LA MESA, ANTES DE EMPEZAR A COMER.

PIENSA EN UN PLATO DE PASTA BIEN COCINADO, EN EL QUE LOS ALMIDONES DE LOS FIDEOS SE COMBINAN CON LA SALSA (EN ESTE CASO, EL CALDO REDUCIDO) PARA CUBRIRLOS DE SABOR EN CADA MORDISCO.

PUEDES DAR RIENDA SUELTA A TU IMAGINACIÓN EN ESTE PLATO (EN EL GRAN LIBRO DE IVAN ORKIN, IVAN RAMEN, ENCONTRARÁS RECETAS DELICIOSAS E IMAGINATIVAS, ¡INCLUIDO UNOS MAZEMEN DE BEICON, LECHUGA Y TOMATE!).

¡ASÍ QUE PONTE CREATIVO!

MAZE 混ぜ = MEZCLA
MEN 麺 = FIDEOS

NUESTRA RECETA BÁSICA ES UNA INTRODUCCIÓN SENCILLA AL ESTILO MAZEMEN, PERO CONSULTA LAS VARIACIONES QUE LUEGO APORTAMOS PARA VER MÁS OPCIONES. ¡PUEDES INTERCAMBIAR LOS ACOMPAÑAMIENTOS CON TOTAL LIBERTAD!

MAZEMEN
(FIDEOS MEZCLADOS)
PARA 4 RACIONES

INGREDIENTES:

3 TAZAS DE CALDO DE CERDO (PÁG. 43) O DE POLLO (PÁG. 42) O DE CALDO DE TONKOTSU (PÁG. 52) O TORIKOTSU (PÁG. 54)

4 CUCHARADAS DE GRASA DE CERDO (PÁG. 43) O DE POLLO (PÁG. 42) (OMÍTELAS SI USAS CALDO DE TONKOTSU O TORIKOTSU)

8 CUCHARADAS DE TARE DE SHOYU (PÁG. 47) O DE MISO (PÁG. 48) O 4 DE SHIO TARE (PÁG.46)

4 CUCHARADAS DE RAYU (P.124) O ACEITE AROMÁTICO DE AJO (PÁG. 123), CON LOS TROZOS INCLUIDOS

2 CUCHARADITAS DE VINAGRE DE VINO DE ARROZ

140 G DE FIDEOS CASEROS PARA RAMEN (PÁG. 79) O DE OTRO TIPO DE FIDEOS FRESCOS PARA RAMEN

1 HUEVO ONSEN (PÁG. 108) O AJITSUKE TAMAGO (PÁG. 104)

LLEVA UNA OLLA GRANDE DE AGUA A EBULLICIÓN A FUEGO VIVO.

PON EL CALDO EN UN CACITO Y CUECE A FUEGO VIVO.

DEJA QUE REDUZCA A LA MITAD, APROXIMADAMENTE 1,5 TAZAS.

AÑADE LA GRASA Y BAJA EL FUEGO AL MÍNIMO.

MIENTRAS TANTO, REPARTE EL TARE, EL RAYU Y EL VINAGRE ENTRE 4 TAZONES.

CUECE LOS FIDEOS SIGUIENDO LAS INSTRUCCIONES DE LA RECETA PARA FIDEOS CASEROS PARA RAMEN (PÁG. 79).

CUANDO ESTÉN CASI LISTOS, REPARTE EL CALDO CALIENTE Y LA GRASA ENTRE LOS CUENCOS.

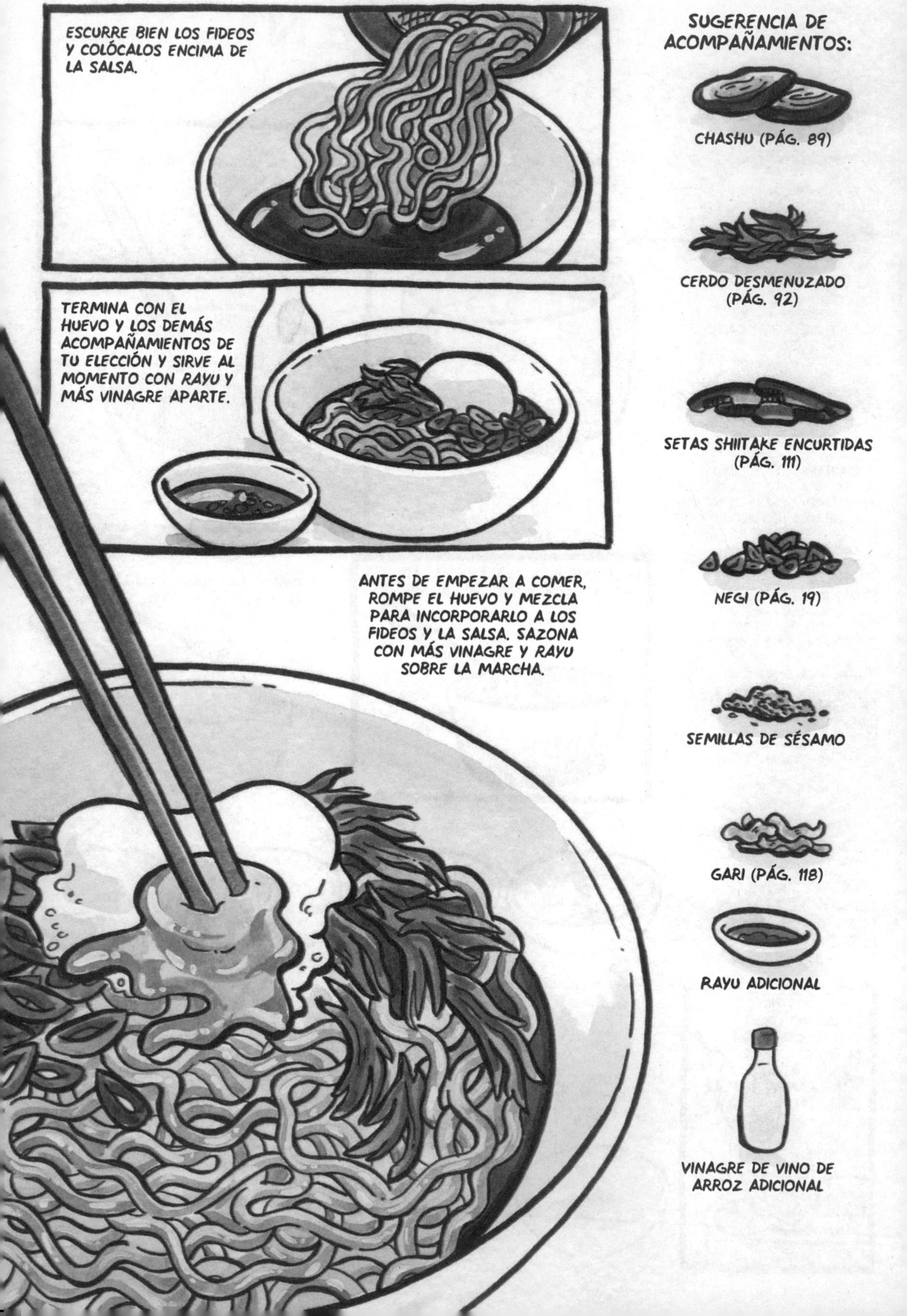
ESCURRE BIEN LOS FIDEOS Y COLÓCALOS ENCIMA DE LA SALSA.
TERMINA CON EL HUEVO Y LOS DEMÁS ACOMPAÑAMIENTOS DE TU ELECCIÓN Y SIRVE AL MOMENTO CON *RAYU* Y MÁS VINAGRE APARTE.
ANTES DE EMPEZAR A COMER, ROMPE EL HUEVO Y MEZCLA PARA INCORPORARLO A LOS FIDEOS Y LA SALSA. SAZONA CON MÁS VINAGRE Y *RAYU* SOBRE LA MARCHA.
SUGERENCIA DE ACOMPAÑAMIENTOS:
CHASHU (PÁG. 89)
CERDO DESMENUZADO (PÁG. 92)
SETAS SHIITAKE ENCURTIDAS (PÁG. 111)
NEGI (PÁG. 19)
SEMILLAS DE SÉSAMO
GARI (PÁG. 118)
RAYU ADICIONAL
VINAGRE DE VINO DE ARROZ ADICIONAL

MAZEMEN CREMOSO DE SETAS

PARA 1 RACIÓN

INGREDIENTES:

2 CUCHARADAS DE MANTEQUILLA

115 G DE SETAS *SHIITAKE* A LÁMINAS (UNAS 2 TAZAS)

1 CHALOTA GRANDE CORTADA EN JULIANA

1 DIENTE DE AJO EN LÁMINAS FINAS

2 CEBOLLETAS LIMPIAS, CON LA PARTE BLANCA PICADA Y LA PARTE VERDE EN RODAJAS DIAGONALES FINAS, POR SEPARADO

1/2 TAZA DE CALDO DE POLLO (PÁG. 42) O DE CALDO DE *TORIKOTSU* (PÁG. 54)

1/4 DE TAZA DE NATA ESPESA

1/2 CUCHARADITA DE ACEITE DE SÉSAMO

1 CUCHARADITA DE *RAYU* (PÁG. 124) Y UN POCO MÁS PARA SERVIR

SAL Y PIMIENTA NEGRA RECIÉN MOLIDA

140 G DE FIDEOS CASEROS PARA RAMEN (PÁG. 79) O DE OTRO TIPO DE FIDEOS FRESCOS PARA RAMEN

LA YEMA CRUDA DE 1 HUEVO (OPCIONAL)

SHICHIMI TOGARASHI

LLEVA UNA OLLA GRANDE DE AGUA A EBULLICIÓN A FUEGO VIVO.

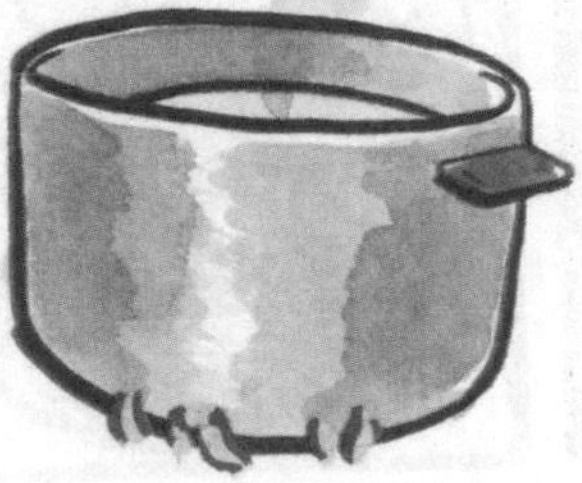

MIENTRAS TANTO, FUNDE LA MANTEQUILLA EN UNA SARTÉN DE HIERRO COLADO O UN WOK A FUEGO MEDIO-ALTO.

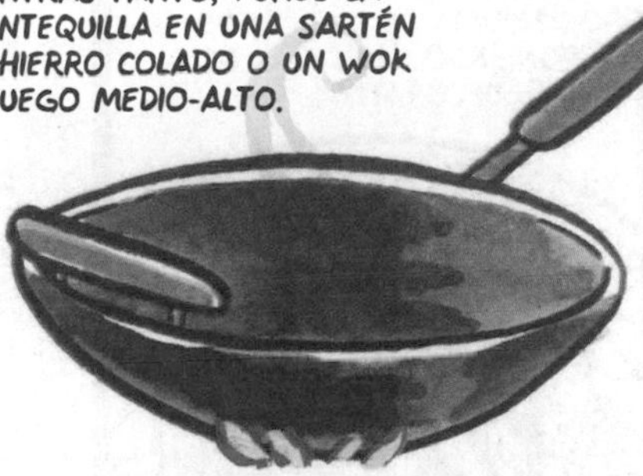

A CONTINUACIÓN, AÑADE LAS SETAS Y SOFRÍELAS HASTA QUE EMPIECEN A ABLANDARSE, UNOS 2 MINUTOS.

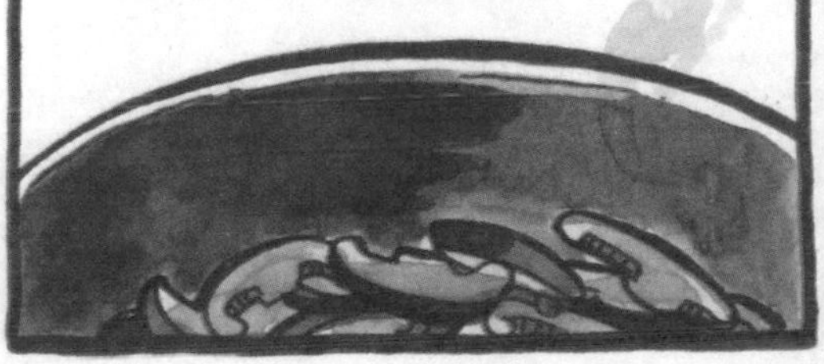

ESTE PLATO PUEDE QUE NO INCLUYA INGREDIENTES JAPONESES POR LOS CUATRO COSTADOS, PERO SE TRATA DE UN *TARE* DELICIOSO Y COMPLACIENTE AL ESTILO *MAZEMEN* DE PREPARACIÓN RÁPIDA Y SENCILLA.

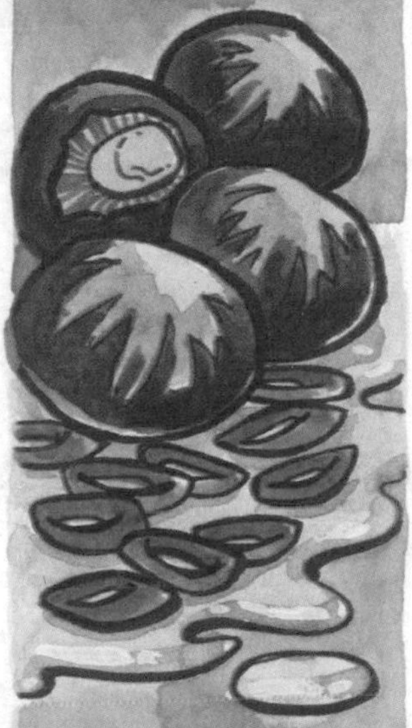

ESTA RECETA ES PARA 1 RACIÓN. PUEDES MULTIPLICAR LAS CANTIDADES HASTA PARA 4 RACIONES CON BUENOS RESULTADOS, PERO EL TIEMPO DE COCCIÓN SERÁ ALGO SUPERIOR DEBIDO A QUE LA CANTIDAD DE LÍQUIDO A REDUCIR ES TAMBIÉN MAYOR.

INCORPORA LA CHALOTA, EL AJO Y LA PARTE BLANCA DE LA CEBOLLETA Y SOFRÍE MIENTRAS REMUEVES HASTA QUE EMPIECEN A ABLANDARSE Y A ADQUIRIR UN TONO MARRÓN, OTROS 2 O 3 MINUTOS.

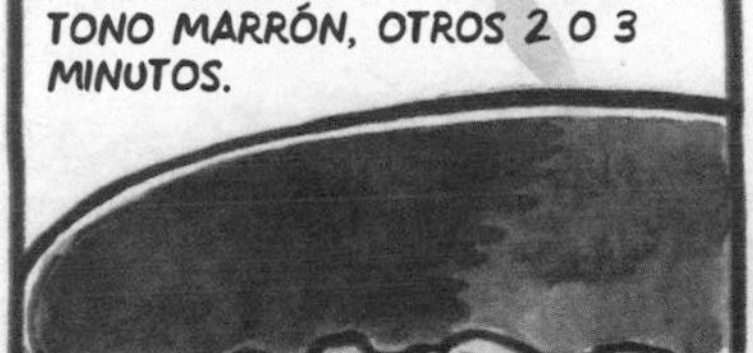

ECHA EL CALDO Y SUBE EL FUEGO AL MÁXIMO HASTA QUE EL LÍQUIDO HAYA REDUCIDO MÁS O MENOS A LA MITAD, COSA QUE TARDARÁ 2 O 3 MINUTOS.

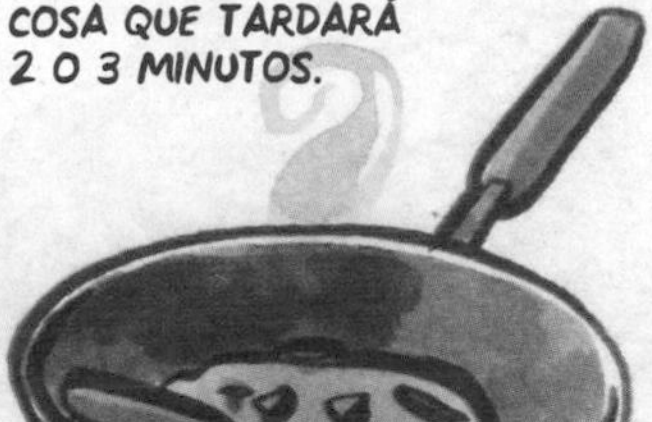

AÑADE LA NATA Y DÉJALO 1 MINUTO MÁS PARA QUE LOS SABORES SE COMBINEN Y EL LÍQUIDO REDUZCA UN POCO MÁS.

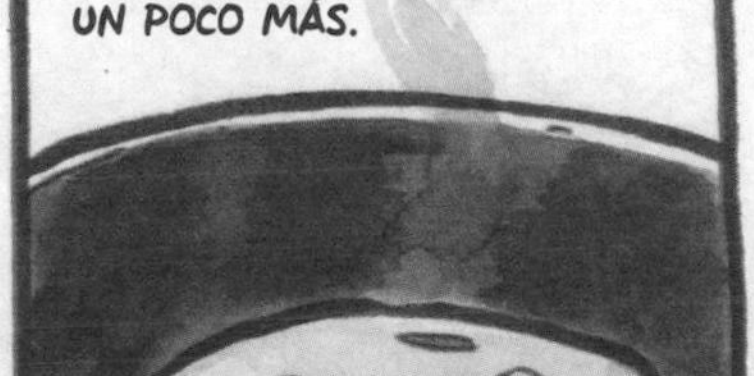

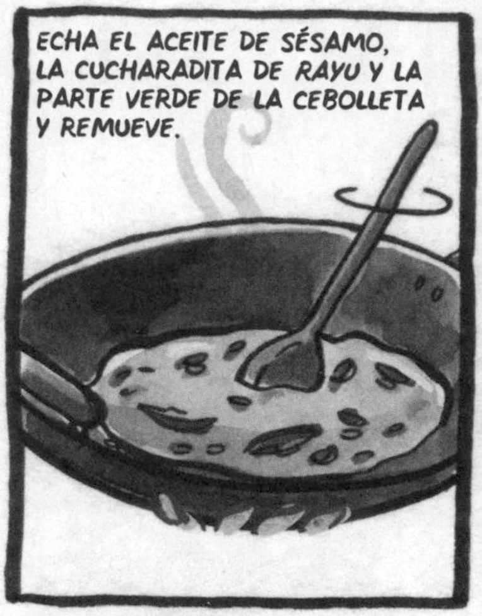
ECHA EL ACEITE DE SÉSAMO, LA CUCHARADITA DE *RAYU* Y LA PARTE VERDE DE LA CEBOLLETA Y REMUEVE.

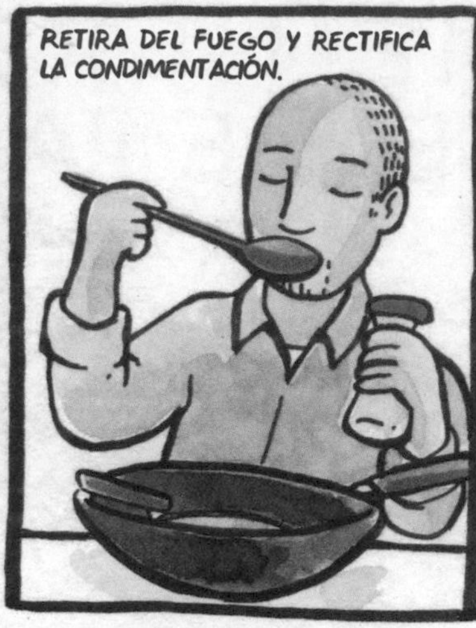
RETIRA DEL FUEGO Y RECTIFICA LA CONDIMENTACIÓN.

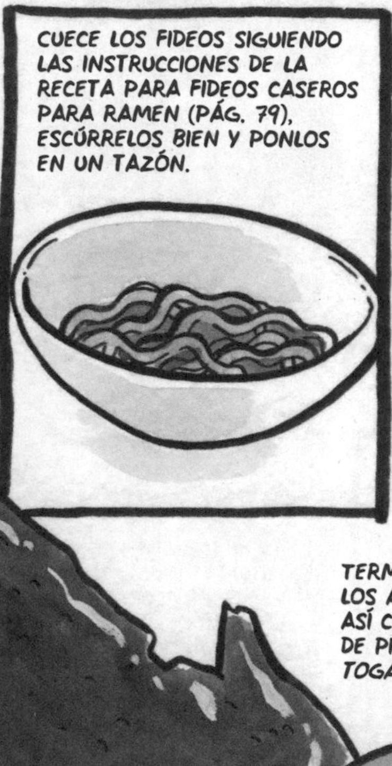
CUECE LOS FIDEOS SIGUIENDO LAS INSTRUCCIONES DE LA RECETA PARA FIDEOS CASEROS PARA RAMEN (PÁG. 79), ESCÚRRELOS BIEN Y PONLOS EN UN TAZÓN.

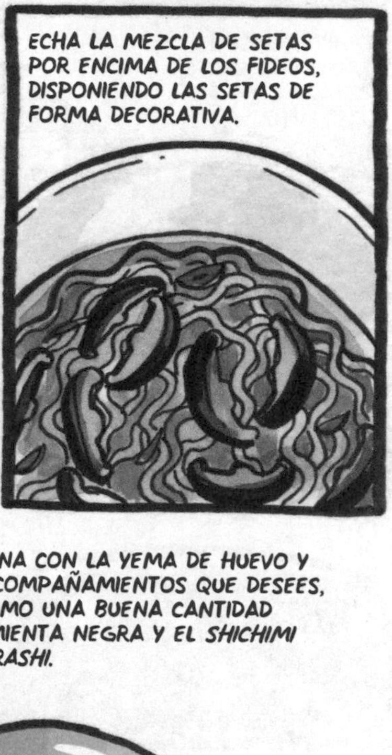
ECHA LA MEZCLA DE SETAS POR ENCIMA DE LOS FIDEOS, DISPONIENDO LAS SETAS DE FORMA DECORATIVA.

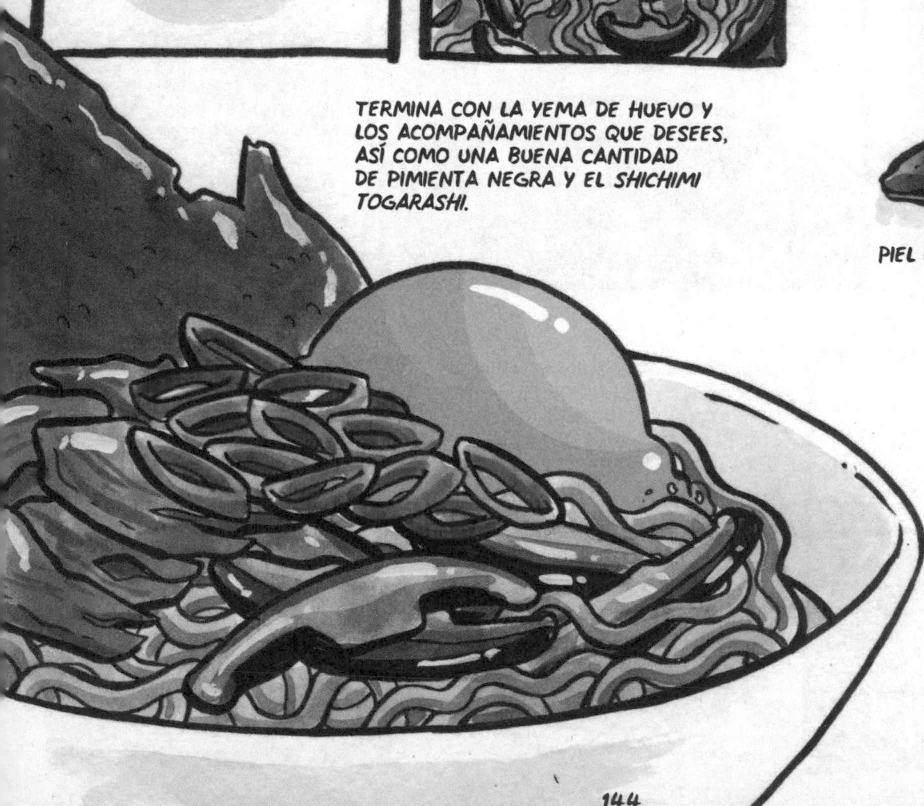
TERMINA CON LA YEMA DE HUEVO Y LOS ACOMPAÑAMIENTOS QUE DESEES, ASÍ COMO UNA BUENA CANTIDAD DE PIMIENTA NEGRA Y EL *SHICHIMI TOGARASHI*.

SIRVE AL MOMENTO, ROMPIENDO LA YEMA Y MEZCLÁNDOLA PARA INCORPORARLA A LOS FIDEOS Y LA SALSA, CON EL *RAYU* APARTE.

SUGERENCIA DE ACOMPAÑAMIENTOS:

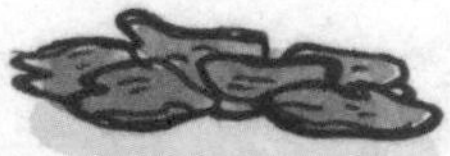

POLLO DESMENUZADO (PÁG. 94)

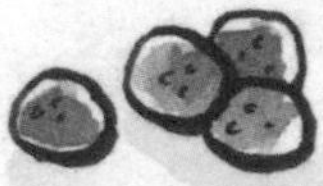

TSUKUNE (PÁG. 98)

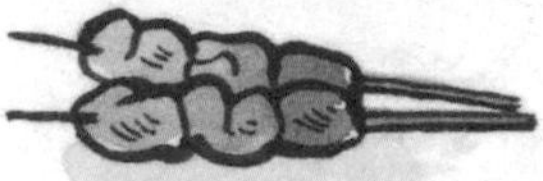

YAKITORI (PÁG. 96)

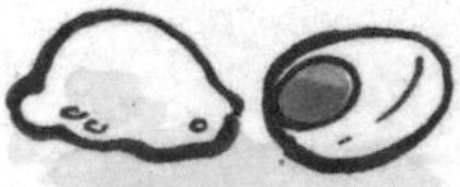

HUEVO *ONSEN* (PÁG. 108) O *AJITSUKE TAMAGO* (PÁG. 104)

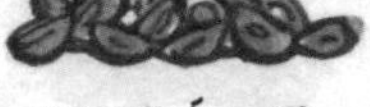

NEGI (PÁG. 19)

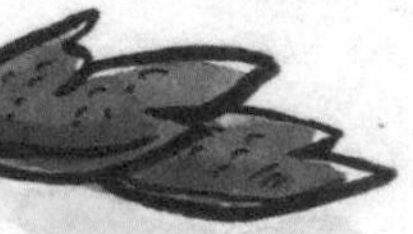

PIEL CRUJIENTE DE POLLO (PÁG. 117)

MAZEMEN DE TOMATE FRÍO Y CALIENTE PARA EL VERANO

PARA 1 RACIÓN

INGREDIENTES:

1 CHALOTA PEQUEÑA CORTADA EN JULIANA

UNAS CUANTAS RODAJAS TRANSVERSALES DE CHILE FRESNO, JALAPEÑO O SERRANO, CANTIDAD AL GUSTO

1/2 CUCHARADITA COLMADA DE AZÚCAR MORENO

EL ZUMO DE 1 LIMA (UNAS 2 CUCHARADAS)

1 CUCHARADA DE VINAGRE DE VINO DE ARROZ O DE CAÑA

2 CUCHARADITAS DE SALSA DE PESCADO, CANTIDAD AL GUSTO

1 CUCHARADITA DE SALSA DE SOJA

1 CUCHARADITA DE ACEITE DE CANOLA

1/2 CUCHARADITA DE ACEITE DE SÉSAMO

2 CEBOLLETAS LIMPIAS, CON LA PARTE BLANCA EN RODAJAS TRANSVERSALES FINAS Y LA PARTE VERDE EN RODAJAS DIAGONALES FINAS, POR SEPARADO

1 PUÑADO GRANDE DE TOMATES *CHERRY* MADUROS CORTADOS POR LA MITAD

140 G DE FIDEOS CASEROS PARA RAMEN (PÁG. 79) O DE OTRO TIPO DE FIDEOS FRESCOS PARA RAMEN

UNAS CUANTAS HOJAS TROCEADAS DE ALBAHACA TAILANDESA O GENOVESA

MEZCLA LA CHALOTA, LOS CHILES, EL AZÚCAR, EL ZUMO DE LIMA, EL VINAGRE, LA SALSA DE PESCADO, LA SALSA DE SOJA, LOS ACEITES, LA PARTE BLANCA DE LA CEBOLLETA Y LOS TOMATES EN UN CUENCO Y REMUEVE BIEN PARA INCORPORAR Y DISOLVER EL AZÚCAR.

DEJA EN LA NEVERA 30 MINUTOS.

LLEVA UNA OLLA GRANDE DE AGUA A EBULLICIÓN A FUEGO VIVO.

CUECE LOS FIDEOS SIGUIENDO LAS INSTRUCCIONES, ESCÚRRELOS BIEN E INCORPÓRALOS DIRECTAMENTE A LA SALSA FRÍA.

ESTA ES OTRA INTERPRETACIÓN PARTICULAR DEL ESTILO MAZEMEN, PERFECTA PARA FESTEJAR LA ABUNDANCIA DE TOMATES EN LOS MESES DE VERANO. REÚNE LA VIVACIDAD DE LOS SABORES DEL SUDESTE ASIÁTICO Y UNA SEDUCTORA TÉCNICA QUE COMBINA LOS FIDEOS CALIENTES CON LA SALSA FRÍA.

LA INCORPORACIÓN DE LA SALSA DE PESCADO LE APORTA UNA GRAN PROFUNDIDAD UMAMI. ¡NO TE LA SALTES!

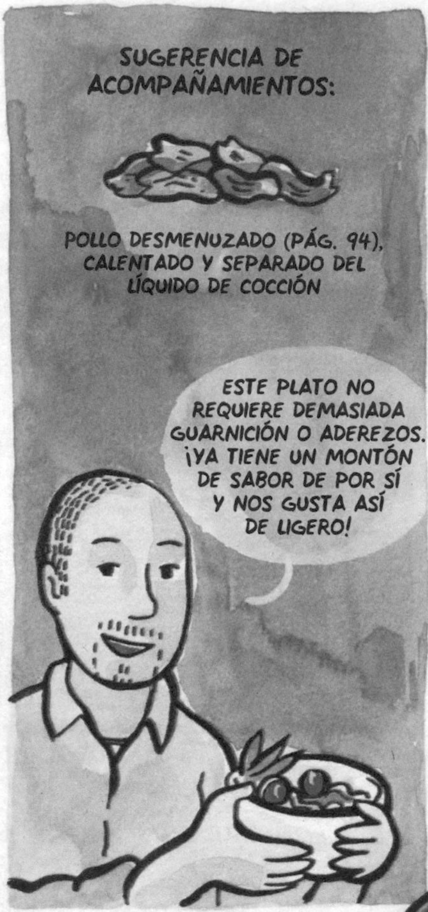
SUGERENCIA DE ACOMPAÑAMIENTOS:
POLLO DESMENUZADO (PÁG. 94), CALENTADO Y SEPARADO DEL LÍQUIDO DE COCCIÓN
ESTE PLATO NO REQUIERE DEMASIADA GUARNICIÓN O ADEREZOS. ¡YA TIENE UN MONTÓN DE SABOR DE POR SÍ Y NOS GUSTA ASÍ DE LIGERO!

AÑADE LA PARTE VERDE DE LA CEBOLLETA Y LA MITAD DE LA ALBAHACA Y MÉZCLALO BIEN REMOVIENDO CON RAPIDEZ.

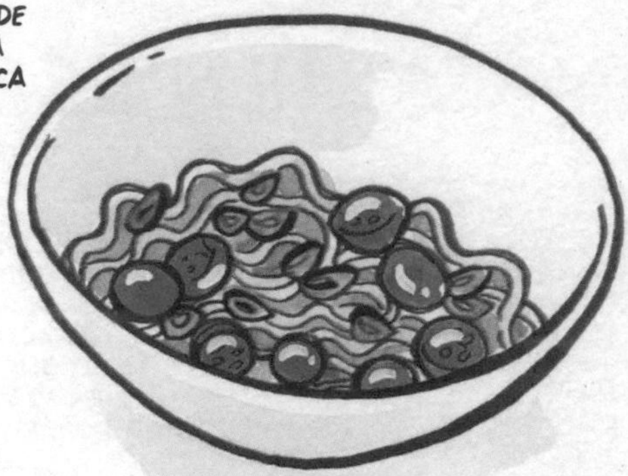

PÁSALO TODO A UN CUENCO, DISPÓN LOS TOMATES DE FORMA DECORATIVA Y ECHA TODO EL LÍQUIDO POR ENCIMA DE LOS FIDEOS.

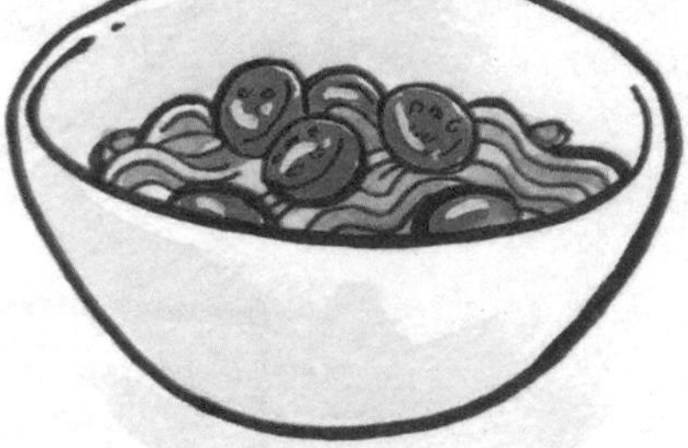

DECORA CON EL RESTO DE LA ALBAHACA Y SIRVE AL MOMENTO.

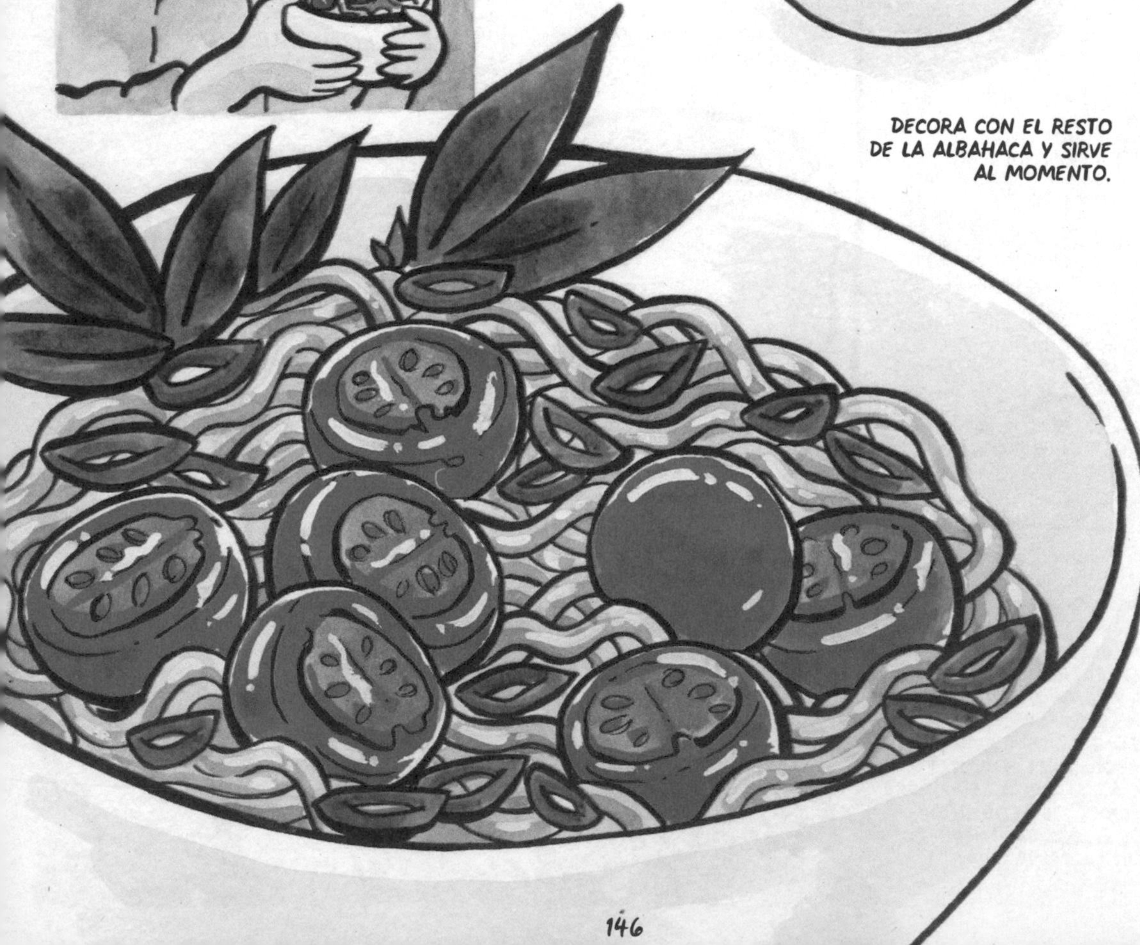

Cuatro cosas sobre los TANTANMEN

ESTA ES NUESTRA VERSIÓN DE UN FAMOSO PLATO QUE DESCIENDE DE LOS FIDEOS CHINOS *DANDAN*.

SE TRATA DE UN PLATO DE SHICHUAN A BASE DE FIDEOS DE TRIGO ACOMPAÑADOS DE CARNE DE CERDO PICADA, CARGADO DE CHILE PICANTE CONTRARRESTADO CON LA ENTUMECEDORA PIMIENTA DE SHICHUAN.

LA EVOLUCIÓN JAPONESA CONOCIDA COMO *TANTANMEN* ES ALGUNAS VECES CALDOSA Y OTRAS MÁS SECA, COMO LOS *MAZEMEN*, Y A MENUDO PRESENTA UN COLOR ROJO POR LA PRESENCIA DEL ACEITE DE CHILE.

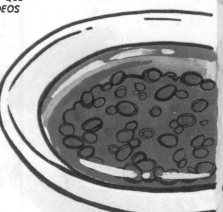

NUESTRA INTERPRETACIÓN ES MÁS BIEN COMO UN CALDO DE *TONKOTSU* DEBIDO A LA INTENSA PASTA DE SÉSAMO QUE USAMOS, PERO NO TE ENGAÑES, ¡PICA IGUAL!

PARA CAPTURAR LA PROFUNDIDAD DEL SABOR TRADICIONAL CHINO DE LOS *DANDAN* QUE SE ENCUENTRA A MENUDO EN LOS *TANTAMEN*,

USA LA VERDURA FERMENTADA CONOCIDA COMO *YA CAI* Y LA PASTA DULCE DE JUDÍA ROJA LLAMADA *TIANMIANJIANG*, AMBAS LAS PUEDES ENCONTRAR EN LA MAYORÍA DE SUPERMERCADOS ASIÁTICOS.

SI NO LOGRAS ECHARLES EL GUANTE, NO TE PREOCUPES, ¡EL PLATO ESTARÁ RIQUÍSIMO IGUALMENTE!

TANTANMEN

(RAMEN CON CERDO PICADO PICANTE)

PARA 1 RACIÓN

INGREDIENTES:

3/4 DE TAZA DE CERDO O TOFU PARA *TANTANMEN* (RECETA A CONTINUACIÓN)

1,25 TAZAS DE CALDO O CALDO BASE SIN SAZONAR DE TU ELECCIÓN

140 G POR RACIÓN DE FIDEOS CASEROS PARA RAMEN (PÁG. 79) O DE OTRO TIPO DE FIDEOS PARA RAMEN

1 O 2 CUCHARADITAS DE *RAYU* (PÁG. 124)

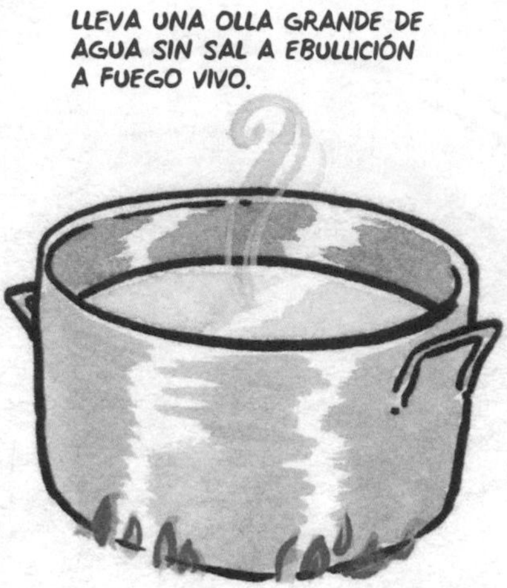
LLEVA UNA OLLA GRANDE DE AGUA SIN SAL A EBULLICIÓN A FUEGO VIVO.

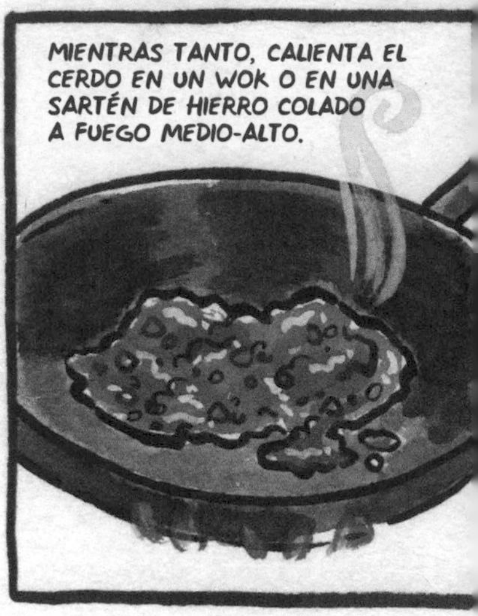
MIENTRAS TANTO, CALIENTA EL CERDO EN UN WOK O EN UNA SARTÉN DE HIERRO COLADO A FUEGO MEDIO-ALTO.

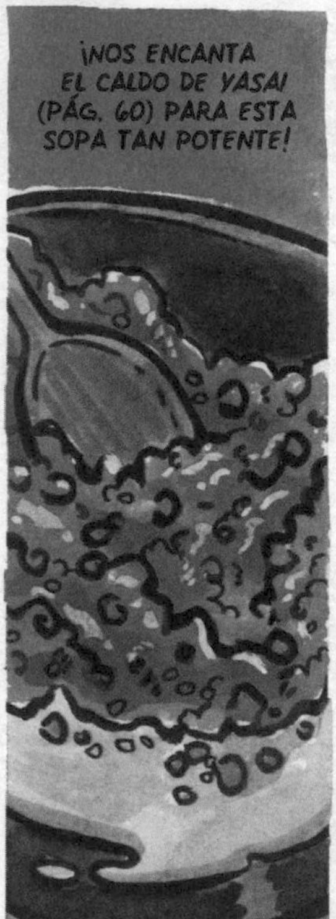
¡NOS ENCANTA EL CALDO DE *YASAI* (PÁG. 60) PARA ESTA SOPA TAN POTENTE!
PERO, EN ESTA RECETA, PUEDES USAR CUALQUIER TIPO DE CALDO QUE NO LLEVE *TARE*, YA QUE EL PROPIO CERDO Y EL LÍQUIDO QUE DESPRENDE AL COCINARLO HACEN LAS VECES DE *TARE* PARA SAZONAR ESTA SOPA.

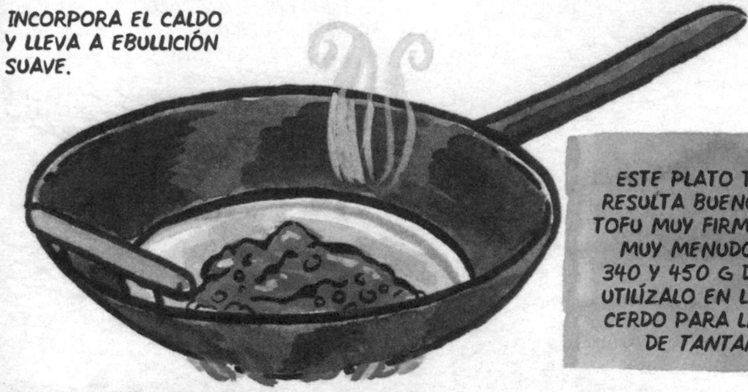
INCORPORA EL CALDO Y LLEVA A EBULLICIÓN SUAVE.

ESTE PLATO TAMBIÉN RESULTA BUENO CON UN TOFU MUY FIRME. TROCEA MUY MENUDO ENTRE 340 Y 450 G DE TOFU Y UTILÍZALO EN LUGAR DEL CERDO PARA LA RECETA DE *TANTANMEN*.

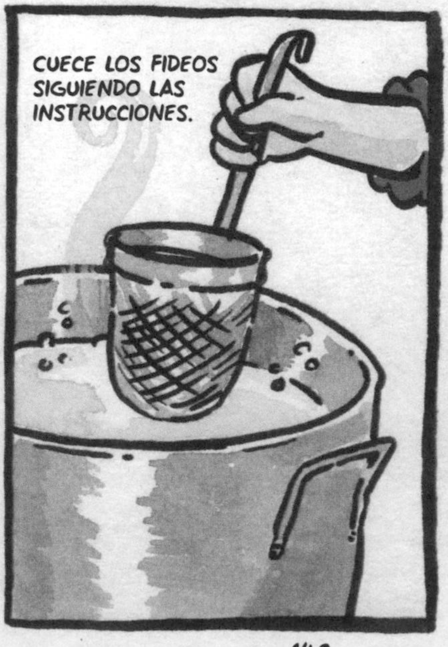
CUECE LOS FIDEOS SIGUIENDO LAS INSTRUCCIONES.

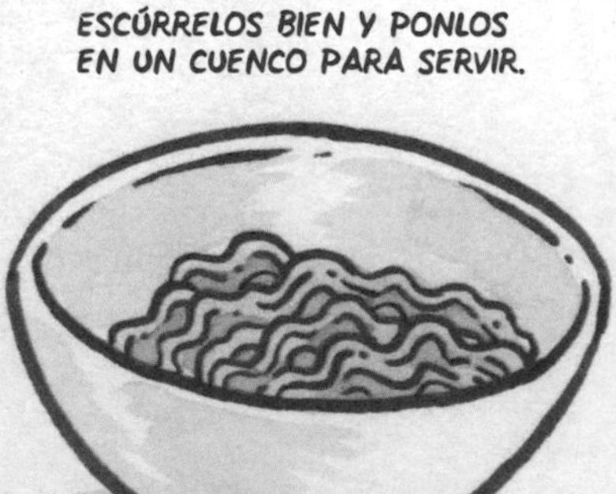
ESCÚRRELOS BIEN Y PONLOS EN UN CUENCO PARA SERVIR.

SUGERENCIA DE ACOMPAÑAMIENTOS:

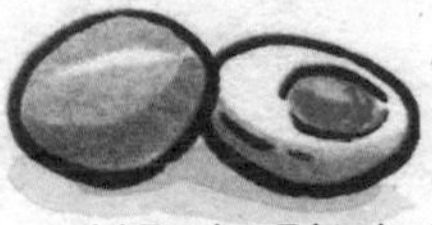

AJITSUKE TAMAGO (PÁG. 104)

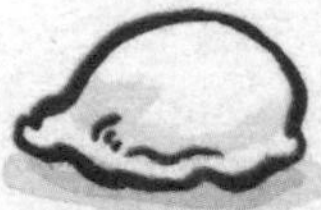

HUEVO *ONSEN* (PÁG. 108)

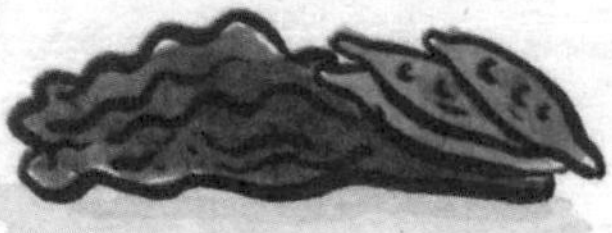

VERDURAS SALTEADAS AL WOK (PÁG. 112)

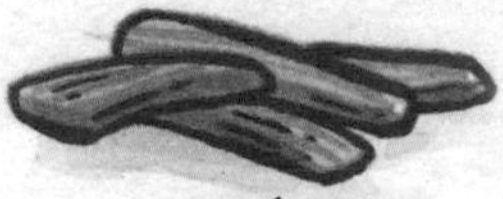

MENMA (PÁG. 110)

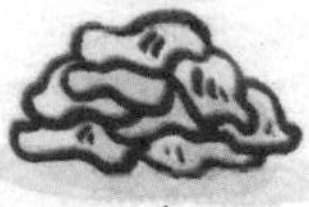

GARI (PÁG. 118)

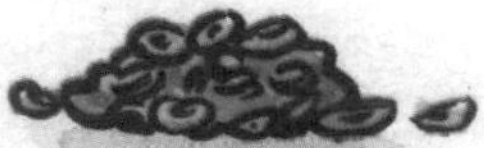

NEGI (PÁG. 19)

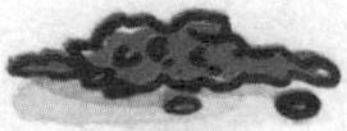

COPOS DE PIMIENTA ROJA APLASTADOS

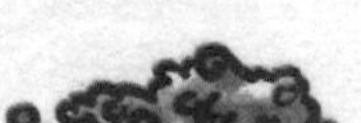

SANSHO (PÁG. 17)

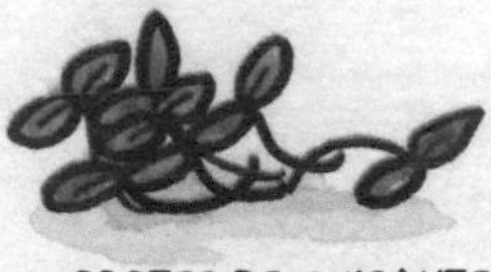

BROTES DE GUISANTE CRUDOS O DE GIRASOL

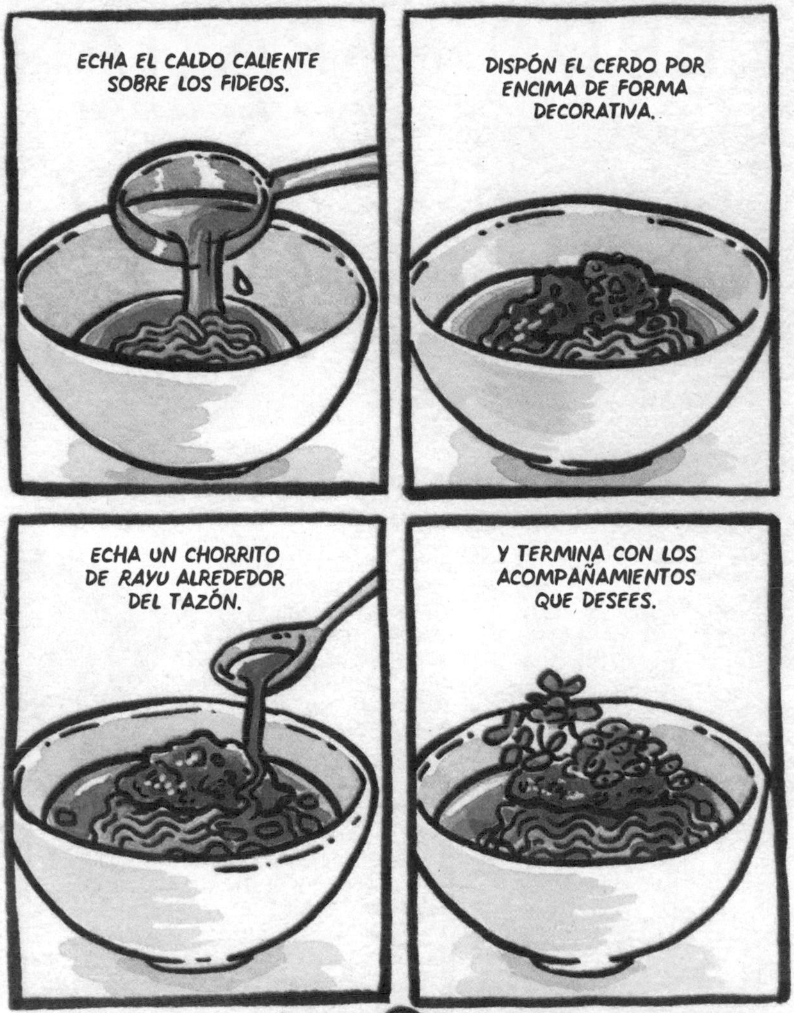
ECHA EL CALDO CALIENTE SOBRE LOS FIDEOS.
DISPÓN EL CERDO POR ENCIMA DE FORMA DECORATIVA.
ECHA UN CHORRITO DE *RAYU* ALREDEDOR DEL TAZÓN.
Y TERMINA CON LOS ACOMPAÑAMIENTOS QUE DESEES.

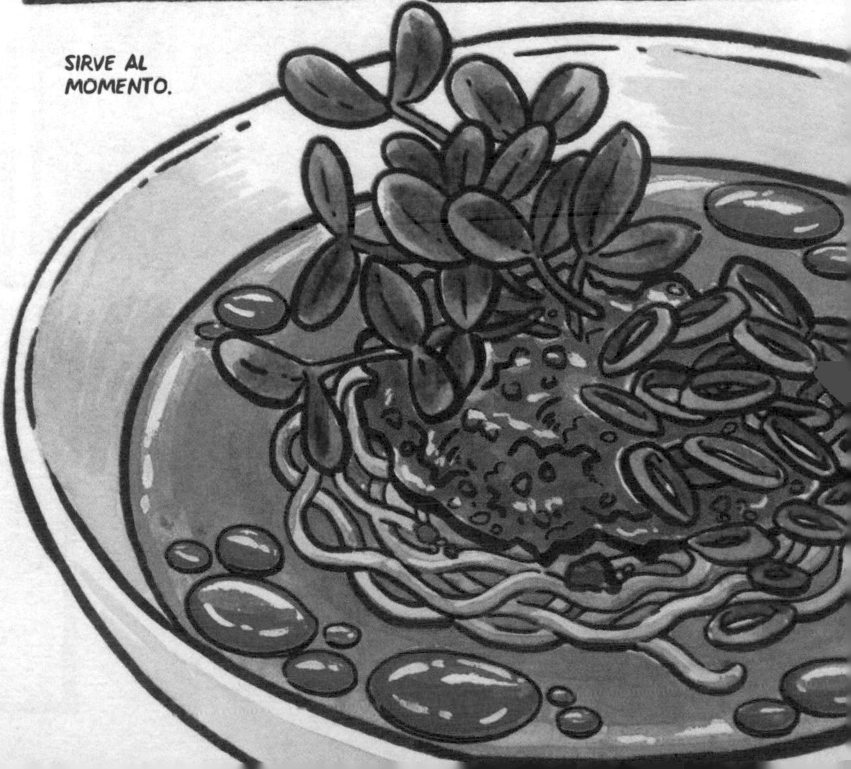
SIRVE AL MOMENTO.

CERDO PARA TANTANMEN

PARA 3 TAZAS DE RAMEN

INGREDIENTES:

1/4 DE TAZA DE *TAHINI*

1/4 DE TAZA DE ACEITE DE SÉSAMO

2 CUCHARADAS DE *RAYU* (PÁG. 124)

1/4 DE TAZA DE SALSA DE SOJA

2 CUCHARADAS DE VINAGRE DE VINO DE ARROZ

1 CUCHARADITA DE *SANSHO* O DE GRANOS DE PIMIENTA DE SICHUAN MOLIDOS Y TAMIZADOS (OPCIONAL, VER LA DESPENSA PÁG.17)

1 CUCHARADITA DE COPOS DE PIMIENTA ROJA APLASTADOS

2 CUCHARADAS DE GRASA DE CERDO O ACEITE DE CANOLA

1 TROZO DE JENGIBRE FRESCO DE 7,5 CM PELADO Y PICADO

4 DIENTES DE AJO PICADOS

1 MANOJO DE CEBOLLETAS LIMPIAS, CON LA PARTE BLANCA PICADA Y LA PARTE VERDE EN RODAJAS DIAGONALES FINAS

1 CUCHARADA DE *YA CAI* (VERDURA CHINA FERMENTADA, OPCIONAL; VER PÁG. 147)

1 CUCHARADA DE *TIANMIANJIANG* (PASTA DULCE DE JUDÍA ROJA CHINA, OPCIONAL; VER PÁG. 147)

1/2 KG DE CARNE DE CERDO PICADA

1/2 TAZA DEL CALDO QUE PREFIERAS (VER CALDOS, PÁGS. 42-43) O DE AGUA

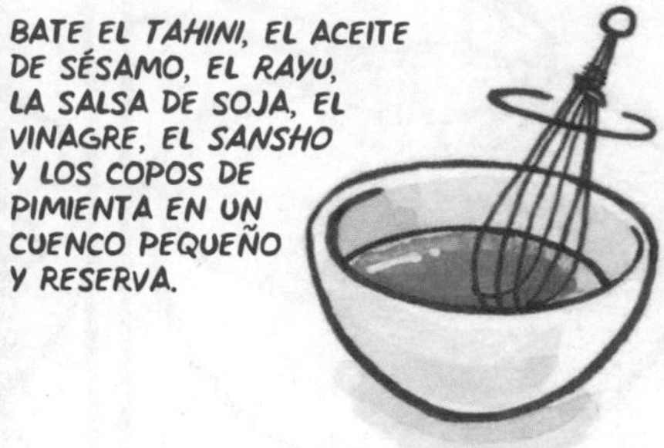
BATE EL TAHINI, EL ACEITE DE SÉSAMO, EL RAYU, LA SALSA DE SOJA, EL VINAGRE, EL SANSHO Y LOS COPOS DE PIMIENTA EN UN CUENCO PEQUEÑO Y RESERVA.

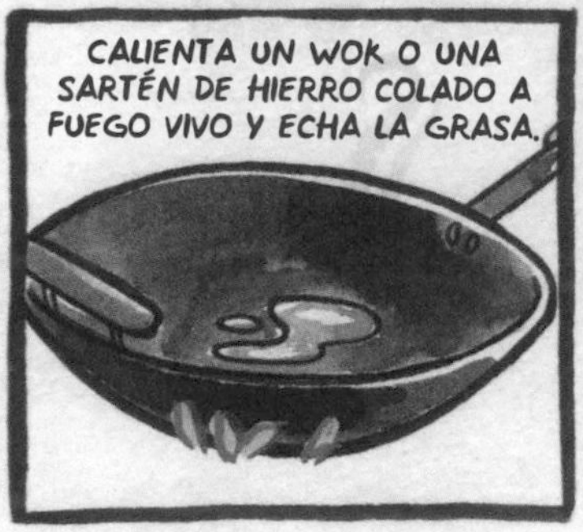
CALIENTA UN WOK O UNA SARTÉN DE HIERRO COLADO A FUEGO VIVO Y ECHA LA GRASA.

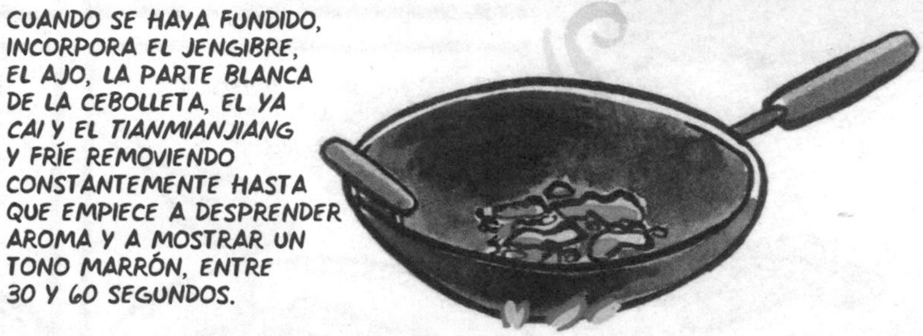
CUANDO SE HAYA FUNDIDO, INCORPORA EL JENGIBRE, EL AJO, LA PARTE BLANCA DE LA CEBOLLETA, EL YA CAI Y EL TIANMIANJIANG Y FRÍE REMOVIENDO CONSTANTEMENTE HASTA QUE EMPIECE A DESPRENDER AROMA Y A MOSTRAR UN TONO MARRÓN, ENTRE 30 Y 60 SEGUNDOS.

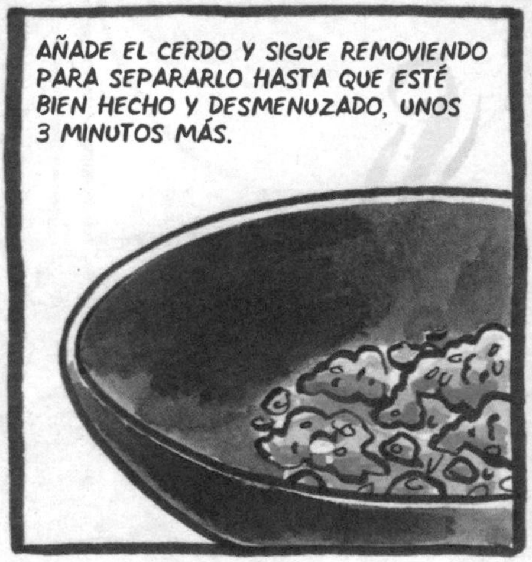
AÑADE EL CERDO Y SIGUE REMOVIENDO PARA SEPARARLO HASTA QUE ESTÉ BIEN HECHO Y DESMENUZADO, UNOS 3 MINUTOS MÁS.

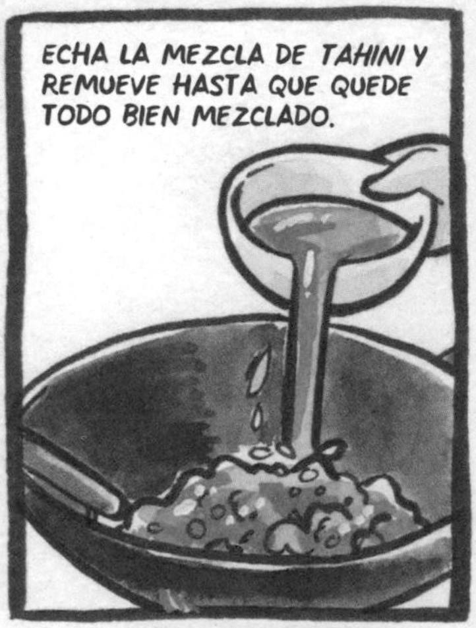
ECHA LA MEZCLA DE TAHINI Y REMUEVE HASTA QUE QUEDE TODO BIEN MEZCLADO.

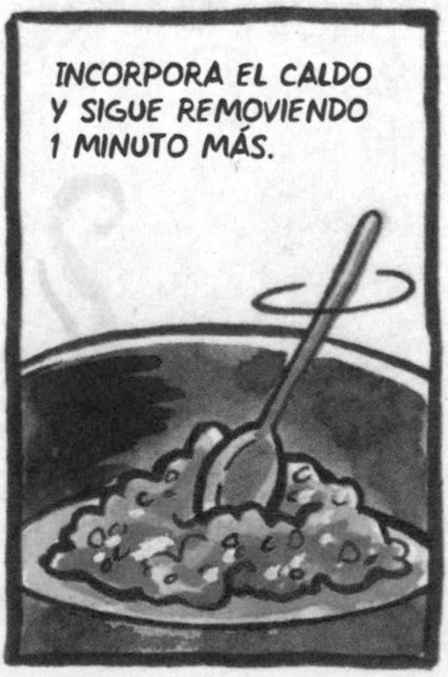
INCORPORA EL CALDO Y SIGUE REMOVIENDO 1 MINUTO MÁS.

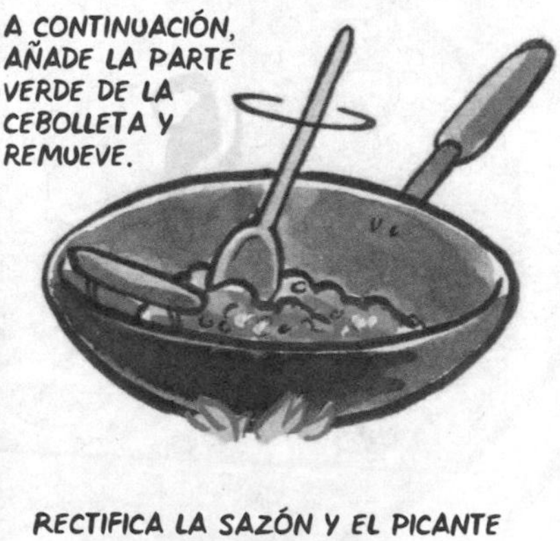
A CONTINUACIÓN, AÑADE LA PARTE VERDE DE LA CEBOLLETA Y REMUEVE.
RECTIFICA LA SAZÓN Y EL PICANTE Y RETIRA DEL FUEGO.

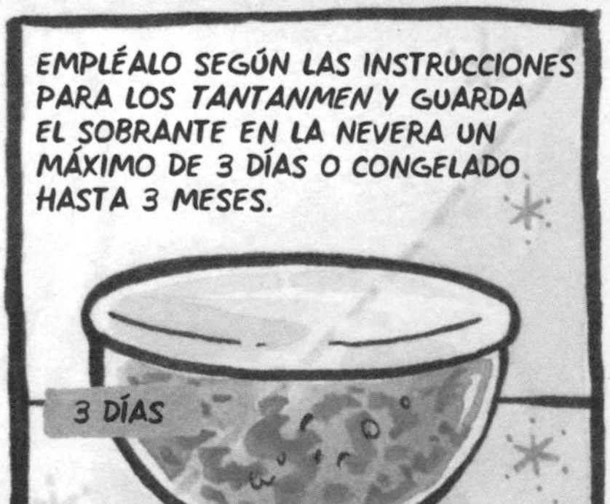
EMPLÉALO SEGÚN LAS INSTRUCCIONES PARA LOS TANTANMEN Y GUARDA EL SOBRANTE EN LA NEVERA UN MÁXIMO DE 3 DÍAS O CONGELADO HASTA 3 MESES.
3 DÍAS
3 MESES

YAKISOBA
(RAMEN FRITO AL WOK)

PARA 4 RACIONES

INGREDIENTES:

UNOS 425 G DE FIDEOS CASEROS PARA RAMEN (PÁG. 79) O DE OTRO TIPO DE FIDEOS FRESCOS PARA RAMEN

7 CUCHARADAS DE ACEITE DE CANOLA

3 CUCHARADAS DE SALSA DE SOJA

3 CUCHARADAS DE *MIRIN*

2 CUCHARADITAS DE VINAGRE DE VINO DE ARROZ

1 CUCHARADA DE ACEITE DE SÉSAMO

225 G DE MUSLO O PECHUGA DE POLLO DESHUESADOS, DE ENTRECOT O FILETE DE FALDA DE VACUNO O DE LOMO DE CERDO, CORTADO A TIRAS FINAS DE UNOS 5 CM DE LARGO Y 0,5 DE GROSOR, O BIEN 225 G DE GAMBAS PELADAS

1 CABEZA PEQUEÑA DE BRÓCOLI CORTADA A FLORETES DE UNOS 2,5 CM, UNAS 2 TAZAS

1/2 TAZA DE AGUA

2 DIENTES DE AJO A LÁMINAS FINAS

1 MANOJO DE CEBOLLETAS, LIMPIAS Y CON LA CEBOLLA ENTERA CORTADA EN TROZOS DE UNOS 2,5 CM

1 O 2 CHILES ROJOS EN JULIANA

2 TAZAS DE CALABAZA CORTADA EN DADOS DE UNOS 2,5 CM

1 CUCHARADITA DE *SHICHIMI TOGARASHI*

UNAS CUANTAS TIRAS DE *GARI* (PÁG. 118), OPCIONAL

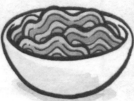

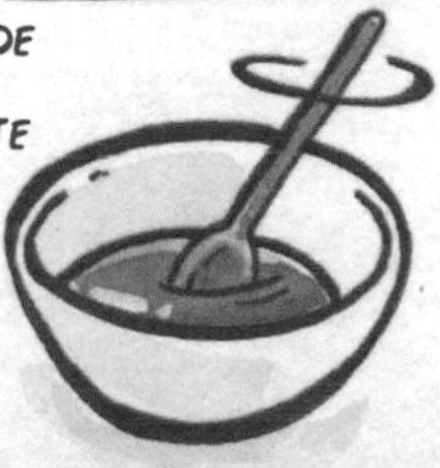

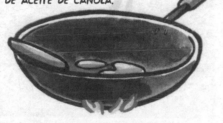

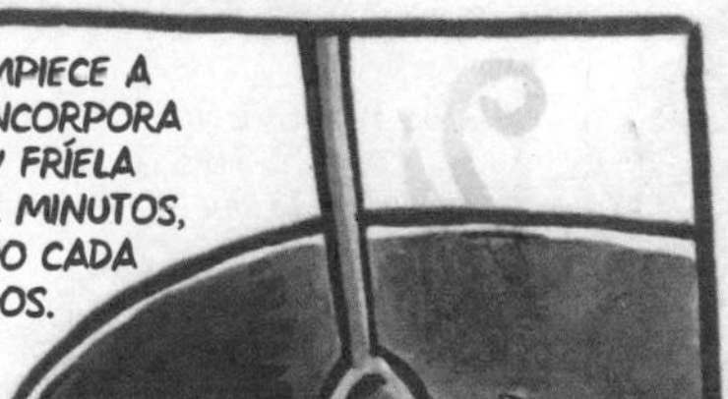

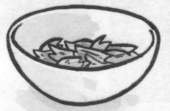

SI QUIERES HACERLO CON GAMBAS, SIMPLEMENTE AÑÁDELAS CON LA CEBOLLA Y LOS CHILES ROJOS.

CUECE Y ENFRÍA LOS FIDEOS SIGUIENDO LAS INSTRUCCIONES PARA *TSUKEMEN* (PÁG. 132), ESCÚRRELOS BIEN, MÉZCLALOS CON 1 CUCHARADA DE ACEITE DE CANOLA Y RESERVA.

MEZCLA LA SALSA DE SOJA, EL *MIRIN*, EL VINAGRE Y EL ACEITE DE SÉSAMO EN UN CUENCO PEQUEÑO Y RESERVA.

CALIENTA UN WOK A FUEGO VIVO Y ECHA 2 CUCHARADAS DE ACEITE DE CANOLA.

CUANDO EMPIECE A HUMEAR, INCORPORA LA CARNE Y FRÍELA DURANTE 2 MINUTOS, REMOVIENDO CADA 30 SEGUNDOS.

PÁSALA A UN CUENCO MEDIANO.

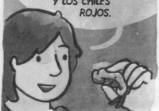

SEGURAMENTE YA CONOZCAS ESTE PLATO DE FIDEOS FRITOS (O SU PRIMO HERMANO CHINO, EL *LO MEIN*) DE TUS RESTAURANTES FAVORITOS POR SU COMBINACIÓN DE TEXTURAS Y SABORES TAN RICA Y SABROSA.

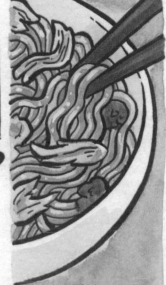

LA CLAVE PARA QUE LOS FIDEOS NO SE PEGUEN ES QUE EL WOK ESTÉ MUY CALIENTE Y LOS FIDEOS BIEN ESCURRIDOS Y UNTADOS EN ACEITE.

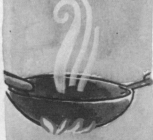

ESTA RECETA FUNCIONA CON LA MAYORÍA DE CARNES Y VERDURAS, ASÍ QUE PUEDES PROBAR TUS PROPIAS COMBINACIONES PARA PERSONALIZAR EL PLATO A TU GUSTO. ¡NO TENGAS MIEDO DE CARGARLO CON MONTONES DE INGREDIENTES!

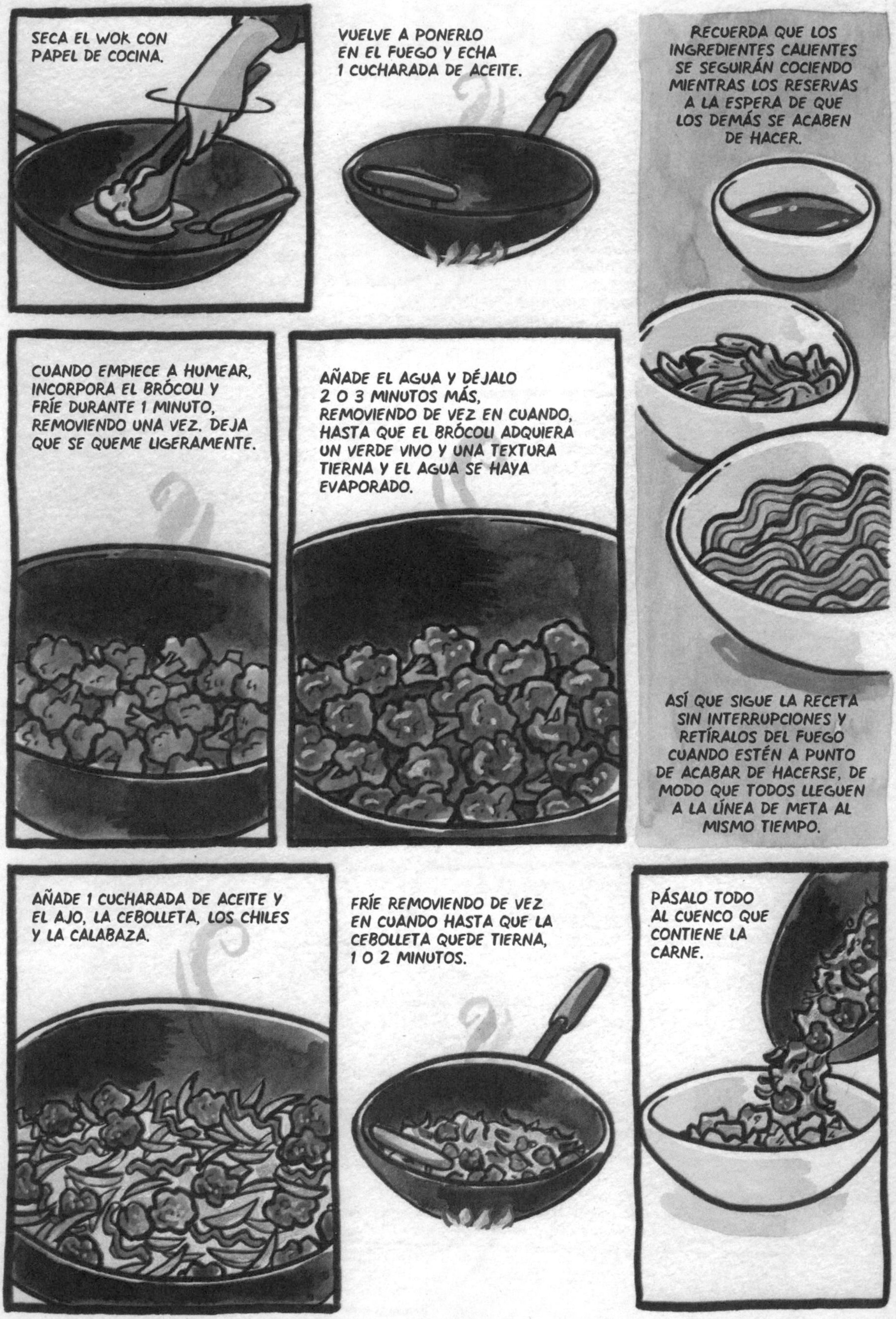
SECA EL WOK CON PAPEL DE COCINA.
VUELVE A PONERLO EN EL FUEGO Y ECHA 1 CUCHARADA DE ACEITE.
CUANDO EMPIECE A HUMEAR, INCORPORA EL BRÓCOLI Y FRÍE DURANTE 1 MINUTO, REMOVIENDO UNA VEZ. DEJA QUE SE QUEME LIGERAMENTE.
AÑADE EL AGUA Y DÉJALO 2 O 3 MINUTOS MÁS, REMOVIENDO DE VEZ EN CUANDO, HASTA QUE EL BRÓCOLI ADQUIERA UN VERDE VIVO Y UNA TEXTURA TIERNA Y EL AGUA SE HAYA EVAPORADO.
RECUERDA QUE LOS INGREDIENTES CALIENTES SE SEGUIRÁN COCIENDO MIENTRAS LOS RESERVAS A LA ESPERA DE QUE LOS DEMÁS SE ACABEN DE HACER.
ASÍ QUE SIGUE LA RECETA SIN INTERRUPCIONES Y RETÍRALOS DEL FUEGO CUANDO ESTÉN A PUNTO DE ACABAR DE HACERSE, DE MODO QUE TODOS LLEGUEN A LA LÍNEA DE META AL MISMO TIEMPO.
AÑADE 1 CUCHARADA DE ACEITE Y EL AJO, LA CEBOLLETA, LOS CHILES Y LA CALABAZA.
FRÍE REMOVIENDO DE VEZ EN CUANDO HASTA QUE LA CEBOLLETA QUEDE TIERNA, 1 O 2 MINUTOS.
PÁSALO TODO AL CUENCO QUE CONTIENE LA CARNE.

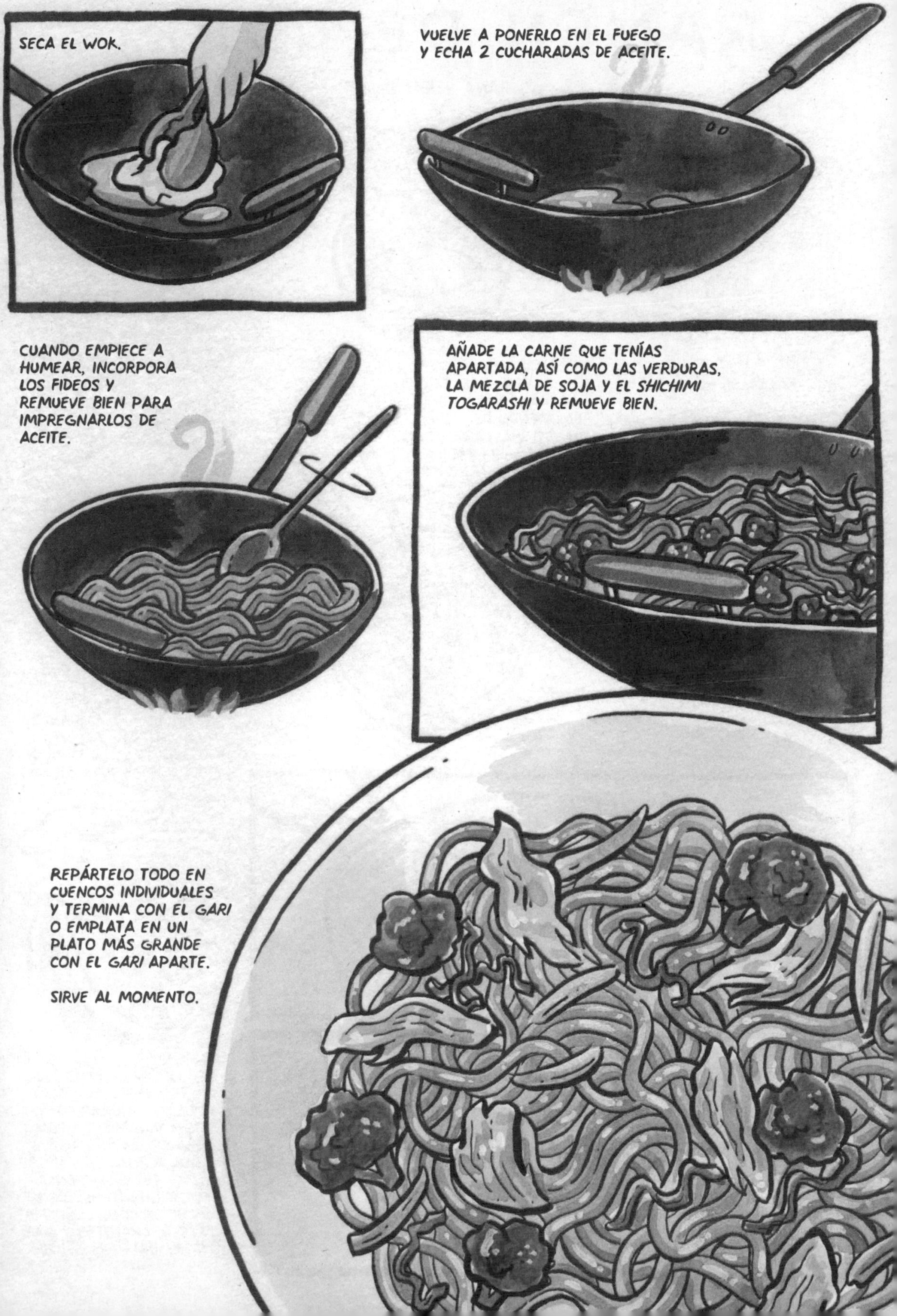
SECA EL WOK.
VUELVE A PONERLO EN EL FUEGO Y ECHA 2 CUCHARADAS DE ACEITE.
CUANDO EMPIECE A HUMEAR, INCORPORA LOS FIDEOS Y REMUEVE BIEN PARA IMPREGNARLOS DE ACEITE.
AÑADE LA CARNE QUE TENÍAS APARTADA, ASÍ COMO LAS VERDURAS, LA MEZCLA DE SOJA Y EL *SHICHIMI TOGARASHI* Y REMUEVE BIEN.
REPÁRTELO TODO EN CUENCOS INDIVIDUALES Y TERMINA CON EL *GARI* O EMPLATA EN UN PLATO MÁS GRANDE CON EL *GARI* APARTE.
SIRVE AL MOMENTO.

RAMEN DE CURRI

PARA 4 RACIONES

INGREDIENTES:

2 CUCHARADAS DE ACEITE DE COCO O DE CANOLA

2 CHALOTAS GRANDES PICADAS

3 DIENTES DE AJO PICADOS

1 TROZO DE JENGIBRE FRESCO DE UNOS 5 CM PICADO

1 CHILE JALAPEÑO O FRESNO, SIN RABITO NI PEPITAS Y PICADO

1/2 MANZANA RALLADA

2 CUCHARADAS DE CURRI EN POLVO

4 TAZAS DE CALDO DE CERDO O DE POLLO (PÁG. 42) O UNA COMBINACIÓN, O BIEN CALDO DE YASAI (PÁG. 60)

1 LATA DE UNOS 420 ML DE LECHE DE COCO

1 CUCHARADA DE SALSA DE PESCADO, O MÁS (OPCIONAL)

140 G POR RACIÓN DE FIDEOS CASEROS PARA RAMEN O DE OTRO TIPO DE FIDEOS PARA RAMEN

SAL

CALIENTA EL ACEITE EN UN CAZO MEDIANO A FUEGO MEDIO.

INCORPORA LA CHALOTA, EL AJO, EL JENGIBRE, EL CHILE Y LA MANZANA Y CUECE, REMOVIENDO DE VEZ EN CUANDO, HASTA QUE SE ABLANDEN Y EMPIECEN A PONERSE MARRONES, 2 O 3 MINUTOS.

AÑADE EL POLVO DE CURRI Y REMUEVE.

A CONTINUACIÓN, INCORPORA EL CALDO Y LA LECHE DE COCO Y REMUEVE BIEN.

SI TE GUSTA EL CURRI, ¡ESTA SOPA TRADICIONAL ESTÁ HECHA PARA TI!

ES MUCHO MÁS CLARA QUE LA ESPESA Y EXCESIVA SALSA QUE TRADICIONALMENTE SE ECHA POR ENCIMA DEL *KATSU* (CARNE EMPANADA JAPONESA) Y RECUERDA AL *KHAO SOI*, LA SOPA DE FIDEOS DE ESTILO BIRMANO.

EN LUGAR DE ALGO TAN PESADO COMO EL *CHASHU*, PUEDES UTILIZAR COMO ACOMPAÑAMIENTO POLLO DESMENUZADO (PÁG. 94) O ALBÓNDIGAS JAPONESAS (PÁG. 98) Y COMPENSAR EL SABOR INTENSO DE LA LECHE DE COCO CON LIMA FRESCA, CHALOTAS Y *GARI* (PÁG. 118) PARA SERVIR.

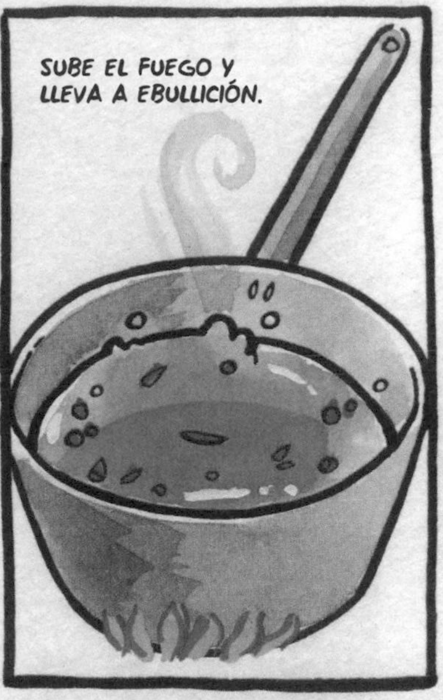
SUBE EL FUEGO Y LLEVA A EBULLICIÓN.

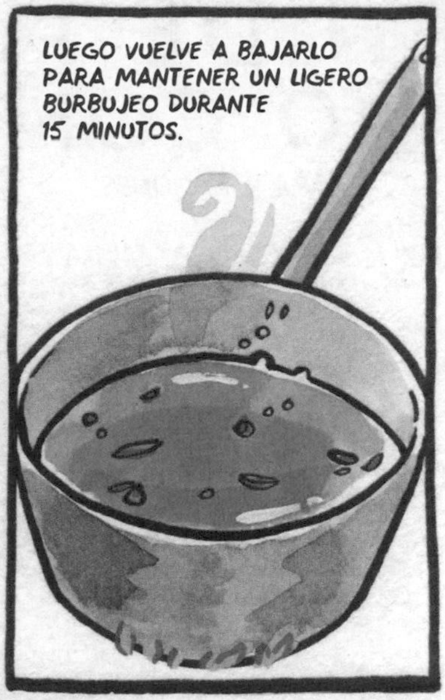
LUEGO VUELVE A BAJARLO PARA MANTENER UN LIGERO BURBUJEO DURANTE 15 MINUTOS.

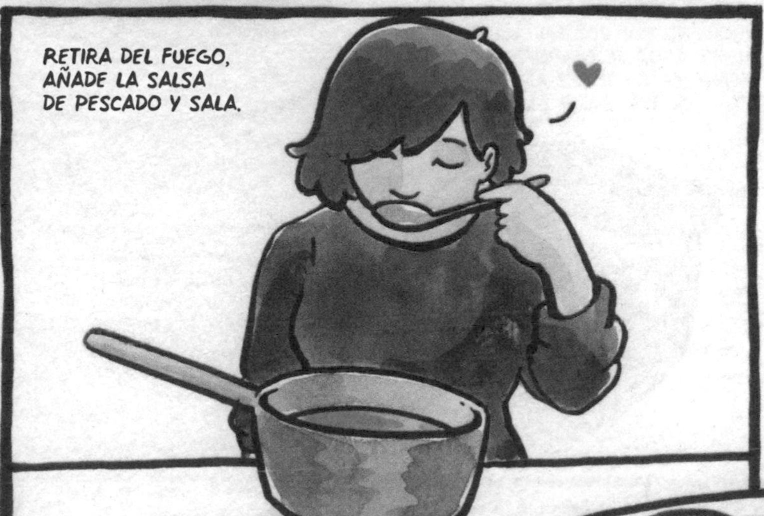
RETIRA DEL FUEGO, AÑADE LA SALSA DE PESCADO Y SALA.

SUGERENCIA DE ACOMPAÑAMIENTOS:

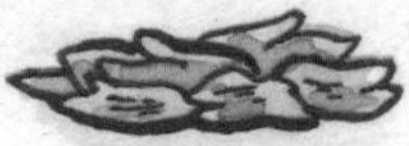

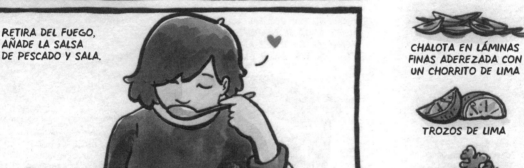

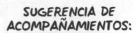

POLLO DESMENUZADO (PÁG. 94)

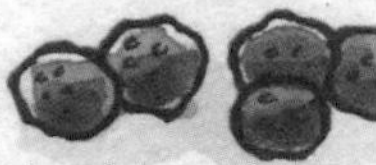

ALBÓNDIGAS JAPONESAS (PÁG. 98)

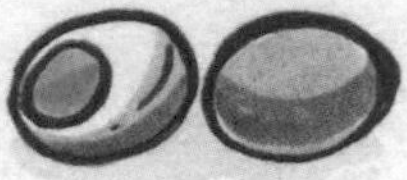

AJITSUKE TAMAGO (PÁG. 104)

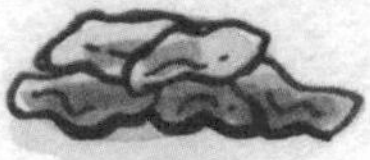

GARI (PÁG. 118)

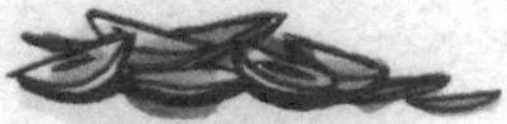

CHALOTA EN LÁMINAS FINAS ADEREZADA CON UN CHORRITO DE LIMA

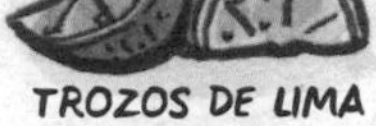

TROZOS DE LIMA

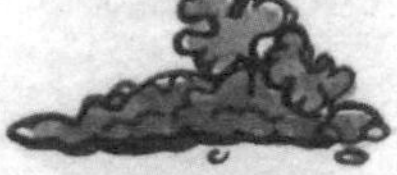

CILANTRO FRESCO PICADO

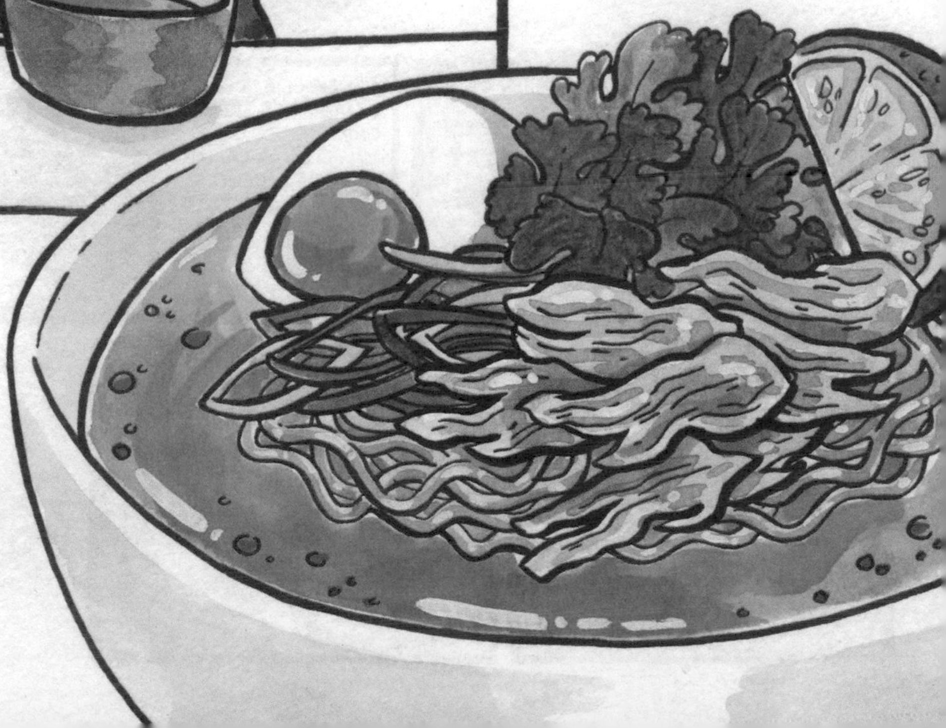

ÚSALO SEGÚN LAS INSTRUCCIONES PARA EL TAZÓN BASE (PÁG. 24) JUNTO CON LOS ADEREZOS Y FIDEOS QUE PREFIERAS.

A NOSOTROS NOS ENCANTA CON CHALOTA ADEREZADA CON LIMA, CILANTRO, *GARI*, *AJITSUKE TAMAGO* Y POLLO DESMENUZADO.

RAMEN DE POLLO ESTOFADO CON KIMCHI

PARA 4 RACIONES

INGREDIENTES:

4 TIRAS DE BEICON AHUMADO CORTADAS EN TROZOS DE UNOS 0,5 CM

2,5 TAZAS DE AGUA

6 MUSLOS DE POLLO, PREFERIBLEMENTE CON EL HUESO Y LA PIEL

1,5 CUCHARADITAS DE SAL, Y UN POCO MÁS PARA LA SAZÓN FINAL

1 CEBOLLA CORTADA EN DADOS DE UNOS 2,5 CM

4 DIENTES DE AJO EN LÁMINAS FINAS

450 G DE TOMATES MADUROS EN DADOS O 1 LATA DE UNOS 400 G DE TOMATE TROCEADO

2 TAZAS DE KIMCHI A TROZOS DE UNOS 2,5 CM

2 CUCHARADAS DE SALSA DE SOJA

1 CUCHARADA DE VINAGRE DE VINO DE ARROZ

ENTRE 1 Y 2 TAZAS DE CALDO DE CERDO O DE POLLO (PÁG. 42-43), SEGÚN SEA NECESARIO

140 G POR RACIÓN DE FIDEOS CASEROS PARA RAMEN O DE OTRO TIPO DE FIDEOS PARA RAMEN

PON EL BEICON EN UNA CAZUELA DE HIERRO COLADO Y ECHA 1/2 TAZA DE AGUA.

CUECE A FUEGO MEDIO-ALTO, REMOVIENDO DE VEZ EN CUANDO, HASTA QUE EL AGUA SE EVAPORE Y EL BEICON EMPIECE A FREÍRSE EN SU PROPIA GRASA, 3 O 4 MINUTOS.

¡EL SABOR ESTÁ POR TODAS PARTES EN LA COCINA! A NOSOTROS NOS GUSTA USAR LOS SOBRANTES DEL ESTOFADO COMO BASE PARA DAR SABOR A OTROS PLATOS, Y NADA COMO EL CALDO DE RAMEN PARA ELLO.

EN ESTA RECETA, EL KIMCHI, DELICIOSO Y VIBRANTE CONDIMENTO COREANO, APORTA UNA GRAN PROFUNDIDAD A LA TERNURA DEL POLLO ESTOFADO, Y EL LÍQUIDO SOBRANTE SIRVE DE BASE PARA UN RIQUÍSIMO CALDO DE RAMEN.

BAJA EL FUEGO A MEDIO-BAJO Y DEJA QUE EL BEICON SE VUELVA CRUJIENTE, OTROS 5 O 6 MINUTOS.

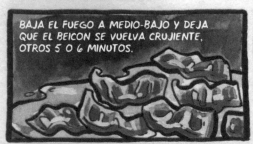

RETIRA EL BEICON, DEJANDO LA SUFICIENTE GRASA PARA CUBRIR EL FONDO DE LA CAZUELA, Y SUBE EL FUEGO A MEDIO-ALTO.

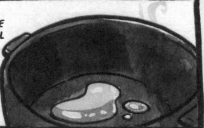

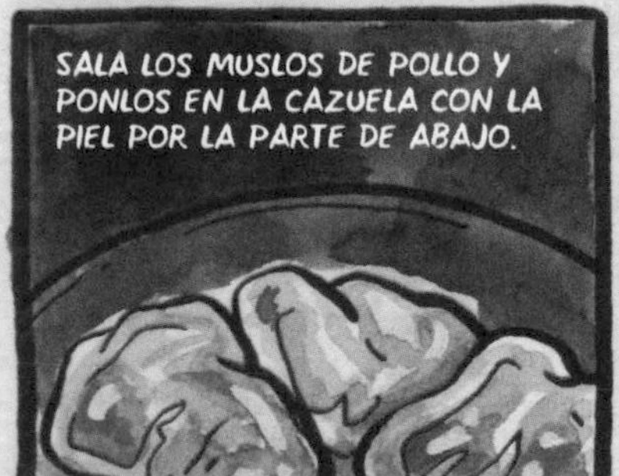

SALA LOS MUSLOS DE POLLO Y PONLOS EN LA CAZUELA CON LA PIEL POR LA PARTE DE ABAJO.

FRÍE HASTA QUE SE DOREN Y NO SE PEGUEN, DURANTE 3 O 4 MINUTOS, Y DALES LA VUELTA.

FRÍE DURANTE OTROS 3 MINUTOS Y RETIRA DE LA CAZUELA.

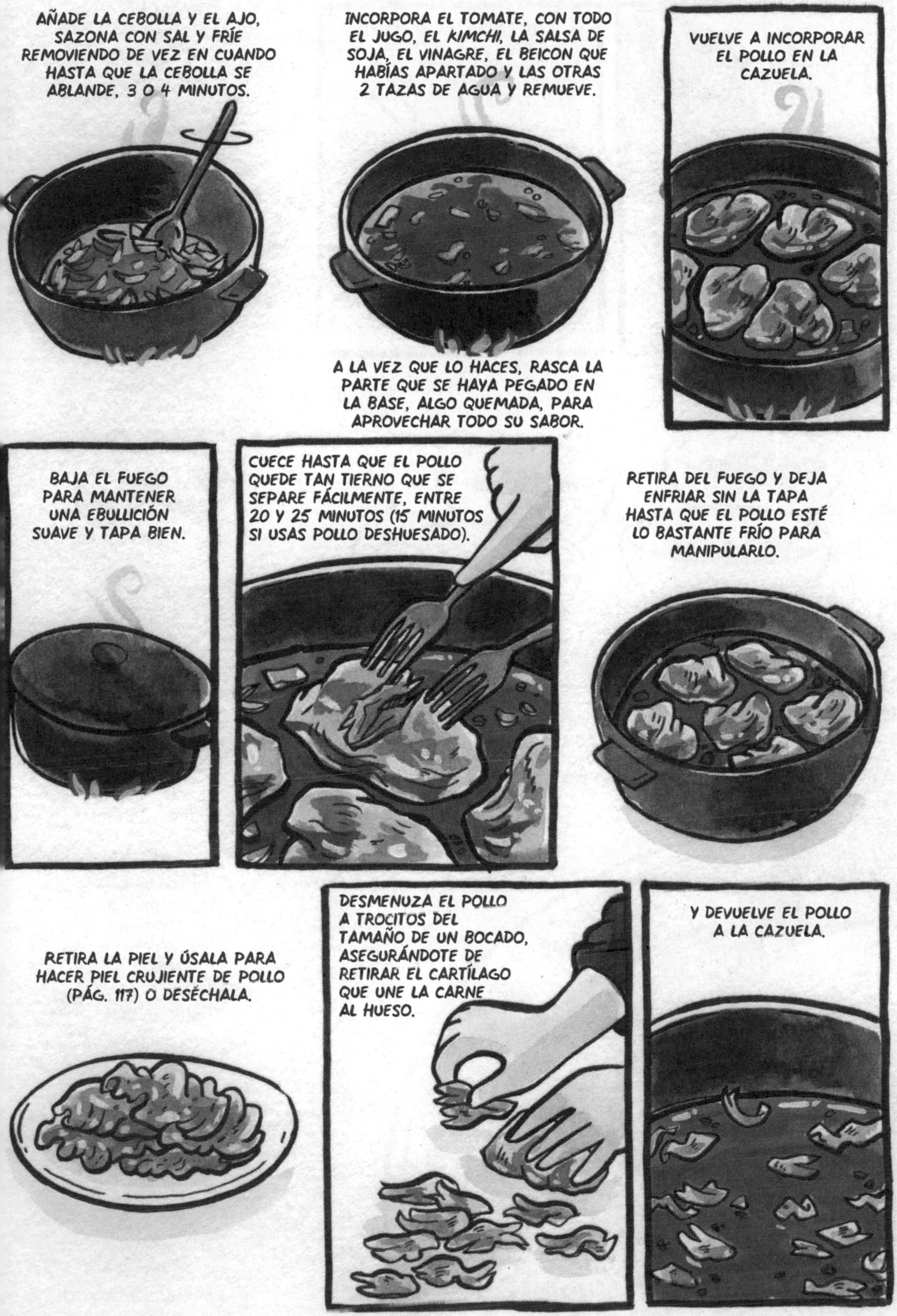
AÑADE LA CEBOLLA Y EL AJO, SAZONA CON SAL Y FRÍE REMOVIENDO DE VEZ EN CUANDO HASTA QUE LA CEBOLLA SE ABLANDE, 3 O 4 MINUTOS.
INCORPORA EL TOMATE, CON TODO EL JUGO, EL *KIMCHI*, LA SALSA DE SOJA, EL VINAGRE, EL BEICON QUE HABÍAS APARTADO Y LAS OTRAS 2 TAZAS DE AGUA Y REMUEVE.
A LA VEZ QUE LO HACES, RASCA LA PARTE QUE SE HAYA PEGADO EN LA BASE, ALGO QUEMADA, PARA APROVECHAR TODO SU SABOR.
VUELVE A INCORPORAR EL POLLO EN LA CAZUELA.
BAJA EL FUEGO PARA MANTENER UNA EBULLICIÓN SUAVE Y TAPA BIEN.
CUECE HASTA QUE EL POLLO QUEDE TAN TIERNO QUE SE SEPARE FÁCILMENTE, ENTRE 20 Y 25 MINUTOS (15 MINUTOS SI USAS POLLO DESHUESADO).
RETIRA DEL FUEGO Y DEJA ENFRIAR SIN LA TAPA HASTA QUE EL POLLO ESTÉ LO BASTANTE FRÍO PARA MANIPULARLO.
RETIRA LA PIEL Y ÚSALA PARA HACER PIEL CRUJIENTE DE POLLO (PÁG. 117) O DESÉCHALA.
DESMENUZA EL POLLO A TROCITOS DEL TAMAÑO DE UN BOCADO, ASEGURÁNDOTE DE RETIRAR EL CARTÍLAGO QUE UNE LA CARNE AL HUESO.
Y DEVUELVE EL POLLO A LA CAZUELA.

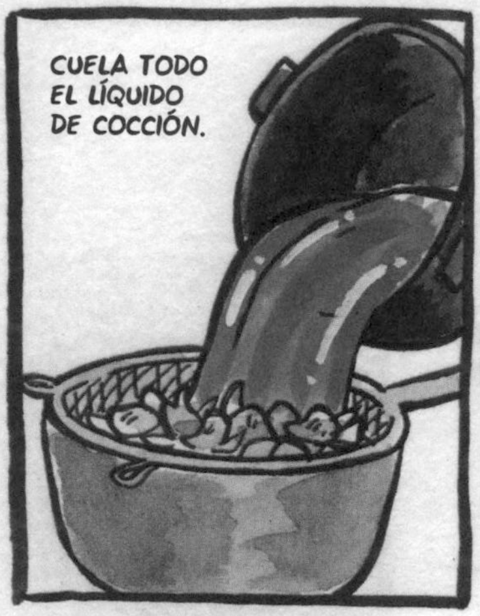
CUELA TODO
EL LÍQUIDO
DE COCCIÓN.

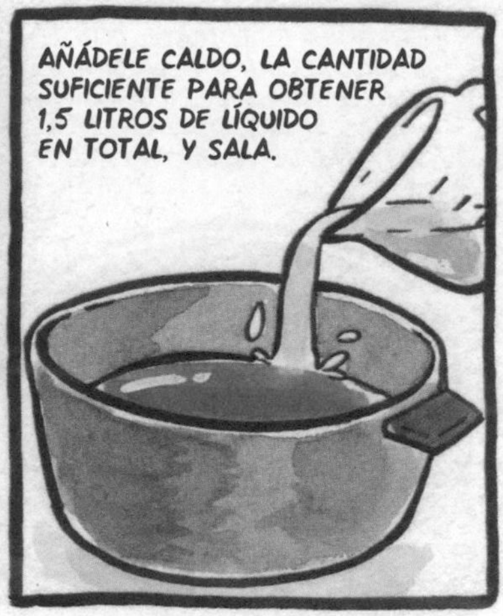
AÑÁDELE CALDO, LA CANTIDAD
SUFICIENTE PARA OBTENER
1,5 LITROS DE LÍQUIDO
EN TOTAL, Y SALA.

DIVIDE EL POLLO Y EL *KIMCHI* EN 4 PORCIONES IGUALES.

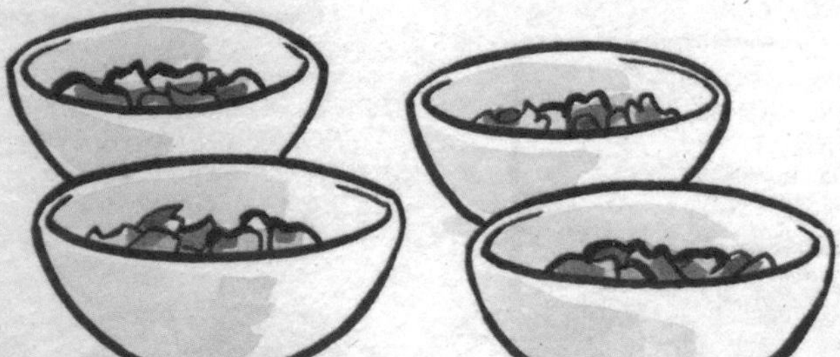

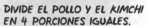

CUANDO VAYAS A USARLO, SIGUE LAS INSTRUCCIONES DEL TAZÓN BASE (PÁG. 24), EMPLEANDO 375 ML DE CALDO Y 1/4 DE LA MEZCLA DE POLLO Y *KIMCHI* POR CUENCO JUNTO CON LOS ADEREZOS QUE DESEES.

¡REPARTE EL SOBRANTE EN RECIPIENTES HERMÉTICOS INDIVIDUALES Y GUÁRDALO EN LA NEVERA HASTA 3 DÍAS O CONGELADO HASTA 3 MESES.

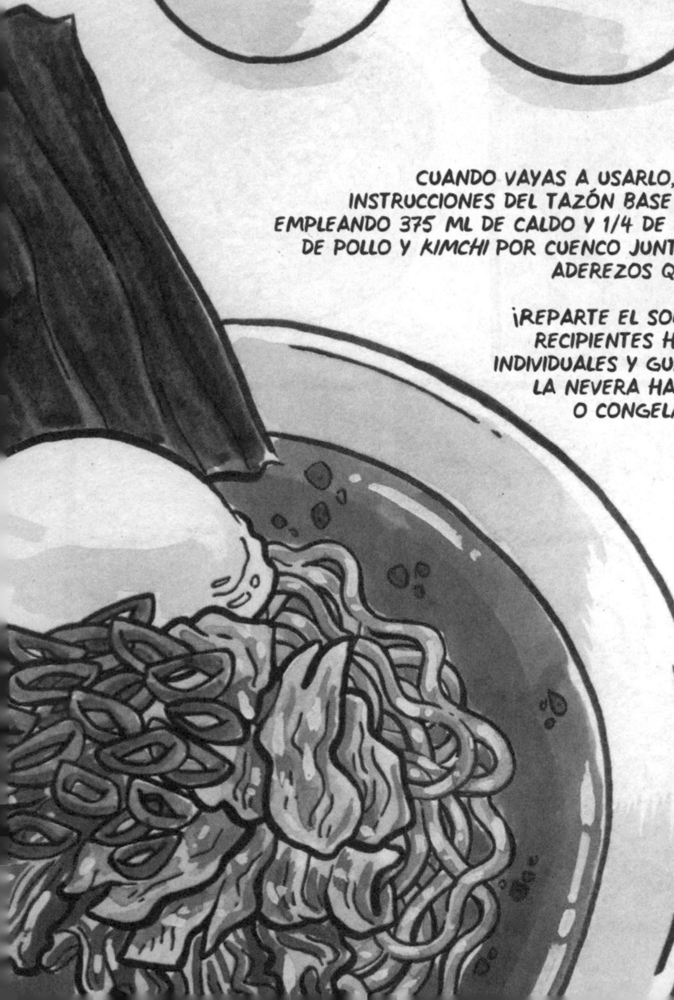

SUGERENCIA DE ACOMPAÑAMIENTOS:

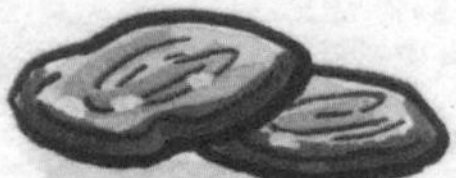

CHASHU (PÁG. 89)

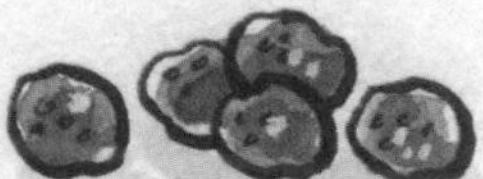

ALBÓNDIGAS JAPONESAS (PÁG. 98)

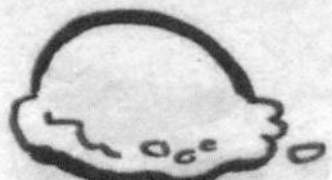

HUEVO *ONSEN* (PÁG. 108)

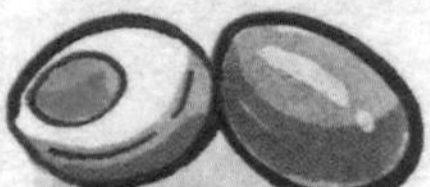

AJITSUKE TAMAGO (PÁG. 104)

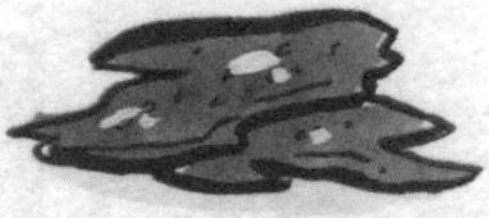

PIEL CRUJIENTE DE POLLO (PÁG. 117)

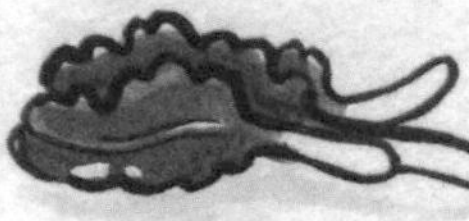

VERDURAS SALTEADAS AL WOK (PÁG. 112)

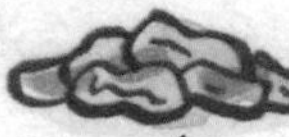

GARI (PÁG. 118)

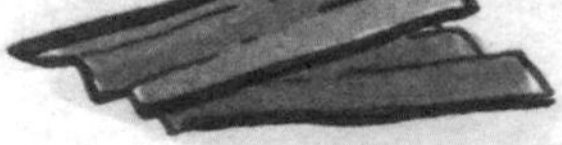

NORI (PÁG. 18)

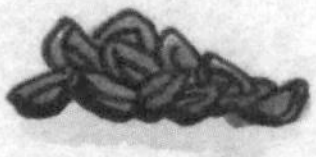

NEGI (VER PÁG. 19)

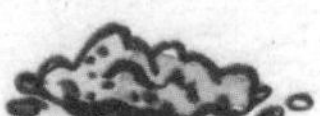

SEMILLAS DE SÉSAMO

RAMEN DE GAMBAS Y TOMATE ASADO

PARA 4 RACIONES

INGREDIENTES:

2 TAZAS DE TOMATES *CHERRY* MADUROS PARTIDOS POR LA MITAD

1 CUCHARADITA DE SAL

450 G DE GAMBAS O CAMARONES, PREFERIBLEMENTE SIN PELAR Y SIN QUITAR LA CABEZA

8 CUCHARADAS DE MANTEQUILLA

2 CHALOTAS GRANDES PICADAS

4 DIENTES DE AJO PICADOS

1 TROZO DE JENGIBRE FRESCO DE UNOS 5 CM PELADO Y PICADO

1 MANOJO DE CEBOLLETAS LIMPIAS, CON LA PARTE BLANCA PICADA Y LA PARTE VERDE EN RODAJAS DIAGONALES FINAS

1/2 TAZA DE SAKE

1 LITRO DE CALDO DE *YASAI* (PÁG. 60)

1 POCO DE DASHI (PÁG. 45)

85 G (6 CUCHARADAS) DE *TARE DE SHIO* (PÁG. 46), MÁS O MENOS AL GUSTO

1 CUCHARADA DE *SHICHIMI TOGARASHI* (VER LA DESPENSA, PÁG. 17)

140 G POR RACIÓN DE FIDEOS CASEROS PARA RAMEN O DE OTRO TIPO DE FIDEOS PARA RAMEN

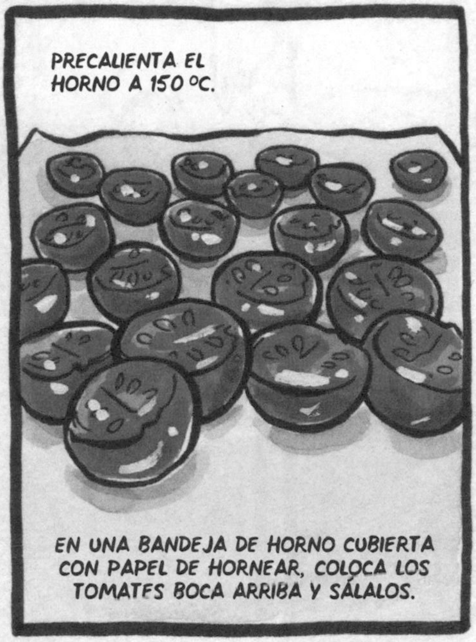
PRECALIENTA EL HORNO A 150 ºC.
EN UNA BANDEJA DE HORNO CUBIERTA CON PAPEL DE HORNEAR, COLOCA LOS TOMATES BOCA ARRIBA Y SÁLALOS.

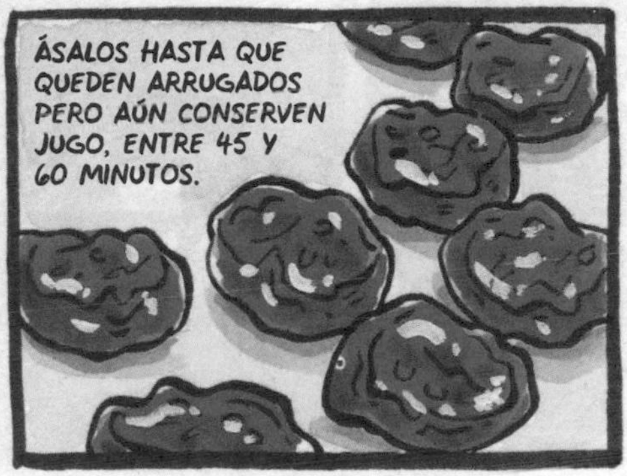
ÁSALOS HASTA QUE QUEDEN ARRUGADOS PERO AÚN CONSERVEN JUGO, ENTRE 45 Y 60 MINUTOS.

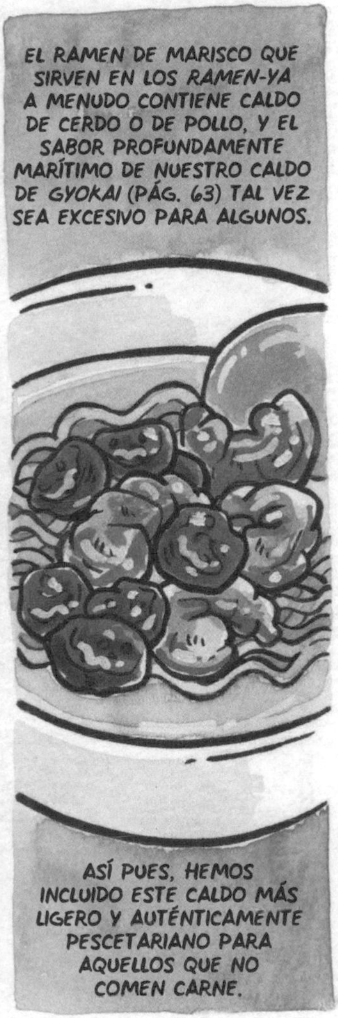
EL RAMEN DE MARISCO QUE SIRVEN EN LOS *RAMEN-YA* A MENUDO CONTIENE CALDO DE CERDO O DE POLLO, Y EL SABOR PROFUNDAMENTE MARÍTIMO DE NUESTRO CALDO DE *GYOKAI* (PÁG. 63) TAL VEZ SEA EXCESIVO PARA ALGUNOS.
ASÍ PUES, HEMOS INCLUIDO ESTE CALDO MÁS LIGERO Y AUTÉNTICAMENTE PESCETARIANO PARA AQUELLOS QUE NO COMEN CARNE.

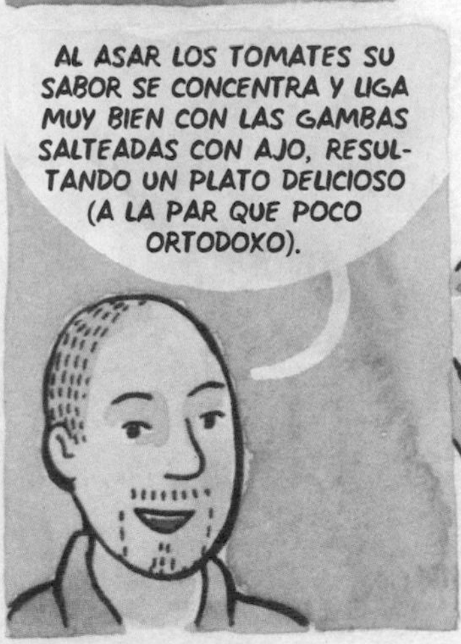
AL ASAR LOS TOMATES SU SABOR SE CONCENTRA Y LIGA MUY BIEN CON LAS GAMBAS SALTEADAS CON AJO, RESULTANDO UN PLATO DELICIOSO (A LA PAR QUE POCO ORTODOXO).

EXTRAE LA BANDEJA DEL HORNO Y DEJA ENFRIAR UN POCO LOS TOMATES.

SI LOS TOMATES HAN SOLTADO ALGO DE LÍQUIDO, RESÉRVALO.

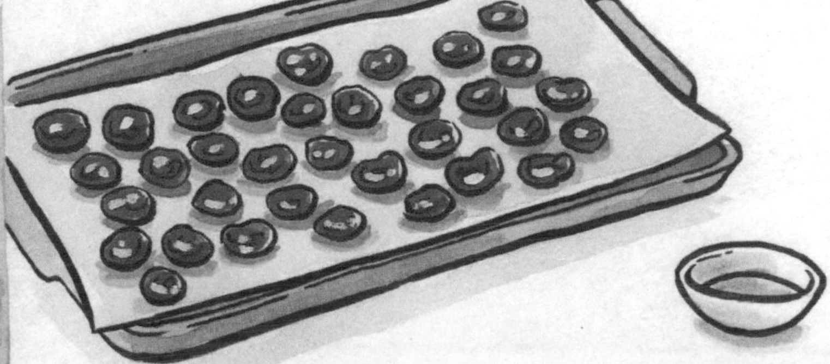

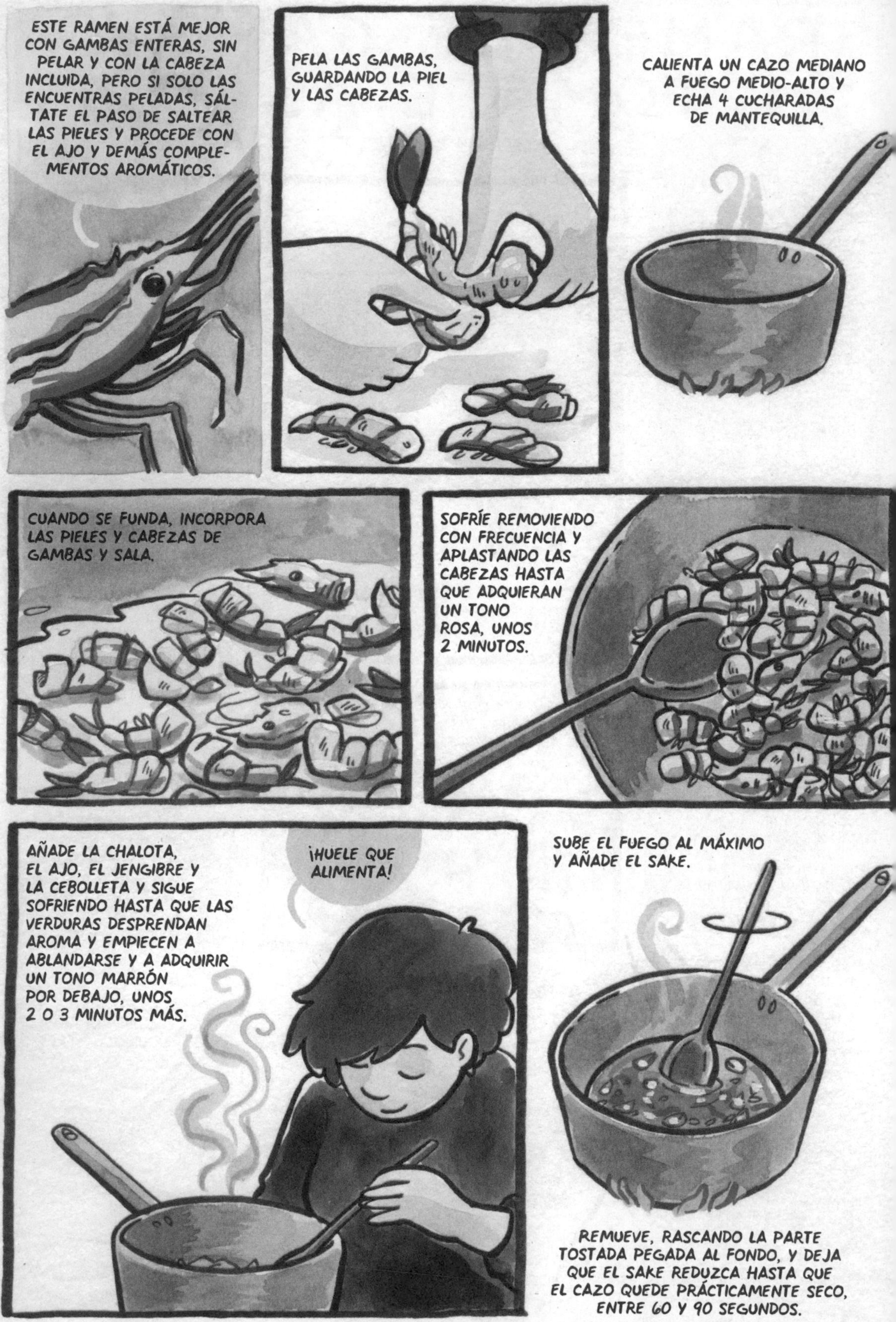
ESTE RAMEN ESTÁ MEJOR CON GAMBAS ENTERAS, SIN PELAR Y CON LA CABEZA INCLUIDA, PERO SI SOLO LAS ENCUENTRAS PELADAS, SÁLTATE EL PASO DE SALTEAR LAS PIELES Y PROCEDE CON EL AJO Y DEMÁS COMPLEMENTOS AROMÁTICOS.
PELA LAS GAMBAS, GUARDANDO LA PIEL Y LAS CABEZAS.
CALIENTA UN CAZO MEDIANO A FUEGO MEDIO-ALTO Y ECHA 4 CUCHARADAS DE MANTEQUILLA.
CUANDO SE FUNDA, INCORPORA LAS PIELES Y CABEZAS DE GAMBAS Y SALA.
SOFRÍE REMOVIENDO CON FRECUENCIA Y APLASTANDO LAS CABEZAS HASTA QUE ADQUIERAN UN TONO ROSA, UNOS 2 MINUTOS.
AÑADE LA CHALOTA, EL AJO, EL JENGIBRE Y LA CEBOLLETA Y SIGUE SOFRIENDO HASTA QUE LAS VERDURAS DESPRENDAN AROMA Y EMPIECEN A ABLANDARSE Y A ADQUIRIR UN TONO MARRÓN POR DEBAJO, UNOS 2 O 3 MINUTOS MÁS.
¡HUELE QUE ALIMENTA!
SUBE EL FUEGO AL MÁXIMO Y AÑADE EL SAKE.
REMUEVE, RASCANDO LA PARTE TOSTADA PEGADA AL FONDO, Y DEJA QUE EL SAKE REDUZCA HASTA QUE EL CAZO QUEDE PRÁCTICAMENTE SECO, ENTRE 60 Y 90 SEGUNDOS.

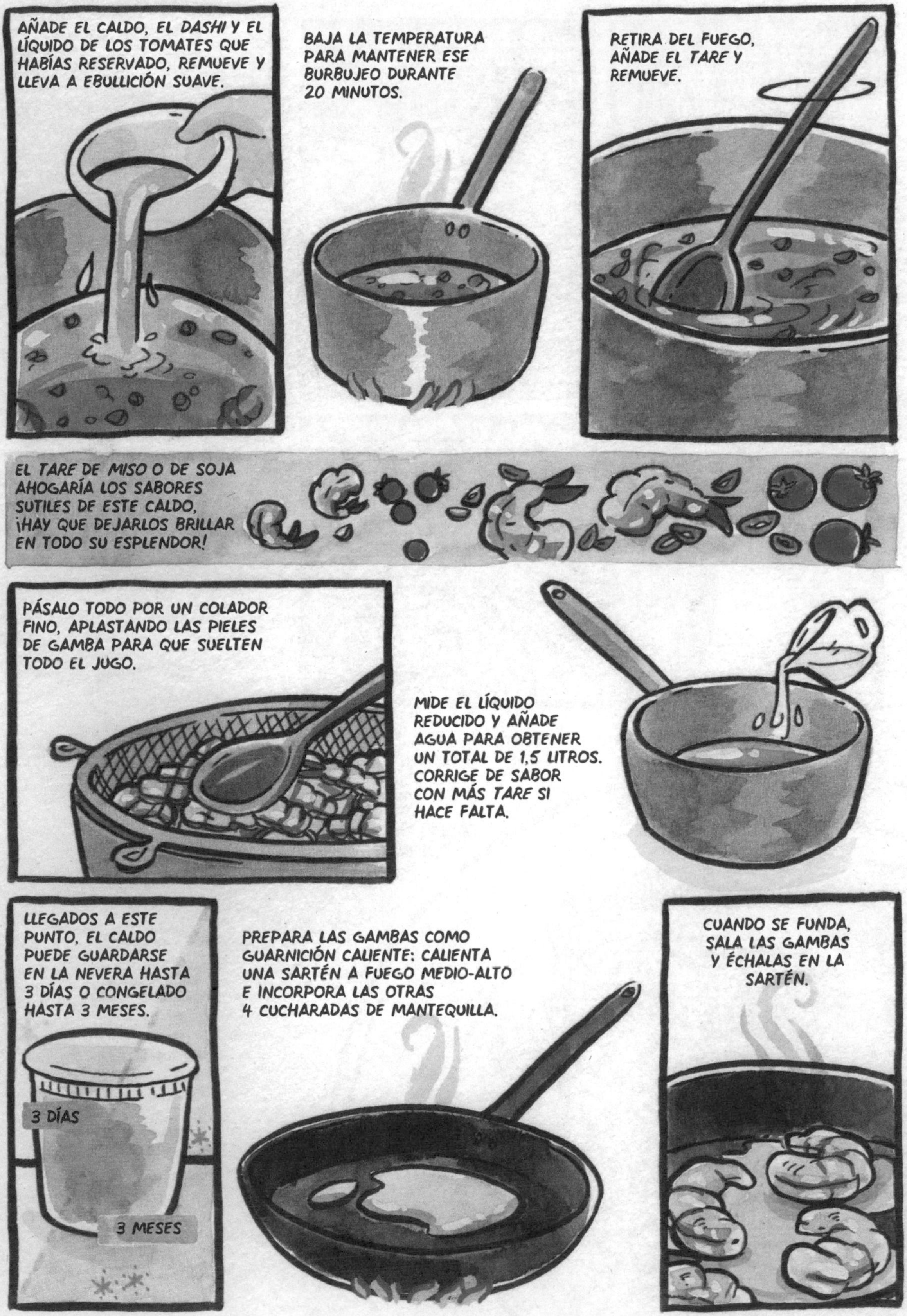
AÑADE EL CALDO, EL *DASHI* Y EL LÍQUIDO DE LOS TOMATES QUE HABÍAS RESERVADO, REMUEVE Y LLEVA A EBULLICIÓN SUAVE.
BAJA LA TEMPERATURA PARA MANTENER ESE BURBUJEO DURANTE 20 MINUTOS.
RETIRA DEL FUEGO, AÑADE EL *TARE* Y REMUEVE.
EL *TARE* DE *MISO* O DE SOJA AHOGARÍA LOS SABORES SUTILES DE ESTE CALDO, ¡HAY QUE DEJARLOS BRILLAR EN TODO SU ESPLENDOR!
PÁSALO TODO POR UN COLADOR FINO, APLASTANDO LAS PIELES DE GAMBA PARA QUE SUELTEN TODO EL JUGO.
MIDE EL LÍQUIDO REDUCIDO Y AÑADE AGUA PARA OBTENER UN TOTAL DE 1,5 LITROS. CORRIGE DE SABOR CON MÁS *TARE* SI HACE FALTA.
LLEGADOS A ESTE PUNTO, EL CALDO PUEDE GUARDARSE EN LA NEVERA HASTA 3 DÍAS O CONGELADO HASTA 3 MESES.
3 DÍAS
3 MESES
PREPARA LAS GAMBAS COMO GUARNICIÓN CALIENTE: CALIENTA UNA SARTÉN A FUEGO MEDIO-ALTO E INCORPORA LAS OTRAS 4 CUCHARADAS DE MANTEQUILLA.
CUANDO SE FUNDA, SALA LAS GAMBAS Y ÉCHALAS EN LA SARTÉN.

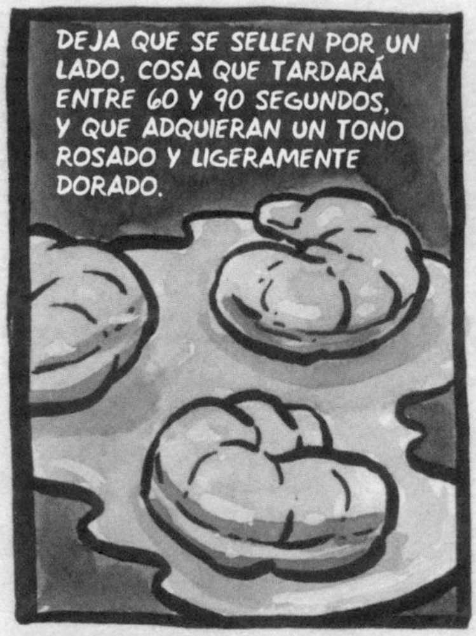
DEJA QUE SE SELLEN POR UN LADO, COSA QUE TARDARÁ ENTRE 60 Y 90 SEGUNDOS, Y QUE ADQUIERAN UN TONO ROSADO Y LIGERAMENTE DORADO.

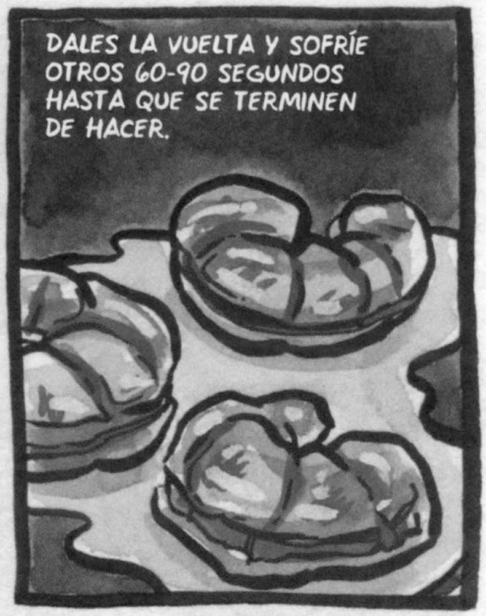
DALES LA VUELTA Y SOFRÍE OTROS 60-90 SEGUNDOS HASTA QUE SE TERMINEN DE HACER.

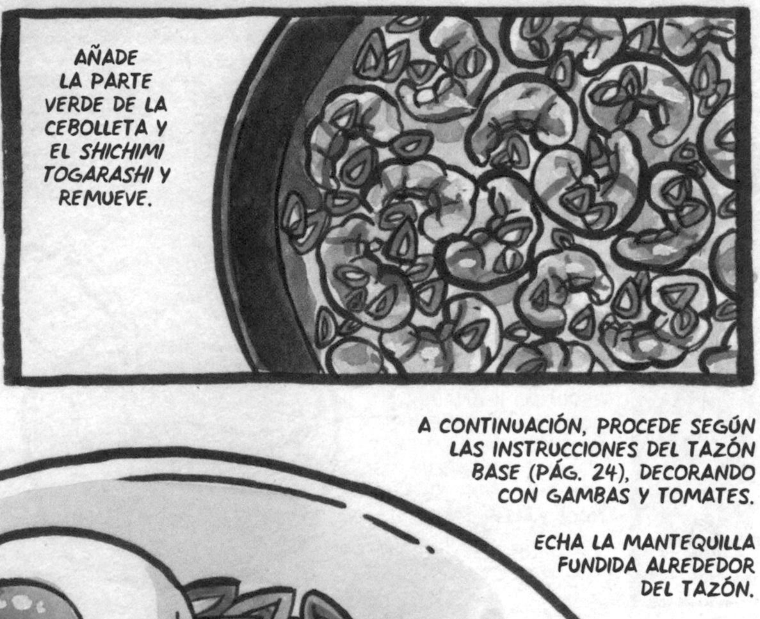
AÑADE LA PARTE VERDE DE LA CEBOLLETA Y EL *SHICHIMI TOGARASHI* Y REMUEVE.

A CONTINUACIÓN, PROCEDE SEGÚN LAS INSTRUCCIONES DEL TAZÓN BASE (PÁG. 24), DECORANDO CON GAMBAS Y TOMATES.

ECHA LA MANTEQUILLA FUNDIDA ALREDEDOR DEL TAZÓN.

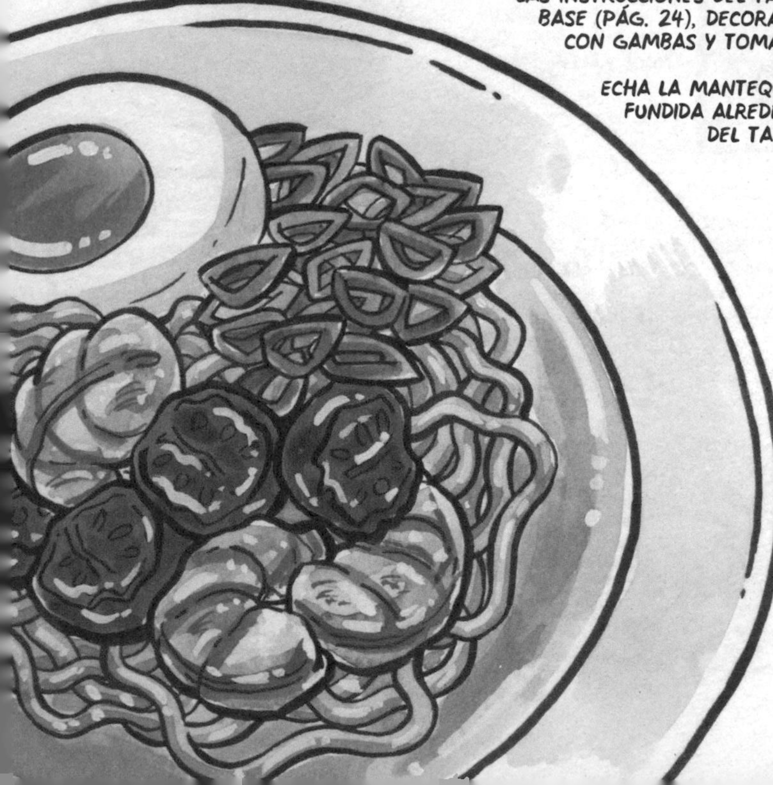

SUGERENCIA DE ACOMPAÑAMIENTOS:

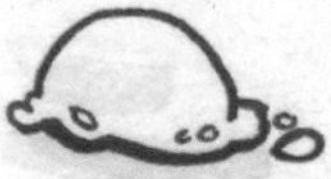

HUEVO *ONSEN* (PÁG. 108)

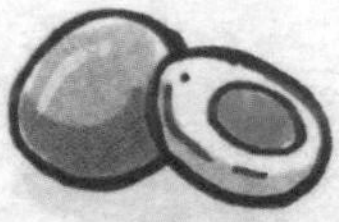

AJITSUKE TAMAGO (PÁG. 104)

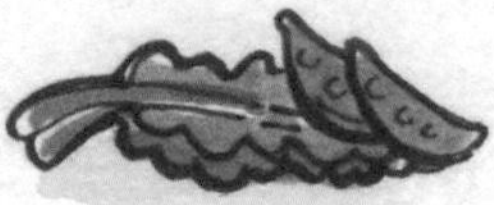

VERDURAS SALTEADAS AL WOK (PÁG. 112)

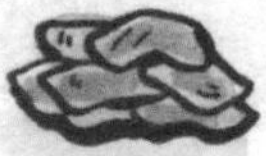

GARI (PÁG. 118)

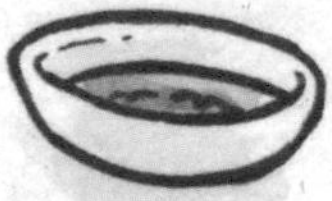

ACEITE AROMÁTICO DE AJO Y CHALOTA (PÁG. 123)

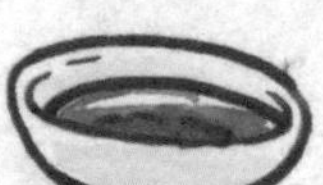

RAYU (PÁG. 124)

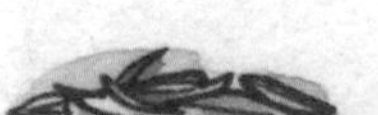

CHALOTA Y CEBOLLETA ABRASADAS (PÁG. 119)

NEGI (PÁG. 19)

SEMILLAS DE SÉSAMO

RAMEN DE POLLO EN ADOBO

PARA 4 RACIONES

INGREDIENTES:

450 G DE BEICON AHUMADO CORTADO EN TROZOS DE UNOS 2,5 CM

1/2 TAZA DE AGUA

6 MUSLOS DE POLLO, PREFERIBLEMENTE CON EL HUESO Y LA PIEL

SAL

4 CHALOTAS EN JULIANA

8 DIENTES DE AJO, APLASTADOS CON EL LATERAL DE LA HOJA DEL CUCHILLO

3/4 DE TAZA DE VINAGRE (DE CAÑA, VINO DE ARROZ O SIDRA)

1/4 DE TAZA DE SALSA DE PESCADO

1/4 DE TAZA DE SALSA DE SOJA

4 HOJAS DE LAUREL

140 G POR RACIÓN DE FIDEOS CASEROS PARA RAMEN O DE OTRO TIPO DE FIDEOS PARA RAMEN

NEGI (VER LA DESPENSA, PÁG. 19)

GARI (PÁG. 118)

HUEVO ONSEN (PÁG. 108) O AJITSUKE TAMAGO PASADO POR AGUA (PÁG. 104)

PON EL BEICON EN UNA CAZUELA DE HIERRO COLADO Y ECHA 1/2 TAZA DE AGUA.

CUECE A FUEGO MEDIO-ALTO, REMOVIENDO DE VEZ EN CUANDO, HASTA QUE EL AGUA SE EVAPORE Y EL BEICON EMPIECE A FREÍRSE EN SU PROPIA GRASA, 3 O 4 MINUTOS.

BAJA EL FUEGO A MEDIO-BAJO Y DEJA QUE EL BEICON SE VUELVA CRUJIENTE, OTROS 5 O 6 MINUTOS.

RETIRA EL BEICON, DEJANDO TODA LA GRASA, Y SUBE EL FUEGO A MEDIO-ALTO.

SALA LOS MUSLOS DE POLLO Y PONLOS EN LA CAZUELA CON LA PIEL POR LA PARTE DE ABAJO.

EL POLLO EN ADOBO ES UN PLATO FILIPINO RICO EN SABOR E IDEAL PARA EL RAMEN.

UNA SALSA INTENSA Y UNA GUARNICIÓN DELICIOSA, PERFECTAS PARA UN RAMEN SIN CALDO COMO EL DEL ESTILO MAZEMEN, (PÁG. 141). SE CONSIGUEN COCINANDO EL POLLO CON BEICON AHUMADO, CHALOTA, VINAGRE Y SALSA DE PESCADO HASTA LOGRAR UNA REDUCCIÓN QUE ES TODO UN TESORO DE POTENTE UMAMI.

AUNQUE TE PAREZCA QUE LA CANTIDAD DE VINAGRE Y DE SALSA DE PESCADO ES DEMASIADO, HAZNOS CASO: ¡EL RESULTADO ES INIGUALABLE!

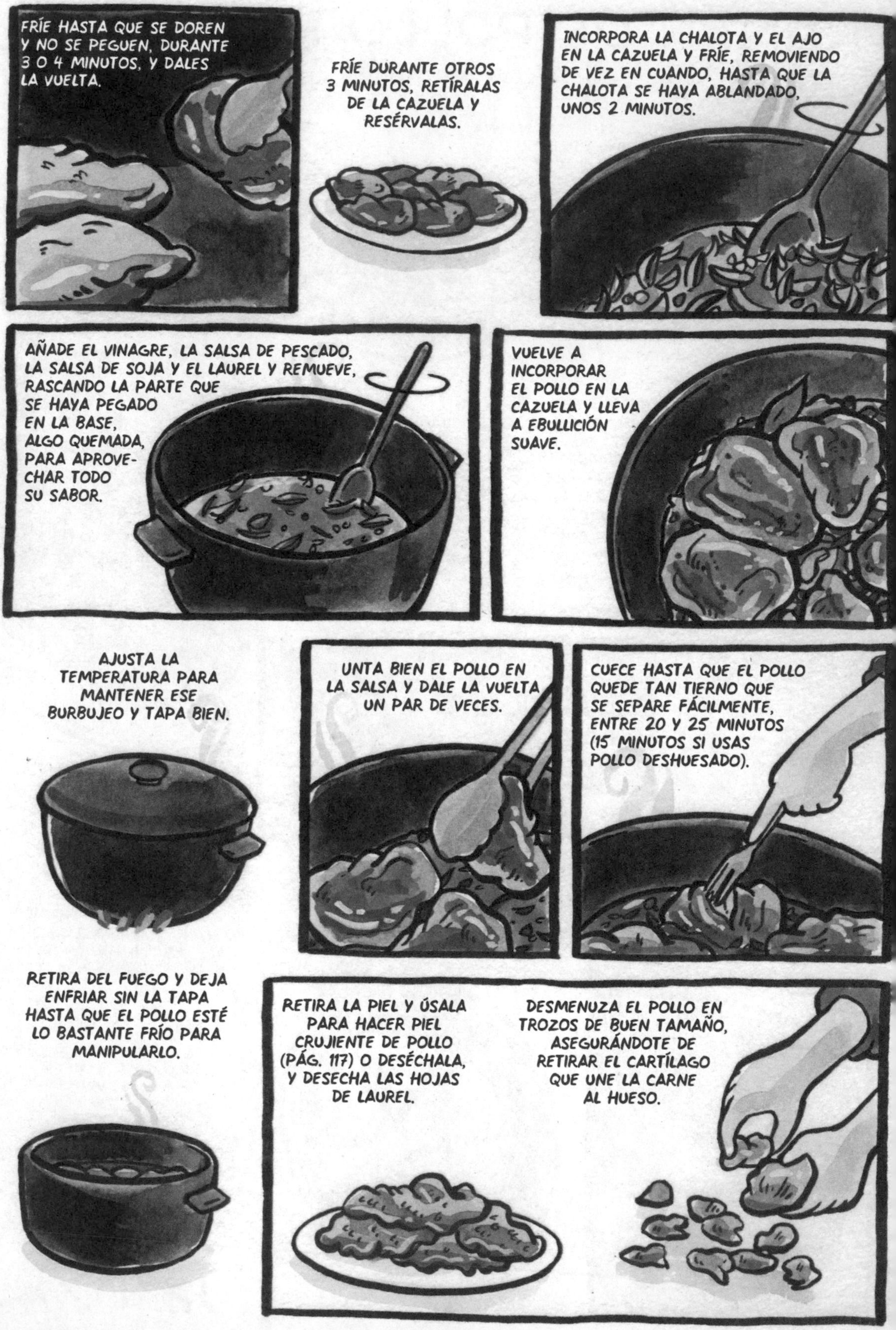
FRÍE HASTA QUE SE DOREN Y NO SE PEGUEN, DURANTE 3 O 4 MINUTOS, Y DALES LA VUELTA.
FRÍE DURANTE OTROS 3 MINUTOS, RETÍRALAS DE LA CAZUELA Y RESÉRVALAS.
INCORPORA LA CHALOTA Y EL AJO EN LA CAZUELA Y FRÍE, REMOVIENDO DE VEZ EN CUANDO, HASTA QUE LA CHALOTA SE HAYA ABLANDADO, UNOS 2 MINUTOS.
AÑADE EL VINAGRE, LA SALSA DE PESCADO, LA SALSA DE SOJA Y EL LAUREL Y REMUEVE, RASCANDO LA PARTE QUE SE HAYA PEGADO EN LA BASE, ALGO QUEMADA, PARA APROVECHAR TODO SU SABOR.
VUELVE A INCORPORAR EL POLLO EN LA CAZUELA Y LLEVA A EBULLICIÓN SUAVE.
AJUSTA LA TEMPERATURA PARA MANTENER ESE BURBUJEO Y TAPA BIEN.
UNTA BIEN EL POLLO EN LA SALSA Y DALE LA VUELTA UN PAR DE VECES.
CUECE HASTA QUE EL POLLO QUEDE TAN TIERNO QUE SE SEPARE FÁCILMENTE, ENTRE 20 Y 25 MINUTOS (15 MINUTOS SI USAS POLLO DESHUESADO).
RETIRA DEL FUEGO Y DEJA ENFRIAR SIN LA TAPA HASTA QUE EL POLLO ESTÉ LO BASTANTE FRÍO PARA MANIPULARLO.
RETIRA LA PIEL Y ÚSALA PARA HACER PIEL CRUJIENTE DE POLLO (PÁG. 117) O DESÉCHALA, Y DESECHA LAS HOJAS DE LAUREL.
DESMENUZA EL POLLO EN TROZOS DE BUEN TAMAÑO, ASEGURÁNDOTE DE RETIRAR EL CARTÍLAGO QUE UNE LA CARNE AL HUESO.

MEZCLA EL POLLO CON LA SALSA RESTANTE EN LA MISMA CAZUELA.

PON UNA OLLA GRANDE DE AGUA A HERVIR.

SUGERENCIA DE ACOMPAÑAMIENTOS:

VERDURAS SALTEADAS AL WOK (PÁG. 112)

PIEL CRUJIENTE DE POLLO (PÁG. 117)

MIENTRAS, DEJA QUE LA SALSA DEL POLLO VUELVA A ALCANZAR UN PUNTO DE EBULLICIÓN SUAVE.

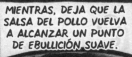

CUECE LOS FIDEOS SEGÚN LAS INSTRUCCIONES DE LA RECETA O DEL PAQUETE, ESCÚRRELOS BIEN Y PONLOS EN UN CUENCO DE SERVIR.

CÚBRELOS CON 1/4 DEL POLLO Y LA SALSA CALIENTE, CON LA GRASA INCLUIDA, Y LUEGO EL RESTO DE LA GUARNICIÓN.

SIRVE AL MOMENTO, ROMPIENDO EL HUEVO Y REMOVIENDO TODOS LOS INGREDIENTES HASTA QUE LOS FIDEOS QUEDEN BIEN BAÑADOS.

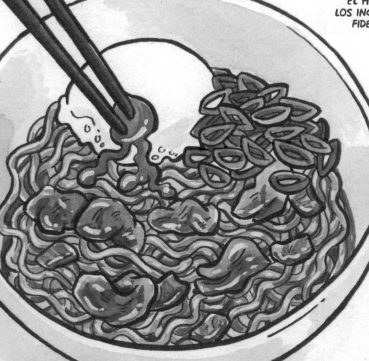

PUEDES GUARDAR LAS SOBRAS DE POLLO Y SALSA JUNTOS EN LA NEVERA HASTA 3 DÍAS O CONGELADOS HASTA 3 MESES. PARA SERVIR, RECALIENTA EN UN CACITO.

3 DÍAS

3 MESES

Cuatro cosas sobre las

OLLAS A PRESIÓN

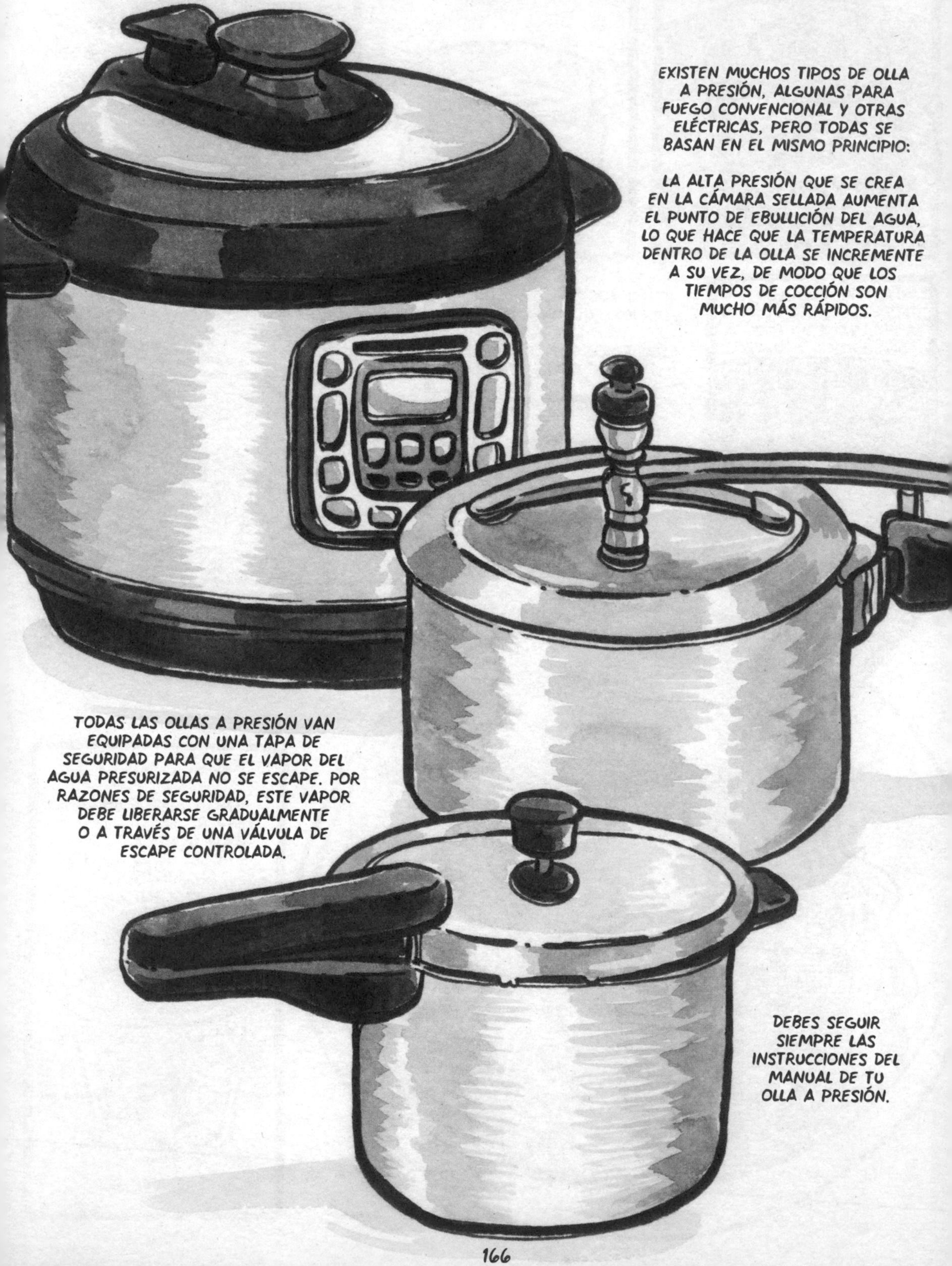
EXISTEN MUCHOS TIPOS DE OLLA A PRESIÓN, ALGUNAS PARA FUEGO CONVENCIONAL Y OTRAS ELÉCTRICAS, PERO TODAS SE BASAN EN EL MISMO PRINCIPIO:
LA ALTA PRESIÓN QUE SE CREA EN LA CÁMARA SELLADA AUMENTA EL PUNTO DE EBULLICIÓN DEL AGUA, LO QUE HACE QUE LA TEMPERATURA DENTRO DE LA OLLA SE INCREMENTE A SU VEZ, DE MODO QUE LOS TIEMPOS DE COCCIÓN SON MUCHO MÁS RÁPIDOS.
TODAS LAS OLLAS A PRESIÓN VAN EQUIPADAS CON UNA TAPA DE SEGURIDAD PARA QUE EL VAPOR DEL AGUA PRESURIZADA NO SE ESCAPE. POR RAZONES DE SEGURIDAD, ESTE VAPOR DEBE LIBERARSE GRADUALMENTE O A TRAVÉS DE UNA VÁLVULA DE ESCAPE CONTROLADA.
DEBES SEGUIR SIEMPRE LAS INSTRUCCIONES DEL MANUAL DE TU OLLA A PRESIÓN.

AQUÍ TIENES 2 RECETAS ADAPTADAS PARA OLLA A PRESIÓN. TE ANIMAMOS A EXPERIMENTAR PARA ADAPTAR OTRAS RECETAS A TU OLLA.

LA PRIMERA EMPLEA UNA TÉCNICA QUE NOS ENSEÑÓ MIKE SATINOVER, ALIAS «SEÑOR DEL RAMEN» (PÁG. 170).

NORMALMENTE, LA LARGA Y RÁPIDA EBULLICIÓN DE UN CALDO DE *TONKOTSU* EXTRAE LA GELATINA Y LA GRASA DEL CERDO Y LAS AGITA PARA EMULSIONARLAS EN EL CALDO.

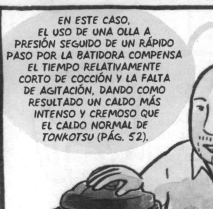

EN ESTE CASO, EL USO DE UNA OLLA A PRESIÓN SEGUIDO DE UN RÁPIDO PASO POR LA BATIDORA COMPENSA EL TIEMPO RELATIVAMENTE CORTO DE COCCIÓN Y LA FALTA DE AGITACIÓN, DANDO COMO RESULTADO UN CALDO MÁS INTENSO Y CREMOSO QUE EL CALDO NORMAL DE *TONKOTSU* (PÁG. 52).

ASÍ PUES, NO SOLO SE AHORRA TIEMPO, SINO QUE SE OBTIENE UN CALDO MUY POTENTE.

AL SACARLO DE LA OLLA A PRESIÓN, TIENE UN ASPECTO MUY CLARO, PERO ATENCIÓN: ¡CUANDO LA PASES POR LA BATIDORA, ESTA CREMA DE SOPA DE CERDO SE VUELVE DE UN BLANCO INTENSO!

LA SEGUNDA RECETA NO ES QUE AHORRE TIEMPO REALMENTE, PERO HACE QUE LOS HUEVOS SEAN MUCHO MÁS FÁCILES DE PELAR.

DEBES SABER QUE LA TEXTURA DE LA YEMA DE HUEVO PUEDE VARIAR LIGERAMENTE DEBIDO A LOS TIEMPOS DE COCCIÓN MÁS RÁPIDOS EN UNA OLLA A PRESIÓN.

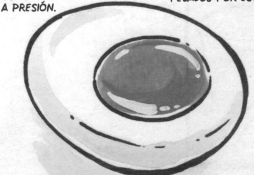

CON ESTA RECETA, QUEDARÁN SUAVES Y CREMOSAS. AJUSTA EL TIEMPO DE COCCIÓN A TUS PREFERENCIAS Y SUSTITUYE LOS *AJITSUKE TAMAGO* (PÁG. 104) PELADOS POR ESTOS HUEVOS.

CALDO DE TONKOTSU CON OLLA A PRESIÓN

PARA UNOS 2,5 LITROS

INGREDIENTES:

1 MANITA DE CERDO

1,5 KG DE HUESOS DE CUELLO Y COSTILLAS DE CERDO O CARCASAS DE POLLO

1 MANOJO DE CEBOLLETAS, LIMPIAS Y CORTADAS TRANSVERSALMENTE POR LA MITAD

115 G DE JENGIBRE SIN PELAR Y A RODAJAS DE UNOS 0,5 CM

PON TODOS LOS INGREDIENTES EN UNA OLLA A PRESIÓN Y AÑADE 2 LITROS DE AGUA, CON CUIDADO DE NO PASARTE DEL LÍMITE DE LÍQUIDO RECOMENDADO PARA TU OLLA.

CIÉRRALA BIEN Y DEJA QUE SE CUEZA DURANTE 2 HORAS A ALTA PRESIÓN.

DEJA ENFRIAR PARA LIBERAR LA PRESIÓN DE FORMA NATURAL Y LUEGO ABRE.

CUELA EL CALDO Y PONLO EN UNA BATIDORA DE VASO (HAZ TANDAS SI ES NECESARIO) Y VE SUBIENDO LA VELOCIDAD A MEDIDA QUE SE BATE HASTA QUE TODA LA GRASA Y EL CALDO HAYAN EMULSIONADO PARA CONSEGUIR UN CALDO CREMOSO DE COLOR BLANCO.

DIVÍDELO EN RACIONES DE 375 ML Y GUÁRDALO EN LA NEVERA HASTA 5 DÍAS O CONGELADO HASTA 6 MESES.

5 DÍAS

6 MESES

CUANDO LO VAYAS A USAR, SAZÓNALO UTILIZANDO LAS CANTIDADES SIGUIENTES DEL TARE QUE PREFIERAS POR CADA 375 ML DE CALDO. NO HACE FALTA AÑADIR GRASA PORQUE YA ESTÁ EMULSIONADA EN EL CALDO.

TARE	CANTIDAD POR CADA 375 ML DE CALDO
SHIO (PÁG. 46)	30 ML (2 CUCHARADAS)
SHOYU (PÁG. 47)	60 ML (1/4 DE TAZA)
MISO (PÁG. 48)	60 ML (1/4 DE TAZA)

AJITSUKE TAMAGO CON OLLA A PRESIÓN

PARA 6 HUEVOS

INGREDIENTES:

6 HUEVOS

DISPÓN UNA CESTA VAPORERA DENTRO DE LA OLLA A PRESIÓN Y COLOCA EN ELLA LOS HUEVOS.

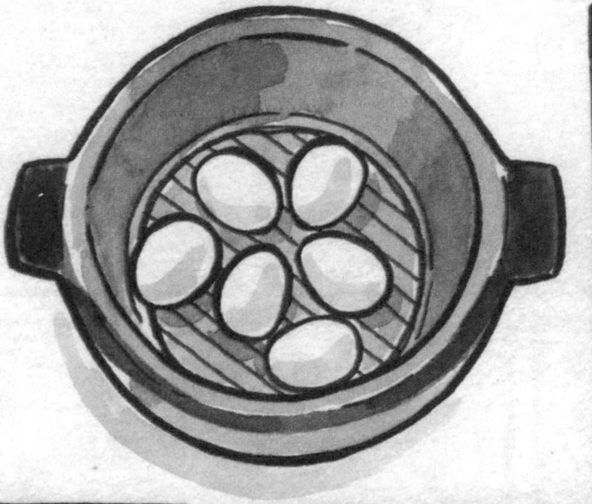

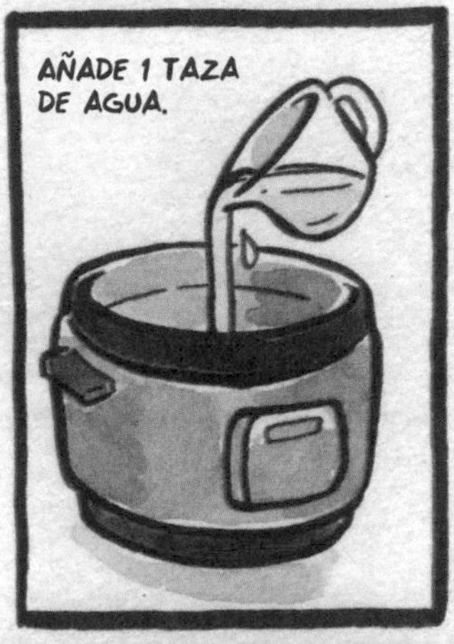
AÑADE 1 TAZA DE AGUA.

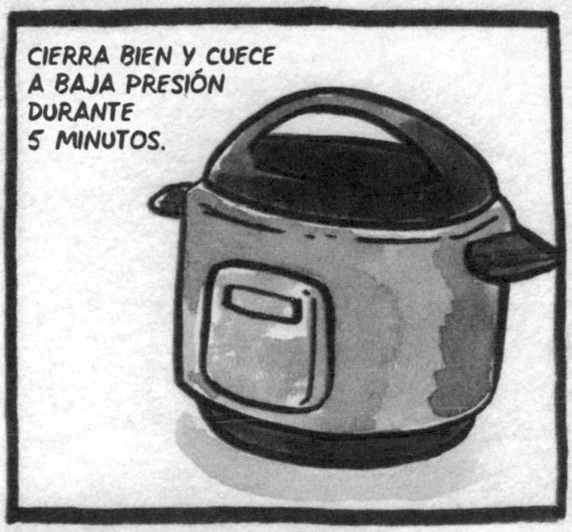
CIERRA BIEN Y CUECE A BAJA PRESIÓN DURANTE 5 MINUTOS.

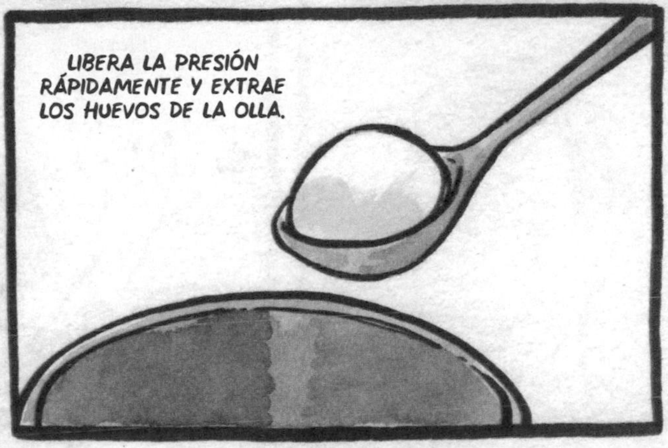
LIBERA LA PRESIÓN RÁPIDAMENTE Y EXTRAE LOS HUEVOS DE LA OLLA.

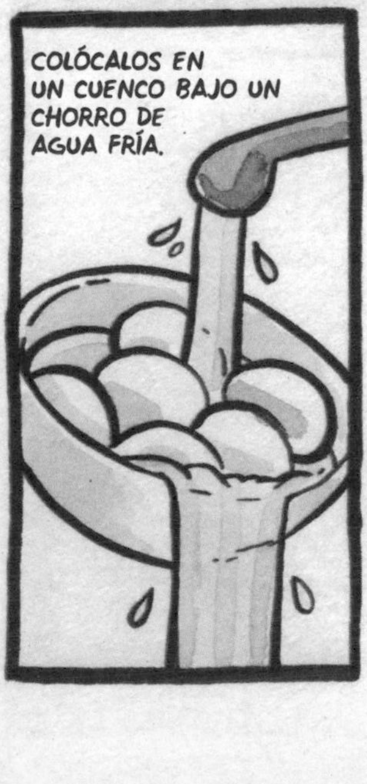
COLÓCALOS EN UN CUENCO BAJO UN CHORRO DE AGUA FRÍA.

CUANDO ESTÉN FRÍOS, PÉLALOS Y SUMÉRGELOS EN EL ESCABECHE SIGUIENDO LAS INSTRUCCIONES DE LA RECETA DEL *AJITSUKE TAMAGO* (PÁG. 104).

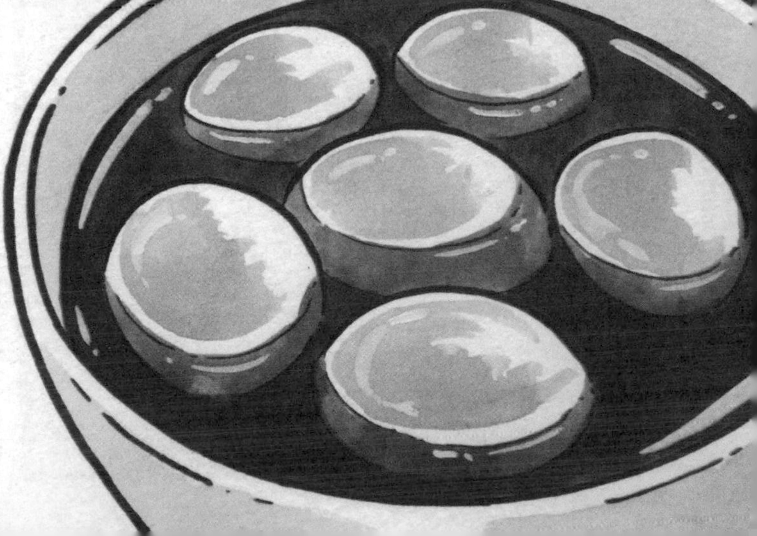

MIKE SATINOVER

CÓMO SIMPLIFICAR EL RAMEN EN LA COCINA DE CASA

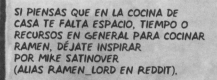

SI PIENSAS QUE EN LA COCINA DE CASA TE FALTA ESPACIO, TIEMPO O RECURSOS EN GENERAL PARA COCINAR RAMEN, DÉJATE INSPIRAR POR MIKE SATINOVER (ALIAS RAMEN_LORD EN REDDIT).

NO SOLO ES UNA FUENTE APASIONADA DE CONOCIMIENTO Y RECETAS DE RAMEN (BUSCA SU ALIAS JUNTO A CUALQUIER RECETA QUE DESEES EN GOOGLE), SINO QUE TAMBIÉN ES UNO DE LOS MEJORES COCINEROS DE RAMEN QUE CONOCEMOS (CON SUERTE, PUEDES PILLAR AL VUELO UNA PLAZA PARA SUS CENAS AKAHOSHI RAMEN), Y TODO EMPIEZA EN LA COCINA DE SU CASA.

LA GENTE ME DICE CONSTANTEMENTE: «¡EL RAMEN LLEVA MUCHO TIEMPO! ¡HAY UN MONTÓN DE PASOS A SEGUIR ANTES DE PODER JUNTAR EL PLATO! ¿NO PODRÍA SIMPLIFICARSE?».

MI RESPUESTA ES SIEMPRE LA MISMA: «ACABAS DE RESPONDERTE A TI MISMO: ¡VE PASO A PASO Y ESPACIA EL TRABAJO SEGÚN TE CONVENGA!».

NO HAY QUE INTENTAR PREPARARLO TODO EN UN SOLO DÍA, PORQUE UNO SE ACABA QUEMANDO. ES MEJOR IR PREPARANDO LOS COMPONENTES POR ADELANTADO Y GUARDAR TODO UN ARSENAL DE ELLOS EN LA NEVERA.

CÉNTRATE PRIMERO EN LAS COSAS MÁS SENCILLAS PARA GANAR CONFIANZA: HAZ UN PAR DE CALDOS, UN POCO DE TARE, GUISA UN CHASHU...

¡NO TE AGOBIES POR NO DAR EL SALTO INMEDIATO A PREPARAR TUS PROPIOS FIDEOS CASEROS!

COMPRA FIDEOS PREPARADOS Y DATE MARGEN PARA UNOS CUANTOS INTENTOS FALLIDOS. PRIMERO, FÓRMATE UNA BASE SÓLIDA Y, DESPUÉS, ¡A DOMINAR LOS FIDEOS!

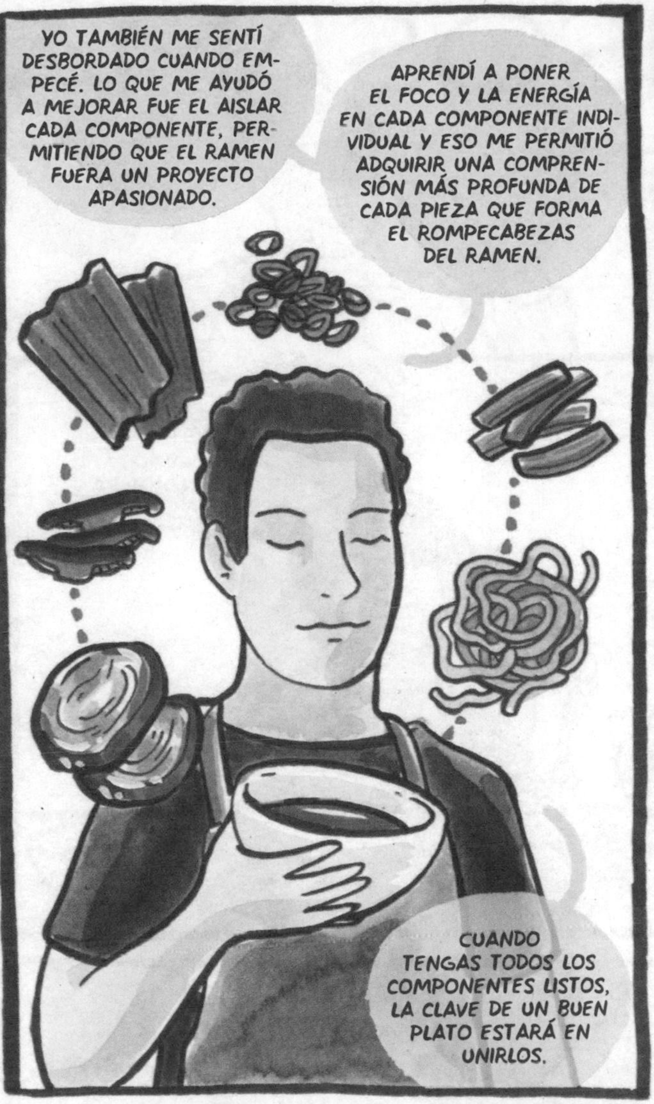
YO TAMBIÉN ME SENTÍ DESBORDADO CUANDO EMPECÉ. LO QUE ME AYUDÓ A MEJORAR FUE EL AISLAR CADA COMPONENTE, PERMITIENDO QUE EL RAMEN FUERA UN PROYECTO APASIONADO.
APRENDÍ A PONER EL FOCO Y LA ENERGÍA EN CADA COMPONENTE INDIVIDUAL Y ESO ME PERMITIÓ ADQUIRIR UNA COMPRENSIÓN MÁS PROFUNDA DE CADA PIEZA QUE FORMA EL ROMPECABEZAS DEL RAMEN.
CUANDO TENGAS TODOS LOS COMPONENTES LISTOS, LA CLAVE DE UN BUEN PLATO ESTARÁ EN UNIRLOS.

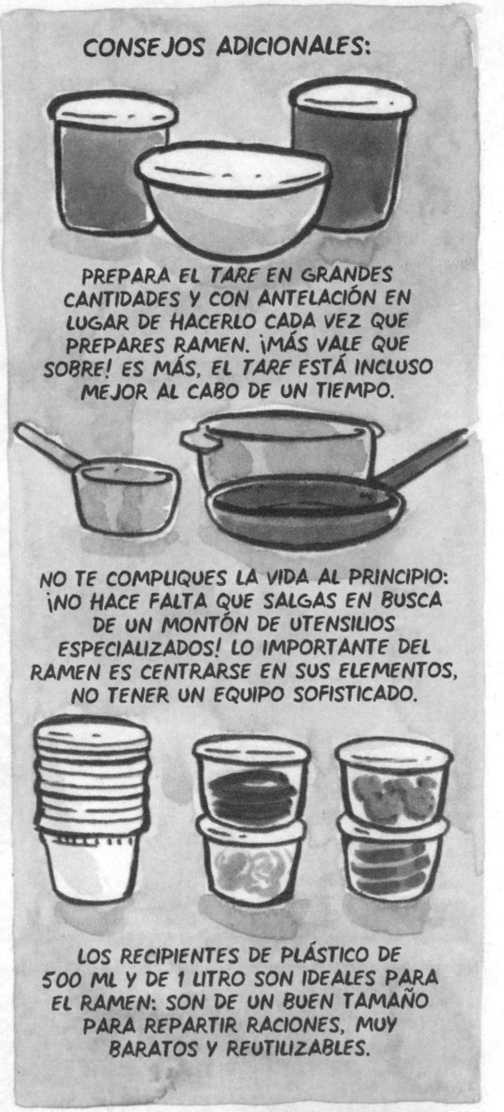
CONSEJOS ADICIONALES:
PREPARA EL *TARE* EN GRANDES CANTIDADES Y CON ANTELACIÓN EN LUGAR DE HACERLO CADA VEZ QUE PREPARES RAMEN. ¡MÁS VALE QUE SOBRE! ES MÁS, EL *TARE* ESTÁ INCLUSO MEJOR AL CABO DE UN TIEMPO.
NO TE COMPLIQUES LA VIDA AL PRINCIPIO: ¡NO HACE FALTA QUE SALGAS EN BUSCA DE UN MONTÓN DE UTENSILIOS ESPECIALIZADOS! LO IMPORTANTE DEL RAMEN ES CENTRARSE EN SUS ELEMENTOS, NO TENER UN EQUIPO SOFISTICADO.
LOS RECIPIENTES DE PLÁSTICO DE 500 ML Y DE 1 LITRO SON IDEALES PARA EL RAMEN: SON DE UN BUEN TAMAÑO PARA REPARTIR RACIONES, MUY BARATOS Y REUTILIZABLES.

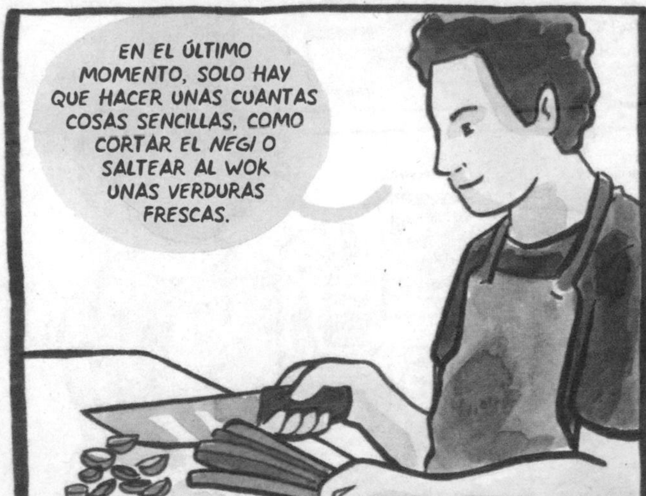
EN EL ÚLTIMO MOMENTO, SOLO HAY QUE HACER UNAS CUANTAS COSAS SENCILLAS, COMO CORTAR EL *NEGI* O SALTEAR AL WOK UNAS VERDURAS FRESCAS.

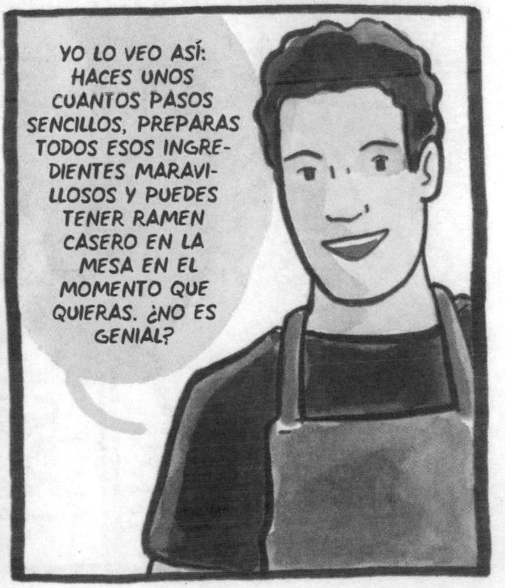
YO LO VEO ASÍ: HACES UNOS CUANTOS PASOS SENCILLOS, PREPARAS TODOS ESOS INGREDIENTES MARAVILLOSOS Y PUEDES TENER RAMEN CASERO EN LA MESA EN EL MOMENTO QUE QUIERAS. ¿NO ES GENIAL?

GOCHISOSAMA

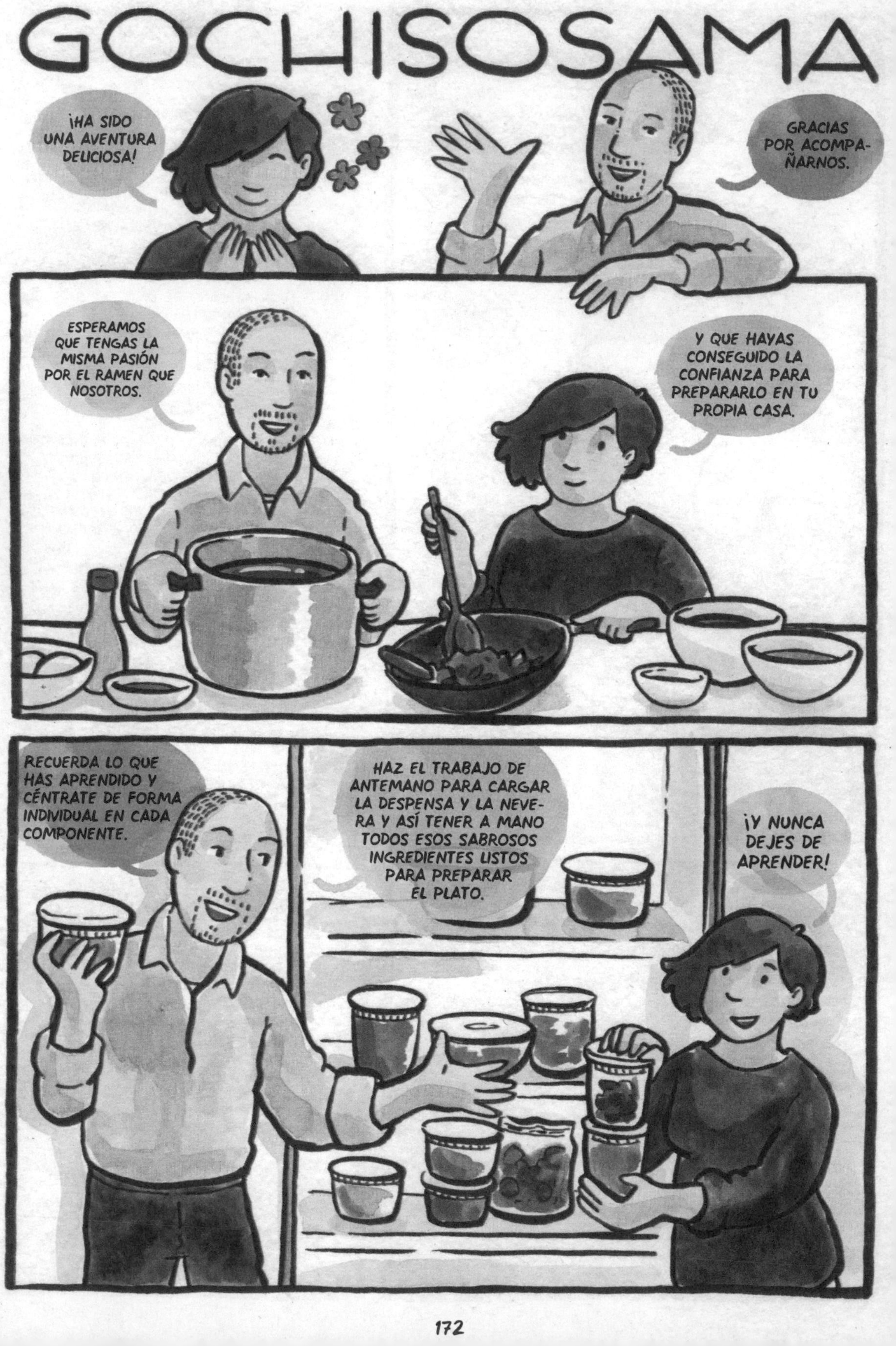

¡HA SIDO UNA AVENTURA DELICIOSA!
GRACIAS POR ACOMPAÑARNOS.
ESPERAMOS QUE TENGAS LA MISMA PASIÓN POR EL RAMEN QUE NOSOTROS.
Y QUE HAYAS CONSEGUIDO LA CONFIANZA PARA PREPARARLO EN TU PROPIA CASA.
RECUERDA LO QUE HAS APRENDIDO Y CÉNTRATE DE FORMA INDIVIDUAL EN CADA COMPONENTE.
HAZ EL TRABAJO DE ANTEMANO PARA CARGAR LA DESPENSA Y LA NEVERA Y ASÍ TENER A MANO TODOS ESOS SABROSOS INGREDIENTES LISTOS PARA PREPARAR EL PLATO.
¡Y NUNCA DEJES DE APRENDER!

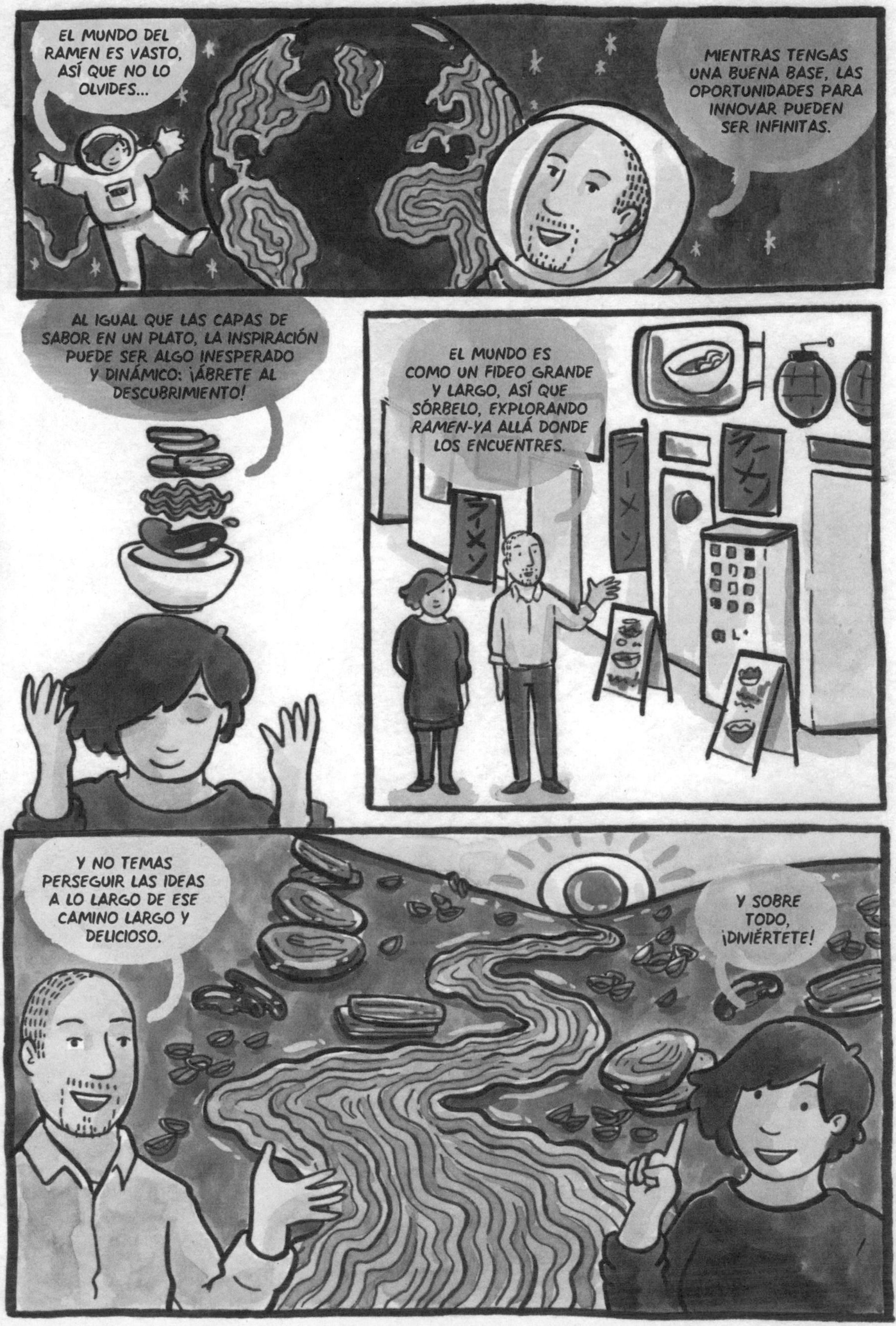
EL MUNDO DEL RAMEN ES VASTO, ASÍ QUE NO LO OLVIDES...
MIENTRAS TENGAS UNA BUENA BASE, LAS OPORTUNIDADES PARA INNOVAR PUEDEN SER INFINITAS.
AL IGUAL QUE LAS CAPAS DE SABOR EN UN PLATO, LA INSPIRACIÓN PUEDE SER ALGO INESPERADO Y DINÁMICO: ¡ÁBRETE AL DESCUBRIMIENTO!
EL MUNDO ES COMO UN FIDEO GRANDE Y LARGO, ASÍ QUE SÓRBELO, EXPLORANDO *RAMEN-YA* ALLÁ DONDE LOS ENCUENTRES.
Y NO TEMAS PERSEGUIR LAS IDEAS A LO LARGO DE ESE CAMINO LARGO Y DELICIOSO.
Y SOBRE TODO, ¡DIVIÉRTETE!

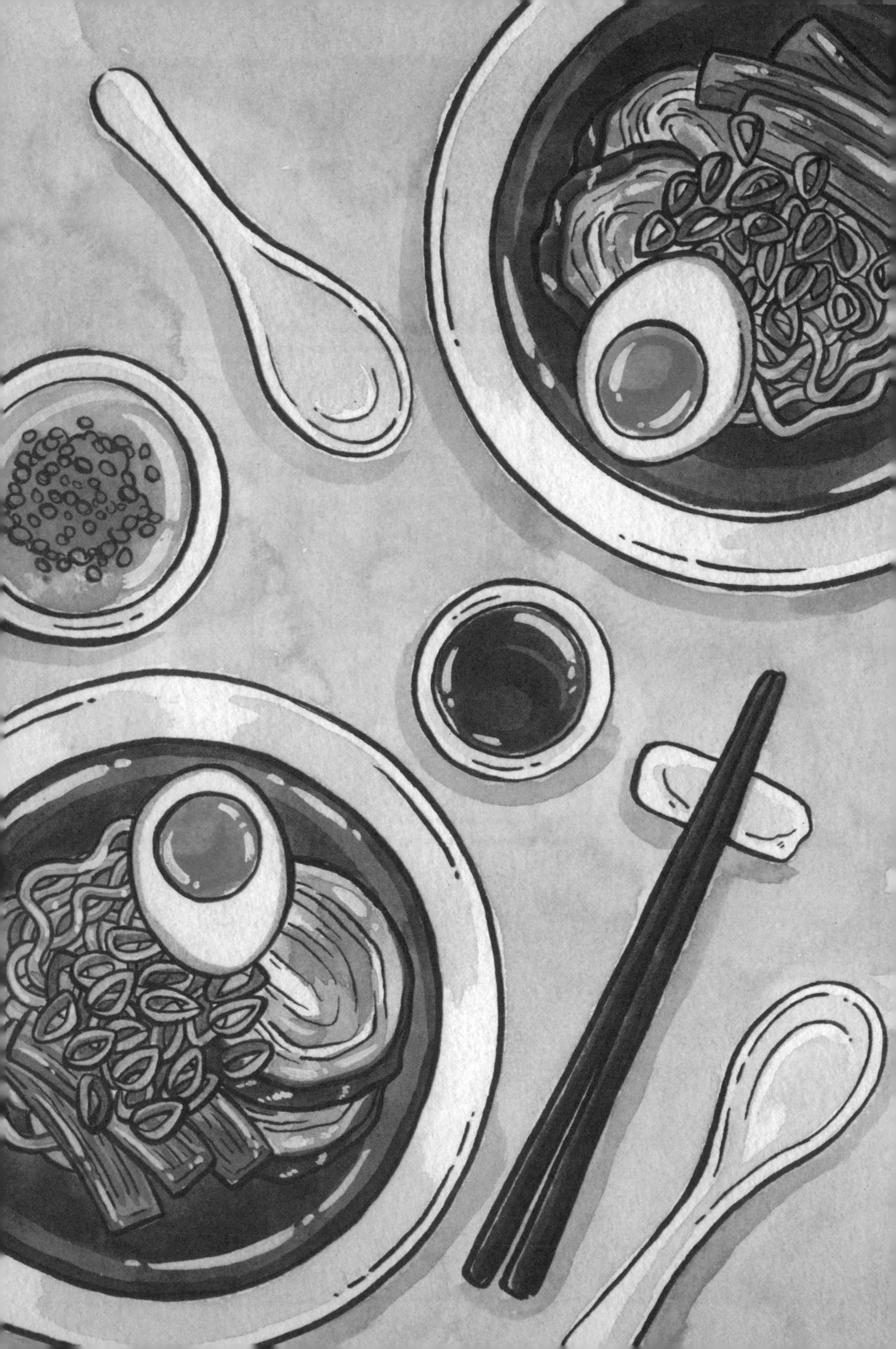

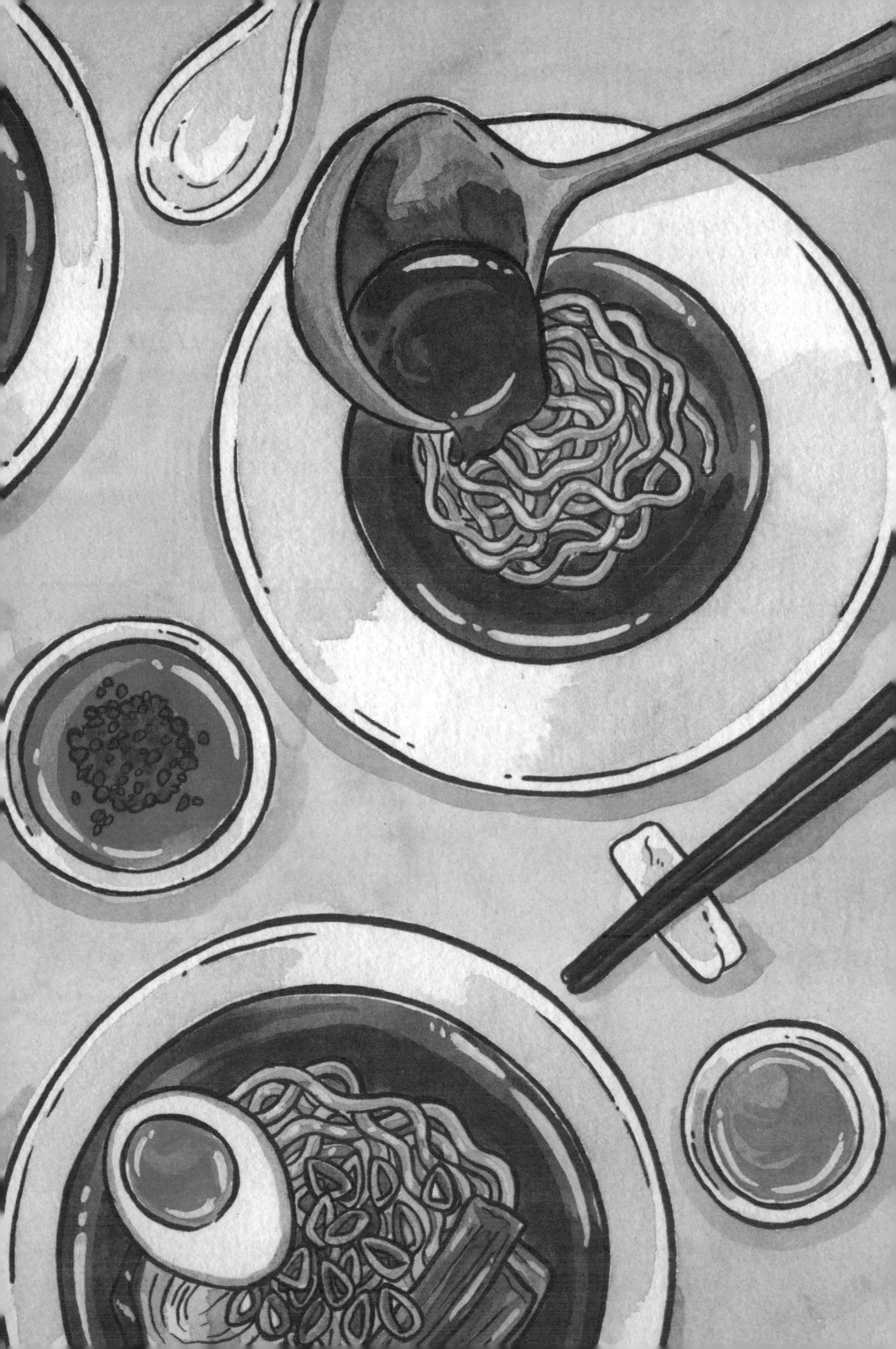

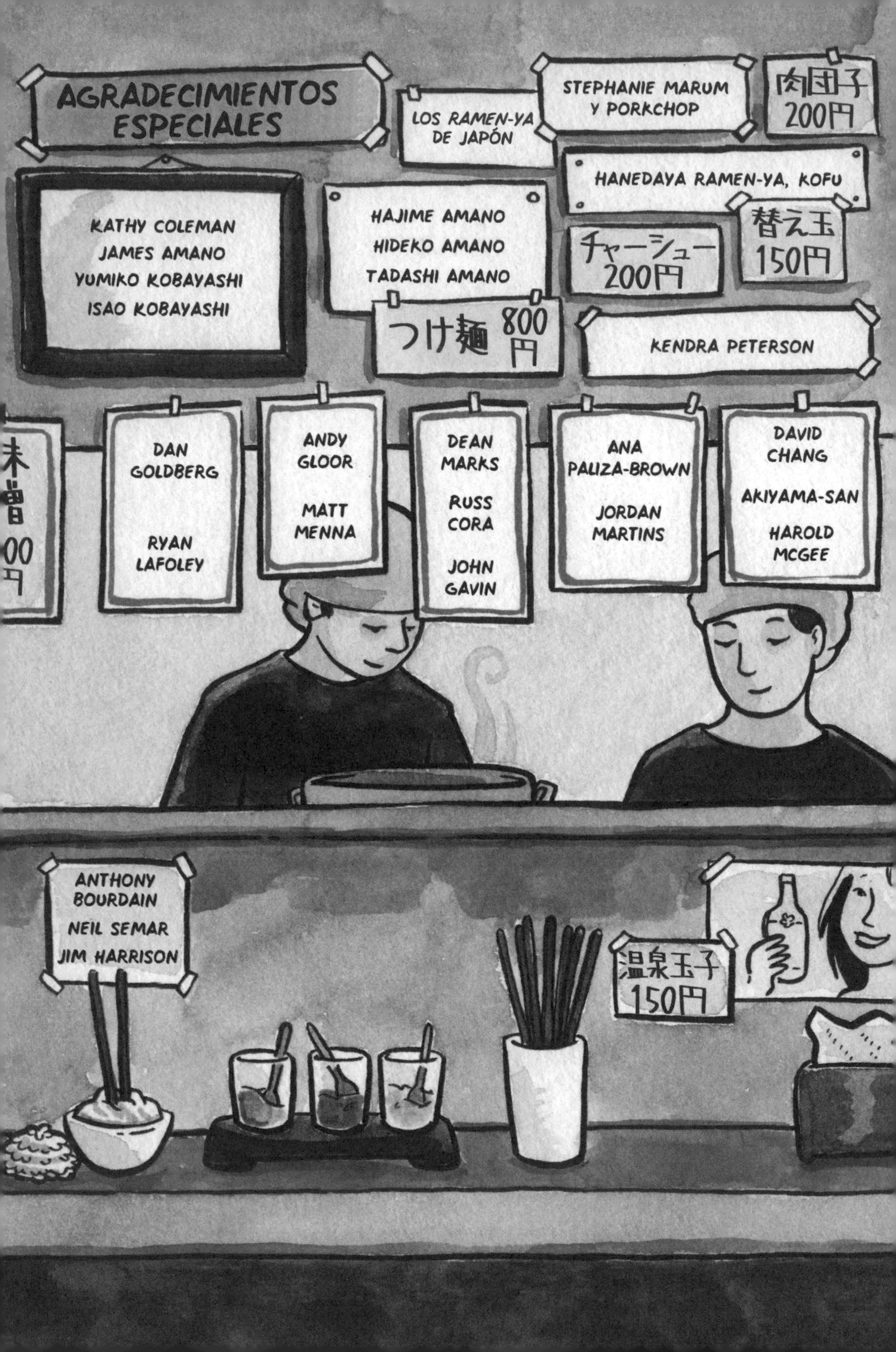
AGRADECIMIENTOS ESPECIALES
LOS RAMEN-YA DE JAPÓN
STEPHANIE MARUM Y PORKCHOP
肉団子 200円
KATHY COLEMAN
JAMES AMANO
YUMIKO KOBAYASHI
ISAO KOBAYASHI
HAJIME AMANO
HIDEKO AMANO
TADASHI AMANO
HANEDAYA RAMEN-YA, KOFU
チャーシュー 200円
替え玉 150円
つけ麺 800円
KENDRA PETERSON
DAN GOLDBERG
RYAN LAFOLEY
ANDY GLOOR
MATT MENNA
DEAN MARKS
RUSS CORA
JOHN GAVIN
ANA PALIZA-BROWN
JORDAN MARTINS
DAVID CHANG
AKIYAMA-SAN
HAROLD MCGEE
ANTHONY BOURDAIN
NEIL SEMAR
JIM HARRISON
温泉玉子 150円

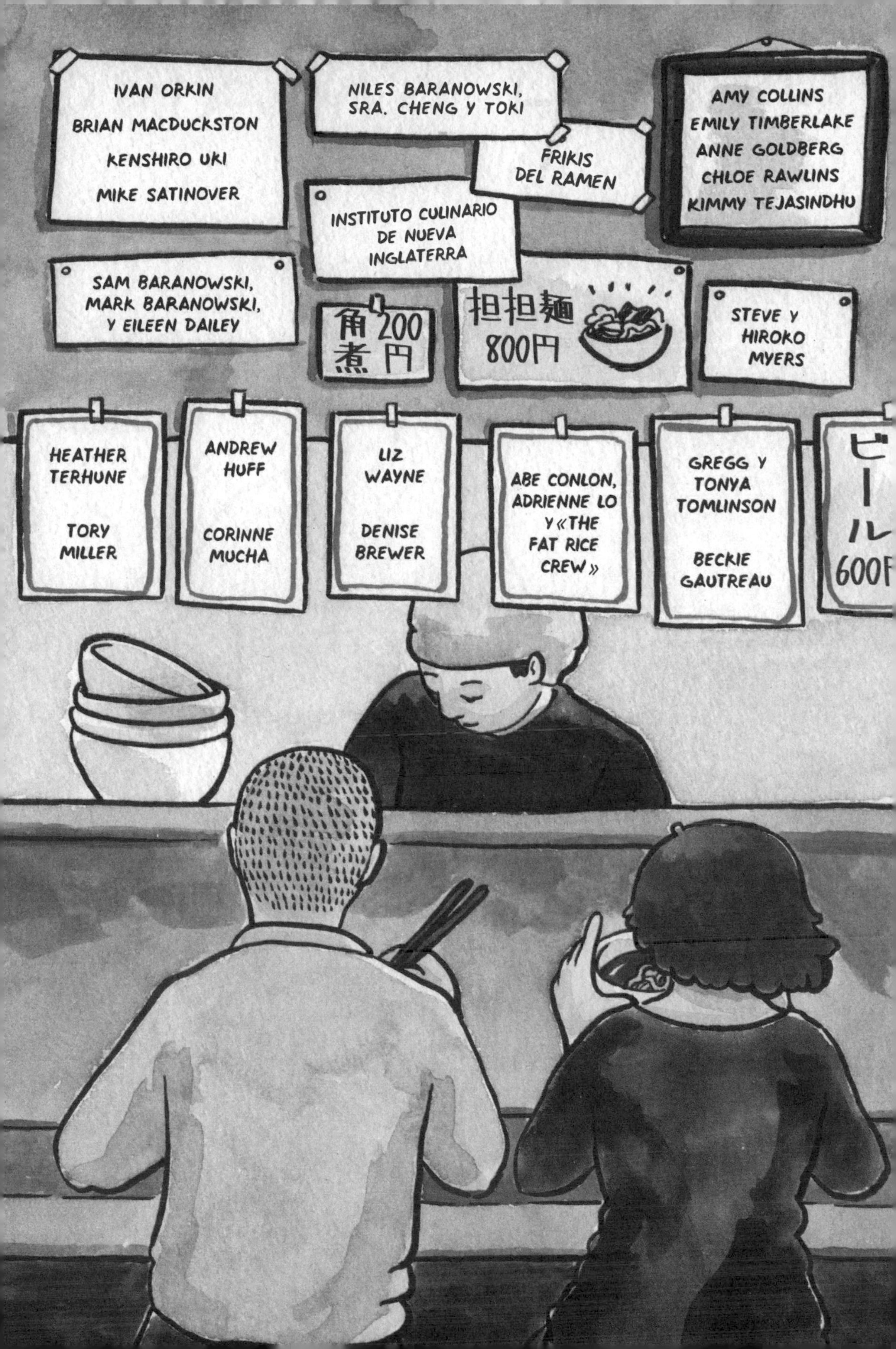

IVAN ORKIN
BRIAN MACDUCKSTON
KENSHIRO UKI
MIKE SATINOVER
NILES BARANOWSKI, SRA. CHENG Y TOKI
FRIKIS DEL RAMEN
AMY COLLINS
EMILY TIMBERLAKE
ANNE GOLDBERG
CHLOE RAWLINS
KIMMY TEJASINDHU
INSTITUTO CULINARIO DE NUEVA INGLATERRA
SAM BARANOWSKI, MARK BARANOWSKI, Y EILEEN DAILEY
角煮 200円
担担麺 800円
STEVE Y HIROKO MYERS
HEATHER TERHUNE
TORY MILLER
ANDREW HUFF
CORINNE MUCHA
LIZ WAYNE
DENISE BREWER
ABE CONLON, ADRIENNE LO Y «THE FAT RICE CREW»
GREGG Y TONYA TOMLINSON
BECKIE GAUTREAU
ビール 600F

HUGH AMANO

HUGH AMANO CRECIÓ PASANDO LA MAYORÍA DE VERANOS EN JAPÓN, DE VISITA A LA FAMILIA DE SU PADRE. SIENDO UN MEDIO JAPONÉS MEDIO ESTADOUNIDENSE QUE SE ENCONTRABA A LA DERIVA EN UNA CULTURA TAN LEJANA A SU PEQUEÑA CIUDAD DE COLORADO, SE ENAMORÓ A MUY TEMPRANA EDAD DEL RAMEN, DESAFIANDO TODAS LAS ADVERTENCIAS DE SUS PADRES SOBRE SU CONTENIDO EN SODIO Y, EN EL APARTAMENTO DE KIOTO DE SU PADRE, LOS SORBÍA ÁVIDAMENTE TODOS LOS DÍAS. DE VUELTA, EN SU CIUDAD DE MONTAÑA, MIENTRAS LOS DEMÁS NIÑOS SE DABAN ATRACONES DE HAMBURGUESAS Y HELADOS, HUGH ESPERABA ANSIOSAMENTE LOS PAQUETES QUE LE ENVIABAN DE KIOTO CON BASTONCITOS POCKY, CARAMELOS DE LECHE Y, LO MÁS IMPORTANTE, RAMEN ICHIBAN, EN SU MENTE MUY DISTINTO A LOS PAQUETES QUE COMPRABAN EN LAS TIENDAS LOS AFICIONADOS AL ESQUÍ Y LOS ESTUDIANTES UNIVERSITARIOS DE SU CIUDAD. AL HACERSE MAYOR, SU INTERÉS (Y GUSTO) POR EL RAMEN MADURÓ Y EN SUS VIAJES A JAPÓN INCLUÍA UN LARGO ITINERARIO DE VISITAS A *RAMEN-YA*. DE REGRESO A ESTADOS UNIDOS, CONTINUÓ CON SUS ESTUDIOS SOBRE EL RAMEN, APORTANDO SU FORMACIÓN Y EXPERIENCIA COMO CHEF A SU HISTORIA CON EL RAMEN Y DESARROLLANDO RECETAS PROPIAS PARA PREPARARLO EN CASA.

EN LA ACTUALIDAD, HUGH VIVE EN CHICAGO, DONDE TRABAJA COMO CHEF Y ESCRITOR. RECIENTEMENTE, HA SIDO COAUTOR DE *THE ADVENTURES OF FAT RICE* (TEN SPEED PRESS, OCTUBRE DE 2016), ¡ILUSTRADO NADA MENOS QUE POR SARAH BECAN!

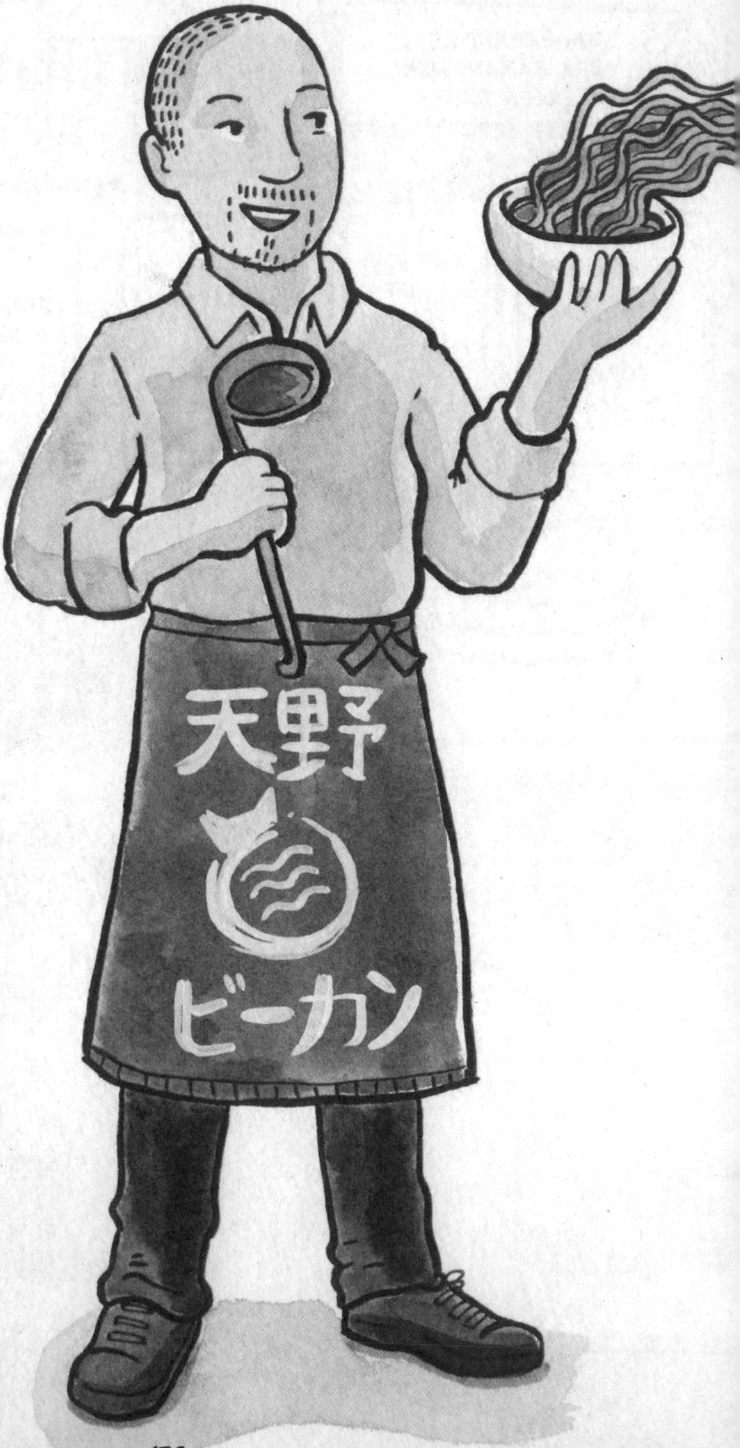
天野
ビーカン

SARAH BECAN

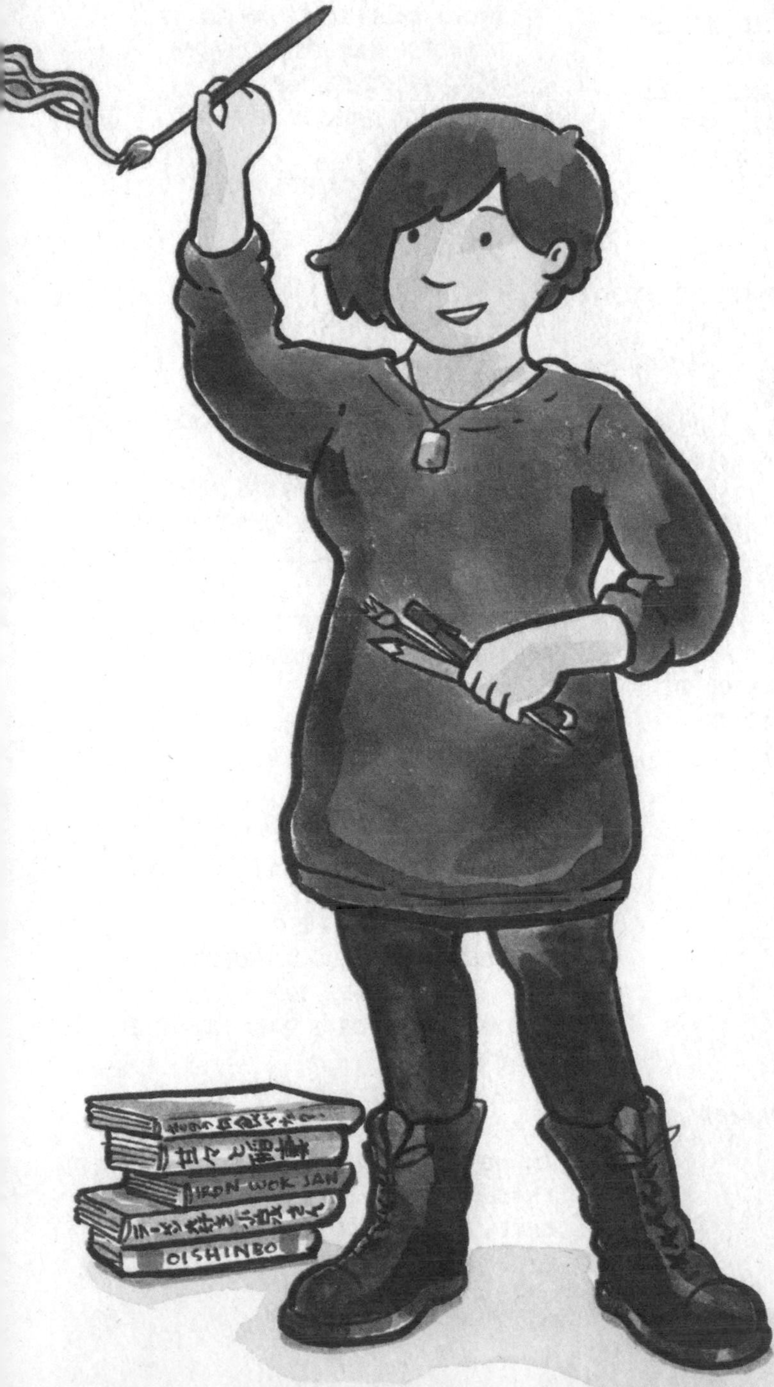
IRON WOK JAN
OISHINBO

SARAH BECAN ES UNA ILUSTRADORA, DIBUJANTE DE CÓMICS Y DISEÑADORA QUE VIVE EN CHICAGO. DIBUJA CÓMICS SOBRE COMIDA DESDE 2010, HA CREADO EL WEBCÓMIC AUTOBIOGRÁFICO Y CENTRADO EN LA COMIDA *I THINK YOU'RE SAUCEOME* Y HA PUBLICADO SU OBRA EN LA REVISTA *SAVEUR*, EN EATER.COM, RODALE'S ORGANIC LIFE, STARCHEFS, TASTING TABLE, TRUTHOUT Y LA COLECCIÓN COLABORATIVA SERIALIZADA *CARTOZIA TALES*. HA RECIBIDO UN PREMIO XERIC Y EL TROFEO STUMPTOWN POR SU BRILLANTE DEBUT CON SU PRIMERA NOVELA GRÁFICA, *THE COMPLETE OUIJA INTERVIEWS*, Y SU SEGUNDA NOVELA GRÁFICA, *SHUTEYE*, FUE PUBLICADA A PRINCIPIOS DE 2012. EL INTERÉS DE SARAH POR LA COMIDA JAPONESA SE DESPERTÓ A TRAVÉS DE CÓMICS COMO *OISHINBO*, DE TETSU KARIYA, Y OTROS MANGAS *GORUME* (GOURMET), LO QUE LA LLEVÓ A VIAJAR A JAPÓN PARA VISITAR A LA FAMILIA Y AMIGOS Y ALLÍ SE ENAMORÓ DE TODO LO RELACIONADO CON EL RAMEN (¡ESPECIALMENTE EL MISO RAMEN CON UN MONTÓN DE *CHASHU*, AJO ASADO Y UN *AJITSUKE TAMAGO* EXTRA!) Y DE TODO LO QUE OFRECE EL MUSEO DEL RAMEN DE SHIN-YOKOHAMA.
RECIENTEMENTE, HA ESTADO ILUSTRANDO LIBROS DE COCINA COMO *THE ADVENTURES OF FAT RICE* (TEN SPEED PRESS, OCTUBRE DE 2016), DEL QUE ES COAUTORA JUNTO A HUGH AMANO, Y *SMOOTHIE BOWLS* (STERLING PUBLISHING, SEPTIEMBRE DE 2017) Y, SI PUDIERA DECIDIR, NO HARÍA OTRA COSA QUE HACER DIBUJOS DE COMIDA TODO EL DÍA.

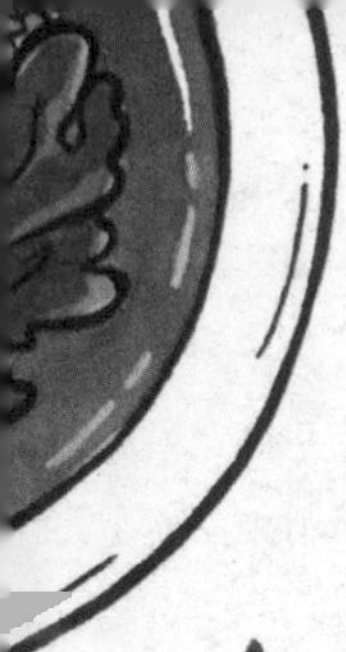

ÍNDICE

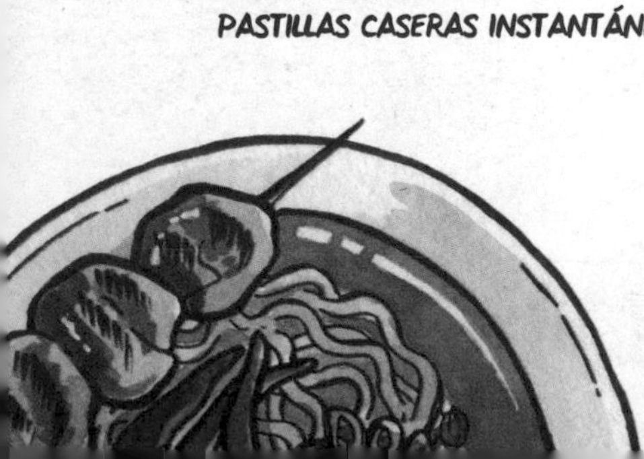

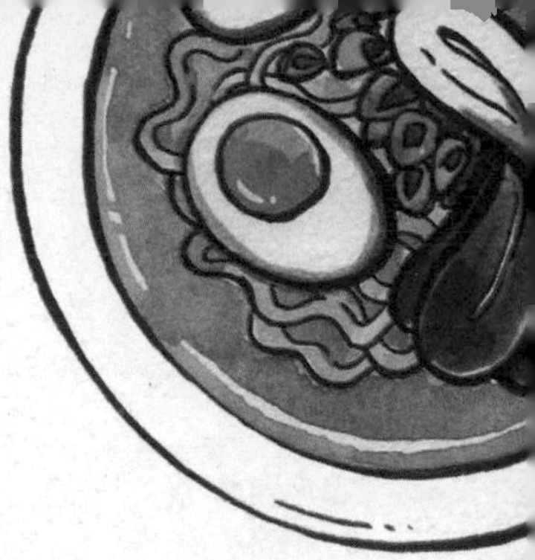

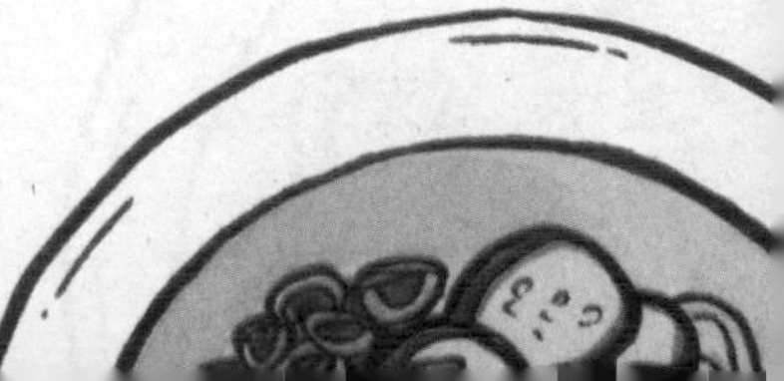

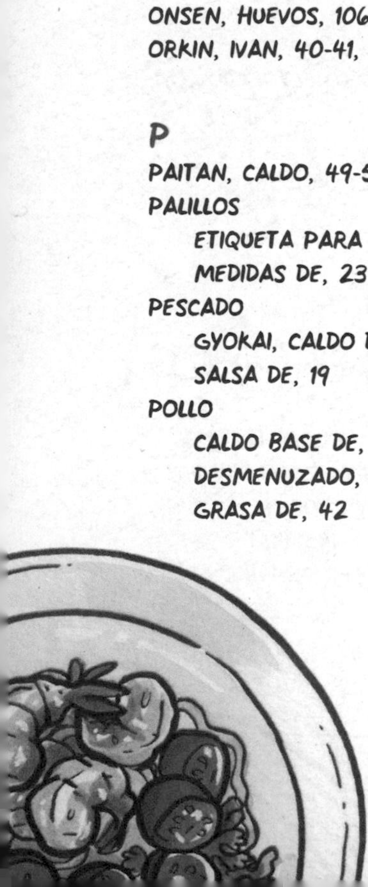

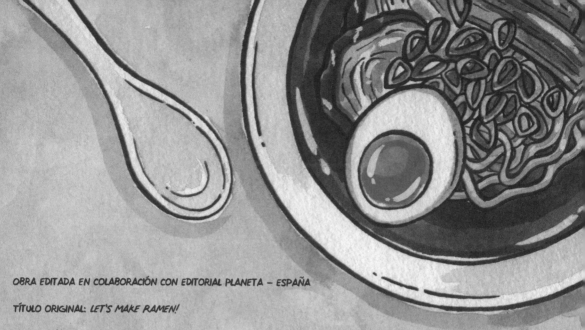

OBRA EDITADA EN COLABORACIÓN CON EDITORIAL PLANETA – ESPAÑA

TÍTULO ORIGINAL: *LET'S MAKE RAMEN!*

TRADUCCIÓN PUBLICADA CON EL ACUERDO DE TEN SPEED PRESS, RANDOM HOUSE
(PENGUIN RANDOM HOUSE LLC)

© 2020, HUGH AMANO Y SARAH BECAN
© 2020, TRADUCCIÓN: MARC BERNABÉ (DARUMA)

© 2020, EDITORIAL PLANETA S.A. – BARCELONA, ESPAÑA

DERECHOS RESERVADOS

© 2023, EDITORIAL PLANETA MEXICANA, S.A. DE C.V.
BAJO EL SELLO EDITORIAL PLANETA м.я.
AVENIDA PRESIDENTE MASARIK NÚM. 111,
PISO 2, POLANCO V SECCIÓN, MIGUEL HIDALGO
C.P. 11560, CIUDAD DE MÉXICO
WWW.PLANETADELIBROS.COM.MX

PRIMERA EDICIÓN IMPRESA EN ESPAÑA: FEBRERO DE 2020
ISBN: 978-84-480-2675-2

PRIMERA EDICIÓN IMPRESA EN MÉXICO: JUNIO DE 2023
ISBN: 978-607-39-0090-4

IMPRESO EN LOS TALLERES DE IMPRESORA TAURO, S.A. DE C.V.
AV. AÑO DE JUÁREZ 343, COL. GRANJAS SAN ANTONIO,
IZTAPALAPA, C.P. 09070, CIUDAD DE MÉXICO
IMPRESO Y HECHO EN MÉXICO / *PRINTED IN MEXICO*